高职高专精品课程规划教材　经管系列

房地产开发与经营
(第 2 版)

叶雉鸠　编著

清华大学出版社

北　京

内 容 简 介

本书结合近年来国家房地产调控政策，系统地介绍了房地产开发与经营的理论和方法。全书共分 10 章，包括房地产开发与经营概论、房地产企业与房地产市场、房地产项目规划设计及评价、房地产开发项目可行性研究、房地产开发融资、房地产开发项目的前期工作、房地产项目的建设阶段、房地产市场营销、房地产项目的多元化经营和房地产物业管理等内容。本书的编排体系合理，重点突出，逻辑性及条理性强；内容集理论与实践于一体，有较强的实用性及可操作性。

本书可作为高等职业技术院校物业管理、建筑工程管理、房地产管理、城市规划等专业的教材，同时也可供物业管理、房地产管理等从业人员及有关工程技术人员参考。

图书在版编目(CIP)数据

房地产开发与经营/叶雉鸠编著. —2 版. —北京：清华大学出版社，2018 (2022.1重印)
(高职高专精品课程规划教材 经管系列)
ISBN 978-7-302-49508-6

Ⅰ. ①房… Ⅱ. ①叶… Ⅲ. ①房地产开发—高等职业教育—教材 ②房地产经济—高等职业教育—教材 Ⅳ. ①F293.34

中国版本图书馆 CIP 数据核字(2018)第 020790 号

责任编辑：李玉萍
封面设计：刘孝琼
责任校对：王明明
责任印制：丛怀宇
出版发行：清华大学出版社
    网   址：http://www.tup.com.cn, http://www.wqbook.com
    地   址：北京清华大学学研大厦 A 座   邮   编：100084
    社 总 机：010-62770175   邮   购：010-62786544
    投稿与读者服务：010-62776969, c-service@tup.tsinghua.edu.cn
    质量反馈：010-62772015, zhiliang@tup.tsinghua.edu.cn
    课件下载：http://www.tup.com.cn, 010-62791865
印 装 者：北京国马印刷厂
经   销：全国新华书店
开   本：185mm×260mm   印   张：20.25   字   数：490 千字
版   次：2013 年 4 月第 1 版   2018 年 4 月第 2 版   印   次：2022 年 1 月第 5 次印刷
定   价：49.00 元

产品编号：076529-01

第 2 版前言

房地产业是人类活动的基础产业之一。房地产业的秩序、效率和公平会深刻地影响着整个社会的经济、政治、法律和文化。进入 21 世纪以来，中国社会经济的城镇化道路围绕着大交通和国家新区的开发有序展开，雄安新区、西咸新区已经积极运行。可以预见，中国的房地产业正在为中华民族规划一个高效的民族复兴平台。中国政府的改革和创新不仅要让本国民众安享小康生活，同时希望通过推动"一带一路"建设改变世界经济结构，把中国房地产业的强大供给辐射到周边国家。

"可持续发展观"永远是人类社会必须遵守的活动规则。在提高资源生产率，保护环境，减少污染排放的同时，中国政府从社会和谐的角度出发，密切关注房地产业的运作实践和发展前景。2016 年 12 月中旬，中央经济工作会议提出，要坚持"房子是用来住的，不是用来炒的"的定位，要求回归住房居住属性。保证住宅的居住性质，反对"炒房炒地"的泡沫经济已经成为业内人士的共识。此次修订，作者在探讨房地产开发与经营的理论与方法的同时，认真解读了我国房地产业的宏观调控政策的科学内涵，把国家对房地产行业的政策精神传达给青年学生，让青年学生走向社会之后能够主动贯彻执行国家对房地产业的宏观调控政策，既要考虑房地产开发与经营的经济效益，又要考虑其社会效益。

作者希望青年学生能够在国家房地产法规框架下，认识和熟悉房地产项目开发与经营的一般规律。进而通过本书的学习，为青年学生研究农业生态园经济、园林景观建筑、商业地产的开发经营等打下良好基础。

同时希望，青年学生在学习本书的同时，结合下列我国房地产业发展的三大趋势进行有针对性的研究和思考，相信能够拓展思维，获益颇丰。

(1) 住宅建筑装修装饰的品牌分化日渐明显。不同的建材材质、建筑技术和工艺在建筑装修装饰方面体现出丰富多彩的文化理念和生活遐想。

(2) 商业楼盘的发展趋势已经由 SOHO、写字楼、步行街，向产业园区、创业创新示范园区、功能性城市规划发展。

(3) 城市的规划设计融入"互联网+"、智慧城市等科学理念。可持续发展观在城市的规划设计方面得到进一步的发展和应用。

本书由陕西财经职业技术学院叶雉鸠副教授修订。在修订的过程中，作者征询了房地产业有实践经验的企业家、经理以及工程监理人员的意见，力求做到理论联系实际，彰显可操作性。

由于编者水平有限，书中错误之处在所难免，恳请读者批评斧正，不吝赐教。

编　者

第 1 版前言

房地产业作为第三产业，它的发展深刻地影响着我国的经济、文化与生活。在 21 世纪，我国房地产业的发展情况和趋势更是广大民众关注的焦点，也是国家宏观调控的重要课题。本书重在探讨房地产开发与经营的理论与方法，进而诠释我国房地产业的成就与物价、金融、就业等方面的相关性，解读我国房地产业的现状与未来。

本书按照房地产项目开发与经营的一般程序组织内容，并通过案例展示让学生有身临其境之感。全书共分 10 章，具体包括房地产开发与经营概论、房地产企业与房地产市场、房地产项目规划设计及评价、房地产开发项目可行性研究、房地产开发融资、房地产开发项目的前期工作、房地产项目的建设阶段、房地产市场营销、房地产项目的多元化经营和房地产物业管理等内容。

笔者邀请了房地产业有实践经验的企业家、经理以及工程监理人员对本书进行审稿定稿，力求内容丰富，理论联系实际，突出重点，彰显可操作性。通过借鉴国外成功经验，以及结合我国国情，进而达到让一个对房地产业不熟悉的人能够入行，能够在国家房地产法规框架下认识和熟悉房地产项目开发与经营的一般规律的目的。

本书是普通高等职业教育系统规划教材之一，可供高等职业院校物业管理、房地产开发和城市规划专业学生使用，同时也可供经管类或其他财经专业学生选用，以及房地产管理从业人员及有关工程技术人员参考。

本书由陕西财经职业技术学院叶雉鸠副教授编著。在本书的编写过程中，查阅了国家住房和城乡建设部、国土资源部、南京高新技术产业开发区管理委员会的相关文件资料，浏览和援引了国家相关网站上的相关资料，翻阅和援引了很多报刊的相关新闻报道。在此向国家住房和城乡建设部、国土资源部等政府部门的工作人员以及网络界和报界的朋友们表示衷心的感谢。

由于编者水平有限，书中错误之处在所难免，恳请读者批评斧正，不吝赐教。

编　者

目　　录

第一章　房地产开发与经营概论

引例

颐和盛世项目介绍

颐和盛世，由中国房地产业前 20 强——广州颐和集团与西安光明房地产公司强强联袂开发。项目总占地 512 亩，总建筑面积约 93 万平方米，分为四期开发，包括别墅、多层、花园洋房、小高层、高层，共有百十栋楼，总户数约 8000 户。

逐岛而居，风行世界的亲水生活：泾河、渭河，两河双岸，国际级百里滨水景廊开创世界级半岛生活！

城市中轴，经开左岸：踞城市中轴，扼守经开北门户，距城市新中心市政府 11 公里，连接大西安核心圈，10 分钟切换繁华与静谧！离尘，不离城！

双语名校，预定未来：社区双语幼儿园、品牌实验小学，让更多的孩子能够分享国际化视野的人文素质教育，让孩子赢在起跑线！

星级酒店，皇家守护：星级酒店，便捷品质服务，细节体贴入微，打造舒心社区！

世界园林大师，植入亲水生活：四重立体景观，五大景观组团，国际级水景园林，蜿蜒水系贯穿社区的各个角落，让每位业主充分享受与水共欢的乐趣！

无忧配套，便捷城邦：社区 Bus、大型商业引入包括百货超市、餐饮、娱乐、休闲等各类业态，便可以乐享无忧生活！

一期花园洋房、景观多层，76～230 ㎡阔景美居，通透空间，低层、低密度的建筑形态带来居住价值的空前优化，引领完美居住品质！目前本项目一期正处于火爆认购中，珍贵席位分秒递减，置业良机稍纵即逝……

(资料来源：搜房网. 颐和盛世项目介绍[EB/OL] . [2010-11-23].
http://news.xian.fang.com/zt/201011/yiheshengshi.html)

　　房地产问题其实只不过是中国城市化(或者叫做城镇化)这一伟大历史进程中的一个组成部分。中国城市化的进程还远未完成，如果要继续发展的话，就必须进行城市化。这为有志于投身房地产行业的人士或者企业提供了广阔的舞台。新城市的催生决定了房地产行业有被十分看好的前景，并可引导加快投资。

　　中国经济在改革开放以来 40 多年的高速发展中，房地产业的发展为其高速增长作出了巨大的贡献。房地产业已经成为中国经济的支柱产业之一。当今中国的房地产行业已是一个比较市场化、管理规范化的行业，其产出与民生密切相关。房子是"衣、食、住、行"中基本的生活需求。随着楼市调控的进一步加深，在已基本解决了老百姓的居住问题之后，房地产市场会催生许多商业地产的投资需求。在房地产开发与经营领域，开发商层面上的洗牌、融资渠道的规范化、土地资源的调控、运营的商业模式等方面的竞争和变化逐渐从一线城市波及到二线、三线、四线城市，中国的城市化意味着未来会有大量二线、三线城市进入房地产的市场前沿，这个市场的洗牌、竞争和发展是不可避免的，也是一件很自然的事情。

随着"一带一路"战略的实施，中国建造已经开始着手于全球房地产开发。"中国地产""华人街"等，在不久的将来将成为国际驰名品牌。在中国国内，国家级新区、开发区、保税区、创业示范园区等，已经全面铺开，这些新区园区的开发势必会进一步提升我国的综合国力。一个现代化的、可持续发展的中国经济将作为经济改革的榜样载入世界历史史册。

第一节　房地产概述

一、房地产的概念

房地产(real estate)是房产、地产的总称。从法律意义上来讲，房地产是指土地、建筑物及固着在土地、建筑物上不可分离的部分及其附带的各种权益。房地产由于其自身的特点即位置的固定性和不可移动性，在经济学上又被称为不动产。它可以有三种存在形态，即土地、建筑物、房地合一。不动产是指土地及其定着物，包括土地、房屋、植被等，是与动产相对应的分类，具有法律意义。在我国，不动产通常是指土地使用权及土地之上的建筑物、附着物所有权。

房产一般指房屋财产，主要包括住房房产和营业性房产。房产具有法律上的权属关系，是物权，表现为所有权，即占有、使用、收益、处分权能。房产的交易形式有：①房产买卖，其中包括国有房产的买卖、集体房产的买卖和私有房产的买卖；②房屋租赁；③房产互换；④房产抵押。

地产即土地财产，主要包括土地和土地资本。土地具有有用性、稀缺性和社会的有效需求等特点。土地资本是为使土地达到一定的使用标准而进行的开发投资，这种投资要转化为一定量的物化劳动和活劳动，其本身必然具有商品属性。地产具有法律上的权属关系，属于物权。土地所有权表现为占有、使用、收益、处分四项权能。地产的交易形式有：①一级市场。这是由国家垄断经营的市场，它涉及集体土地所有权的变更和国有土地所有权的实现。经营业务包括：征用土地，办理产权转移手续；以出售或拍卖的方式转让土地一定时期的使用权；出租土地，定期收取地租等。②二级市场。这是由具有法人资格的土地开发公司对土地进行综合开发、经营所形成的市场。

在房地产拍卖中，其拍卖标的也可以有三种存在形态，即土地(或土地使用权)、建筑物和房地合一状态下的物质实体及其权益。外资进入房地产市场的主要渠道包括外商直接投资、借用外债、境外机构和个人以自购和包销方式买入商品房等方式。

房地产交易、开发、投资及经营等活动应遵守法律、法规的规定。我国对房地产的管理是比较严格的，国家颁布有《中华人民共和国土地管理法》《中华人民共和国城市房地产管理法》《中华人民共和国城市规划法》等系列法律，形成了房地产管理的法律构架。大量的法规、规章及几十个行政管理部门共同对房地产业进行监督管理。

二、地产的分类

地产是指能够为其权利人带来收益或满足其权利人工作或生活需要的土地资产。按照地产的用途可将其划分为以下类型。

(1) 居住用地：指住宅区内的居住建筑本身用地，以及与建筑有关的道路用地、绿化用地和相关的公共建筑用地。

(2) 工业用地：主要是指工业生产用地，包括工厂、动力设施及工业区内的仓库、铁路专用线和卫生防护地带等。

(3) 仓库用地：指专门用来存放各种生活资料和生产资料的用地，包括国家储备仓库、地区中转仓库、市内生活供应服务仓库、危险品仓库等。

(4) 交通用地：指城市对外交通设施用地，包括铁路、公路线路及相关的防护地带等用地。

(5) 市政用地：指用于建造各种公共基础设施的用地，包括城市供水、排水、道路、桥梁、广场、电力、电信、供热等基础设施使用的土地。

(6) 商业服务用地：指为整个城市或小区提供各种商业和服务业的用地，包括商店、超级市场、银行、饭店、娱乐场所等。

(7) 公共绿化用地：指城市区域内的公园、森林公园、道路及街心的绿化带等占用的地产。这类用地主要是为改善城市生态环境和供居民休憩所用。

(8) 教科文卫设施用地：这类用地包括各类大、中、小学校，以及独立用地的科学研究机构、实验站、体育活动场所、卫生医疗机构等占用的地产。

(9) 港口码头用地：主要是指货运码头、客运码头、民用机场等用途的地产。

(10) 军事用地：指为军事活动服务的用地，属特殊用地。

(11) 其他用地：不属于以上项目的其他城市用地，包括市区边缘的农田、牧场、空地等。

土地所有权是指土地所有者在法律规定的范围内，对其拥有的土地享有占有、使用、收益和处分的权利。土地所有权可分为国有土地和集体土地两类。国有土地是指属于国家所有即全民所有的土地，国家是国有土地所有权的唯一主体，用地单位或个人对国有土地只有使用权，没有所有权。集体土地是属于农村居民集体经济组织所有的土地，集体土地所有权的主体是农村居民集体经济组织。

地产的类型除了受到自然、经济、地理等因素影响外，主要取决于一个城市或者一个地区的城市规划。城市规划是国家政府部门依据自然科学和社会科学对地产未来发展的方向所进行的控制和安排。我国依照《城市规划法》，规划决定地块的用途。

三、房产的分类

房产是指上有屋顶，有墙面和立体结构，能防风避雨、御寒保温，供人们在其中工作、生活、学习、娱乐和储藏物资，并具有固定基础，层高一般在 2.2 米以上的永久性场所。但根据某些地方的生活习惯，可供人们常年居住的窑洞、竹楼等也应包括在内。按照房屋的使用功能，可将房产分为住宅、工业厂房和仓库、商场和店铺、办公楼、宾馆酒店、文体娱乐设施、政府和公用设施、多功能建筑(综合楼宇)等类型。

在房地产市场上，房产按房屋性质可以分为下列几种。

(一)商品房

商品房，是指由房地产开发企业开发建设并出售、出租的房屋。

(二)房改房

房改房即已购公有住房，是指城镇职工根据国家和县级以上地方人民政府有关城镇住房制度改革政策的规定，按照成本价或者标准价购买的已建公有住房。按照成本价购买的，房屋所有权归职工个人所有；按照标准价购买的，职工拥有部分房屋所有权，一般在 5 年后归职工个人所有。

(三)集资房

集资房，一般由国有单位出面组织并提供自有的国有划拨土地作为建房用地，国家予以减免部分税费，由参加集资的职工部分或全额出资建设，房屋建成后归职工所有，不对外出售。产权也可以归单位和职工共有，在持续一段时间后过渡为职工个人所有。集资房属于经济适用房的一种。

(四)解困房

解困房，是指各级地方政府为解决本地城镇居民中特别困难户、困难户和拥挤户住房问题而专门修建的住房。

(五)廉租住房

廉租住房，是指政府和单位在住房领域实施社会保障职能，向具有城镇常住居民户口的最低收入家庭提供的租金相对低廉的普通住房。

(六)经济适用住房

经济适用住房，是指根据国家经济适用住房建设计划安排建设的住宅。由国家统一下达计划，用地一般实行行政划拨的方式，免收土地出让金，对各种经批准的收费实行减半征收，出售价格实行政府指导价，按保本微利的原则确定。

(七)安居工程住房

安居工程住房，是指直接以成本价向城镇居民中低收入家庭出售的住房。这种房屋优先出售给无房户、危房户和住房困难户，在同等条件下优先出售给离退休职工、教师中的住房困难户，不售给高收入家庭。成本价由征地和拆迁补偿费、勘察设计和前期工程费、建安工程费、住宅小区基础设施建设费(小区级非营业性配套公建费，一半由城市人民政府承担，一半计入房价)、1%～3%的管理费、贷款利息和税金等七部分构成。

(八)花园式住宅

花园式住宅，也称西式洋房或小洋楼，亦称花园别墅。这种房屋带有花园草坪和车库的独院式平房或二三层小楼，建筑密度很低，内部居住功能完备，装修豪华，并富有变化，一般为高收入者购买。

(九)公寓式住宅

公寓式住宅是相对于独院独户的西式别墅住宅而言的，一般建在大城市，大多数是高层，标准较高，每一层内有若干单户独用的套房，包括卧室、起居室、客厅、浴室、厕所、厨房、阳台等，供一些经常往来的中外客商及其家眷中、短期租用。

在中国房地产市场国家宏观调控和微观监测的情况下，房地产项目的性质主要取决于政府立项时的批文。比如，某楼盘项目批文是经济适用房，那么该楼盘就应该按照经济适用房的规则来运作。

四、商业性房地产的分类

商业性房地产是指用于各种零售、餐饮、娱乐、健身服务、休闲等经营用途的房地产形式，从经营模式、功能和用途上区别于普通住宅、公寓、写字楼、别墅等房地产形式。商业性房地产是一个具有地产、商业与投资三重特性的综合性行业，既区别于单纯的投资和商业，又有别于传统意义上的房地产行业等。

商业性房地产开发项目按照商业形态进行分类，大体可以分为以下几个类目：传统商铺、综合商业广场、社区商业中心、商住写字楼、大型商业中心、休闲度假商业房地产和专业市场等。

(一)传统商铺

投资者都知道，将店铺开设在传统的商业旺地，通常，不大赚也能小赚。传统商铺是商业地产最初的形态，这种一间间分布的传统商铺遍布城市每个角落。传统商铺主要是指服务于人们日常生活的服饰店、发廊、鱼头店、大排档、食品店、咖啡馆、银饰品店、便利店及手机交费网点和彩票中心等。它们以普通居民为服务对象，服务种类比较齐全，以满足人们的日常生活、文化为基本目的。传统商铺在经营活动方面具有很大的灵活性，目前仍为广大投资者的首选和发展基础，有超过一半的投资者首次投资时钟情于传统商铺，但其规模一般较小，如果不能抓住回头客的话，其盈利能力往往较差。把现代时尚的创意理念融入传统商铺的设计和发展中，从店面视觉形象设计、店面内部陈设和装饰、产品设计等各个方面着手改变传统商铺的形象一直是店家努力的方向。

(二)综合商业广场

城市中心综合商业广场位于城市中心传统商圈，厚重的商业氛围、高聚合的商业人气和消费者的消费习惯保证了这种商业市场永远站在商业地产的前端，它是一个城市商业发展的"晴雨表"。从外贸服饰、布料工艺、眼镜批发中心到手机卖场、大型休闲中心等一应俱全，汇聚成为一体化的现代大型综合商业广场。综合商业广场一般都处于城市中心地段，口岸的不可复制性成为了决定性因素，它是消费者的习惯消费场所，这就保证了其超强的购买指数。但是此类城市中心综合商业市场高昂的置业价格和经营成本也让很多"垂青者"望而止步。

(三)社区商业中心

社区商业是一种以社区范围内的居民为服务对象,以便民、利民、满足和促进居民综合消费为目标的属地型商业。社区商业所提供的服务主要是社区居民需要的日常生活服务,这些服务具有经常性、便利性,但不一定价格低廉的特点。近年来,城市的交通拥堵,人们已不可能把消费再集中于一个城市中心商业区,以社区超市、大型购物中心等为代表的社区商业中心满足了人们就近消费和节约时间的需要。尽管社区商业中心以日常消费品为主,在档次上和城市中心综合商业市场尚有差距,但其方便性是其制胜的"撒手锏"。

随着城市创卫、老楼区改造及新农村建设的兴起,社区商业在城市各处的社区内形成了便利连锁店、小型超市、洗染店、美容美发、银行、药店、照相馆、物资回收、家政服务、维修、邮政、早点快餐、生鲜超市、音像店等多种便民服务商业业态。每个社区商业中心离居民生活圈200米左右,辐射范围1~1.5千米。通过物流配送,社区商业中心可实现资源共享,降低成本。此外,还可延长便利店的经营时间,实现18~24小时经营。

(四)商住写字楼

商住写字楼是现代社会高速发展的产物,它集办公与住宿为一体,让在"家"办公成为现实,是许多中小型公司的起步平台,但一般都很现代化,很符合年轻人快节奏、追求时尚的消费习惯。商住写字楼,依据商住的侧重不同还可以细分为商住公寓和商住办公楼。商住公寓可注册办公,其民用水电价位低,公司支出成本极低,精装修,可住宿、办公,适合做各种公司办公室,还可开办美容院、牙科诊所以及各种培训班,楼下就是现代化商场,非常方便。商住办公楼在都市一亮相就吸引了众多投资者的眼球,因为市场的空缺很大,所以前景也很光明。

(五)大型商业中心

大型商业中心融合区域中心、活动中心、消费中心、集散中心和管理中心为一体,并拥有购物、休闲、美食等生活、消费"一站式"配套服务。大型商业中心多定位于集购物、休闲、娱乐、餐饮、商务为一体的城市综合体。一个功能齐备的一站式购物中心的出现,不仅成为城市的财富新地标,还能提升周边的"软实力",其对商业、房产等带来的财富集聚效应值得期待。大型商业中心外墙上各色商场、超市、饭店和服装品牌的广告牌让人眼花缭乱。走进大型商业中心,在店铺门口,可看到着装整齐的服务员站在入口两边迎接顾客。

(六)休闲度假商业房地产

休闲度假商业房地产,简单地说就是为休闲活动服务的地产,它以住宅为主体,融合了多种休闲设施。这种休闲地产在一般住宅要素的基础上,依托项目周边良好的资源环境,把房地产和房地产以外的其他产业资源,包括生态资源、旅游资源、文化资源等进行嫁接,在建筑规划、配套设施、社区生活中导入休闲元素,使居住者能够充分放松身心,享受到休闲生活。餐饮、休闲和度假居住在这里相互依存和支持。客房结合古典中式家具和现代设施，尽显古典奢华。根据休闲度假商业地产所依托的核心资源，可以将其分为海滨休闲地产、水滨休闲地产、山地休闲地产、高尔夫休闲地产、滑雪休闲地产、农业休闲地产、娱乐休闲地产及复合型休闲地产。

随着生活节奏越来越快，人们普遍感觉工作、生活压力巨大，都渴望身心的放松，都希望远离城市的喧嚣和繁杂，能够回归自然，因此休闲度假商业房地产便在人们的企盼中闪亮登场，它可最大限度地放松人们紧张的神经，因此深受都市居民的追捧。

(七)专业市场

专业市场是一种以现货批发为主，集中交易某一类商品或者若干类具有较强互补性或替代性商品的场所，是一种大规模集中交易的坐商式的市场制度安排。其主要特点有：①是一种典型的有形市场；②以批发为主，兼营零售；③集中交易，有一定数量规模的卖者，接近完全竞争的市场结构；④以现货交易为主、远期合同交易为辅。简而言之，专业市场的内涵就是"专门性商品批发市场"。根据以上特点，可以比较清晰地把专业市场同综合市场、超级市场、百货商店、菜市场、零售商店、专卖店、商品期货交易所、集市、庙会等各种市场形态区别开来。专业市场如雨后春笋般在都市出现，很快就以全新的模式吸引了众多的消费者，也让那些投资者赚得盆满钵满。专业市场是市场细分的产物，它以电脑、数码产品、家居、建筑材料及服装百货等类别产品定位，以品种齐全的优势牢牢占领了商业市场的一隅。这种市场一般偏居城市四周，对区域的要求性不是很高，但非常强调"集群效应"，有规模就有人气，有人气也就有了商气。

未来，商业性房地产在整个房地产业中所占的比重会越来越大，以SOHO为代表的商住大厦将会越来越多，人们的生活居住将和商业办公进一步交融。

互动话题

你能从中国古代名著中找到房地产开发与经营的例证吗？试列举。

五、房地产的特征

房地产的特征应先从房地产的功能说起：远古先民从引穴而居到筑巢为所，为的是遮风避雨和休眠，这是房屋的自然功能。随着人类活动的不断发展，房屋的功能不断提高，它由为人类遮风避雨发展到人与人交流、商贸(店面)甚至国防(如城楼、哨卡)等社会功能。房地产的形成和产生初衷，根源于房和地本身的交易行为(如房屋的买卖、租赁等)。随着商品交换和商品经济的发展，房地产业就以房屋和土地产业化的方式存在于社会经济中。房地产的特征就是在房地产功能商品化的基础上建立和发展起来的。

(一)房地产的自然特征

房地产的自然特征包括位置的固定性、结构性能的异质性、使用的耐久性、资源的有限性和物业的差异性。

位置的固定性是指自然地理和行政区划意义的确定性。区域位置、交通便捷程度、基础设施与公用设施状况、宗地面积、地形及地质条件等因素对于一处地域具有确定性。

结构性能的异质性是指建筑结构、空间性能和功能用途对于不同的房地产项目来说具有异质性。建筑结构因所用的建筑材料不同，可分为混凝土结构、砌体结构、钢结构、轻型钢结构、木结构和组合结构等。建筑受力结构类型及施工方法如下(见表1-1)。

表1-1 建筑受力结构类型及施工方法

项 目	结构类型	施工方法
1	混合结构	砖混或砖木；块材砌筑墙体(或用大型预制墙材安装)、楼板(木、预制或现浇混凝土)
2	框架结构	梁柱钢接而成的受力体系；预制柱、梁、板装配(钢筋混凝土或者钢材)；现浇混凝土柱、梁，预制板，全现浇钢筋混凝土
3	框架剪力墙结构	现浇混凝土墙，现浇混凝土柱、梁，现浇板
4	剪力墙结构	全装配大板；内浇外挂；全现浇(大模板、滑模)；配筋砌块墙体，现浇构造柱、芯柱和圈梁
5	框筒结构	全现浇(大模板、滑模)
6	筒中筒结构	内外各做成筒，一般内筒为全现浇；外筒(现浇混凝土、钢)做成密柱深梁形成筒体
7	钢网架、悬索结构	钢网架、悬索

使用的耐久性是指房地产的使用时间比较长，有的古代建筑甚至是千年不倒。国家对土地使用权最高年限规定为：居住用地70年；工业用地50年；教育、科技、文化、卫生、体育用地50年；商业、旅游、娱乐用地40年；综合或者其他用地50年。

资源的有限性是指土地的自然存量、土地的社会存量以及房地产的空间存量是有限的。所谓存量土地，广义上讲泛指城乡建设已占有或使用的土地，狭义上讲是指现有城乡建设用地范围内的闲置未利用土地和利用不充分、不合理、产出低的土地，即具有开发利用潜力的现有城乡建设用地。

物业的差异性是指物业管理企业差别化服务。在计划体制下，由于人们的需求趋同(或者说差异较小)，以及所提供各类服务资源的相对匮乏，往往是提供什么样的服务就是什么样的服务，在这一条件下，实施统一标准的服务模式是和当时的体制相适应的。而市场经济体制的建立带来了需求的多样性、差异性，人们越来越多地追求个性化的服务。需求决定市场，而需求的差异性正是物业管理企业推行差别化服务的前提。差别化服务模式是与社会主义市场经济体制相适应的新型服务模式。物业管理企业的差别化服务就是根据不同阶段、不同业主的不同需求，有针对性地开展个性化、差别化的服务，从而满足各类业主的需求。

(二)房地产的经济特征

地产的价值常常要借助房产的价值表现出来，具有复合性，既包括人工、材料及固定资产消耗，也包括土地使用代价。房地产建设周期长、投资大，具有资金密集性。房地产投资的流动性较差，资金或者收益的回收方式不同：生产或经营自用，以折旧的方式收回；房地产销售中的积压，投资沉淀于投资人手中；房地产用作经营时，其投资以租金的形式回收；房地产作为办公自用时，被使用者消耗掉。房地产的经济性还表现在房地产具有保值和增值性。房地产增值就是房地产价值在较长时间序列上呈不断上升趋势的规律，其主要归功于土地的增值。

(三)房地产的社会特征

房地产的生产和消费反映出较强的社会风俗和生活习惯。房地产具有一定的投资品特性是可以理解的，但是在特定的市场环境下，过于浓厚的投资品特性必然使得房地产市场充满投机气氛，不仅容易导致房价在短期内异常上涨，而且也会给经济带来结构性问题，如稀缺资源的无效利用、资产与财富保有的两极分化、家庭收入可承受能力的恶化等。

房地产对相关产业具有连锁的影响作用。据专家测算：玻璃是房地产建筑的主要材料，建筑用玻璃约占玻璃总需求的 60%，玻璃产量同比增速对房地产竣工面积累计同比增速的敏感性系数为 0.78，对汽车产量的敏感性系数为 0.27；水泥需求受房地产和基建共同拉动，其同比增速对房地产新开工面积累计同比增速的敏感系数为 0.44，对基建投资额的敏感系数为 0.22。

房地产在生产经营中涉及复杂的法律关系。房地产往往受政府政策、福利制度和社会保障制度的影响。国家的每一轮房地产调控，都在试图推动房地产从投资品特性主导逐步恢复到消费品主导。

第二节　房地产开发

一、房地产开发的概念

房地产开发是指依《中华人民共和国城市房地产管理法》的规定，在取得国有土地使用权的土地上进行基础设施、房屋建设的行为。房地产开发可以分为土地开发和房产开发。房地产开发是从事房地产开发的企业为了实现城市规划和城市建设(包括城市新区开发和旧区改造)而从事的土地开发和房屋建设等行为的总称。房地产开发首先要依法取得国有土地使用权，然后按照城市规划要求进行基础设施、房屋建设。取得国有土地使用权是房地产开发的前提，而房地产开发也并非仅限于房屋建设或者商品房屋的开发，而是包括土地开发和房屋开发在内的开发经营活动。房地产开发的含义可以从以下两个方面深入理解。

(1) 房地产开发是在依据《中华人民共和国城市房地产管理法》(以下简称《城市房地产管理法》)取得国有土地使用权的土地上进行基础设施、房屋建设的行为。《中华人民共和国城市管理法》规定：房地产开发是指在依法取得国有土地使用权的土地上进行基础设施、房屋建设的行为；房地产开发必须严格执行城市规划，按照经济效益、社会效益、环境效益相统一的原则，实行全面规划、合理布局、综合开发、配套建设。房地产开发与城市规划紧密相关，是城市建设规划的有机组成部分。为了确定城市的规模和发展方向，实现城市的经济和社会发展目标，必须合理地制定城市规划，以便在城市规划的框架下进行房地产开发。《中华人民共和国土地管理法》规定：任何单位和个人进行建设，需要使用土地的，必须依法申请使用国有土地；国有土地包括国家所有的土地和国家征用的原属于农民集体所有的土地。

(2) 房地产开发是房地产活动中的一项重要内容，属于房地产生产、流通、消费诸环节中的首要环节。房地产开发一般来说包括土地开发和房产开发，可以分为单一开发、综合开发。作为不动产，与其他商品的开发相比，房地产开发具有投资大、耗力多、周期长、高盈利、高风险的特点。房地产开发活动在人们的生活中占据越来越重要的地位，经济越发达，时代越进步，房地产开发的范围就越广，程度就越深，内容也就越丰富。

二、房地产开发的类型

(一)土地开发

土地开发的历史源远流长。人类为了生存发展，就必然要对土地进行垦殖、利用、改造等活动。人类初期对土地的利用是从简单的刀耕火种开始的，经过长期发展，特别是今天，人类对土地的开发已到了无以复加的境地。人类在改造自然的同时也改造了自己；人类在为自己建造好了大量房屋、工厂的同时，也改变甚至是破坏了环境。

现在，土地开发一般是指地上建筑物、构筑物建设前的一切前期工作。土地开发必须按规划和计划进行，加强开发、利用、治理和保护，做到经济效益与社会效益、生态效益协调统一。过去土地开发比较单一，主要是垦殖；现在不仅包括农业开发利用，更多的是城市基础设施建设、房地产开发建设、大型绿地建设等。土地开发内容不仅包括土地征用、动迁拆迁安置及各种补偿、勘探测量、规划设计、可行性研究，还包括"七通一平"。"七通"通常是指通给水、通排水、通热、通气、通电力、通电信(电话、有线电视、宽带上网)和通公路，实际上就是使原有的土地改变成能适合新需要的土地的开发活动；"一平"是指平整土地。

土地开发在房地产开发中也可分为新区开发与旧城区改造。新区开发是指把农业或者其他非城市用地改造为适合工商业、居民住宅、商品房以及其他城市用途的城市用地。新区开发是按照政府规划，在新的行政区划上进行建设。我国目前有三个在直辖市设置的"新区"：上海浦东新区、天津滨海新区和重庆两江新区。其他地方的新区建设更是快速发展。新区政策给了现代新都市无限的发展空间，开发者要敢于创新，敢于创造，积极推动改革发展。新区往往成为改革创新之区、开拓开放之区。旧城区改造也称二次开发，即对已经是城市土地，但因土地用途的改变、城市规划的改变以及其他原因，需要拆除原来的建筑物，并对土地进行重新改造，投入新的劳动。旧城区改造是通过动迁、拆迁及安置补偿之后对于旧城区原有的市政基础设施进行改造或重建。一般来说，其工作量大，纠纷多，需要同政府相关行政管理主管部门、事业性单位、原住居民等进行耐心协商。

(二)房产开发

房产开发就是在一定的土地上进行各种房屋的建设，使之成为满足人们生产、生活需要的房地产项目的开发活动。

从城市规划的角度来看，房产开发范围可以分为城市居住区、居住小区和居住组团三个辐射面。

(1) 城市居住区是指不同居住人口规模的居住生活聚居地和特指被城市干道或自然分界线所围合，并与居住户数(10 000～15 000 户)、居住人口规模(30 000～50 000 人)相对应，配建有一整套较完善的、能满足该区居民物质与文化生活所需的公共服务设施的居住生活聚居地。

(2) 居住小区是由居住区级道路或自然分界线所围合，并与居住户数(2000～4000 户)、居住人口规模(7000～15 000 人)相对应，配建有一套能满足该区居民基本的物质与文化生活所需的公共服务设施的居住生活聚居地。

(3) 居住组团是指被小区道路分隔，并与居住户数(300～700 户)、居住人口规模(1000～3000 人)相对应，配建有居民所需的基础公共服务设施的居住生活聚居地。

从房产使用性质的角度来看，房产开发一般包括四个层次：第一层次为住宅开发；第二层次为生产与经营性建筑物开发；第三层次为生产、生活服务性房产的开发；第四层次为公共建筑物的开发。

(1) 住宅开发是指开发供人们生活起居用的房产。住宅主要有普通住宅、公寓、别墅、度假村等。普通标准住宅是指按所在地一般民用住宅标准建造的居住用住宅。别墅是指在郊区或风景区建造的园林式住宅，一般拥有独自的私家车库、花园、草坪、院落等。高档公寓是指其单位建筑面积销售价格高于当地普通住宅销售价格一倍以上的高档次住宅，通常为复式住宅，顶层有花园或多层住宅配有电梯，并拥有较好的绿化、商业服务、物业管理等配套设施。度假村(resort)是指一个用作休闲娱乐的建筑群，通常是由一家独立公司营运，但也有数个集团合作经营的。为了让客人们于假日时享受他们的假期，度假村内通常设有多项设施以应付客人的需要，如餐饮、住宿、体育活动、娱乐、购物等。一些以度假村为主体的城镇通常被称为度假村城镇。基本上，度假村一词主要是用作区别于一些没有提供其他度假村应有设备的酒店(hotel)。但是，用作住宿的酒店也是度假村的中枢部分。

(2) 生产与经营性建筑物开发是指工业、农业、商业、交通运输业、邮电通信、建筑业等方面的建筑物的开发。如现代化的厂房、超市、飞机场、火车站、汽车站、航空港、水上客运站、宾馆、加油站、煤气站、邮政大楼、电报电话局等建筑。

(3) 生产、生活服务性房产的开发是指文教建筑(如学校、图书馆、学生实验室等)、托幼建筑(如托儿所、幼儿园等)、科研建筑(如研究所、科学实验楼等)、医疗建筑(如医院门诊所、疗养院、急救中心等)、体育建筑(如体育场馆、游泳池等服务于体育运动的房屋建筑)、文娱建筑(如剧院、会堂、博物馆、文化馆、展览馆等)，以及食堂、饭店、菜场、浴室、理发店等与人们生活密切相关的建筑物的开发。

(4) 公共建筑物开发是指城市基础设施的开发，包括道路、桥梁、公交车候车亭、电话亭、广场、园林建筑、纪念性建筑、消防站、垃圾转运站、公园等设施。

三、房地产开发的形式

房地产开发有多种形式，较为常见的有三种：以签署联合经营协议的合伙制联建；房屋参建(合建)；组建具有独立法人资格的项目公司开发。三种开发形式在法律上的性质、所需要承担的风险及运作方式等方面都有着相当大的区别。

采用合作方式联建或合建时，不用新设开发公司，联建或合建各方之间以联建或合建合同、协议相互约束。

若是由若干个投资者(即股东)新设立房地产开发公司(包括综合性房地产开发公司和房

地产开发项目公司),则需要就开发商的股东情况、公司形式或合建方式、注册资本、经营范围等方面的内容以公司章程等文件形式来加以明确。

(1) 开发商的股东情况。如果开发商的股东或合建方有法人股东(大多数开发商由或主要由法人股东构成),则应审查每个股东的营业执照,以便了解其基本情况。包括中外合资或中外合作企业各方的注册登记文件,中方为"企业法人营业执照"(下称"营业执照"),外方为 Certificate of Incorporation(公司注册证)。

(2) 开发商本身的最新营业执照。有效的营业执照应通过工商行政主管部门进行的企业年检,买方应注意营业执照的颁发时间以及是否盖有工商部门"年检通过"的印章。

(3) 开发商设立时应有注册会计师出具的验资报告,以便知悉其实收资本的数量和缴纳情况等。

(4) 开发商的公司章程。

(5) 如果开发商是中外合资或合作的房地产开发公司,买方还应审查下列文件:合资合同或合作合同;外经贸主管部门的批准文件;外商投资企业批准证书。

房地产联建是指提供资金、技术、劳务一方与提供土地的一方合作进行房地产开发,双方在合同中明确约定按比例分配房屋和土地使用权,并以各自所有或者经营管理的财产承担民事责任的房地产合作开发行为。一般适用于提供土地方与房地产开发公司之间签立。

房屋参建是指参建人以参建名义对已经成立的房地产项目参与投资或预购房屋的行为。一般表现为参建人通过投资或参与房地产建设而获得部分房产的所有权,适用于房地产项目已进行,但开发方资金不足的情况。

项目开发公司是指提供资金、技术、劳务一方与提供土地的一方以组建法人资格的经济实体来合作进行房地产开发的行为。这种情形下,房地产合作开发的合作人即成为项目公司的股东。一般适用于合作双方都不是房地产开发公司而进行商品房开发的情形。

采用合作方式联建或合建时,开发商都需要承担无限责任,且合作投资者之间复杂的关系往往无法通过合作协议统一调整,合作投资者之间容易产生纠纷。所以组建房地产开发企业进行项目开发,应该是房地产开发较为优越的形式,特别是对于一些大型项目的房产开发。

四、房地产开发的基本原则

房地产开发具有投资风险大、收益高、增值快的特点。其风险主要来自四个方面:一是市场风险,即由于房地产市场价格波动而给投资者带来损失的可能;二是购买力风险,即因物价上涨过快而造成投资收益水平下降的可能;三是拖欠风险,即由于房地产购买者财务状况的恶化而使房地产投资及其收益无法全部收回的可能;四是由于自然灾害和意外事故的发生而给投资者造成损失的可能。为了规避风险,房地产开发必须遵循其基本原则。

房地产开发的基本原则是指在城市规划区、国有土地范围内从事房地产开发并实施房地产开发管理中应依法遵守的基本原则。依据我国法律的规定,我国房地产开发的基本原则主要有以下几个。

(1) 依法在取得土地使用权的城市规划区、国有土地范围内从事房地产开发的原则。按市场规律办事,依法取得土地使用权是房地产开发的开始。在我国,通过出让或划拨方式依法取得国有土地使用权是房地产开发的前提条件，房地产开发必须是国有土地。我国另一类型的土地即农村集体所有土地不能直接用于房地产开发，集体土地必须经依法征用转为国有土地后，才能成为房地产开发用地。

(2) 房地产开发必须严格执行城市规划的原则。城市规划是城市人民政府对城市建设进行宏观调控和微观管理的重要措施，是城市发展的纲领，也是对城市房地产开发进行合理控制，实现土地资源合理配置的有效手段。科学制订和执行城市规划，是合理利用城市土地，合理安排各项建设，指导城市有序、协调发展的保证。

(3) 坚持经济效益、社会效益和环境效益相统一的原则。经济效益是指房地产所产生的经济利益的大小，是开发企业赖以生存和发展的必要条件。社会效益是指房地产开发给社会带来的效果和利益。环境效益是指房地产开发对城市自然环境和人文环境所产生的积极影响。以上三方面是矛盾统一的辩证关系，既有联系，又有区别，还会产生冲突。这就需要政府站在国家和社会整体利益的高度上，进行综合整合和管理。

(4) 坚持全面规划、合理布局、综合开发、配套建设的原则，即综合开发原则。综合开发较之以前的分散建设，具有不可比拟的优越性。综合开发有利于实现城市总体规划，加快改变城市的面貌；有利于城市各项建设的协调发展，促进生产，方便生活；有利于缩短建设周期，提高经济效益和社会效益。

(5) 符合国家产业政策、国民经济与社会发展计划的原则。国家产业政策、国民经济与社会发展计划是指导国民经济相关产业发展的基本原则和总的战略方针，房地产业作为第三产业应受国家产业政策、国民经济与社会发展计划的制约。房地产开发公司必须按照土地使用权合同约定的情况开发土地，而且要确保产品质量合格。

根据《中华人民共和国城市房地产管理法》第二十四条至二十七条的规定，对于房地产开发有下列基本要求。

(1) 房地产开发必须严格执行城市规划，按照经济效益、社会效益和环境效益相统一的原则，实行全面规划、合理布局、综合开发、配套建设。

(2) 以出让方式取得土地使用权进行房地产开发的，必须按照土地使用权出让合同约定的土地用途、动工开发期限开发土地。超过出让合同约定的动工开发日期满一年未动工开发的，可以征收相当于土地使用权出让金20%以下的土地闲置费；满两年未动工开发的，可以无偿收回土地使用权；但是，因不可抗力或者政府、政府有关部门的行为或者动工开发必需的前期工作造成动工开发延迟的除外。

(3) 房地产开发项目的设计、施工必须符合国家有关标准和规范。房地产开发项目竣工，经验收合格后，方可交付使用。

(4) 依法取得土地使用权的，可以依照本法和有关法律、行政法规的规定，作价入股、合资、合作开发经营房地产。

互动话题

以学校所在地的周围居住环境为例，谈谈城市居住区、居住小区和居住组团的区别。

第三节　房地产经营

一、房地产经营的概念

房地产经营，从广义上讲，就是指一切通过从事房地产领域的经济活动，通过房地产商品获得经济效益的行为；从狭义上讲，则是指房屋经营和城市土地经营这两种房地产领域的经营行为。

(一)房屋经营

房屋经营主要包含房屋出售和房屋租赁两种类型。房屋出售和房屋租赁都必须依据《中华人民共和国合同法》(以下简称《合同法》)，按照法定的程序办理。由于房屋是一种价值较大的商品，因此在房屋经营时，既要根据市场情况作出出售还是租赁的选择，又要防范交易风险，避免出现房产纠纷。对出售决策或租赁决策，选择哪种经营方式，一般要根据市场状况、开发商对回收资金的迫切程度和开发项目的类型等因素才能作出决定。对于住宅，通常是以出售为主；对于写字楼、酒店、商业用房等商务建筑，一般是以租赁方式为主。

是租赁还是买卖，是每一个进入房地产经营的主体所必须作出的选择。对购买者来说，在既可以租又可以买的条件下，应该按机会成本和经营收益进行权衡决策。房屋出售是在房地产市场上进行权利转让，或者按照合适的商品房价格的时间差异进行投资或者投机的市场行为。房屋出售的范围包括住宅、厂房、超市、门店等各种性质的房产。房屋租赁的范围也比较广泛，一般包括：①将房屋以联营、承包、合资、合作经营等方式提供给他人使用，不参与经营，并取得收益的；②将房屋以柜台、摊位等方式分割提供给他人使用，并取得收益的；③将地下构筑物提供给他人使用，并取得收益的。

(二)城市土地经营

城市土地经营也称为地产经营。土地是房地产价值的重要部分。在地价飙升的时期，土地经营有时会超过房产经营的回报。城市土地具有社会、经济和人文的多重属性，其价值波动比较大。在盛世社会，城市土地一方面是主要的生产要素，另一方面具有其活跃的经济形态变化，同时还体现了土地的产权关系。经过初步开发的城市土地，不仅是一种商品(既具有价值，也具有使用价值)，而且是重要的城市资源。我国宪法规定城市土地的所有权永远属于国家，但是城市土地的使用权可以有偿转让。城市土地经营必须在城市资源整体规划的法律约束下进行。

城市土地经营就是城市土地使用权的经营。经营者可以通过城市土地经营，使自己获得经济利益。我国城市土地经营的主要形式有两种，即城市土地的租赁经营(具体包括城市土地的出让和转让、出租等方式)和城市土地的开发经营(也包括开发后的土地转让所有权)。

(三)城市房地产综合开发经营

城市房地产综合开发是指在依法取得使用权的国有土地上进行商品房屋及其相配套的城市基础公用设施建设的行为。我国各大城市的城市新区开发和旧区改建都是在政府行政和国家法律的双重框架下展开的。城市房地产综合开发经营实行统一规划、合理布局、综合开发、配套建设的原则。以成片集中开发为基础的城市房地产综合开发经营活动是规模最大、综合程度最高的房地产经营，是房屋建筑经营和城市土地经营的统一。国外一些实力雄厚的房地产经营企业，往往都采用这种方式经营房地产。这种经营方式在资金充裕、企业管理水平先进的条件下，无论是对房地产经营企业还是对城市人民政府，都是综合效益最高的一种经营方式。

可以从以下三个方面深入理解房地产经营的含义。

(1) 房地产经营是一种法律行为。《中华人民共和国城市房地产管理法》和《城市房地产开发经营管理条例》规定了转让房地产开发项目的条件。房地产转让、抵押时，房屋所有权和该房屋占用范围内的土地使用权同时转让、抵押。国家实行房地产成交价格申报制度。房地产权利人转让房地产，应当向县级以上地方人民政府规定的部门如实申报成交价，不得瞒报或者作不实的申报。房地产转让、抵押，当事人应当依照规定办理权属登记。商品房预售人应当按照国家有关规定将预售合同报县级以上人民政府房产管理部门和土地管理部门备案。转让房地产开发项目，转让人和受让人应当自土地使用权变更登记手续办理完毕之日起 30 日内，持房地产开发项目转让合同到房地产开发主管部门备案。房地产开发企业转让房地产开发项目时，尚未完成拆迁补偿安置的，原拆迁补偿安置合同中有关的权利、义务随之转移给受让人。项目转让人应当书面通知被拆迁人。

(2) 房地产经营是一种公司行为。房地产公司是指从事房地产开发、经营、管理和服务活动，并以盈利为目的的进行自主经营、独立核算的经济组织。房地产公司必须依照《公司法》设立，只能从事资质许可的经营活动。按照《房地产开发企业资质管理规定》和《房地产开发企业资质管理办法》的规定，房地产开发企业资质证书分为四个资质等级。房地产公司应严格依照科学管理、科学运作的管理机制进行经营管理，推行经营标准化，发挥计划、组织、领导和控制的职能；严格内控制度的建设，做好营销管理、人力资源管理和财务管理工作。

(3) 房地产经营是一种经济行为。自 20 世纪 80 年代后期以来，随着房地产交易量的日益扩大，房地产经营活动遍及房地产开发、销售、租赁、购买、投资、转让、抵押、置换及典当等各类经济活动过程中。从规划设计、建造运筹、经营促销到物业管理的咨询策划，全方位地融入到房地产经营开发的全过程，对促进房地产业及相关产业的正常发展起着巨大作用。凡是从事房地产销售工作的都属于房地产经纪人。在我国，一般将从事一手房销售的称为房地产经纪人或置业顾问，将从事二手房交易的称为房地产经纪人。房地产经纪人是房地产中介的一部分，房地产中介主要由房地产咨询、房地产评估、房地产经纪三部分构成。在日常生活中，房地产经纪人通常也被称为"房屋中介"或"二手房中介"。房地产经纪人以第三者的独立身份从事顾问代理、信息处理、售后服务、前期准备和咨询策划等工作。

二、房地产经营的类型

(一)土地经营

土地经营是以土地为基本生产资料，以获取土地产品或以土地承载力为开发利用目的的经济活动，具体可分为农业土地经营、矿业土地经营和城市土地经营等。

(1) 农业土地经营以土地为劳动手段和劳动对象，通过开发和利用土地肥力来获取生物产品，是土地经营的基本内容。农业土地经营的好坏除了受经营者的主观条件和社会经济因素的影响和制约外，土地本身的肥力和位置对经营状况也有重要影响。

(2) 矿业土地经营是以地下矿藏为劳动对象，通过劳动手段，把矿产品从与土地的原始联系中分离出来，转化为能够用于生产或消费的物质财富的经营活动。矿业土地经营要受到矿藏的自然地理位置及其储量的影响。矿产具有不可再生性，是有限的。

(3) 城市土地经营是以城市土地为对象，以城市土地的开发和利用为内容，以获得一定经济利益为目的的经济活动。城市土地经营包括两个方面：由国家委派的土地管理机构或经营企业，将城市土地租给企业、事业单位和个人使用，收取土地使用费，实行土地租赁的垄断经营；由城市土地开发企业对城市土地进行开发和再开发，由国家委派的土地管理机构或经营企业提供给用地单位或个人使用，收取土地开发费。此外，还有城市用地单位之间的土地使用权的有偿转移。

(二)房产经营

房地产开发公司的房产经营项目主要有房产销售、房产租赁、房屋工程设计、出租本公司开发的商品房、出租办公用房、格子商铺出租、室内装修设计、停车服务和物业管理等。比较典型的房产经营主要是商品房销售和商业楼盘招商。

房产经营时，首先，应明确经营项目的相关信息，比如楼盘总占地、楼盘总户数、户型分布、价位分布、小区绿化率、小区容积率、小区安防系统及物业管理、楼盘周围的市政建设情况及周边配套设施等。其次，还应了解周边竞争楼盘及整个房地产行业的相关信息及发展走向。若有新的经营建议也要及时提出来，以便房产经营时可以更快速、更准确地达到制定的预期经营目标。一个好的楼盘应具备好的小区规划设计、户型设计、小区园林景观设计、周密的保安防范体系及星级的物业管理、周边的良好环境、方便的交通、优越的市政设施等。

(三)房地产经营

房地产经营包括房地产开发经营和房地产代理经营。

房地产开发经营是指房地产开发企业在城市规划区内、国有土地上进行基础设施建设、房屋建设，并转让房地产开发项目或者销售、出租商品房的行为。这是国务院《城市房地产开发经营管理条例》第二条明确定义的。

房地产代理经营是服务于房地产销售过程中的一种中介服务，它主要包括五个方面的内容，即房地产咨询、房地产价格评估、房地产经纪、物业管理和装修工程设计。房地产代理经营范围受《民法通则》和《公司法》的限制，其经营范围主要包括房地产居间买卖、房地产中介及代理、厂房租赁与销售代理、写字楼租赁与销售代理、二手房地产买卖和租赁代理、房地产投资咨询等。

三、房地产经营的形式

房地产经营形式，主要是指房地产产品的销售形式，也就是出售和出租的形式。

(一)房地产出售的经营形式

出售是商品经营的最普遍形式。房地产品作为商品，其价值的实现也要通过这种形式。房地产品出售通常有以下几种方法。

(1) 按交易期限不同分为现货与期货两种出售形式。现货出售就是所谓的现场选择，拍板交易。成交后卖者实现了商品价值的同时，买者得到了房地产的部分或全部产权。期货交易是指购买所谓的"楼花"，待竣工后再移交给买者。期货交易一般在市场供给不足的情况下较多采用，优点是买者可以得到货源保证，卖者可以提前得到房款，从而加速房地产开发和流通。但在失控的情况下，也容易发生转手倒卖的投机行为。

(2) 按成交形式分为订购、现购和拍卖等形式。订购是买者为了确保货源而采取的形式，先预付一部分订金，当产品移交后再付清货款。现购是将新建产品验收后出售给购买者。拍卖是对准备出售的房地产预先估出底价，通过叫价，最后取最高叫价成交的一种特殊交易形式。

(3) 按付款期限可分为一次性付款出售和分期付款出售。

(4) 按付款条件可分为平价出售和优惠价出售。

(5) 按出售数量可分为批量出售和单宗出售。

(二)房地产出租的经营形式

出租是房地产经营的另一种基本形式，也是房地产商品交换的特殊形式。就其经济性而言，它具有四重特性：首先，它只是出让一定期限的使用权而不出让所有权；其次，出租作为房地产交换的一种特殊形式，它要通过许多次交换，价值才能得到完全实现；再次，通过出租，购买者虽未得到房地产的所有权，但却只需用房地产价值中的很小部分——租金，就可在规定的期限内获得它的全部使用价值；最后，出租使房地产商品既处在流通中，又处在消费中，从而使它具有流通和消费双重性的特点。

房地产出租按所经营的对象不同，分为土地出租和房产出租。

(1) 土地出租受各国土地制度的影响很大。在我国，由于土地公有，土地租赁就成为土地经营的唯一形式。国家规定国有土地可以有偿出让，转让其使用权。土地使用权出让是指国家以土地所有者身份将土地使用权在一定年限内让与土地使用者，并由土地使用者向国家支付土地使用权出让金的行为。土地使用权转让是指土地使用者将土地使用权再转移的行为，包括出售、交换和赠与。所以，土地出让的一级市场由政府垄断，它单向地流向土地使用者。就房地产经营企业来说，土地出租属于转让或再转让土地使用权的行为，但转让的土地必须是已经开发的土地，或连同地上建筑物的产权一同转让。当土地连同房地产一同转让时，土地转让的虽然仍是使用权，但地上房屋转让的可以是所有权。

(2) 房产出租，需要通过签订契约以确立和明确租赁关系以及出租人和承租人的权利和义务。房产出租在城市房地产经营中占很大比重，是不容忽视的经营内容和形式。房产出租的租金价格主要取决于同期银行利息和房屋价格。

互动话题

北京西站旁边的写字楼是出租划算还是一次性出售划算？为什么？

四、房地产经营的基本原则

房地产经营受多种市场环境因素的影响，风险性较高。政治、经济、法律、社会、人文、自然环境等因素往往影响房地产经营目标和经营策略的实现，加之房地产这种特殊商品具有位置固定性、价值昂贵性和使用价值的耐久性，因而对其经营也应该谨慎遵循相应的专业运营原则。纵观我国房地产市场的发展历程，房地产经营应该遵循政府干预房地产市场的原则、经营环境分析的原则、项目市场定位的原则、成本核算的原则、科学营销的原则和保护消费者权益的原则等基本原则。

(一)政府干预房地产市场的原则

房地产市场容易引发泡沫经济，政府房地产管理部门一定要对房地产市场进行宏观调控和微观制约。政府干预房地产市场的政策必须有明确的目标。对房地产市场的准入政策、房地产公司资质评定、房地产建筑质量标准化(包括规划标准、设计标准、材料标准、施工标准、监理标准)等方面，政府都要起到市场监管的作用。政府政策应具有系统性、前瞻性和引导性，做到商业住宅和社会保障性住宅并举，防止房地产泡沫经济对相关行业，甚至国民经济造成冲击。

(二)经营环境分析的原则

房地产经营环境分析包括以下基本内容。

(1) 宏观环境：包括政策环境(如财政、货币、产业、土地、住房政策)、经济环境(如宏观经济条件、居民经济收入和购买力)、人口环境(如人口总量、人口的年龄结构、人口的地理分布、家庭结构)、自然环境、技术环境等。

(2) 中观环境：包括我国房地产市场的法制体系(如房地产法律、国务院颁布的房地产条例、国务院相关部委颁布的行政规章、与房地产企业营销有关的其他法律)、房地产市场态势(如房地产市场周期、市场特点)、房地产行业规范等。

(3) 微观环境：包括区域地理位置特点(如区域自然环境特点、经济地位、社会地位、交通便捷程度)、区域经济发展战略与发展规划、区域房地产市场发展特点(如区域居民及分布特点、区域居民收入与购买力、区域居民的消费特点与习惯、区域竞争项目分布及相关影响因素)等。

(三)项目市场定位的原则

房地产项目市场定位，要在企业发展战略的框架下进行，体现企业的竞争优势，发挥企业的核心竞争力，构建企业品牌和产品品牌。房地产项目定位应当与当地区域的社会经济发展水平和消费者收入水平相适应，与所在区域房地产市场的物业档次、标准、品质相适应，与经市场调查分析确定的目标客户群的消费特点和消费能力相匹配，与企业的技术和管理水平相适应。

一个商业楼盘是定位于建材家具市场、汽车市场、教育服务中介市场还是科技企业写字楼、政府规划部门和开发商必须慎之又慎。要进行商圈、业态和需求等多方面的分析，方能准确定位。一旦市场定位失效，业态更难把握，最终会影响到投资的成败。

(四)成本核算的原则

进行项目成本与费用测算，并参照同类房地产项目的市场价格，运用适当的价值判断与评估方法，综合考虑房地产价格的影响因素，确定项目的租售价格。应进行投入产出分析，确保房地产开发的经济效益。

(五)科学营销的原则

现代营销的 4Ps 理论中的 4P 是指 product(产品)、price(价格)、place(地点，即分销或渠道)和 promotion(促销)。这一理论认为，如果一个营销组合中包括合适的产品、合适的价格、合适的分销策略和合适的促销策略，那么这将是一个成功的营销组合，企业的营销目标也可以借以实现。随着市场竞争日趋激烈，媒介传播速度越来越快，4Ps 理论越来越受到挑战。到 20 世纪 80 年代，美国劳特朋针对 4P 存在的问题提出了 4Cs 营销理论，4C 是指 customer(顾客)、cost(成本)、convenience(便利)和 communication(沟通)。

(六)保护消费者权益的原则

建筑材料、建筑构配件和设备要遵循《产品质量法》。房地产经营者提供房地产商品要遵循《消费者权益保护法》。建筑工程不适用《产品质量法》，但是要符合《城市房地产法》等一系列法律法规。房地产经营者与消费者进行交易，应当遵循自愿、平等、公平、诚实信用的原则。国家保护消费者的合法权益不受侵害。国家采取措施，保障消费者依法行使权利，维护消费者的合法权益。保护消费者的合法权益是全社会的共同责任。国家鼓励、支持一切组织和个人对损害消费者合法权益的行为进行社会监督。大众传播媒介应当做好维护消费者合法权益的宣传，对损害消费者合法权益的行为进行舆论监督。

第四节 房地产开发与经营的程序

一、房地产开发与房地产经营的区别

房地产开发与房地产经营有着紧密的联系，但是两者也有区别。

(一)房地产开发与房地产经营的概念不同

房地产开发是对城镇土地和房屋进行的建设开发。从广义上讲，房地产开发是以城镇土地资源为对象，按照预定目的进行改造加工，在地上进行房屋设施的建筑安装活动，以及为此而进行的规划、设计、经营管理活动的全过程。狭义的房地产开发是按照预定的目的进行的改造土地和建造房屋设施的经营管理活动的过程。

房地产经营也有广义和狭义之分。广义上讲，它是房地产企业对经营目标进行科学决策，并使确定的目标得到实现的全部管理活动的总和，包括房地产的投资、开发、出售、出租、维修、服务等全部综合管理职能活动。狭义上讲，房地产经营主要是指有关房地产产品供销的管理活动，其中尤其着重于销售活动。

(二)房地产开发与房地产经营的内容不同

房地产开发的内容包括综合开发、土地开发和房屋开发三种形式。综合开发是指从规划设计、征地拆迁、土地开发、房屋建设、竣工验收，直到建成商品房进行销售、交付使用的整个过程。这是开发公司科学地组织开发建设、经营管理、服务的一项系统工程。土地开发是指只办理征地拆迁和劳动力安置，搞好水通、电通、路通及土地平整的"三通一平"的全过程。它与综合开发的区别在于：土地开发不包括房屋建设的过程，一般是土地开发以后，按照当时的市场价格，通过拍卖、招标的方式，把已开发的土地转让给有关单位进行房屋建设，并按规定收取土地开发费。房屋开发是在土地开发的基础上，获得土地使用权后，按照城市规划的要求，组织房屋设计、施工建设、竣工验收、出售、租赁等经营的全过程。

房地产经营的范围广泛，内容也很多，主要包括房地产购置、房地产的销售、房屋互换、房地产信托和咨询等经营内容。

(1) 房地产购置。购置就经营者来说，是一种投资活动的起点，即由货币资金转换为商品资金，这种转换是通过购置行为完成的。购买的目的是为了出卖。所以，它构成了房地产经营活动的重要内容和不可缺少的环节。

(2) 房地产的销售。这是房地产经营活动中又一重要内容。开发与购置是和生产相联结的；而销售是和消费相联结的，它使商品资金通过出卖再转换为货币资金，从而完成其流通功能。所以销售和开发、购置一样，是房地产经营中最基本的内容。

(3) 房屋互换。在房地产市场不甚发达和供给严重不足的情况下，房屋互换是对购买和销售的补充。就其性质来说，它属于物物交换的流通方式。但它需要有中介和咨询服务，所以在房屋互换中提供必要的场所、信息、中介和咨询也成为房地产经营的一项内容。

(4) 房地产信托和咨询。信托和咨询是房地产经营者利用自己的技术、管理、信用和信息等方面的优势，接受委托而进行的经营和服务活动。房地产信托，是接受产权人或产权代理人的委托，代为进行房地产的经营管理。信托的内容包括代建、代租、代售、代修、代管以及代办其他有关业务。房地产咨询，主要是应投资者、消费者和房地产出售者的要求，就投资环境、市场信息、项目评估、质量鉴定、测量估价等方面提供咨询服务。信托和咨询都是有偿服务，经营者通过经营服务活动，不仅可获得按规定收取的经济报酬，也扩大了经营范围。

(三)房地产开发与房地产经营的方式不同

房地产开发的承担方式可分为独自开发、委托开发和分包开发三种形式。独自开发即房地产开发公司自己负责从本项工程的可行性研究、征地拆迁直到房屋建成经营的全过程。委托开发即房地产开发公司接受用户或投资单位的委托，根据已划定的征地红线，进行规划设计、拆迁安置、组织施工，直到建成后交付委托单位。开发公司按规定收取开发管理费或承包费。分包开发即房地产开发公司接受某项开发工程后，根据公司自身的能力和工程项目的性质、工程量的大小，将该工程分包给有关专业工程公司。

房地产经营方式主要是指房地产产品的销售方式，也就是出售和出租的方式。出售是商品经营的最普遍方式。房地产作为商品，其价值的实现也要通过这种方式。出租，是房地产经营的另一种基本方式，也是房地产商品交换的特殊形式。房地产出租按所经营的对象不同，分为土地出租和房屋出租。房地产出租的租金价格主要取决于同期银行利息和房屋价格。

二、房地产开发的一般程序

房地产项目开发程序是指进行房地产开发过程中应遵循的法律、法规及办事程序。对于房地产项目开发一般应遵循下列程序：项目开发前期调研、项目立项、项目规划、土地使用权的取得、征地拆迁、工程建设、房地产项目经营。

(一)项目开发前期调研

项目的前期调研，就是通过开发商对拟投资地区房地产市场的调查，搜集大量市场信息，来探询投资的可能性，寻找投资机会的过程。

(二)项目立项

项目立项，就是上报项目建议书或项目可研报告，取得政府批复(项目立项)，使项目取得合法的开发建设资格。

(三)项目规划

项目规划，就是开发商取得建设用地规划许可证、建设工程规划许可证的途径。

根据国家有关城市规划的规定，在城市规划区内开发建设的项目，必须符合城市规划的要求，必须向市规划局办理项目规划的申报手续，在取得"两证"(《建设用地规划许可证》《建设工程规划许可证》)后方可开工建设。项目规划申报的基本程序如下。

(1) 在可行性研究报告(项目建议书)报批之前，开发商要向规划局申报规划要点，规划局对项目的用地范围、规划条件等提出初步意见，形成项目建设选址的初审意见，作为规划部门进行批复时的参考依据。

(2) 在可行性研究报告批复后，开发商可向规划局申报项目定点。规划局向申请单位下发规划定点通知书和设计规划要求通知书，对项目用地的位置、面积、范围等提供较详细的意见。

(3) 根据规划局提出的规划设计条件，委托有资质的设计机构进行规划方案设计，取得四图一书(总平面图、定位图、竖向设计图、管线综合图、说明书)。开发商在完成方案设计后，应向规划部门提出审查申请。

(4) 经审定通过的设计方案，是编制初步设计或施工图的依据，也是取得建设用地规划许可证的必备文件。

(5) 开发商依据设计规划要求通知书和可行性研究报告的批复，即可向规划局申领建设用地规划许可证，该证是取得土地使用权的必备文件。

(6) 申领建设工程规划许可证，是在项目列入年度正式计划后，申请办理开工手续之前，需要验证工程建设是否符合规划要求的最后法定程序，该证是申办开工的必备文件。

(四)土地使用权的取得

土地使用权的取得，就是开发商在项目立项通过(取得建议书批复、可行性研究批复)，并取得建设用地规划许可证后，办理取得土地使用权手续的过程。

(五)征地拆迁

征地是指项目选址用地为集体土地时，要按照法定的程序报请有批准权限的政府部门审批以后，对集体土地及地上附着物等依法补偿、补助后，将集体土地转为国有土地的一种行为。

拆迁是指项目选址在城市规划区、国有土地上，为达到施工要求的场地条件，拆除建设用地上原有房屋及其附属物，并对原用地者进行补偿、安置的行为。

征地在领取建设用地规划许可证后即可进行，拆迁在取得建设拆迁临时用地许可证或土地使用权证后即可提出申请。

征地、拆迁都是项目开工前的重要工作。征地、拆迁工作的完成是申请项目开工的必备条件之一。

(六)工程建设

工程建设阶段，是指房地产开发项目从列入年度施工计划起，到项目施工全部完成，通过工程竣工综合验收，达到业主使用条件的过程。

在项目完成规划程序并且具备开工条件后，甲方向市建委提出开工申请，取得报建证；同时，与市政相关部门(如自来水、热力公司、管道煤气公司、供电部门、城管局等)洽谈签订协议，支付有关费用；办理招标批准手续；选择施工、监理单位；办理工程建设质量监督手续；缴纳各种费用；开工建设；项目竣工后，由主管部门(如市质检站、市开发办等)进行综合验收，交付使用。

(七)房地产经营

房地产经营，是开发商通过对所开发房地产的销售、出租，实现自己预期投资收益的行为。该项工作从取得土地使用权起，一直延续到房地产交付使用。房地产开发商既可以自己销售和出租开发的房地产，也可以委托给专业的中介机构。销售和出租的房地产都可以为期房和现房两种，但都必须在取得政府主管部门颁发的预售许可证之后方可进行，且买卖契约和租赁契约都必须经过政府主管部门鉴证方为有效。

三、房地产经营的一般程序

房地产经营的方式多种多样，其采用的工作程序也不能一概而论，最主要的经营方式有商品房购置、二手房交易、商品房项目的销售、房屋出租、房地产抵押、房地产拍卖和项目招商等。

(一)商品房购置

商品房购置是房地产投资的开始，其一般程序为：认购者确定房号，与开发商签署《认购书》或者《认购协议》，《认购协议》上必须明确房号、面积、房价、交首期款的时间及签署正式合同的时间等内容；交定金，开发商开收据即可；按照认购书上约定的日期交首期款并签署《买卖合同》《贷款合同》；《买卖合同》由开发商送房管部门备案，《贷款合同》做抵押登记，银行审批贷款无误后放款，在银行放款一个月后认购者开始供款；去开发商处领取备过案的《买卖合同》及做过抵押登记的《贷款合同》；开发商按照合同约定的交付时间交钥匙，并按合同约定的办证时间办理房产证。

(二)二手房交易

二手房交易的一般程序为：买方了解房屋产权状况，要求卖方提供合法有效的证明文件，包括产权证书、身份证件、资格证件以及其他证件；买卖双方通过协商，对房屋坐落位置、产权状况及成交价格等达成协议后，双方签订一份正式的房产买卖契约；向房地产交易管理部门提出申请，管理部门要查验有关证件，审查产权，对无产权或部分产权且未得到其他产权共有人书面同意的情况拒绝申请，禁止上市交易；房地产交易管理部门根据交易房屋的产权状况和购买对象，按审批权限申报审核批准后，交易双方才能办理立契手续；缴纳相关税费；交易双方在房地产交易管理部门办理完变更登记后，交易材料移送到发证部门，买方凭房屋买卖契约到发证部门申领新的产权证后，交易的房屋转让行为方为有效完成。

(三)商品房项目的销售

商品房项目销售的一般程序：商品房预售许可证的办理；商品住宅销售价格的确定与管理；销售面积的确定及分摊；房地产广告的发布与管理；房地产展示会的管理；商品房销售的委托代理；商品房销售的律师服务；商品房销售认购书的签署；商品房买卖合同的签署；商品房预售登记手续的办理；预售登记的变更与解除；商品房竣工测绘及面积误差处理；预售商品房的交付。

(四)房屋出租

房屋出租的一般程序：房屋出租权的确认；房屋租赁证的办理；与经纪机构签署居间合同；书面租赁合同的签订；租赁登记备案手续的办理；租赁房屋的转租；房屋租赁关系的终止；已购公有住房的出租管理。

(五)房地产抵押

房地产抵押的一般程序：抵押权的设定；抵押合同的签署；房地产抵押登记手续的办理；房地产抵押登记的变更；抵押房地产的占用与经管；抵押房地产的处分。

(六)房地产拍卖

房地产拍卖的一般程序：出让人发出拍卖公告，将土地使用权拍卖事宜向社会公布；竞买，即在拍卖场所，竞投人以拍卖方式向拍卖人作出应价；签约，应价高者与出让人签订《土地使用权出让合同》；履约，受让人交付土地使用权出让金，出让人向受让人交付土地，受让人领取土地使用权证书，获得其土地使用权。

(七)项目招商

项目招商的一般程序：项目选择和定位；招租项目内的大型主力户；品牌商家的引进和规划；充分掌握客户需求；多渠道进行招商沟通；确定入驻经营的商户。

课 后 阅 读

房地产公司的开发流程

第一部分，房地产开发公司的准备工作

在报行政机关审批之前，房地产开发公司应办理好土地出让手续，委托有资质的勘察设计院对待建项目进行研究并制作报告书，报告书应附有详细的规划设计参数和效果图，落实足够的开发资金。

第二部分，行政审批部分

根据我国当前法律、法规、规章，房地产建设项目的行政许可程序一般分为七个阶段：①选址定点；②规划总图审查及确定规划设计条件；③初步设计及施工图设计审查；④规划报建图审查；⑤施工报建；⑥商品房预售许可；⑦建设工程竣工综合验收备案。

一、选址定点阶段

此阶段一般办理以下事项。

(1) 计委审查可行性研究报告和进行项目立项。

(2) 国土资源局进行土地利用总体规划和土地供应方式的审查。

(3) 建委办理投资开发项目建设条件意见书。

(4) 环保局办理生产性项目环保意见书(表)。

(5) 文化局、地震局、园林局、水利局对建设工程相关专业内容和范围进行审查。

(6) 规划部门办理项目选址意见书。

二、规划总图审查及确定规划设计条件阶段

此阶段一般办理以下事项。

(1) 人防办进行人防工程建设布局审查。

(2) 国土资源局办理土地预审。

(3) 公安消防支队、公安交警支队、教育局、水利局、城管局、环保局、园林局、文化局对建设工程相关专业内容和范围进行审查。

(4) 规划部门对规划总图进行评审，核发《建设用地规划许可证》。

(5) 规划部门确定建设工程规划设计条件。

三、初步设计和施工图设计审查阶段

此阶段一般办理以下事项。

(1) 规划部门对初步设计的规划要求进行审查。

(2) 公安消防支队对初步设计的消防设计进行审查。

(3) 公安局交警支队对初步设计的交通条件进行审查。

(4) 人防办对初步设计的人防设计进行审查。

(5) 国土资源局进行用地预审。

(6) 市政部门、环保局、卫生局、地震局等相关部门对初步设计的相关专业内容进行审查。

(7) 建委制发初步设计批复，并对落实初步设计批准文件的要求进行审查。

(8) 建委对施工图设计文件进行政策性审查，根据业主单位意见，核发技术性审查委托通知单。

(9) 建委根据施工图设计文件审查机构发出的《建设工程施工图设计文件审查报告》，发放《建设工程施工图设计文件审查批准书》。

四、规划报建图审查阶段

此阶段一般办理以下事项。

(1) 公安消防支队进行消防设计审查。

(2) 人防办进行人防设施审查。

(3) 建委、市政部门、园林局、环保局、卫生局按职责划分对相关专业内容和范围进行审查。

(4) 规划部门对变更部分的规划设计补充核准规划设计条件，在建设单位缴纳有关规费后，核发《建设工程规划许可证》(副本)。

五、施工报建阶段

此阶段一般办理以下事项。

(1) 建设单位办理施工报建登记。

(2) 建设方对工程进行发包，确定施工队伍。招标类工程通过招标确定施工队伍，非招标类工程直接发包。

(3) 建委组织职能部门对工程开工条件进行审查，核发《建筑工程施工许可证》。

六、商品房预售许可阶段

此阶段一般办理以下事项。

由房地产管理部门办理预售登记，核发《商品房预售许可证》。

开发企业申请办理《商品房预售许可证》应当提交下列证件(复印件)及资料。

(1) 以下为证明材料。

① 已交付全部土地使用权出让金，并取得土地使用权证书；

② 持有建设工程规划许可证和施工许可证；

③ 按提供预售的商品房计算，投入开发建设的资金达到工程建设总投资的25%以上，并已经确定施工进度和竣工交付日期。

(2) 开发企业的营业执照和资质等级证书。

(3) 《工程施工合同》。

(4) 商品房预售方案。预售方案应当说明商品房的位置、装修标准、竣工交付日期、预售总面积、交付使用后的物业管理等内容，并应当附商品房预售总平面图、分层平面图。

七、建设工程竣工综合验收备案阶段

此阶段一般办理以下事项。

(1) 建筑工程质量监督站(机构)对建设单位提供的竣工验收报告进行备案审查。

(2) 财政部门对建设项目应缴纳的行政事业性收费和基金进行核实验收。

(3) 规划部门、市政部门、水利局、环保局、文化局、卫生局、公安消防支队、园林局以及其他需要参加验收的部门，按照法律、法规、规章的有关规定对相关专业内容和范围进行验收.规划部门根据上述部门和本部门验收情况核发《建设工程规划许可证》(正本)。

(4) 建委综合各部门的验收、审查意见，对符合审核标准和要求的，出具建设工程项目竣工综合验收备案证明；不符合标准或要求的，作退件处理并要求限期整改。

第三部分，房地产项目权属初始登记阶段

一、由房管局核准新建商品房所有权初始(大产权证)登记

二、开发商应提交的材料

(1) 申请书。

(2) 企业营业执照。

(3) 用地证明文件或者土地使用权证。

(4) 《建设用地规划许可证》。

(5) 《建设工程规划许可证》。

(6) 施工许可证。

(7) 房屋竣工验收资料。

(8) 房屋测绘成果。

(9) 根据有关规定应当提交的其他文件。

以上几个阶段，需增加或减少的相关事项及时限，各地根据实际情况，会有不同的差异。各个程序的办理时间，绝大部分都少于 15 天，一般在 7 天内。所需要的费用，由于相当部分属于地方收费，所以就不再列明细表，更何况相对于房地产开发所获得的利润，行政审批费用可以忽略不计。

(资料来源：找法网. 房地产公司的开发流程[EB/OL].[2010-06-18]. http://china.findlaw.cn/)

思考与练习

1. 土地用途包括哪些种类？
2. 如何了解土地来源及性质？
3. 什么是集体土地？
4. 有哪些用地属于集体土地？
5. 对集体土地使用权有哪些规定？
6. 什么是行政划拨用地？
7. 什么是合作建房？
8. 对合作建房有哪些规定？

第二章　房地产企业与房地产市场

引例

2017 中国房地产 500 强测评成果盛大发布

2017 年 3 月 22 日，2017 中国房地产开发企业 500 强测评成果发布会在北京隆重举行，备受关注的 "2017 中国房地产开发企业 500 强" "500 强房企首选供应商服务商品牌" 等系列测评榜单最终揭晓。

据悉，由中国房地产业协会、上海易居房地产研究院中国房地产测评中心共同主持的 "中国房地产开发企业 500 强" 测评工作已连续开展九年，其测评成果已成为全面评判房地产开发企业综合实力及行业地位的重要标准。发布会吸引了房地产开发企业、服务商、供应商以及媒体代表等近 500 人出席。活动官方网站中房网(www.fangchan.com，微信号：zhongfangwang)对此进行了全程报道。

大会发布的房地产 500 强测评报告指出，2016 年，行业集中程度进一步提升，同时房地产开发投资增速连续两年低至个位数，行业平均利润率下行趋势未改，表明行业高增长时代已经结束。在新的发展阶段里，大型房企通过并购加速获取资源，中小型房企则加速转型，房地产开发企业分化进一步加剧。

恒大首次 "登顶"，百强榜单换血率近六成。从本次入榜企业来看，2017 中国房地产开发企业 500 强头名位次首次易主，恒大集团凭借全年销售金额 3731 亿元、三年复合增长率 54.9%、充足的土地储备、旅游和健康产业的布局等强势表现将连续八年位居榜首的万科挤至次席。此外，碧桂园以销售金额突破 3000 亿元及领先的成本控制水平首次跻身三强位置。绿地、保利、中海、万达、融创、华夏幸福、龙湖和富力分列四到十位。其中，多年业绩稳定、管控规范的龙湖和布局均衡、利润率领先的富力并列排名第十。

(资料来源：中房网. 2017 中国房地产 500 强测评成果盛大发布[EB/OL].[2017-03-22]. http://www.fangchan.com/industry/22/2017-03-22/6249982257441083419.html)

随着房地产业的快速发展，产业内出现了两种趋势：其一是产业的专业化程度日益提高，产业分工日益细化。房地产开发企业各自专注于某一细分产品领域，在每个细分子行业的生产和运营效率越来越高。专业化的营销策划、代理、中介服务等成为主流运作模式。其二是产业在不同层次及产业链几个或全部环节实现战略性合作关系。房地产开发企业试图在项目建设设计期内就实现全产业链的整合，通过上下游的完整合作来提升项目的品质和盈利水平。

2015 年，中国楼市经历了从冷清、转晴到逐步回暖的过程。在这一年里，330 新政、央行降准降息、全面放开二孩等一系列利好政策的出台，让购房者有信心出手买房，最终实现了年底销量的翘尾。据亿翰智库数据显示，2015年1—11月，30家典型企业中包含万科、保利、恒大、华润等15家大牌房企完成了全年业绩目标的90%。但由于库存压力巨大，其他房企绩完成情况不甚理想。

2016年以来，各级城市住宅价格均累计上涨，房地产市场环境整体宽松，但2016年1—8月各项指标增速放缓，一线城市上半年累计上涨12.16%，深圳累计上涨最多；二线城市累计上涨6.99%，苏州、南京、厦门、合肥累计上涨最多，超过20%；三线城市累计上涨3.64%，东莞、中山、惠州涨幅居全国首冠，超过25%。

500强企业在市场压力不断上升的产业背景下，销售业绩大幅领先于全国水平，这表明500强企业在变化的市场环境中，具备更强的竞争能力，企业能根据自身特点快速应对市场变化，抵御市场风险，更好、更快、更灵活地适应环境，有效地抓住市场机遇，从而保证了企业持续有序增长。

在2017年全国"两会"上，李克强总理在《政府工作报告》中提出，要坚持住房的居住属性，加强房地产市场分类调控，因城施策去库存，加快建立和完善促进房地产市场平稳健康发展的长效机制。中国房地产业协会会长刘志峰表示，当前，我国房地产行业面临的主要任务有三项：一是贯彻落实国家宏观调控政策不动摇，促进房价合理回归，加快普通商品住房建设，扩大有效供给，促进房地产持续稳定健康发展；二是强化住房保障功能，加快保障性安居工程建设；三是转变行业发展方式，提高发展质量和效益。

第一节 房地产企业的类型和特点

一、房地产企业的类型

房地产企业是从事房地产开发、经营、管理和服务活动，并以盈利为目的的进行自主经营、独立核算的经济组织。在当今市场经济条件下，房地产企业类型众多。根据房地产企业在房地产开发经营管理活动中经营管理的对象和范围不同，通常可以把房地产企业分为以下四大类。

(一)开发经营管理企业

房地产开发经营管理企业是通过市场调查、可行性研究以及其他前期工作和项目工程建设，在一个特定的地点和预期的时间内，把大额资本转换成房地产商品，然后通过预售或者销售回收投资，取得利润的企业。

(二)房地产中介组织

房地产中介就是在房地产投资策划、建设、交易、消费、物业管理等各个环节或阶段中，为当事人提供中间服务的经营活动的中介组织。房地产中介组织的运作，一般都是由当事人提出委托，中介机构受理委托并提供特定的服务，最后由委托人依约支付报酬。所以房地产中介从事的是一种有偿服务性的经营活动。

(三)物业管理企业

物业管理是受物业所有人的委托，依据《物业管理委托合同》，对物业的房屋建筑及其设备、市政公用设施、绿化、卫生、交通、治安和环境容貌等管理项目进行维护、修缮和整治，并向物业所有人和使用人提供综合性的有偿服务。房地产商品的价值不仅直接取决于建造过程中的设计、原材料、设备和装修等的成本费用，还受到使用、维修、地理位置和环境等因素的影响。物业公司的管理不仅能延长房地产商品的自然寿命，提高使用的经济寿命使房地产保值增值，而且能给使用者提供各种服务，满足房地产所有人和使用人的需要。因此，随着现代城乡文明建设的发展，物业公司和物业管理企业也在迅速发展。

(四)房地产金融企业

由于房地产商品投资大、周期长，需要银行、信用社等金融机构资金的支持，且房地产又是一种能够增值和保值的商品，因此银行等金融机构也愿意把资本投向房地产行业，进行风险投资。房地产金融市场是指房地产资金供求双方运用金融工具进行各类房地产资金交易的总和。它可以有一个固定的场所，也可以是无形的交易方式。鉴于房地产和金融关系十分密切，所以房地产开发商与银行等金融机构有良好的合作关系是房地产投资者有巨大经济和经营实力的重要标志。学科上，我们把各种金融机构中专门从事房地产信贷的机构和住宅银行称作房地产金融企业。

目前，根据金融机构的经营范围，通常把其划分为专业性房地产金融机构和非专业性房地产金融机构。早先，我国专业性房地产金融机构只有烟台和蚌埠两家住房储蓄银行。但是，随着金融的创新和发展，各商业银行都开办了房地产金融业务，并且大都是以房地产信贷部的形式出现。

另外，还可以根据其他标准，把房地产企业分为不同的类型。

根据房地产企业经营管理的对象不同可以把房地产开发企业分为：专门从事土地和城市基础设施开发的企业、专门从事地上建筑物和构筑物开发建设的房地产开发企业、对房产和地产进行综合开发的房地产开发企业。

按照房地产企业所有制的性质不同，房地产开发经营企业可以分为三类：公有经济的房地产开发企业、合资形式的房地产开发经营企业、各类合作和合资的房地产企业。如住宅合作社形式的房地产开发企业就属于合作和合资的房地产企业。

互动话题

你知道你们学校所在城市或者所在省市的几家房地产公司吗？试列举。

二、房地产开发经营企业的特点

由于所经营的产品和服务具有特殊性，同其他行业的企业相比较，房地产企业具有以下特征。

(一)经营对象的不可移动性

不管是房地产开发企业、中介服务企业还是物业管理企业，它们的主要经营对象都是不动产，具有位置固定性和不可移动性。经营对象的不可移动性使房地产企业的经营活动受周围环境的影响较大，经营绩效与所处城乡区位状况关系密切。因为动产商品具有实体的流动性，可以随时在地区之间，甚至是不同国家之间进行流动，因而通常面对的市场竞争范围比较大，通过物流策划可以改变其竞争态势。而对于房地产企业来说，住房为不动产，其相关的房地产服务也附着于固定的房地产上面，因此其面对的主要是本地市场，其竞争态势不可能通过物流策划来加以改变。

(二)业务形态的服务性

在房地产开发企业从事经营活动过程中，即征地、拆迁、土地开发、土地出让转让、城市规划、建筑设计、房屋开发、装饰装修、房屋出售、出租、转租、房地产抵押以及房地产建设过程中必然产生大量谈判、协调、筹划等劳务以及相应的法律事务，这些是房地产开发企业经营活动的主要内容。对于房地产中介服务和物业管理企业来说，其日常工作就是服务，是为人民服务、为业主服务。房地产中介企业就是围绕房地产产品而进行一系列咨询、筹划、代理和服务活动，沟通与房地产产品相关的各类信息，撮合买卖双方，节约交易各方的交易成本，并从节约的成本中获取佣金。物业管理企业实际上就是对房地产物业及其设施和周边环境进行管理并提供各种保安、保洁、绿化、维修和保养服务的企业。这些特性决定了房地产企业采取什么样的服务态度和提供什么样的服务质量至关重要。

(三)经营活动的资金和人才密集性

房地产企业在经营管理过程中专业性极强，建筑和装修需要自然科学和社会科学的紧密融合，房地产企业中需要大量的资金和专业人才。

房地产开发企业的每个经营项目都需要大量资金的运筹，是一种资金密集型的企业。仅房地产开发前期的安置补偿费用、前期工作中的勘察设计费用、可行性研究费、建筑安装工程费、财务费用、销售费用等，少则百万，多则上亿。所以一个完整的房地产项目的资金完全依靠自有资金进行房地产开发，通常难以满足，往往需要依赖各种金融工具和金融手段。房地产业与金融业的密切联系会带来以下问题：一方面，房地产企业大量资金需求为银行等金融机构提供了一种优良的投资渠道；另一方面，房地产业与金融业二者结合会使整体经济的抗风险能力下降，一旦房地产价格下跌或者房地产企业经营不善，可能会造成金融体系动荡，进而危及整个国民经济的安全。

所谓人才密集型是指在房地产开发、中介咨询、代理、物业管理过程中，需要大量的各种各样的专业人才，如建筑工程类、工程监理类、经济分析类、金融类等。房地产开发企业在实际经营活动中既涉及建筑安装方面的技术知识，也涉及市场调研、项目管理、各专业领域协调等知识和技能，往往只有借助各类专业人员的协同合作才能完成房地产开发。对于普通房地产需求者而言，消费者或者不从事房地产行业的公司企业无法在短时间内掌握与房地产相关的专业知识，通常在交易过程中要依赖这些专业人士的协助，这样就为专业化的中介服务企业提供了经营空间。

(四)经营活动过程的行业限制性

在房地产企业经营管理活动过程中，行业特征对其影响明显，表现在以下几方面。一是行业的市场规模较大，对企业发展起到十分巨大的推动作用。二是行业的竞争范围主要是本地市场，是面向区域的，全国及世界性的竞争主要来源于资金流动。三是目前房地产行业竞争者的数量较大，但有较强实力的企业数量则较少，市场竞争强烈，企业经营过程中面临的不确定性较大。四是房地产用户的数量较多，相比各领域具有较为广阔的市场。房地产用户主要包括一般的住房消费者及其他需要房地产产品的集团购买者。五是房地产业进入障碍比较大：一方面，由于进入房地产业需要较大的启动资本，所以存在较高的进入壁垒障碍；另一方面，房地产的固定性也决定了退出房地产业的转移成本也相当高。六是房地产企业由于其资金量投入大、风险高，若企业经营得当，其盈利水平也会高一些，这种较高水平的盈利是对其承担的高风险的补偿。这也是吸引其他行业资金进入房地产业的主要因素。

小阅读

中国十大房地产品牌榜中榜，房地产企业十强(2017)

1. 中国恒大集团，十大房地产开发商之一，中国精品地产的领先者。

2. 万科企业股份有限公司，国内大型专业住宅开发企业，上市公司。

3. 碧桂园控股有限公司，房地产行业大盘开发模式的倡导者。

4. 绿地控股集团有限公司，以房地产为主业的国有控股特大型企业集团。

5. 保利房地产(集团)股份有限公司，成立于1992年，国家一级房地产开发资质企业。

6. 中国海外发展有限公司，中国建筑工程总公司在香港的控股子公司，荣获多项殊荣。

7. 大连万达商业地产股份有限公司，万达商业是全球规模最大的商业地产企业。

8. 融创中国控股有限公司，产品涵盖高端住宅、别墅、商业、写字楼等多种物业类型。

9. 华夏幸福基业股份有限公司，是中国领先的产业新城运营商。目前，公司资产规模超1860亿元 。

10. 龙湖地产有限公司，业务领域涉及地产开发、商业运营和物业服务三大板块。

11. 广州富力地产股份有限公司，集房地产设计、开发、工程监理、销售、物业管理、房地产中介等业务为一体，拥有国家建设部颁发的一级开发资质、甲级设计资质、甲级工程监理资质、一级物业管理资质及一级房地产中介资质，是中国综合实力最强的房地产企业之一。

(资料来源：中房网. 中国十大房地产品牌榜中榜，房地产企业十强[EB/OL].[2017-03-22].
http://www.fangchan.com/industry/22/2017-03-22/6249997684145722151.html)

第二节　房地产开发经营企业的机构设置

一、房地产开发经营企业组织结构的类型

房地产企业设置组织结构，需要选择适当的组织结构形式。不同的组织结构形式有不同的特点，不可能用统一的固定模式。各企业在进行组织结构设计时，可以参考已有的组织结构形式。常见的组织结构的基本类型有直线制、职能制、直线职能制、事业部制、矩阵制等。这些组织结构形式从前到后越来越复杂，适用的企业规模越来越大。像恒大、万科、碧桂园这样的大企业通常都采用事业部制或者矩阵制。

二、房地产开发经营企业的常规机构设置

(1) 总经办和办公室。总经办负责总经理所需文字材料的起草、党委会记录、会议纪要整理、会议安排、来客接待及其他相关工作。办公室负责协调公司的各项工作，监督各项规章制度的落实，负责各项会议的通知、记录，印章使用管理、食堂管理，机关的绿化美化，车辆使用，公司会议组织准备，档案管理等工作。

(2) 人力资源部。人力资源部负责人事管理方面的制度制定、政策宣传，办理职工招用、调动、辞职、辞退手续；办理各项社会保险、住房公积金相关手续；干部、职工档案管理，工资及各种福利费发放，继续教育及在职职工培训，各类报表上报等工作。

(3) 财务部。财务部负责参与公司生产经营、合同制定、信贷、结算、资金管理，公司的账务处理及会计资料保管、税费缴纳、资金收取等工作。

(4) 开发部。开发部负责公司各类项目和工程的报批及各类手续的办理，协调施工方、开发商及地方之间的关系等工作。

(5) 企管部。企管部负责二级公司的用人管理、资产管理、安全生产、报表统计及二级公司职工培训等各方面工作。

(6) 工程部。工程部负责公司各工程项目及其全面配套设施的规划设计、施工、管理、竣工验收，工程预、决算及施工档案的管理等其他相关工作。

(7) 销售部。销售部负责了解房地产开发相关信息，及时向领导汇报与销售有关的情况，办理房屋销售的相关手续，负责房屋拖欠款的催收等工作。

(8) 安监办。安监办负责辖区内企事业单位、施工单位的安全生产监督、隐患排查、法律法规宣传，特殊时期的安全监督检查及劳动监察等工作。

(9) 招商部。招商部负责开发区、产业园的招商引资，入区企业的注册、审批、包装、申报手续的办理，展会信息的收集、整理及相关文件、表格的上报等工作。

(10) 统计审计部。统计审计部负责公司所属企业和村办企业的财务监督管理工作，对企业经营活动、财务收支、经济效益等进行内部审计监督等工作。

(11) 环境办。环境办负责辖区内环境整治工作、外围运行服务保障工作的协调组织、督促检查工作，完成公司领导、区里相关部门布置的其他工作。

另外，还要设置总务科、工会、团委、信访办、政工部和保卫科等后勤服务部门。

三、房地产开发经营企业的企业制度

在市场经济条件下，房地产企业要正常运行，除了建立科学的组织结构外，还必须通过改革，建立现代企业制度。现代企业制度是指以公司制度为主要表现形式，体现企业是法人实体和市场竞争主体要求的企业体制，是适应社会化大生产和市场经济要求的产权明晰、责权明确、政企分开、管理科学的企业制度。现代企业管理制度一般包括下列四个方面的内容。

(1) 建立和完善企业的组织运营系统。

(2) 建立科学的劳动用工制度和灵活有效的激励机制。

(3) 建立现代企业财务会计制度。

(4) 坚持以人为本的企业管理，培育优秀的企业文化和团队精神，加强人力资源的开发和管理等。

根据这一根本制度的要求，还必须设计与房地产企业的基本特征相适应的具体管理制度。根据房地产企业运行的特点，其具体管理制度的主要内容如下。

(1) 开发经营管理制度。这是房地产开发企业的主要制度，主要内容有：房地产开发工作管理制度；项目前期工作管理办法；房屋营销工作管理制度；材料管理工作制度；计划工作管理制度；计量工作监督制度；合作开发商品房管理制度；拆迁补偿工作管理制度等。

(2) 工程技术管理制度。这是有关工程技术方面的制度，主要内容有：规划、设计和报建工作制度；图纸审核管理制度；工程质量管理制度；设计招标制度；工程项目管理制度；配套工作管理制度；安全生产责任制度；图纸、技术资料管理制度等。

(3) 经济核算管理制度。这是有关财务、资金使用方面的制度，主要内容有：财务工作管理制度；成本工作管理制度；会计核算工作管理制度；经济活动分析工作管理制度；审计工作管理制度；现金管理制度及差旅费报销制度等。

(4) 行政人事管理制度。这是公司有关行政人事方面的管理制度，主要内容有：秘书工作管理制度；文印、文件工作管理制度；档案管理制度；人事工作管理制度；职工考勤管理制度；办公用品管理制度；机动车辆管理制度；公司用工制度；干部与技术人员考核晋升制度；职工食堂等后勤方面的管理制度等。

(5) 物业管理制度。这是有关物业管理、售后服务、租赁等方面的管理制度，主要内容有：商品房售后管理制度；住宅小区管理制度；房产管理制度；房产租金管理制度；房屋维修管理制度等。

小阅读

2016 年 7 月 5 日，国务院办公厅印发《关于加快推进"五证合一、一照一码"登记制度改革的通知》。从 10 月 1 日起，总理力推的"五证合一、一照一码"登记制度改革在全国范围内全面落地实施。

"五证合一、一照一码"，即营业执照的注册号、组织机构代码证号、税务登记证号、统计证号及社保登记证号统一为一个登记码，标注在营业执照上。

2016 年 9 月 20 日至 2017 年 12 月 31 日为改革过渡期，原发营业执照继续有效，2018 年 1 月 1 日后一律使用加载统一代码的营业执照，未加载统一代码的营业执照不再有效。

第三节　房地产市场

一、房地产市场结构

从宏观上说，房地产市场结构包括总量结构、区域结构、产品结构、供求结构和投资结构。要实现房地产市场总量基本平衡、结构基本合理、价格基本稳定的市场目标，保持房地产业与社会经济及相关产业协调发展，必须准确把握房地产市场上的这些主要结构关系。

(1) 总量结构：从房地产市场整体出发，分析开发和销售之间的数量结构关系，考察房地产供求之间的总量差距。

(2) 区域结构：分析在全国不同地区之间，房地产市场发育情况的差异和特点，考察不同区域或城市之间，房地产市场的开发规模、主要物业类型、房价水平和政策措施的差异。

(3) 产品结构：从经济发展阶段出发，考察房地产市场中住宅、写字楼和商业用房等不同物业类型之间的投资比例关系，分析其产品结构布局的合理程度。

(4) 供求结构：针对某一物业类型，分析其市场内部不同档次物业的供求关系；并从市场发展的实际情况出发，判别供给档次和需求水平之间是否处于错位的状态。

(5) 投资结构：根据投资者参与市场的不同投资目的和投资方式，具体分析不同投资方式的适用空间，以及彼此之间的动态协调关系。

二、房地产市场细分

从识别和把握房地产宏观市场环境的角度出发，我们可以按照地域范围、房地产用途、存量增量、交易形式、目标市场等标准，对房地产市场进行细分。

(一)按地域范围细分

房地产的不可移动性，表明其对地区性需求的依赖程度很大，这便决定了房地产市场是地区性市场，人们认识和把握房地产市场的状况，也多从地域概念开始，因此按地域范围对房地产市场进行划分，是房地产市场划分的主要方式。

地域所包括的范围可大可小，由于房地产市场主要集中在城市化地区，所以最常见的是按城市划分，如北京市房地产市场、上海市房地产市场、北海市房地产市场等。对于比较大的城市，其城市内部各区域间的房地产市场往往存在较大差异，因此常常还要按照城市内的某一个具体区域划分，如上海浦东新区房地产市场、北京亚运村地区房地产市场、深圳市罗湖区房地产市场等。从把握某一更大范围房地产市场状况的角度，除按城市划分外，还可以按省或自治区所辖的地域划分，如海南省房地产市场、山东省房地产市场等。当然我们还可以说中国华北地区房地产市场、美国房地产市场、东南亚地区房地产市场、亚洲房地产市场、世界房地产市场等。但一般来说，市场所包括的地域范围越大，其研究的深度就越浅，研究成果对房地产投资者的实际意义也就越小。

(二)按房地产用途细分

由于不同类型房地产在投资决策、规划设计、工程建设、产品功能、面向客户的类型等方面均存在较大差异，因此需要按照房地产的用途，将其分解为若干子市场，如居住物业市场(含普通住宅、别墅、公寓市场等)、商业物业市场(写字楼、零售商场或店铺、休闲旅游设施、酒店市场等)、工业物业市场(如标准工业厂房、高新技术产业用房、研究与发展用房、工业写字楼、仓储用房等)、特殊物业市场、土地市场等。

(三)按存量增量细分

通常将房地产市场划分为三级市场：一级市场(土地使用权出让市场)、二级市场(土地转让、新建商品房租售市场)、三级市场(存量房地产交易市场)。而更加清晰的划分是按照增量存量的方式，将土地划分为一级土地市场和二级土地市场，将房屋划分为一级房屋市场(增量市场或一手房市场)和二级房屋市场(存量市场或二手房市场)。房地产增量和存量市场之间是一种互动关系，存量市场的活跃，不仅有利于存量房地产资源的有效配置，而且由于房地产市场中存在的"过滤"现象，还能促进增量市场的发展。

(四)按交易形式细分

按照《中华人民共和国城市房地产管理法》的规定，房地产交易包括房地产买卖、租赁和抵押。由于同一时期、同一地域范围内某种特定类型房地产的不同交易形式均有其明显的特殊性，因此依不同房地产交易形式对市场进行划分也就成为必然。土地的交易包括土地买卖、租赁和抵押等子市场，由于我国城市土地所有权属于国家，因此土地交易实质上是土地使用权的交易；新建成的房地产产品交易，存在着销售(含预售)、租赁(含预租)和抵押等子市场；面向存量房屋的交易，则存在着租赁、转让、抵押、保险等子市场。

(五)按目标市场细分

从市场营销的角度出发，可以将房地产市场按照市场营销过程中的目标市场来细分。通常情况下，可以将某种物业类型按其建造标准或价格水平，细分为低档、中低档、中档、中高档和高档物业市场，如甲级写字楼市场、高档住宅市场、普通住宅市场等；也可以按照目标市场的群体特征进行细分，如老年住宅市场、青年公寓市场等。

上述五种划分方法是相互独立的，不同的市场参与者通常关注不同的子市场。根据研究或投资决策的需要，可以将五种划分方式叠加在一起，以得到更细的子市场。如北京市写字楼出售市场、深圳罗湖土地拍卖市场、南京市二手房转让市场、上海市甲级写字楼租赁市场等。

小阅读

2017年1—7月份，全国房地产开发投资59 761亿元，同比名义增长7.9%，增速比1—6月份回落0.6个百分点。其中，住宅投资40 683亿元，增长10.0%，增速回落0.2个百分点。住宅投资占房地产开发投资的比重为68.1%。

1—7月份，东部地区房地产开发投资32 069亿元，同比增长8.5%，增速比1—6月份提高0.1个百分点；中部地区投资12 612亿元，增长13.8%，增速回落2.2个百分点；西部

地区投资 12 901 亿元，增长 5.1%，增速回落 1.7 个百分点；东北地区投资 2179 亿元，下降 11.3%，降幅收窄 2.7 个百分点。

1—7 月份，房地产开发企业房屋施工面积 707 313 万平方米，同比增长 3.2%，增速比 1—6 月份回落 0.2 个百分点，其中，住宅施工面积 483 145 万平方米，增长 2.8%。房屋新开工面积 100 371 万平方米，增长 8.0%，增速回落 2.6 个百分点，其中，住宅新开工面积 71 746 万平方米，增长 11.9%。房屋竣工面积 47 021 万平方米，增长 2.4%，增速回落 2.6 个百分点，其中，住宅竣工面积 33 543 万平方米，下降 0.7%。

1—7 月份，房地产开发企业土地购置面积 12 410 万平方米，同比增长 11.1%，增速比 1—6 月份提高 2.3 个百分点；土地成交价款 5 428 亿元，增长 41.0%，增速提高 2.5 个百分点。

(资料来源：国家统计局.2017 年 1—7 月份全国房地产开发投资和销售情况[EB/OL].[2017-08-14]. http://www.stats.gov.cn/tjsj/zxfb/201708/t20170814_1522787.html)

三、房地产产品市场定位

一个楼盘的建造，有规模之分，有产品档次之分，购买层次更是不一样。因而，产品的定位显得尤为重要，必须在消费群体或买方市场中树立起楼盘的特殊形象。

(一)楼盘产品定位的意义和特点

楼盘产品定位，说起来容易，做起来却很难，这完全是由楼盘产品的特殊性所决定的。因为做楼盘不同于做一般商品，它存在销售周期较长的问题。这就要求在楼盘开发过程中对产品本身的设计需有一定超前性，不因为市场的变化使产品变得过时或滞销。

产品定位对开发商而言，与其所要获取的利润或回报有着不可分割的关系。从通常意义上来说，产品定位市场涉及面较广，但定位的选择性却有限。这主要是因为定位受硬件和软件两大因素的影响：硬件一般包括规划指标，如控高、容积率、密度、绿化率、停车泊位比例等全部由政府规划所决定，具有不可更改性；软件包括资金、材料、工期、技术、施工等因素。

从市场营销学来讲，楼盘产品的定位本身就是一个前期营销策略的演变过程。产品的定位，是在其选择和确立产品潜在目标客户基础上，通过前期营销策略的调整和深化过程，在相应固定目标客户中对楼盘的亮点予以全面发掘，并将最为突显的亮点予以全力推广或宣传，让客户对所开发楼盘留下一个良好的印象，并对楼盘产生一种"我选的就是它"的美好记忆，使楼盘在开发和营销初期就让买方产生一个相当深刻的印象或是特色独到的主体形象。

产品定位，有着一般商品的共性，但房地产楼盘产品的定位，有着其他商品无可比拟的特性和个性。相对而言，楼盘产品定位的需求面完全是因项目的档次、价格、区域、品质等综合性价比因素而异。楼盘开发，由于投资大，又存在相应风险和市场不确定因素，使得开发商小心翼翼，因而对楼盘产品定位显得较为慎重，他们希望有一个正确的、内心踏实的产品定位。

(二)经济环境变化时的产品定位

(1) 通货膨胀压力大时的产品定位。在经济景气循环的情况下，难免会因为景气热旺、游资充裕，过多的资金追逐过少的物品，而导致物价上涨，从而引发通货膨胀的压力。要判别通货膨胀是否存在，仅须观察物价上涨率是否持续一段时期且都在5%以上，若是，就可以断定正面临通货膨胀的压力。此时由于货币不断地贬值，物价不断地上涨，商品一旦售出，要想以原先成本再行补货，已不太可能，所以通货膨胀时持物待价而沽，已成为一般商品所有者普遍的心态。

不动产市场受通货膨胀的影响尤其明显，因为不动产除了自住用外，还具有保值、增值的特性，所以在通货膨胀时期，不动产往往成为投资人的首选。就开发商而言，在预售时如果房屋已售出，其可收入的金额已固定，而其营建成本却尚未发生，虽然发包给承建商，营建成本也已固定，但是在营建合约中往往有明确规定，即物价上涨一定成数以上时，营建成本也要跟着调整，使得开发商的营建成本，在通货膨胀时期，增加的机会大为提高。为避免这种收入固定而成本却持续上涨的不利局面，开发商在通货膨胀时期应慎选产品。选择产品时，应注意下列事项：产品的施工期限不宜过长；产品要以能克服余屋销售压力的设计为主；针对投资人的保值心理设计产品。

除非拆掉建筑物重新再建，否则其数量会越来越少，在稀少性及不可再生性的特性下，不动产产品就越发珍贵，特别是在通货膨胀时期，更应慎选产品，以免暴殄天物。

(2) 市场不景气时的产品定位。不动产交易虽受政治、经济、法令规章等因素的影响，但对于从事投资兴建的开发商及拥有土地使用权的地产主而言，其最为关注的还是市场交易的热络程度，也就是一般俗称的"回春"。除了某些个案或由于地点特殊，或由于定位成功，而能创造销售佳绩之外，大多数的开发商及地产主都不免对这股挥之难去的不景气阴霾大感头痛。

面对这种现象，有些人把精力放在发掘影响市场景气的因素即寻找"为什么市场不景气"的答案上，想因此获得突破不景气的方法。这种方法可能其理论意义大于实际效用，而且因为影响景气因素的复杂性，还可能使依赖这种方法的人多走些弯路。以下则打算从另一个角度，探讨如何通过产品定位以回应市场不景气，也就是接受不景气这个事实，并尽可能掌握其现象，以归纳出在实务上可供参考的产品定位原则。

一般而言，买卖双方对景气的看法越分歧，则市场越活跃，这种现象在股票、不动产等投资性的产品市场尤其明显。唯有对未来的预期有人乐观、有人悲观，市场才容易活络。

因此面临不景气时，首先需找出何人有购买意愿，也就是发掘潜在的目标市场。除了因为越是不景气，销售风险越高之外，潜在购买者渐趋保守与理性，也使得目标市场的界定显得更为必要。一旦确定了目标市场，就可以进一步分析何种因素可以强化目标市场客户的购买意愿：是具竞争力的低价格，是产品的独特设计，还是诉求工期长的轻松付款条件？尤其需要特别留意的是目标市场的核心需求，也就是客户真正的需求是什么，根据这个基础，才能开发突破不景气市场的适当产品。

事实上，没有一种产品是无往不利的市场灵丹妙药，但是下面这些原则，却有助于消极地避免不景气的冲击，甚而可能积极地透过产品定位创造市场佳绩。

① 产品要有明确的竞争条件或特色，才能脱颖而出，也才能刺激客户的购买意愿。

② 要结合销售、规划及财务等功能，以强化产品定位的竞争空间。例如有些公司的产品力求缩短工期，增加价格竞争的条件；有些规划工程或高层建筑应配合轻松的付款条件，以吸引投资性客户等，这些都是结合多元功能为一体的例子。

③ 不要受限于销售及短期获利的目的，也就是说在市场条件不佳或不景气的情况下，有必要慎重评估销售的意义及条件。尤其不要盲目售出，落得"赚了销售率，赔了报酬率"的窘态。事实上，由于土地资源的日益昂贵稀有，采取只租不售、整体经营，甚至避开景气低迷的养地等方式，也不失为适应不景气的明智之举。

④ 产品应保留调整的弹性。尤其是在景气低迷时，销售速度慢、阻力大，任何一种产品定位都可能遭遇市场阻力，因此应预留调整的弹性。如小单元面积分隔或合并的弹性、商业或住宅用途转换的弹性以及选择性销售(如分栋、分期销售)的弹性等。

(3) 财务压力大时的产品定位。除非是划拨土地，否则只要是出让土地，土地成本往往较高，积压在土地上的资金大，即使有银行贷款，其每月的利息负担也很重，因此土地只要晚一天开发，对开发商而言，都是一笔沉重的资金负担；即使是合建情况下，因为要支付给供地方相当大额的履约保证金及兴建时的拆迁补偿费、房租补贴等，所以同样要面临资金积压的问题，只是程度稍微比购地轻微。至于开始兴建后，每期的工程款都要于固定期间支付，虽有建筑融资可供应部分工程款，但是建筑融资核拨与否，须视销售情况而定。一般而言，销售成数在5～7成以下，建筑融资较难取得。至于资金来源，则大多仰赖预售时的销售收入，但因预售市场的一般付款条款为分期付款，而不动产投资需要巨额资金，因此资金不充裕的开发商，在土地买进到竣工交房这一段期间，一直要承受资金压力，尤其在销售成绩不理想的情况下，更是要大费周折，才能渡过资金周转的难关。所以对于财务压力大的开发商而言，在进行产品定位时，应注意下列事项。

① 产品规划以顺销产品为主。

② 产品设计以简单楼房为主。

③ 产品定位要能克服景气低迷及余屋销售的压力。套房产品在成为余屋时及大单元面积产品在不景气时，其销售都会有难度，所以在财务压力大的情况下，应特别注意规避此类产品的设计，以避免产品无法销售，造成资金积压。

④ 对于需长期开发的产品，要审慎评估，不宜贸然投资。

很少有一种产品能像房地产一样，闲置一段时间后，不但未损及价值，反而可借景气、需求及投资风气之机，而有大幅度的增值。所以有很多开发商对于只租不售的产品才会那么热衷，然而其前提是现金量要足够，才能在损失收入的情况下，独自负担所有的土地及营建成本，然后静待增值，伺机出售再获利脱手。而如果有财务压力的话，则宜诉求周转性快的产品，通过高周转性的产品，一来可灵活资金的应用，二来可提高投资报酬率。

四、政府对房地产市场的调控

自2005年3月下旬开始，国家出台了一系列稳定房价，遏制房地产过热的措施。2005年推行"国八条"，2006年推行"国六条"。2008年在全球金融危机的影响下，国务院出台扩大内需十项措施，增加千亿元投资，即后来大家简称的"国十条"。

自2009年12月份进一步调控楼市以来，政策又经历了六次升级，分别是2010年1月的"国十一条"、4月的"新国十条"、9月的"9.29新政"，2011年1月的"新国八条"，2013年2月20日出台"国五条"，2013年3月1日出台"新国六条"是第六次调控升级。

2010年1月，国办发出的《关于促进房地产市场平稳健康发展的通知》指出，要严格二套住房购房贷款管理，抑制投资投机性购房需求。二套房贷款首付款比例不得低于40%。

该通知分五个方面共十一条，因此被简称为调控房地产市场的"国十一条"。

2010 年 4 月 17 日，国务院发出《关于坚决遏制部分城市房价过快上涨的通知》(以下简称《通知》)，提出十条举措，简称为房地产"新国十条"。《通知》要求，商品住房价格过高、上涨过快、供应紧张的地区，商业银行可根据风险状况，暂停发放购买第三套及以上住房贷款。对不能提供 1 年以上当地纳税证明或社会保险缴纳证明的非本地居民暂停发放购买住房贷款。地方人民政府可根据实际情况，采取临时性措施，在一定时期内限定购房套数。

2010 年 9 月 29 日，国家出台巩固楼市调控成果措施。

2011 年 1 月 26 日，国务院常务会议再度推出八条房地产市场调控措施(下称"新国八条")，要求强化差别化住房信贷政策，对贷款购买第二套住房的家庭，首付款比例不低于60%，贷款利率不低于基准利率的 1.1 倍。

"新国八条"的八条政策反映了政府对房地产市场调控的政策意愿，其内容如下。

一是强化规划调控，改善商品房结构。

二是加大土地供应调控力度，严格土地管理。

三是加强对普通商品住房和经济适用住房价格的调控，保证中低价位、中小户型住房的有效供应。

四是完善城镇廉租住房制度，保障最低收入家庭基本住房需求。

五是运用税收等经济手段调控房地产市场，特别要加大对房地产交易行为的调节力度。

六是加强金融监管。

七是切实整顿和规范市场秩序。强化法治，严肃查处违法违规销售行为。

八是加强市场监测，完善市场信息披露制度。加强舆论引导，增强政策透明度。

"国五条"是指在 2013 年 2 月 20 日国务院常务会议确定的五项加强房地产市场调控的政策措施。国务院常务会议出台五项调控政策措施，要求各直辖市、计划单列市和除拉萨外的省会城市要按照保持房价基本稳定的原则，制定并公布年度新建商品住房价格控制目标，建立健全稳定房价工作的考核问责制度。严格执行商品住房限购措施，已实施限购措施的直辖市、计划单列市和省会城市要在限购区域、限购住房类型、购房资格审查等方面，按统一要求完善限购措施。

国务院常务会议明确了"国五条"的具体政策措施如下。

一是完善稳定房价工作责任制。各直辖市、计划单列市和除拉萨外的省会城市要按照保持房价基本稳定的原则，制定并公布年度新建商品住房价格控制目标。建立健全稳定房价工作的考核问责制度。

二是坚决抑制投机投资性购房。严格执行商品住房限购措施，严格实施差别化住房信贷政策。扩大个人住房房产税改革试点范围。

三是增加普通商品住房及用地供应。2013 年住房用地供应总量原则上不低于过去五年平均实际供应量。

四是加快保障性安居工程规划建设。配套设施要与保障性安居工程项目同步规划、同期建设、同时交付使用。完善并严格执行准入退出制度，确保公平分配。2013 年底前，地级以上城市要把符合条件的外来务工人员纳入当地住房保障范围。

五是加强市场监管。加强商品房预售管理，严格执行商品房销售明码标价规定。强化企业信用管理，严肃查处中介机构违法违规行为。推进城镇个人住房信息系统建设，加强市场监测和信息发布管理。

2013 年 3 月 1 日，国务院公布房地产调控"国五条"实施细则，业内称"新国六条"，具体措施如下。

1. 完善稳定房价工作责任制

要按照保持房价基本稳定的原则，制定本地区年度新建商品住房(不含保障性住房，下同)价格控制目标，并于一季度向社会公布。对存在住房供过于求等情况的城市，也应指导其采取有效措施保持市场稳定。要建立健全稳定房价工作的考核问责制度，加强对所辖城市的督查、考核和问责工作。

2. 坚决抑制投机投资性购房

继续严格执行商品住房限购措施。限购区域应覆盖城市全部行政区域；限购住房类型应包括所有新建商品住房和二手住房；购房资格审查环节应前移至签订购房合同(认购)前；对拥有 1 套及以上住房的非当地户籍居民家庭、无法连续提供一定年限当地纳税证明或社会保险缴纳证明的非当地户籍居民家庭，要暂停在本行政区域内向其售房。

要严肃查处限购措施执行中的违法违规行为，对存在规避住房限购措施行为的项目，要责令房地产开发企业整改；购房人不具备购房资格的，企业要与购房人解除合同；对教唆、协助购房人伪造证明材料、骗取购房资格的中介机构，要责令其停业整顿，并严肃处理相关责任人；情节严重的，要追究当事人的法律责任。

继续严格实施差别化住房信贷政策。银行业金融机构要进一步落实好对首套房贷款的首付款比例和贷款利率政策，严格执行第二套(及以上)住房信贷政策。要强化借款人资格审查，严格按规定调查家庭住房登记记录和借款人征信记录，不得向不符合信贷政策的借款人违规发放贷款。银行业监管部门要加强对银行业金融机构执行差别化住房信贷政策的日常管理和专项检查，对违反政策规定的，要及时制止、纠正。对房价上涨过快的城市，人民银行当地分支机构可根据城市人民政府新建商品住房价格控制目标和政策要求，进一步提高第二套住房贷款的首付款比例和贷款利率。

充分发挥税收政策的调节作用。税务、住房城乡建设部门要密切配合，对出售自有住房按规定应征收的个人所得税，通过税收征管、房屋登记等历史信息能核实房屋原值的，应依法严格按转让所得的 20%计征。总结个人住房房产税改革试点城市经验，加快推进扩大试点工作，引导住房合理消费。税务部门要继续推进应用房地产价格评估方法加强存量房交易税收征管工作。

3. 增加普通商品住房及用地供应

原则上 2013 年住房用地供应总量应不低于过去五年平均实际供应量。加大土地市场信息公开力度，市、县人民政府应于一季度公布年度住房用地供应计划，稳定土地市场预期。各地区住房城乡建设部门要提出商品住房项目的住宅建设套数、套型建筑面积、设施条件、开竣工时间等要求，作为土地出让的依据，并纳入出让合同。

加快中小套型普通商品住房项目的供地、建设和上市，尽快形成有效供应。对中小套型住房套数达到项目开发建设总套数 70%以上的普通商品住房建设项目，银行业金融机构要在符合信贷条件的前提下优先支持其开发贷款需求。

4. 加快保障性安居工程规划建设

全面落实 2013 年城镇保障性安居工程基本建成 470 万套、新开工 630 万套的任务。做到配套设施与保障性安居工程项目同步规划、同期建设、同时交付使用，确保竣工项目及早投入使用。加强分配管理。要继续探索创新保障性住房建设和管理机制，完善保障性住房申请家庭经济状况审核机制，严格准入退出，确保公平分配。

5. 加强市场监管和预期管理

2013 年起，各地区要提高商品房预售门槛，引导房地产开发企业理性定价，稳步推进商品房预售制度改革。各地区要大力推进城镇个人住房信息系统建设，完善管理制度，到"十二五"期末，所有地级以上城市原则上要实现联网。对存在闲置土地和炒地、捂盘惜售、哄抬房价等违法违规行为的房地产开发企业，有关部门要建立联动机制，加大查处力度。对涉及房地产市场的不实信息，要及时、主动澄清。对诱导购房者违反限购、限贷等政策措施，造谣、传谣以及炒作不实信息误导消费者的企业、机构、媒体和个人，要进行严肃处理。

6. 加快建立和完善引导房地产市场健康发展的长效机制

各有关部门要加强基础性工作，加快研究提出完善住房供应体系、健全房地产市场运行和监管机制的工作思路和政策框架，推进房地产税制改革，完善住房金融体系和住房用地供应机制，推进住宅产业化，促进房地产市场持续平稳健康发展。

2017 年一季度，两会《政府工作报告》提出"坚持住房的居住属性，落实地方政府主体责任。加强房地产市场分类调控，房价上涨压力大的城市要合理增加住宅用地，规范开发、销售、中介等行为，遏制热点城市房价过快上涨"。随后，全国新一轮房地产调控重磅来袭，楼市调控政策密集出台、区域联动性增强。其中北京 10 天九次出台房地产相关政策，广州、珠海、厦门等 30 余个城市也密集出台收紧政策，热点城市进入严厉打击房价过快上涨的阶段。其中无论是限购、限贷，还是两年内部分房源不允许上市交易等措施，都是为了打击房产的"投资投机"属性，恢复其"居住"属性。自 2016 年中央经济工作会议提出加快研究建立符合国情、适应市场规律的基础性制度和长效机制，中央各部委加快房地产长效机制建设，中央财经领导小组第十五次会议上，习近平主席强调深入研究短期和长期相结合的长效机制和基础性制度安排。住建部在国新办新闻发布会上提出，现在具备了建立房地产的基础性制度和长效机制的条件，明确要加快房地产税立法，并适时推进改革，相关部门正在按照中央要求开展工作。

从政策影响来看，继"限购""限贷"后，"限售"也升级为楼市调控的关键词。2017年 3 月 24 日，二线城市中房价最高的厦门发布楼市调控新规，"新购住房需取得产权证后满 2 年方可上市交易"。在厦门之后，先后有福州、青岛、杭州、广州、惠州、常州等城市加入到限售队伍行列。除了"限售"外，近期出台调控政策的城市在不同层面上弥补了之前的政策短板，体现了"因城施策"的特征，例如一、二线城市诸如北京、广州等地实行"认房又认贷""商住房"限购、"离婚一年内买房为二套"等，重在弥补政策的短板；而热点二三线城市和一线城市的周边城市则是加强社保年限和提高首付比例，为楼市降温并进一步遏制投资性需求。在此背景下，受2016年同期高基数及政策调控影响，一季度新房成交量同比小幅下调，价格累计涨幅持续收窄。其中，一、二线热点城市新房价格涨幅明显收窄，成交量同比降幅显著，但二手房市场价格涨幅明显高于新房。同时，因去库存政策效应及核心城市外溢影响，部分三、四线城市量价保持了稳步增长。在调控持续收紧情况下，预计未来一、二线城市的成交仍难见起色，价格整体将趋向平稳。

从未来政策走向来看，可以预期的是，2017年城市分化态势仍将持续，短期房地产过热城市的楼市调控政策将持续发力。政策将侧重于通过各类措施稳定市场环境，差别化信贷政策将继续发挥重要作用，限购等行政手段也将延续，强化市场监管，整顿规范市场秩序，以促进市场平稳发展。供应紧张、房价上涨压力较大的城市继续合理增加住宅用地供应，特别是部分商办库存较大而住宅供求矛盾突出的城市，也将推动商办库存转化，在去商办库存的同时也增加部分住宅供应。

互动话题

2016年11月，国家发展改革委与住房城乡建设部联合印发《关于开展商品房销售明码标价专项检查的通知》，在全国范围内开展商品房销售明码标价专项检查。检查发现，部分房地产企业未严格遵守《商品房销售明码标价规定》，侵害了消费者的合法权益。

其中，海南万宁润发房地产开发有限公司"石梅山庄"楼盘等7个案例未明码标价，四川万霖房产开发公司"凤凰城"楼盘等3个案例未在醒目位置明码标价，苏州恒力置业有限公司"苏州湾景苑"7~9#(东区)楼盘等2个案例未按规定实行"一套一标"，和美(上海)房地产开发有限公司"融信置鼎雅苑"等3个案例未按规定标示销售状态，深圳市华佳业房地产开发有限公司"华业玫瑰四季二期馨园"楼盘等7个案例明码标价信息不全，广西中泰商贸有限公司销售的"广源·鲁班壹号"楼盘在检查中不提供价格监督检查所需资料。

专项检查还查处了四川链家房地产经纪有限公司麓山大道一段分公司未公示收费项目名称及标准等3个涉及房地产中介公司的案例。

你对商品房销售明码标价专项检查怎么看？

(资料来源：中国政府网．部分房地产企业违反明码标价规定受查处[EB/OL].[2017-05-03].
http://www.gov.cn/xinwen/2017-05-03/content_5190629.htm)

课 后 阅 读

房地产开发企业的设立和资质

一、房地产开发企业的设立条件

设立房地产开发企业，应当具备下列条件。

(1) 有自己的名称和组织机构。

(2) 有固定的经营场所。

(3) 有符合国务院规定的注册资本。房地产开发企业是资金密集型企业，对其注册资金的要求高于一般经营性、劳务性、中介性的企业。目前建设部按房地产开发企业的资质等级不同规定了不同的注册资本要求。这有助于扼制房地产开发领域过于严重的投机态势，降低房地产投资风险，保障交易安全。

(4) 有足够的专业技术人员。房地产开发是一项专业性很强的经营活动。开发商拥有足够的专业技术人员是保障开发项目产品的安全及开发中其他社会效益和环境效益实现的必要条件。目前，建设部按房地产开发企业的资质等级不同规定了不同的专业技术人员要求。

(5) 法律、行政法规规定的其他条件。

二、设立房地产开发企业的程序

设立房地产开发企业应经过以下程序。

(1) 应当向工商行政管理部门申请设立登记，工商行政管理部门对不符合上述条件的，不予登记。

(2) 房地产开发企业在领取营业执照后的 30 日内，应当到登记所在地的县级以上地方人民政府规定的部门备案。

上述规定主要为协调企业设立中，一般行政管理(工商行政管理)与特殊行政管理(房地产开发行业管理)的关系。

三、新设立的房地产开发企业应当自领取营业执照之日起 30 日内，持下列文件到房地产开发主管部门备案

(1) 营业执照复印件。

(2) 企业章程。

(3) 验资证明。

(4) 企业法定代表人的身份证明。

(5) 专业技术人员的资格证书和劳动合同。

(6) 房地产开发主管部门认为需要出示的其他文件。

房地产开发主管部门应当在收到备案申请后 30 日内向符合条件的企业核发《暂定资质证书》，有效期 1 年。房地产开发主管部门可以视企业经营情况延长《暂定资质证书》的有效期，但延长期限不得超过两年。自领取《暂定资质证书》之日起 1 年内无开发项目的，《暂定资质证书》有效期不得延长。

房地产开发企业应当在《暂定资质证书》有效期期满前 1 个月内向房地产开发主管部门申请核定资质等级。房地产开发主管部门应当根据其开发经营业绩核定相应的资质等级。

申请《暂定资质证书》的条件不得低于四级资质企业的条件。临时聘用或者兼职的管理、技术人员不得计入企业管理、技术人员总数。

四、房地产开发企业资质管理规定

为了加强房地产开发企业资质管理，规范房地产开发企业经营行为，房地产开发企业应当按照规定申请核定企业资质等级。未取得房地产开发资质等级证书(以下简称资质证书)的企业，不得从事房地产开发经营业务。

申请核定资质等级的房地产开发企业，应当提交下列证明文件。

(1) 企业资质等级申报表。

(2) 房地产开发企业资质证书(正、副本)。

(3) 企业资产负债表和验资报告。

(4) 企业法定代表人和经济、技术、财务负责人的职称证件。

(5) 已开发经营项目的有关证明材料。

(6) 房地产开发项目手册及《住宅质量保证书》《住宅使用说明书》执行情况报告。

(7) 其他有关文件、证明。

国务院建设行政主管部门负责全国房地产开发企业的资质管理工作；县级以上地方人民政府房地产开发主管部门负责本行政区域内房地产开发企业的资质管理工作。房地产开发企业按照企业条件分为四个资质等级。一级资质由省、自治区、直辖市人民政府建设行政主管部门初审，报国务院建设行政主管部门审批。二级资质及二级资质以下企业的审批办法由省、自治区、直辖市人民政府建设行政主管部门制定。经资质审查合格的企业，由资质审批部门发给相应等级的资质证书。各资质等级企业的条件如下。

(一)一级资质

注册资本不低于5000万元；从事房地产开发经营5年以上；近3年房屋建筑面积累计竣工30万平方米以上，或者累计完成与此相当的房地产开发投资额；连续5年建筑工程质量合格率达100%；上一年房屋建筑施工面积15万平方米以上，或者完成与此相当的房地产开发投资额；有职称的建筑、结构、财务、房地产及有关经济类的专业管理人员不少于40人，其中具有中级以上职称的管理人员不少于20人，持有资格证书的专职会计人员不少于4人；工程技术、财务、统计等业务负责人具有相应专业中级以上职称；具有完善的质量保证体系，商品住宅销售中实行了《住宅质量保证书》和《住宅使用说明书》制度；未发生过重大工程质量事故。

(二)二级资质

注册资本不低于2000万元；从事房地产开发经营3年以上；近3年房屋建筑面积累计竣工15万平方米以上，或者累计完成与此相当的房地产开发投资额；连续3年建筑工程质量合格率达100%；上一年房屋建筑施工面积10万平方米以上，或者完成与此相当的房地产开发投资额；有职称的建筑、结构、财务、房地产及有关经济类的专业管理人员不少于20人，其中具有中级以上职称的管理人员不少于10人，持有资格证书的专职会计人员不少于3人；工程技术、财务、统计等业务负责人具有相应专业中级以上职称；具有完善的质量保证体系，商品住宅销售中实行了《住宅质量保证书》和《住宅使用说明书》制度；未发生过重大工程质量事故。

(三)三级资质

注册资本不低于800万元；从事房地产开发经营2年以上；房屋建筑面积累计竣工5万平方米以上，或者累计完成与此相当的房地产开发投资额；连续2年建筑工程质量合格率达100%；有职称的建筑、结构、财务、房地产及有关经济类的专业管理人员不少于10人，其中具有中级以上职称的管理人员不少于5人，持有资格证书的专职会计人员不少于2人；工程技术、财务等业务负责人具有相应专业中级以上职称，统计等其他业务负责人具有相应专业初级以上职称；具有完善的质量保证体系，商品住宅销售中实行了《住宅质量保证书》和《住宅使用说明书》制度；未发生过重大工程质量事故。

(四)四级资质

注册资本不低于 100 万元；从事房地产开发经营 1 年以上；已竣工的建筑工程质量合格率达 100%；有职称的建筑、结构、财务、房地产及有关经济类的专业管理人员不少于 5 人，持有资格证书的专职会计人员不少于 2 人；工程技术负责人具有相应专业中级以上职称，财务负责人具有相应专业初级以上职称，配有专业统计人员；商品住宅销售中实行了《住宅质量保证书》和《住宅使用说明书》制度；未发生过重大工程质量事故。

(资料来源：《城市房地产开发经营管理条例》和《房地产开发企业资质管理规定》)

思考与练习

1. 简述房地产企业的类型。
2. 房地产开发经营企业应设置哪些机构？
3. 简述房地产开发经营企业的企业制度。
4. 如何分析房地产市场结构类型？
5. 如何进行房地产市场细分？
6. 如何进行房地产产品市场定位？
7. 简述"新国六条"。

第三章　房地产项目规划设计及评价

引例

西安曲江规划

在总体布局上，曲江新区既考虑区域所处位置和周边环境，又体现园林风景区特色；既注重历史文化资源的保护、利用和开发，又满足现代旅游度假需要；既考虑各个项目开发建设的需要，又合理利用现状地形、地貌。曲江新区在规划格局上形成了"一心、两带、三轴、四个板块"的机构形态。

一、功能定位

"一心"：以大雁塔为整个曲江的核心。

"两带"：即贯穿整个新区，宽100米的唐城遗址保护绿带；分布在绕城高速两侧共100米宽的绿化景观带。

"三轴"：即雁塔南路旅游商业发展轴线、芙蓉东路生态休闲发展轴线和曲江达到景观轴线。

"四个功能板块"：即唐风商业板块、旅游休闲板块、科教文化板块和商务会展板块。

二、四个功能板块

1) 唐风商业板块

位于曲江新区的西北部，占地约2平方公里。依托大雁塔——大慈恩寺历史风貌区及大雁塔南北广场，由大唐不夜城、大唐商业广场、大唐通易坊、慈恩镇(查看地图)、芙蓉坊、秦汉唐(查看地图)等组成以唐风为主题，涵盖历史文化、民俗文化的大型综合性商业板块，是西安特色鲜明、规模最大的文化商业区。

2) 旅游休闲板块

整个曲江区域的核心，占地约7平方公里。依托70公顷的曲江南、北湖水面，利用起伏变化的地形地貌、优美的生态环境和丰富的历史文化资源，营造规模宏大、配系齐全的旅游休闲板块。主要包括大雁塔——大慈恩寺景区、陕西民俗大观园、陕西戏曲大观园、唐华宾馆、唐歌舞厅、唐代艺术博物馆(三唐工程)、大唐芙蓉园、曲江海洋世界、西安广电世纪园、丝路风情园、大唐爱情谷、大唐文化艺术长廊等人文特色的旅游休闲观光景点。

3) 科教文化板块

位于曲江新区的东北部，占地约3平方公里。依托西安交通大学、西安理工大学、西安国际旅游学院、西安电影制片厂等资源优势，形成以教育为龙头，以影视、动漫、创意、传媒、广告、出版为核心的文化产业园区。

4) 商务会展板块

位于曲江新区西南部，西安中轴线长安南部西安未来CBD核心区，占地约3平方公里。

在现有西安国际会议展览中心的基础上，建设 15 万平方米的展馆、60 万平方米的建筑群、5500 个国际标准展位、3.5 万平方米 30 个不同规格的国际会议中心，同现有的曲江国际会议中心、曲江宾馆、惠宾苑酒店、曲江行政商务区一起构成具有国际一流水准的会展产业集群和商务港，整个区域包括展览中心、会议中心、会展商务写字楼、星级酒店、餐饮娱乐、商业超市、商务公寓、停车场、物流中心、展览总部基地、会展科技产业园、会展旅游中心。

(资料来源: 民工网. 西安曲江规划[EB/OL].[2007-8-22].
http://www.mingong123.com/news/51/2007-8-22/10041286753022.html)

近年来，几乎每个城市都建造了数百万平方米的多层、别墅、小高层、高层、超高层建筑。这样多的建筑成就了相当数量的设计大师和著名的开发商，同时，当设计出现问题或者设计未达到预期的目的时，建筑师也往往成了批评的对象。房地产项目规划设计内容广泛，集房地产项目规划、产品研发、市场研究策划、物业规划设计、营销策划、商铺招商运营、销售代理、全程商业顾问、引资、合作开发为一体，规划设计的范围涉及住宅、商业、写字楼、旅游文化地产的销售与策划以及一二级市场的前期分析与定位。

快速城市化必然带来城市空间的快速扩张，不可避免地要将一部分既有人文物质、自然生态环境包入城市空间之中，以往一味以牺牲人文物质环境和生态环境为代价来换取经济增长的做法已被证明不可持续。尽可能地体现当地的人文空间特征、保留基地的基本生态骨架，应当成为城市规划建设的原则。城市建设、人文物质环境和生态环境三者的和谐发展并非只有唯一的途径可以遵循，科学和务实的规划态度应是因时、因地、因事来进行合理安排。

第一节 城市规划管理

一、城市规划的概念及作用

城市规划是指为了实现一定时期内城市的经济和社会发展目标，确定城市性质、规模和发展方向，合理利用城市土地，协调城市空间布局和各项建设所作的综合部署和具体安排。政府要科学确定城镇未来发展目标，改善城镇人居环境，调控非农业经济、社会、文化、游憩活动高度聚集的地域内的人口规模、土地使用、资源节约、环境保护和各项开发与建设行为。要建设好城市，必须要有一个统一的、科学的城市规划，并严格按照规划来进行建设。城市规划是一项系统性、科学性、政策性和区域性很强的工作。它要预见并合理地确定城市的发展方向、规模和布局，做好环境预测和评价，协调各方面在发展中的关系，统筹安排各项建设，使整个城市的建设和发展达到技术先进、经济合理、"骨与肉"协调、环境优美的综合效果，为城市人民的居住、劳动、学习、交通、休息以及各种社会活动创造良好条件。城市规划又称都市计划或都市规划，是指对城市的空间和实体发展进行的预先考虑。其对象偏重于城市的物质形态部分，涉及城市中产业的区域布局、建筑物的区域布局、道路及运输设施的设置、城市工程的安排等。中国古代城市规划的知识组成的基础是古代哲学，糅合了儒、道、法等各家思想，最鲜明的一点是讲求天人合一、道法自然。

城市规划是政府调控城市空间资源、指导城乡发展与建设、维护社会公平、保障公共安全和公众利益的重要公共政策之一。城市规划的主要作用是：根据国家城市发展和建设方针、经济技术政策、国民经济和社会发展长远计划、区域规划，以及城市所在地区的自然条件、历史情况、现状特点和建设条件，布置城市体系；确定城市性质、规模和布局；统一规划、合理利用城市土地；综合部署城市经济、文化、基础设施等各项建设，保证城市有秩序地、协调地发展，使城市的发展建设获得良好的经济效益、社会效益和环境效益。各国城市规划的共同和基本任务是：通过空间发展的合理组织，满足社会经济发展和生态保护的需要；从城市的整体和长远利益出发，合理和有序地配置城市空间资源；通过空间资源配置，提高城市的运作效率，促进经济和社会的发展；确保城市的经济、社会与生态环境相协调，增强城市发展的可持续性；建立各种引导机制和控制规则，确保各项建设活动与城市发展目标相一致；通过信息提供，促进城市房地产市场的有序和健康运行。

二、城市规划的原则

《中华人民共和国城乡规划法》由中华人民共和国第十届全国人民代表大会常务委员会第三十次会议于2007年10月28日通过，自2008年1月1日起施行。该法的立法目的是加强城乡规划管理，协调城乡空间布局，改善人居环境，集约高效合理利用城乡土地，促进城乡经济社会全面科学协调可持续发展。该法所称城乡规划，包括城镇体系规划、城市规划、镇规划、乡规划、村庄规划和社区规划。城市规划、镇规划分为总体规划和详细规划。详细规划分为控制性详细规划和修建性详细规划。该法所称规划区，是指城市、镇和村庄的建成区以及因城乡建设和发展需要，必须实行规划控制的区域。规划区的具体范围由有关人民政府在组织编制的城市总体规划、镇总体规划、乡规划和村庄规划中，根据城乡经济社会发展水平和统筹城乡发展的需要划定。

为了规范城市规划编制工作，提高城市规划的科学性和严肃性，《城市规划编制办法》于2005年10月28日经建设部第76次常务会议讨论通过发布，自2006年4月1日起施行。凡是按照国家行政建制设立的市，必须依据《城市规划编制办法》《城市规划编制办法实施细则》《城市用地竖向规划规范》《城市绿地设计规范》等组织编制城市规划。

城市规划的原则，是正确处理城市与国家、地区、其他城市的关系，城市建设与经济建设的关系，城市建设的内部关系等的指导思想。编制城市规划的总体原则有：人工环境与自然环境相和谐的原则；历史环境与未来环境相和谐的原则；城市环境中各社会集团之间社会生活和谐的原则。在城市规划编制过程中，应遵循和坚持以下具体原则。

(一)整合原则

整合原则是指城市规划要坚持从实际出发，正确处理和协调各种关系。编制城市规划，应当以科学发展观为指导，以构建社会主义和谐社会为基本目标，坚持"五个统筹"，坚持中国特色的城镇化道路，坚持节约和集约利用资源，保护生态环境，保护人文资源，尊重历史文化，坚持因地制宜确定城市发展目标与战略，促进城市全面协调可持续发展。"五个统筹"是指党的十六届三中全会《决定》提出的"统筹城乡发展、统筹区域发展、统筹经济社会发展、统筹人与自然和谐发展、统筹国内发展和对外开放"的新要求。"五个统筹"蕴含着全面发展、协调发展、均衡发展、可持续发展和人的全面发展的科学发展观。

(1) 应当使城市的发展规模、各项建设标准、定额指标、计发程序同国家和地方的经济技术发展水平相适应。

(2) 要正确处理好城市局部建设和整体发展的辩证关系。要从全局出发，使城市的各个组成部分在空间布局上做到职能明确、主次分明、互相衔接，科学考虑城市各类建设用地之间的内在联系，合理安排城市生活区、工业区、商业区、文教区等，形成统一协调的有机整体。

(3) 要正确处理好城市规划近期建设与远期发展的辩证关系。任何城市都有一个形成发展、改造更新的过程，城市的近期建设是远期发展的一个重要组成部分，因此，既要保持近期建设的相对完整，又要科学预测城市远景发展的需要，不能只顾眼前利益而忽视了长远发展，要为远期发展留有余地。

(4) 要处理好城市经济发展和环境建设的辩证关系。注意保护和改善城市生态环境，防止污染和其他公害，加强城市绿化建设和市容环境卫生建设，保护历史文化遗产、城市传统风貌、地方特色和自然景观；不能片面追求经济效益，以污染环境、破坏生态平衡、影响城市发展为代价，避免重复"先污染，后治理"的老路子，而要使城市的经济发展与环境建设同步进行。人与环境是相互依存的有机整体，保持人与自然相互协调，既是当代人的共同责任，也是城市规划工作的基本原则。

(二)经济原则

城市规划要坚持适用、经济的原则，贯彻勤俭建国的方针，这对于中国这样一个发展中国家来说尤其重要。

(1) 要本着合理用地、节约用地的原则，做到精打细算，珍惜城市的每一寸土地，尽量少占农田、不占良田。土地是城市的载体，是不可再生资源。我国耕地人均数量少，总体质量水平低，后备资源不富裕，必须长期坚持"十分珍惜和合理利用每寸土地，切实保护耕地"的方针。

(2) 要量力而行，科学合理地确定城市各项建设用地和定额指标，对一些重大问题和决策进行经济综合论证，切忌仓促拍板，造成不良后果。我国城市在发展过程中，资源占用与能源消耗过大，建设行为过于分散，浪费了大量宝贵的土地资源。因此，在城市发展中要把集约建设放在首位，形成合理的功能与布局结构，加大投资密度；改革土地使用制度，实行有偿使用和有偿转让；处理好城市总体规划、土地批租单元的改进、产权分割下成片开发的组织形式，提高对城市发展中可能出现的矛盾的预见性，为城市更新预留政府控制用地，以实现城市的可持续发展。

(三)安全原则

安全需要是人类最基本的需要之一。因此，城市规划要将城市防灾对策纳入其指标体系。

(1) 编制城市规划，应当考虑人民群众的需要，改善人居环境，方便群众生活，充分关注中低收入人群，扶助弱势群体，维护社会稳定和公共安全。

(2) 编制城市规划，应当符合城市防火、防爆、抗震、防洪、防泥石流等的要求。在可能发生强烈地震和严重洪水灾害的地区，必须在规划中采取相应的抗震、防洪措施；应特别注意高层建设的防火、防风问题等。

(3) 还要注意城市规划的治安、交通管理、人民防空建设等问题。如城市规划中要有意识地消除那些易导致犯罪的局部环境和防范上的"盲点"。

(四)美学原则

规划是一门综合艺术，需要按照美的规律来安排城市的各种物质要素，以构成城市的整体美，给人以美的感受，避免"城市视觉污染"。

(1) 要注意传统与现代的协调，在保护好城市中那些有代表性的历史文化设施、名胜古迹的同时，也要注意体现时代精神，包括使用新材料、新工艺，使二者的结合"神似"而不是"形似"。

(2) 要注意自然景观和人文景观的协调，建筑格调与环境风貌的协调。城市规划需要通过对建筑布局、密度、层高、空间和造型等方面的干预，体现城市的精神和气质，满足生态的要求。

(五)社会原则

所谓社会原则，就是要在城市规划中树立为全体市民服务的指导思想，贯彻有利生产、方便生活、促进流通、繁荣经济、促进科学技术和文化教育事业的原则，尽量满足市民的各种需要。

(1) 设计要注重人与环境的和谐。人是环境的主角，让建筑与人对话。城市规划设计要引入公园、广场成为市民交流联系的空间，使市民享受充分的阳光、绿地、清新的空气、现代化的公共设施、舒适安全的居住环境。这种富有生活情趣和人情味的城市环境，已成为世界上许多城市规划和建设的目标。

(2) 要大力推广无障碍环境设计。城市设施不仅要为健康成年人提供方便，而且要为老、弱、病、残、幼着想，在建筑出入口、街道商店、娱乐场所应设置无障碍通道，以体现社会的高度文明。我国目前和将来都是老人和残疾人较多的国家，在城市中推广无障碍设计，其意义尤为重要。

在城市规划的编制、审批、实施与管理过程中，还要遵循以下原则：①编制城市规划，应当坚持政府组织、专家领衔、部门合作、公众参与、科学决策的原则；②从实际出发，正确处理城市与乡村、生产与生活、局部与整体、远期与近期、经济建设与国防建设、城市道路规划需要与可能的关系；③合理、科学地安排城市各项建设用地，尽量利用荒地、劣地，少占耕地、菜地、园地和林地；④切实保护和改善城市生态环境，防止污染和其他公害，保护城市绿地，搞好绿化建设；⑤注意保护文物古迹，保持与发扬民族风格和地方特色；⑥根据当前和长远发展的需要，确定城市的各项定额指标和建设标准，并同国家和地方的经济技术水平和人民生活水平相适应。

三、城市规划编制组织

城市规划分为总体规划和详细规划两个阶段。编制城市规划，应当遵守国家有关标准和技术规范，采用符合国家有关规定的基础资料。承担城市规划编制的单位，应当取得城市规划编制资质证书,并在资质等级许可的范围内从事城市规划编制工作。

国务院建设主管部门组织编制的全国城镇体系规划和省、自治区人民政府组织编制的省域城镇体系规划,应当作为城市总体规划编制的依据。大、中城市根据需要,可以依法在总体规划的基础上组织编制分区规划。城市人民政府负责组织编制城市总体规划和城市分区规划。具体工作由城市人民政府建设主管部门(城乡规划主管部门)承担。城市人民政府应当依据城市总体规划,结合国民经济和社会发展规划以及土地利用总体规划,组织制定近期建设规划。

城市详细规划分为控制性详细规划和修建性详细规划。控制性详细规划由城市人民政府建设主管部门(城乡规划主管部门)依据已经批准的城市总体规划或者城市分区规划组织编制。修建性详细规划可以由有关单位依据控制性详细规划及建设主管部门(城乡规划主管部门)提出的规划条件,委托城市规划编制单位编制。

四、城市总体规划程序

(1) 城市人民政府提出编制城市总体规划前,应当对现行城市总体规划以及各专项规划的实施情况进行总结,对基础设施的支撑能力和建设条件作出评价;针对存在的问题和出现的新情况,从土地、水、能源和环境等城市长期的发展保障出发,依据全国城镇体系规划和省域城镇体系规划,着眼区域统筹和城乡统筹,对城市的定位、发展目标、城市功能和空间布局等战略问题进行前瞻性研究,并作为城市总体规划编制的工作基础。

(2) 在上述评价研究的基础上,按规定提出进行编制工作的报告,经同意后方可组织编制。其中,组织编制直辖市、省会城市、国务院指定市的城市总体规划的,应当向国务院建设主管部门提出报告;组织编制其他市的城市总体规划的,应当向省、自治区建设主管部门提出报告。

(3) 组织编制城市总体规划纲要,按规定提请审查。其中,组织编制直辖市、省会城市、国务院指定市的城市总体规划的,应当报请国务院建设主管部门组织审查;组织编制其他市的城市总体规划的,应当报请省、自治区建设主管部门组织审查。

(4) 依据国务院建设主管部门或者省、自治区建设主管部门提出的审查意见,组织编制城市总体规划成果,按法定程序报请审查和批准。

在城市总体规划的编制中,对于涉及资源与环境保护、区域统筹与城乡统筹、城市发展目标与空间布局、城市历史文化遗产保护等重大专题的,应当在城市人民政府组织下,由相关领域的专家领衔进行研究。此外,应当在城市人民政府组织下,充分吸取政府有关部门和军事机关的意见。对于政府有关部门和军事机关提出意见的采纳结果,应当作为城市总体规划报送审批材料的专题组成部分。组织编制城市详细规划,应当充分听取政府有关部门的意见,保证有关专业规划的空间落实。在城市总体规划报送审批前,城市人民政府应当依法采取有效措施,充分征求社会公众的意见。在城市详细规划的编制中,应当采取公示、征询等方式,充分听取规划涉及的单位、公众的意见,对有关意见采纳结果应当公布。城市总体规划调整,应当按规定向规划审批机关提出调整报告,经认定后依照法律规定组织调整。城市详细规划调整,应当取得规划批准机关的同意。规划调整方案,应当向社会公开,听取有关单位和公众的意见,并将有关意见的采纳结果公示。

五、城市规划编制要求

为了科学编制城市规划，实践中应遵循以下要求。

(1) 编制城市规划，要妥善处理城乡关系，引导城镇化健康发展，体现布局合理、资源节约、环境友好的原则，保护自然与文化资源，体现城市特色，并考虑城市安全和国防建设需要。

(2) 编制城市规划，对涉及保障城市长期发展的资源的利用、环境保护、区域协调发展、风景名胜资源管理、自然与文化遗产保护、公共安全和公众利益等方面的内容，应当确定为必须严格执行的强制性内容。城市总体规划包括市域城镇体系规划和中心城区规划。

(3) 编制城市总体规划，应当先组织编制总体规划纲要，研究确定总体规划中的重大问题，作为编制规划成果的依据。

(4) 编制城市总体规划，还应当以全国城镇体系规划、省域城镇体系规划以及其他层次法定规划为依据，从区域经济社会发展的角度研究城市定位和发展战略。按照人口与产业、就业岗位的协调发展要求，控制人口规模、提高人口素质；按照有效配置公共资源、改善人居环境的要求，充分发挥中心城市的区域辐射和带动作用，合理确定城乡空间布局，促进区域经济社会全面、协调和可持续发展。

(5) 编制城市近期建设规划，应当依据已经依法批准的城市总体规划，明确近期内实施城市总体规划的重点和发展时序，确定城市近期发展方向、规模、空间布局、重要基础设施和公共服务设施选址安排，提出自然遗产与历史文化遗产的保护、城市生态环境建设与治理的措施。

(6) 编制城市分区规划，应当依据已经依法批准的城市总体规划，对城市土地利用、人口分布和公共服务设施、基础设施的配置作出进一步的安排，对控制性详细规划的编制提出指导性要求。

(7) 编制城市控制性详细规划，应当依据已经依法批准的城市总体规划或分区规划，考虑相关专项规划的要求，对具体地块的土地利用和建设提出控制指标，作为建设主管部门(城乡规划主管部门)作出建设项目规划许可的依据。编制城市修建性详细规划，应当依据已经依法批准的控制性详细规划，对所在地块的建设提出具体的安排和设计。

(8) 历史文化名城的城市总体规划，应当包括专门的历史文化名城保护规划。历史文化街区应当编制专门的保护性详细规划。

(9) 城市规划成果的表达应当清晰、规范，成果文件、图件与附件中的说明、专题研究、分析图纸等的表达应有区分。城市规划成果文件应当以书面和电子文件两种方式表达。

(10) 城市规划编制单位应当严格依据法律、法规的规定编制城市规划，提交的规划成果应当符合《城市规划法》和国家有关标准。

六、城市规划编制内容

(一)城市总体规划

城市总体规划的期限一般为20年，同时可以对城市远景发展的空间布局提出设想。确

高职高专精品课程规划教材　经管系列

定城市总体规划具体期限，应当符合国家有关政策的要求。城市总体规划包括总体规划纲要、市域城镇体系规划、中心城区规划和强制性内容四部分。

总体规划纲要应当包括下列内容。

(1) 提出市域城乡统筹发展战略。

(2) 分析城市职能，提出城市性质和发展目标。

(3) 确定生态环境、土地和水资源、能源、自然和历史文化遗产保护等方面的综合目标和保护要求，提出空间管制原则，提出城市规划区的范围。原则上确定市域交通发展策略。

(4) 提出禁建区、限建区、适建区范围。

(5) 预测市域总人口及城镇化水平，确定各城镇人口规模、职能分工、空间布局方案和建设标准。

(6) 研究中心城区空间增长边界，提出建设用地规模和建设用地范围。

(7) 提出交通发展战略及主要对外交通设施布局原则。

(8) 提出重大基础设施和公共服务设施的发展目标。

(9) 提出建立综合防灾体系的原则和建设方针。

市域城镇体系规划应当包括下列内容。

(1) 提出市域城乡统筹的发展战略。其中位于人口、经济、建设高度聚集的城镇密集地区的中心城市，应当根据需要，提出与相邻行政区域在空间发展布局、重大基础设施和公共服务设施建设、生态环境保护、城乡统筹发展等方面进行协调的建议。

(2) 确定生态环境、土地和水资源、能源、自然和历史文化遗产等方面的保护与利用的综合目标和要求，提出空间管制原则和措施。

(3) 预测市域总人口及城镇化水平，确定各城镇人口规模、职能分工、空间布局和建设标准。

(4) 提出重点城镇的发展定位、用地规模和建设用地控制范围。

(5) 确定市域交通发展策略；原则上确定市域交通、通信、能源、供水、排水、防洪、垃圾处理等重大基础设施，重要社会服务设施，危险品生产、储存设施的布局。

(6) 根据城市建设、发展和资源管理的需要划定城市规划区。城市规划区的范围应当位于城市的行政管辖范围内。

(7) 提出实施规划的措施和有关建议。

中心城区规划应当包括下列内容。

(1) 分析确定城市性质、职能和发展目标。

(2) 预测城市人口规模。

(3) 划定禁建区、限建区、适建区和已建区，并制定空间管制措施。

(4) 确定村镇发展与控制的原则和措施；确定需要发展、限制发展和不再保留的村庄，提出村镇建设控制标准。

(5) 安排建设用地、农业用地、生态用地和其他用地。

(6) 研究中心城区空间增长边界，确定建设用地规模，划定建设用地范围。

(7) 确定建设用地的空间布局，提出土地使用强度管制区划和相应的控制指标(如建筑密度、建筑高度、容积率、人口容量等)。

(8) 确定市级和区级中心的位置和规模，提出主要的公共服务设施的布局。

(9) 确定交通发展战略和城市公共交通的总体布局，落实公交优先政策，确定主要对外交通设施和主要道路交通设施布局。

(10) 确定绿地系统的发展目标及总体布局，划定各种功能绿地的保护范围(绿线)，划定河湖水面的保护范围(蓝线)，确定岸线使用原则。

(11) 确定历史文化保护及地方传统特色保护的内容和要求，划定历史文化街区、历史建筑保护范围(紫线)，确定各级文物保护单位的范围；研究确定特色风貌保护重点区域及保护措施。

(12) 研究住房需求，确定住房政策、建设标准和居住用地布局；重点确定经济适用房、普通商品住房等满足中低收入人群住房需求的居住用地布局及标准。

(13) 确定电信、供水、排水、供电、燃气、供热、环卫发展目标及重大设施总体布局。

(14) 确定生态环境保护与建设目标，提出污染控制与治理措施。

(15) 确定综合防灾与公共安全保障体系，提出防洪、消防、人防、抗震、地质灾害防护等规划原则和建设方针。

(16) 划定旧区范围，确定旧区有机更新的原则和方法，提出改善旧区生产、生活环境的标准和要求。

(17) 提出地下空间开发利用的原则和建设方针。

(18) 确定空间发展时序，提出规划实施步骤、措施和政策建议。

城市总体规划的强制性内容如下。

(1) 城市规划区范围。

(2) 市域内应当控制开发的地域。包括：基本农田保护区，风景名胜区，湿地、水源保护区等生态敏感区，地下矿产资源分布地区。

(3) 城市建设用地。包括：规划期限内城市建设用地的发展规模，土地使用强度管制区划和相应的控制指标(如建设用地面积、容积率、人口容量等)；城市各类绿地的具体布局；城市地下空间开发布局。

(4) 城市基础设施和公共服务设施。包括：城市干道系统网络、城市轨道交通网络、交通枢纽布局；城市水源地及其保护区范围和其他重大市政基础设施；文化、教育、卫生、体育等方面的主要公共服务设施的布局。

(5) 城市历史文化遗产保护。包括：历史文化保护的具体控制指标和规定；历史文化街区、历史建筑、重要地下文物埋藏区的具体位置和界线。

(6) 生态环境保护与建设目标，污染控制与治理措施。

(7) 城市防灾工程。包括：城市防洪标准、防洪堤走向；城市抗震与消防疏散通道；城市人防设施布局；地质灾害防护规定。

总体规划纲要成果包括纲要文本、说明、相应的图纸和研究报告。城市总体规划的成果应当包括规划文本、图纸及附件(如说明、研究报告和基础资料等)。在规划文本中应当明确表述规划的强制性内容。

城市总体规划应当明确综合交通、环境保护、商业网点、医疗卫生、绿地系统、河湖水系、历史文化名城保护、地下空间、基础设施、综合防灾等专项规划的原则。编制各类专项规划，应当依据城市总体规划。

(二)近期建设规划

近期建设规划的期限原则上应当与城市国民经济和社会发展规划的年限一致，并不得违背城市总体规划的强制性内容。近期建设规划到期时，应当依据城市总体规划组织编制新的近期建设规划。

近期建设规划应当包括如下内容。

(1) 确定近期人口和建设用地规模，确定近期建设用地范围和布局。

(2) 确定近期交通发展策略，确定主要对外交通设施和主要道路交通设施布局。

(3) 确定各项基础设施、公共服务和公益设施的建设规模和选址。

(4) 确定近期居住用地安排和布局。

(5) 确定对历史文化名城、历史文化街区、风景名胜区等的保护措施，对城市河湖水系、绿化、环境等的保护、整治和建设措施。

(6) 确定控制和引导城市近期发展的原则和措施。

近期建设规划的成果应当包括规划文本、图纸以及相应说明的附件。在规划文本中应当明确表达规划的强制性内容。

(三)分区规划

编制分区规划，应当综合考虑城市总体规划确定的城市布局、片区特征、河流道路等自然和人工界限，结合城市行政区划，划定分区的范围界限。

分区规划应当包括下列内容。

(1) 确定分区的空间布局、功能分区、土地使用性质和居住人口分布。

(2) 确定绿地系统、河湖水面、供电高压线走廊、对外交通设施用地界线和风景名胜区、文物古迹、历史文化街区的保护范围，提出空间形态的保护要求。

(3) 确定市、区、居住区级公共服务设施的分布、用地范围和控制原则。

(4) 确定主要市政公用设施的位置、控制范围和工程干管的线路位置、管径，进行管线综合。

(5) 确定城市干道的红线位置、断面、控制点坐标和标高，确定支路的走向、宽度，确定主要交叉口、广场、公交站场、交通枢纽等交通设施的位置和规模，确定轨道交通线路走向及控制范围，确定主要停车场规模与布局。

分区规划的成果应当包括规划文本、图件以及相应说明的附件。

(四)详细规划

详细规划包括控制性详细规划和修建性详细规划。

控制性详细规划应当包括下列内容。

(1) 确定规划范围内不同性质用地的界线，确定各类用地内适建、不适建或者有条件地允许建设的建筑类型。

(2) 确定各地块建筑高度、建筑密度、容积率、绿地率等控制指标；确定公共设施配套要求、交通出入口方位、停车泊位、建筑后退红线距离等的要求。

(3) 提出各地块的建筑体量、体型、色彩等城市设计指导原则。

(4) 根据交通需求分析，确定地块出入口位置、停车泊位、公共交通场站用地范围和站点位置、步行交通以及其他交通设施。规定各级道路的红线、断面、交叉口形式及渠化措施、控制点坐标和标高。

(5) 根据规划建设容量，确定市政工程管线位置、管径和工程设施的用地界线，进行管线综合。确定地下空间开发利用的具体要求。

(6) 制定相应的土地使用与建筑管理规定。

控制性详细规划确定的各地块的主要用途、建筑密度、建筑高度、容积率、绿地率、基础设施和公共服务设施配套规定应当作为强制性内容。控制性详细规划成果应当包括规划文本、图件和附件。图件由图纸和图则两部分组成，规划说明、基础资料和研究报告收入附件。

修建性详细规划应当包括下列内容。

(1) 建设条件分析及综合技术经济论证。

(2) 建筑、道路和绿地等的空间布局和景观规划设计，布置总平面图。

(3) 对住宅、医院、学校和托幼建筑等进行日照分析。

(4) 根据交通影响分析，提出交通组织方案和设计。

(5) 市政工程管线规划设计和管线综合。

(6) 竖向规划设计。

(7) 估算工程量、拆迁量和总造价，分析投资效益。

修建性详细规划成果应当包括规划说明书、图纸。

七、"六线"规划控制体系

"六线"规划控制体系应包括下列内容。

(1) 城市建设区规划控制黄线：规划中用于界定城镇建设用地(包括村镇建设用地)范围的控制线。它是规划城镇建设用地与自然界面、确定要保护的生态地区之间的政策性控制线，城市开发建设活动不得越出这个范围。

(2) 道路交通设施规划控制红线：规划中用于界定城市道路广场用地和对外交通用地(管道运输用地除外)、交通设施用地的控制线。红线导控的核心是控制道路及重要交通设施用地范围、限定各类道路沿线建(构)筑物的设置条件。

(3) 生态建设区规划控制绿线：规划中用于界定生态用地等非城镇建设用地范围的控制线。广义上将规划区范围内非城镇建设区统称为生态区，故绿线也可称为生态环境控制线。

(4) 水域岸线规划控制蓝线：规划中用于划定较大面积的水域、水系、湿地及其沿岸一定范围陆域地区作为保护区的控制线。

(5) 市政公用设施规划控制黑线：规划中用于界定市政公用设施用地范围的控制线。黑线导控的核心是控制各类市政公用设施、地面输送管道的用地范围，以保证各类设施的正常运行。

(6) 历史文物保护规划控制紫线：规划中用于界定文物古迹、传统街区及其他重要历史地段保护范围的控制线。

小阅读

苏州寒山寺风景名胜区规划设计

"月落乌啼霜满天，江枫渔火对愁眠，姑苏城外寒山寺，夜半钟声到客船。"——位于苏州古城外西部的寒山寺因唐代诗人张继的一首《枫桥夜泊》而名声远扬，也引来无数的海外游客，成为著名的风景旅游胜地。

规划以古刹寒山寺为主体，以古桥、古关(铁岭关)、古镇、古运河为游览内容，以《枫桥夜泊》诗篇的历史文化意境为特色，力求再现具有浓郁水乡风貌的风景名胜地。

规划主要包括六个部分，分别为"寒山寺局部调整规划书与书写院详细规划""景区入口详细规划""枫桥古镇详细规划""铁岭关广场详细规划""寒山别院和渔隐小圃详细规划"和"江枫洲详细规划"等内容。规划面积18公顷，大部分已完成实施。

规划强调对古刹周边整体环境的烘托，完善与充实风景名胜游览的内容，寓教于乐。尽力恢复与渲染诗中所载的氛围与环境。如在对枫桥大街的改造与恢复的规划设计中，参考了《盛世滋生图》中所描绘的古建筑造型与街市情形，或仿古建造，或修旧如旧，再现古时遗风。

(资料来源：八戒工程网. 苏州寒山寺风景名胜区规划设计[EB/OL].[2015-12-22].
http://gc.zbj.com/20151222/n54794.shtml)

第二节 居住区规划设计

一、居住区规划设计原则

为确保居民基本的居住生活环境，经济、合理、有效地利用土地和空间，提高居住区的规划设计质量，国家建设部制定了《城市居住区规划设计规范》(GB50180—93)，这一规范作为强制性国家标准，适用于城市居住区的规划设计。

根据与居住人口规模相对应的配套关系，将城市居住区划分为居住区、小区、组团三级规模，科学合理，符合国情。各级标准的控制规模应符合表3-1中的规定。

表3-1 居住区分级控制规模

城市居住区	居住区	小区	组团
户数/户	10 000～16 000	3000～5000	300～1000
人口/人	30 000～50 000	10 000～15 000	1000～3000

划分为三级规模的主要依据如下。

(1) 能满足居民基本生活中三个不同层次的要求，即对基层服务设施的要求(组团级)，如组团绿地、便民店、停(存)车场库等；对一套基本生活设施的要求(小区级)，如小学、社区服务等；对一整套物质与文化生活所需设施的要求(居住区级)，如百货商场、门诊所、文化活动中心等。

(2) 能满足配套设施的设置及经营要求。即配套公建的设置，对自身规模和服务人口数均有一定的要求，本规范的分级规模基本与公建设置要求一致，如一所小学服务人口为10 000人以上，正好与小区级人口规模对应等。

(3) 能与现行的城市行政管理体制相协调。即组团级居住人口规模与居(里)委会的管辖规模(1 000～3 000人)一致，居住区级居住人口规模与街道办事处一般的管辖规模(30 000～50 000人)一致，既便于居民生活组织管理，又利于管理设施的配套设置。

其规划组织结构可采用居住区—小区—组团、居住区—组团、小区—组团及独立式组团等多种类型。

居住区的配建设施，必须与居住人口规模相对应。其配建设施的面积总指标，可根据规划组织结构类型统一安排、灵活使用。

(一)居住区规划设计的基本原则

居住区的规划设计，应遵循如下基本原则：符合城市总体规划的要求；符合统一规划、合理布局、因地制宜、综合开发、配套建设的原则；综合考虑所在城市的性质、气候、民族、习俗和传统风貌等地方特点和规划用地周围的环境条件，充分利用规划用地内有保留价值的河湖水域、地形地貌、植被、道路、建筑物与构筑物等，并将其纳入规划；适应居民的活动规律，综合考虑日照、采光、通风、防灾、配建设施及管理要求，创造方便、舒适、安全、优美的居住、生活环境；为老年人、残疾人的生活和社会活动提供条件；为工业化生产、机械化施工和建筑群体、空间环境多样化创造条件；为商品化经营、社会化管理及分期实施创造条件；充分考虑社会、经济和环境三方面的综合效益。

(二)居住区的规划布局原则

居住区的规划布局，应综合考虑周边环境、路网结构、公建与住宅布局、群体组合、绿地系统及空间环境等的内在联系，构成一个完善的、相对独立的有机整体，并应遵循如下原则：方便居民生活，有利于安全防卫和物业管理；组织与居住人口规模相适应的公共活动中心，方便经营、使用和社会化服务；合理组织人流、车流和车位停放，创造安全、安静、方便的居住环境。

(三)居住区的空间与环境设计原则

居住区的空间与环境设计，应遵循的原则有：规划布局和建筑应体现地方特色，与周围环境相协调；合理设置公共服务设施，避免烟气(味)、灰尘及噪声对居民的污染和干扰；精心设置建筑小品，丰富与美化环境；注重景观和空间的完整性，市政公用站点等宜与住宅或公建结合安排；供电、电信、路灯等管线宜地下埋设；公共活动空间的环境设计，应处理好建筑、道路、广场、院落绿地和建筑小品之间及其与人的活动之间的相互关系。

二、居住区规划设计术语、代号

1. 城市居住区

一般所称的城市居住区，泛指不同居住人口规模的居住生活聚居地和特指城市干道或自然分界线所围合，并与居住人口规模(30 000～50 000人)相对应，配建有一整套较完善的、能满足该区居民物质与文化生活所需的公共服务设施的居住生活聚居地。

2. 居住小区

居住小区一般称小区，是指被城市道路或自然分界线所围合，并与居住人口规模(10 000~15 000 人)相对应，配建有一套能满足该区居民基本的物质与文化生活所需的公共服务设施的居住生活聚居地。

3. 居住组团

居住组团一般称组团，是指被小区道路分隔，并与居住人口规模(1000~3000 人)相对应，配建有居民所需的基础公共服务设施的居住生活聚居地。

4. 居住区用地(R)

居住区用地是住宅用地、公建用地、道路用地和公共绿地等四项用地的总称。

5. 住宅用地(R01)

住宅用地是住宅建筑基底占地及其四周合理间距内的用地(含宅间绿地和宅间小路等)的总称。

6. 公共服务设施用地(R02)

公共服务设施用地一般称公共用地，是与居住人口规模相对应配建的、为居民服务或使用的各类设施的用地，应包括建筑基底占地及其所属场院、绿地和配建停车场等。

7. 道路用地(R03)

道路用地是指居住区道路、小区路、组团路及非公建配建的居民小汽车、单位通勤车等停放场地。

8. 居住区(级)道路

居住区(级)道路一般指用以划分小区的道路。在大城市中通常与城市支路同级。

9. 小区(级)路

小区(级)路一般指用以划分组团的道路。

10. 组团(级)路

组团(级)路是指上接小区路、下连宅间小路的道路。

11. 宅间小路

宅间小路是指住宅建筑之间连接各住宅入口的道路。

12. 公共绿地(R04)

公共绿地是指满足规定的日照要求、适合于安排游憩活动设施的、供居民共享的集中绿地，包括居住区公园、小游园和组团绿地及其他块状或带状绿地等。

13. 配建设施

配建设施是与人口规模或住宅规模对应的配套建设的公共服务设施、道路和公共绿地的总称。

14. 其他用地(E)

其他用地是指规划范围内除居住区用地以外的各种用地，包括非直接为本区居民配建的道路用地、其他单位用地、保留的自然村或不可建设用地等。

15. 公共活动中心

公共活动中心是指配套公建相对集中的居住区中心、小区中心和组团中心等。

16. 道路红线

道路红线是指城市道路(含居住区级道路)用地的规划控制线。

17. 建筑线

建筑线一般称建筑控制线，是建筑物基底位置的控制线。

18. 日照间距系数

日照间距系数是指根据日照标准确定的房屋间距与遮挡房屋檐高的比值。

19. 建筑小品

建筑小品是指既有功能要求，又具有点缀、装饰和美化作用的，从属于某一建筑空间环境的小体量建筑、游憩观赏设施和指示性标志物等的统称。

20. 住宅平均层数

住宅平均层数是指住宅总建筑面积与住宅基底总面积的比值(层)。

21. 高层住宅(大于等于10层)比例

高层住宅比例是指高层住宅总建筑面积与住宅总建筑面积的比率(%)。

22. 中高层住宅(7~9层)比例

中高层住宅比例是指中高层住宅总建筑面积与住宅总建筑面积的比率(%)。

23. 人口毛密度

人口毛密度是指每公顷居住区用地上容纳的规划人口数量(人/公顷)。

24. 人口净密度

人口净密度是指每公顷住宅用地上容纳的规划人口数量(人/公顷)。

25. 住宅建筑套密度(毛)

住宅建筑套密度(毛)是指每公顷居住区用地上拥有的住宅建筑套数(套/公顷)。

26. 住宅建筑套密度(净)

住宅建筑套密度(净)是指每公顷住宅用地上拥有的住宅建筑套数(套/公顷)。

27. 住宅建筑面积毛密度

住宅建筑面积毛密度是指每公顷居住区用地上拥有的住宅建筑面积(平方米/公顷)。

28. 住宅建筑面积净密度

住宅建筑面积净密度是指每公顷住宅用地上拥有的住宅建筑面积(平方米/公顷)。

29. 建筑面积毛密度

建筑面积毛密度也称容积率,是以每公顷居住区用地上拥有的各类建筑的建筑面积(平方米/公顷)或以居住区总建筑面积(万平方米)与居住区用地面积(万平方米)的比值表示。

30. 住宅建筑净密度

住宅建筑净密度是指住宅建筑基底总面积与住宅用地面积的比率(%)。

31. 建筑密度

建筑密度是指居住区用地内各类建筑的基底总面积与居住区用地的比率(%)。

32. 绿地率

绿地率是指居住区用地范围内各类绿地的总和占居住区用地的比率(%)。

绿地应包括公共绿地、宅旁绿地、公共服务设施所属绿地和道路绿地(即道路红线内的绿地),其中包括满足当地植树绿化覆土要求、方便居民出入的地下或半地下建筑的屋顶绿地,不应包括屋顶、晒台的人工绿地。

33. 停车率

停车率是指居住区内居民汽车的停车位数量与居住户数的比率(%)。

34. 地面停车率

地面停车率是指居民汽车的地面停车位数量与居住户数的比率(%)。

35. 拆建比

拆建比是指拆除的原有建筑总面积与新建的建筑总面积的比值。

三、居住区规划设计理念

(一)复合城市的理念

复合城市不是一般意义上的城市建设区、经济开发区,也不是城市与经济园区的简单叠加,而是城中有乡、乡中有城,一、二、三产业复合,经济、人居、生态功能复合的高级城市发展形态。复合城市是以产业集聚区为载体,辐射城乡建设,规划设计信息化、生态型、创新型城市。

(二)城市扩张的理念

城市规模的扩大和私人小汽车的发展,在给人们的工作和生活带来方便的同时也带来了种种困扰:交通拥挤堵塞、空气污染严重……人们将寻求居住空间的目光转向城市周边和郊区。以城市为中心，向周边有计划地扩展开发成为人们择地置业的消费时尚。

(三)创造城市新生活的理念

创造城市新生活的理念集国际化高档居住、商务、会展、文化教育、时尚、商业、娱乐、运动、休闲为一体。各区域在功能上相对独立，同时又互为关联。其中商业、商务、运动休闲和教育规划不仅能满足本居住区的消费需求，更将成为整个城市文化、商业、商务、娱乐、生活休闲、服务产业新中心。居住区的业主不出社区就能享受国际化高品质的生活、工作和学习。

(四)社区规划的理念

社区周边环境包括地理交通环境、历史人文环境和自然生态环境。在社区周边或内部兴建高级学校、大型休闲设施、绿色通廊等成为新的开发理念。社区外部良好的交通条件、浓郁的文化氛围、自然的生态环境是高品位的社区环境的表现。社区空间可以反映居住环境对社会性的考虑与满足。社区空间不仅可以使居住环境美好、便捷，而且可以给人们提供完整、健康、娱乐的居住环境，抵抗现代工业的负面效应对人性的挑战。

(五)新街坊式的居住理念

新街坊式的居住理念表现为每个组团自成体系，同时以有形的绿化物围成"四合院"的形式。内部居民可以在这个围合式的大家庭里充分交流。交通上实行人车分流，车辆直接进入园区地下车库，这样，在保证完美居住条件的前提下，使得居住区的安全指数大幅度提升。闲杂人员很难避开众人视线进入组团内部，重点突出居住安全和邻里和睦的主题。居住区依托优质低价的服务，创造出独具人性化特色的居住空间。

四、理想居住区的构成要素

(一)理想居住区在公共交流空间上的区域性、向心性和有序性

区域性是居住区的基本构架，是居住区主体生产生活功能区域的最大范围。构成居住区的空间范围具有闭合性。区域性观念是精神与物质的混合体，往往在于居住区主体的共同认可。居住区主体形成一种归属感，在此感情的共同体验下，可以产生居住区主体共同生活发展的心理基础。

向心性可以是空间的、几何的，也可以是实体的、地标性的。向心性是居住区的秩序焦点，比如城市中心广场或者商贸区是居住区主体共同生活的动力意向。没有向心性，居住区的内部就是混沌的。向心性作为环境的参考符号而外射。居住区环境内向心性的存在是城市思潮的汇聚地，其处所具有公共化的特性。

有序性是指居住区环境中各种序列的连续性。这种序列的连续性往往形成于生产生活的传统习惯中，这种习惯会加强居住区群体的交流活动。在有序性的环境中，居住区主体的行为更加有序，而这种有序性就表现为运动中的秩序，也表现为社会生活的和谐。

区域性、向心性和有序性是互相依存的。没有区域性，自然谈不到向心性；没有向心性，区域性也无法形成；失去了人类活动的有序性，区域性和向心性自然消失。三者有机

结合才能保证理想居住区的存在，才能便利于人们的社会活动。

(二)理想居住区在规划框架上的流行性

规划框架上的流行性要求整个规划图的布局科学合理。规划图的布局方案对下列问题要合理解决：主次入口的选择与城市空间的对接；公共社会功能空间的可视、可达、可享用；规划的整体蓝图与分期开发的可操作性等。

比如可以把出入口设计为景观入口，与社区公园、城市绿地或者广场花园等相对接。主要出入口往往为生活便利性入口，与社区中心、超市、银行、邮局、保龄球馆、游泳池等相对接。辅助性生活入口往往布置在老年活动中心、物业管理等场所。联系性入口往往与绿色通廊结合，与社区公园构成完整的绿色休闲系统。绿色通廊天然地将社区进行分区，有利于分期开发和物业上的相对独立。

(三)交通环境便捷

安全宁静的交通环境、动静分区、人车分流是小区交通规划的一项基本要求。通常采用外围车行、内部人行的规划结构。对小汽车、大货车、消防车、救护车等车辆在社区内部的轨迹和停车位的精心设计，是向高品位社区成功迈出的一步。车库出入口往往布置在小区入口处，进入小区的小汽车很快就能进入地下车库。若有直达车库的住宅电梯，会给车主以身居别墅的感觉。消防紧急通道与主干道形成双向环状道路系统，便于紧急救护、消防或搬运等机动车辆的顺利通行。社区入口附近设临时停车的地面车位，便于来访客人和临时停车。

(四)休闲环境文明

在社区内部活动时间最长的要数老人和儿童。社区要有无障碍设计，还应该为不同年龄层次的居民提供不同品位的休闲场所。

在社区景观设计中，应注重结合绿化和建筑小品来构筑社区的休闲系统。通过铺设彩色步道，兴建观赏水系、戏水池，设置座凳、花坛、小亭等，使整个社区形成一种适宜交往、娱乐、休憩的空间氛围。为了满足儿童嬉戏的需求，庭院中还要设置草坪、花架、灌木、沙坑、石桌等，既为儿童们创造了一个舒适、安全的活动场所，又可适应不同层次居民的休闲需求。社区环境设计要以人为本，强调回归自然的心灵感受，有意赋予各休闲空间以良好的创意性、观赏性和实用性。公园、广场和环形道路均可成为人们晨练散步的好去处。

(五)完善的配套设施

完善的配套服务设施是现代社区的一项基本要求，这些设施包括家政服务、治安保卫、清洁绿化、文化集会、健身娱乐、邮政电信、休闲购物等。现代社区应该可以通过网络宽带提供信息服务，如网上消费、社区要闻、与衣食住行相关的信息等，同时还可提供家庭办公、因特网浏览等功能。

五、理想居住区的设计要求

(1) 居住用地构成中，各项用地面积和所占比例的平衡控制指标，应符合表 3-2 中的规定。

表 3-2 居住区用地平衡控制指标   单位：%

用地构成	居 住 区	小 区	组 团
1.住宅用地(R01)	50～60	55～65	70～80
2.公建用地(R02)	15～25	12～22	6～12
3.道路用地(R03)	10～18	9～17	7～15
4.公共绿地(R04)	7.5～18	5～15	3～6
居住区用地(R)	100	100	100

(2) 人均居住区用地控制指标，应符合表 3-3 中的规定。

表 3-3 人均居住区用地控制指标   单位：m²/人

居住规模	层 数	建筑气候区划		
		Ⅰ、Ⅱ、Ⅵ、Ⅶ	Ⅲ、Ⅴ	Ⅳ
居住区	低层	33～47	30～43	28～40
	多层	20～28	19～27	18～25
	多层、高层	17～26	17～26	17～26
小区	低层	30～43	28～40	26～37
	多层	20～28	19～26	18～25
	中高层	17～24	15～22	14～20
	高层	10～15	10～15	10～15
组团	低层	25～35	23～32	21～30
	多层	16～23	15～22	14～20
	中高层	14～20	13～18	12～16
	高层	8～11	8～11	8～11

注：本表各项指标按每户 3.2 人计算。

(3) 居住区内建筑应包括住宅建筑和公共服务设施建筑(也称公建)两部分；在居住区规划用地内的其他建筑的设置，应符合无污染、不扰民的要求。

小阅读

西咸新区总体规划

2011 年 6 月 13 日，陕西省政府在国务院新闻办召开新闻发布会，发布《西咸新区总体规划》(2010—2020 年，以下简称《规划》)。

按照《规划》，西咸新区将以金融商务、秦汉文化为核心，以沣泾大道为主轴，以正阳、秦汉、兰池、沣渭为次轴，对接西咸两市的传统轴线，辐射带动西咸新区的多个功能区，构建"两心一带、四轴三廊、多片区"的田园城市的总体空间形态。

其中"两心"为金融商务中心、秦汉文化中心；"一带"即沣泾大道功能拓展带；"四轴"包括正阳大道功能拓展轴、秦汉大道功能拓展轴、兰池大道功能拓展轴、沣渭大道功能拓展轴；"三廊"则是渭河景观廊、泾河景观廊、沣河景观廊。

西咸新区规划控制范围882平方公里，规划建设用地272平方公里，涉及西安、咸阳两市7个县区的23个乡镇和街道办事处，89.3万人。其发展定位，一是西安国际化大都市的主城功能新区和生态田园新城，二是引领内陆型经济开发开放战略高地建设的国家级新区，三是彰显秦汉文明、推动国际文化交流的历史文化基地，四是统筹科技资源的新兴产业集聚区，五是城乡统筹发展的一体化建设示范区。

西咸新区在空间布局上，以大都市核心区为中心，规划了空港新城、沣东新城、秦汉新城、沣西新城、泾河新城，构成"一区五城"组团式的现代田园城市格局。产业发展，以错位布局、集群化发展为路径，西安、咸阳核心区和组团间互补，构建特色鲜明的现代产业体系。基础设施，以快速干道为重点构建综合交通体系，同时加快生态化、信息化、网络化设施建设。城市文化，依托周秦汉历史遗迹和渭北帝陵遗存带，形成大都帝陵文化、秦汉文化、古都历史三条文化带。生态建设，重点打造城市绿色廊道和都市绿心，建设大面积湿地公园和水景公园，形成点、线、面结合的绿化体系和水脉渗透、绿水相融的城市灵动空间。统筹城乡发展，主要是建设生态田园小镇和社区，合理布置教育、卫生、文化等公共服务设施，发展都市现代农业，就近转化农村人口。

(资料来源：西咸新区网. 西咸新区总体规划[EB/OL].[2012-05-11].
http://www.xixianxinqu.gov.cn/aboutx/gaikuang/xguihua/2012/0511/229.html)

第三节 住宅项目规划与设计

一、住宅项目规划

住宅建筑的规划应综合考虑用地条件、选型、朝向、间距、绿地、层数与密度、布置方式、群体组合、空间环境和不同使用者的需要等因素确定。

住宅间距，应以满足日照要求为基础，综合考虑采光、通风、消防、防震、管线埋设、视觉卫生等要求确定。

住宅日照标准应符合表3-4中的规定。

表3-4　住宅建筑日照标准

建筑气候区划	Ⅰ、Ⅱ、Ⅲ、Ⅶ气候区		Ⅳ气候区		Ⅴ、Ⅵ气候区
	大城市	中小城市	大城市	中小城市	
日照标准日	大寒日		冬至日		
日照时数/小时	≥2	≥3	≥1		
有效日照时间带/小时	8～16		9～15		
日照时间计算起点	底层窗台面				

注：底层窗台面是指距离室内地坪0.9米高的外墙位置。

对于特定情况还应符合下列规定。

(1) 老年人居住建筑不应低于冬至日日照 2 小时的标准。

(2) 在原设计建筑外增加任何设施不应使相邻住宅原有日照标准降低。

(3) 旧区改建的项目内新建住宅日照标准可酌情降低，但不宜低于大寒日日照 1 小时的标准。

住宅布置应符合下列规定。

(1) 选用环境条件优越的地段布置住宅，其布置应合理紧凑。

(2) 面街布置的住宅，其出入口应避免直接开向城市道路和居住区级道路。

(3) 在Ⅰ、Ⅱ、Ⅵ、Ⅶ建筑气候区，主要应利于住宅冬季的日照、防寒、保温与防风沙的侵袭；在Ⅲ、Ⅳ建筑气候区，主要应考虑住宅夏季防热和组织自然通风、导风入室的要求。

(4) 在丘陵和山区，除考虑住宅布置与主导风向的关系外，还应重视因地形变化而产生的地方风对住宅建筑防寒、保温或自然通风的影响。

(5) 老年人居住建筑宜靠近相关服务设施和公共绿地。

住宅层数应符合下列规定。

(1) 根据城市规划要求和综合经济效益，确定经济的住宅层数与合理的层数结构。

(2) 无电梯住宅不应超过六层。在地形起伏较大的地区，当住宅分层入口时，可按进入住宅后的单程上或下的层数计算。

《住宅设计规范》(GB 50096—2011)是为保障城市居民基本的住房条件，提高城市住宅功能质量，使住宅设计符合适用、安全、卫生、经济等要求制定的。《住宅设计规范》适用于全国城市新建、扩建的住宅设计，主要针对房屋建筑设计。《住宅建筑规范》(GB 50368—2005)适用于城镇住宅的建设、使用和维护，主要内容是基本规定、外部环境、建筑结构、室内环境、设备、防火与疏散、节能、使用与维护。因此，在住宅设计的时候，应该主要参照《住宅设计规范》，同时在必要时也应结合《住宅建筑规范》。

二、住宅设计原则

住宅按层数划分为：低层住宅，为一层至三层；多层住宅，为四层至六层；中高层住宅，为七层至九层；高层住宅，为十层以上。为了保障城市居民基本的住房条件，提高城市住宅功能质量，使住宅设计符合适用、安全、卫生、经济等要求，工程技术人员在进行住宅设计时，应严格执行《住宅设计规范》。本规范适用于全国城市新建、扩建的住宅设计。

住宅设计必须执行国家的方针政策和法规，遵守安全卫生、环境保护、节约用地、节约能源、节约用材、节约用水等有关规定。住宅设计应符合城市规划和居住区规划的要求，使建筑与周围环境相协调，创造方便、舒适、优美的生活空间。住宅设计应推行标准化、多样化，积极采用新技术、新材料、新产品，促进住宅产业现代化。住宅设计应在满足近期使用要求的同时，兼顾今后改造的可能。住宅设计应以人为核心，除满足一般居住使用要求外，根据需要还应满足老年人、残疾人的特殊使用要求。

三、住宅设计术语

1. 住宅

住宅(residential buildings)：供家庭居住使用的建筑。

2. 套型

套型(dwelling size)：按不同使用面积、居住空间组成的成套住宅类型。

3. 居住空间

居住空间(habitable space)：指卧室、起居室(厅)的使用空间。

4. 卧室

卧室(bed room)：供居住者睡眠、休息的空间。

5. 起居室(厅)

起居室(厅)(living room)：供居住者会客、娱乐、团聚等活动的空间。

6. 厨房

厨房(kitchen)：供居住者进行炊事活动的空间。

7. 卫生间

卫生间(bathroom)：供居住者进行便溺、洗浴、盥洗等活动的空间。

8. 使用面积

使用面积(usable area)：房间实际能使用的面积，不包括墙、柱等结构构造和保温层的面积。

9. 标准层

标准层(typical floor)：平面布置相同的住宅楼层。

10. 层高

层高(storey height)：上下两层楼面或楼面与地面之间的垂直距离。

11. 室内净高

室内净高(interior net storey height)：楼面或地面至上部楼板底面或吊顶底面之间的垂直距离。

12. 阳台

阳台(balcony)：供居住者进行室外活动、晾晒衣物等的空间。

13. 平台

平台(terrace)：供居住者进行室外活动的上人层面或住宅底层地面伸出室外的部分。

14．过道

过道(passage)：住宅套内使用的水平交通空间。

15．壁橱

壁橱(cabinet)：住宅套内与墙壁结合而成的落地储藏空间。

16．吊柜

吊柜(wall-hung cupboard)：住宅套内上部的储藏空间。

17．跃层住宅

跃层住宅(duplex apartment)：套内空间跨越两楼层及以上的住宅。

18．自然层数

自然层数(natural storeys)：按楼板、地板结构分层的楼层数。

19．中间层

中间层(middle-floor)：底层和最高住户入口层之间的中间楼层。

20．单元式高层住宅

单元式高层住宅(tall building of apartment)：由多个住宅单元组合而成，每单元均设有楼梯、电梯的高层住宅。

21．塔式高层住宅

塔式高层住宅(apartment of tower building)：以共用楼梯、电梯为核心布置多套住房的高层住宅。

22．通廊式高层住宅

通廊式高层住宅(gallery tall building of apartment)：由共用楼梯、电梯通过内、外廊进入各套住宅的高层住宅。

23．走廊

走廊(gallery)：住宅套外使用的水平交通空间。

24．地下室

地下室(basement)：房间地面低于室外地平面的高度超过该房间净高的1/2者。

25．半地下室

半地下室(semi-basement)：房间地面低于室外地平面的高度超过该房间净高的1/3，且不超过1/2者。

四、住宅设计理念

(一)中国传统文化结合现代的设计理念

把中国的传统文化和现代人的生活习惯及审美要求进行无缝的结合，以中式风格为基础，为了给业主创造一个舒适的环境，打破了纯中式设计的观念，融入了现代设计风格。使整个房屋充满文化韵味，总体上体现出一种气势恢宏、壮丽华贵、细致大方的大家风范。客厅背景墙上挂置唐朝的装饰画，体现了主人的内蕴品性。沙发造型是现代的家具布艺样式，古典又不失时尚简约。用现代手法诠释家具，使空间散发着淡然悠远的文人气韵，画龙点睛地创造出一种和谐雅致的美感，具有古朴、纯真、大方、雅致等特点。

(二)简欧设计理念

运用简约欧式风格，倡导简约处见奢华，奢华处不张扬。玄关处用圆弧造型，力求在进门处营造良好的第一感觉。餐厅处较时尚的展示酒柜与极具华美的斜面车边镜相对，给人一种用餐时的文化氛围与不俗的品位。对于会客与享受天伦的客厅设计，设计师强调将舒适融入美感之中，从顶面与地面的呼应设计、软包与皮质沙发的材质搭配，再到整体空间的色彩定位，无不体现着设计的独到之处。

(三)自然、休闲、大方的理念

在设计中，设计师力求营造无拘无束的生活享受。客厅与餐厅、门厅之间的拱形结构把简约的田园格调很自然地引入进来，入户厅是那样的悠然自得，亲切感十足，无一不是在彰显着业主此时此刻的心情。客餐厅的设计通透且富有层次，空间粗犷而大气，活脱脱一个田园乡村的温馨家园。

(四)有限空间无限想象的理念

在设计中小户型的时候，设计师强调，整体居室的设计一定要突出"简单"二字，过于奢华和厚重的材料一定要避免使用。但是"简单"绝对不是普通，设计师的专业加上主人的新鲜创意，就可以让装修充满温情而富有感性的色彩。年轻人购房时都会选择中小户型，他们充满活力，对设计有着自己独特的想法。所以设计师在设计时，应多注重处理好实用与美观的关系，灵活运用色彩和配饰，将有限的空间充分利用起来，让家充满个性但不会过分另类。

五、理想住宅的构成要素

当今时代，生态环境的问题已得到高度重视，人们更加渴望回归自然，使人与自然能够和谐相处。生态文化型住宅正是在满足人们物质生活的基础上更加关注人们的精神需要的理想住宅。生态文化型住宅应具备下列构成要素。

(1) 总体规划注重利用自然、地理、文化、交通、社会等大环境资源，并使小区与城市空间、用地环境有良好的协调。

(2) 小区整体布局注重阳光、空气、绿地等生态环境。有赏心悦目的楼房空间，每户都能享受的精致庭院，人车分流的安全通道，富有文化内涵的供人们交往、休闲、健身的活动场所。

(3) 科学、合理地设计和分配住宅户型，力求户户有良好的朝向、景观及通风环境，降低楼梯电梯服务数，尽量减少户间干扰。

(4) 户型大小符合国家制定的居住标准要求，以多元化的户型适应消费者日益增长的个性化住房需求，并能以灵活的户型结构适应消费者家庭阶段性改变所导致的布局调整，使住房具有较长使用期。

(5) 能合理安排户内的厨房、卫生间、洗衣间、储藏室、工人房、服务性阳台等功能性空间，并能妥善解决电气供应、油烟排放、空气调节、垃圾收集等问题。

(6) 有分层次的绿化体系。结合自身及周边的自然环境，既有外围大区域的绿色景观，又有小区内的绿色庭院，以及户内的生态性阳台与庭院。

(7) 有更加完善的生活配套设施体系。小区内有超市、菜市场、美容美发场所等生活配套设施，有会所、学校、书店、网吧等文体、教育性配套设施，还要有医疗、保健等健康保护设施。

(8) 有节能环保的设施体系。尽可能安装环保、节能设备，减少噪声、污水等对环境的污染，净化居住环境。

(9) 有良好的智能化体系。可通过计算机系统与宽带网络对安全、通信、视听、资讯等方面进行全方位的物业管理，使住户的生活更加现代化。

(10) 有与消费者消费观念相匹配的清新、明快、富有时代感的建筑外观及风貌。

互动话题

《民用建筑设计通则》GB50352

《建筑设计防火规范》GB50016

《高层民用建筑设计防火规范》GB50045

《住宅建筑规范》GB50386

《城市居住区规划设计规范》GB50180

《建筑工程建筑面积计算规范》GB/T50353

《安全防范工程技术规范》GB50348

《建筑抗震设计规范》GB50011

《建筑采光设计标准》GB/T 50033

《民用建筑隔声设计规范》GBJ118

《住宅信报箱工程技术规范》GB50631

《民用建筑工程室内环境污染控制规范》GB50325

《城镇燃气设计规范》GB50028

《建筑给水排水设计规范》GB50015

《城市道路和建筑物无障碍设计规范》JGJ50

《严寒和寒冷地区居住建筑节能设计标准》JGJ26

《夏热冬冷地区居住建筑节能设计标准》JGJ134

《夏热冬暖地区居住建筑节能设计标准》JGJ75

《电梯主要参数及轿厢、井道、机房的型式与尺寸》GB/T 7025.1

将上述标准进行归纳，并谈谈你的认识。你认为这些标准之间是什么关系？

六、住宅的设计要求

为了保障城市居民基本的住房条件，依据《住宅设计规范》(GB 50096—2011)，住宅设计应满足下列要求。

(1) 住宅应按套型设计，每套住宅应设卧室、起居室(厅)、厨房和卫生间等基本空间。普通住宅套型分为一至四类，其居住空间个数和使用面积不宜小于表3-5中的规定。

表3-5 套型分类

套 型	居住空间数/个	使用面积/平方米
一类	2	34
二类	3	45
三类	3	56
四类	4	68

注：表内使用面积均未包括阳台面积。

(2) 卧室之间不应穿越，卧室应有直接采光、自然通风，其使用面积不应小于下列规定：双人卧室为10平方米；单人卧室为6平方米；兼起居的卧室为12平方米。起居室(厅)应有直接采光、自然通风，其使用面积不应小于12平方米。起居室(厅)内的门洞布置应综合考虑使用功能要求，减少直接开向起居室(厅)的门的数量。起居室(厅)内布置家具的墙面直线长度应大于3米。无直接采光的厅，其使用面积不应大于10平方米。

(3) 厨房的使用面积不应小于下列规定：一类和二类住宅为4平方米；三类和四类住宅为5平方米。厨房应有直接采光、自然通风，并宜布置在套内近入口处。厨房应设置洗涤池、案台、炉灶及排油烟机等设施或预留位置，按炊事操作流程排列，操作面净长不应小于2.10米。单排布置设备的厨房净宽不应小于1.50米；双排布置设备的厨房其两排设备的净距离不应小于0.90米。

(4) 每套住宅应设卫生间，第四类住宅宜设两个或两个以上卫生间。每套住宅至少应配置三件卫生洁具，不同洁具组合的卫生间使用面积不应小于下列规定：设便器、洗浴器(浴缸或喷淋)、洗面器三件卫生洁具的为3平方米；设便器、洗浴器两件卫生洁具的为2.50平方米；设便器、洗面器两件卫生洁具的为2平方米；单设便器的为1.10平方米。无前室的卫生间的门不应直接开向起居室(厅)或厨房。卫生间不应直接布置在下层住房的卧室、起居室(厅)和厨房的上层，可布置在本套内的卧室、起居室(厅)和厨房上层；并均应有防水、隔声和便于检修的措施。套内应设置洗衣机的位置。

(5) 楼梯梯段净宽不应小于1.10米。六层及六层以下住宅，一边设有栏杆的梯段净宽不应小于1米。楼梯踏步宽度不应小于0.26米，踏步高度不应大于0.175米。扶手高度不应小于0.90米。楼梯水平栏杆长度大于0.50米时，其扶手高度不应小于1.05米。楼梯栏杆垂直杆件间净空不应大于0.11米。楼梯平台净宽不应小于楼梯梯段净宽，且不得小于1.20米。楼梯平台的结构下缘至人行通道的垂直高度不应低于2米。入口处地坪与室外地面应有高差，并不应小于0.10米。楼梯井净宽大于0.11米时，必须采取防止儿童攀滑的措施。七层及以上住宅或住户入口层楼面距室外设计地面的高度超过16米以上的住宅必须设置电梯。

(6) 每套住宅至少应有一个居住空间能获得日照，当一套住宅中居住空间总数超过4个时，其中宜有2个能获得日照。住宅应保证室内基本的热环境质量，采取冬季保温和夏季隔热、防热以及节约采暖和空调能耗的措施。使用燃气的住宅，每套的燃气用量，应至少按一个双眼灶和一个燃气热水器计算。住宅不宜设置垃圾管道。多层住宅不设垃圾管道时，应根据垃圾收集方式设置相应设施。中高层及高层住宅不设置垃圾管道时，每层应设置封闭的垃圾收集空间。

七、住宅的建筑要求

近年来，针对商品房质量问题的质疑越来越多。为了保证质量，依据《住宅建筑规范》(GB 50368—2005)，住宅应符合下列建筑要求。

(1) 住宅建设应因地制宜、节约资源、保护环境，做到适用、经济、美观，符合节能、节地、节水、节材的要求。

(2) 住宅建设应符合城市规划要求，保障居民的基本生活条件和环境，经济、合理、有效地利用土地和空间。

(3) 住宅选址时应考虑噪声、有害物质、电磁辐射和工程地质灾害、水文地质灾害等的不利影响。

(4) 住宅应具有与其居住人口规模相适应的公共服务设施、道路和公共绿地。

(5) 住宅应按套型设计，套内空间和设施应能满足安全、舒适、卫生等生活起居的基本要求。

(6) 住宅结构在规定的设计使用年限内必须具有足够的可靠性。

(7) 住宅应具有防火安全性能。

(8) 住宅应具备在紧急事态时人员从建筑中安全撤出的功能。

(9) 住宅应满足人体健康所需的通风、日照、自然采光和隔声要求。

(10) 住宅建设的选材应避免造成环境污染。

(11) 住宅必须进行节能设计，且住宅及其室内设备应能有效利用能源和水资源。

(12) 住宅建设应符合无障碍设计原则。

(13) 住宅应采取防止外窗玻璃、外墙装饰及其他附属设施等坠落或坠落伤人的措施。

小阅读

东莞市阳光山庄详细规划

阳光山庄位于东莞市常平镇，总面积 131.48 公顷，距东莞市区和深圳分别为 30 千米和 60 千米，为在东莞和深圳以及附近地区进行投资或商业活动的人士提供了一个舒适、方便的生活区。

阳光山庄有商务服务区，西部和南部有少量平地，中部为一条南北纵长的带状低丘陵，东部散布着四座小山丘，海拔 60～109 米。规划结合气候、地形与环境特点，尽量保持原有地貌，充分利用自然环境，与山野荔林、湖光水色等自然风景相融合，构成宜人的生活环境。

规划将山势借入山庄，化为一条 20 米宽的林荫轴，顺势连接山庄各组团。以山势为龙骨，将掩映于绿荫和起伏地形中的别墅有机地结合在一起，布局自由中见统一，空间有序而不凌乱。

保护原有山体的自然地貌和荔枝林，使其成为烘托山庄自然环境气氛的绿色背景。

在丘陵之间的谷地开池引流，蓄水成池，林荫绿轴贯穿其间，绿袖拂水，平添几分魅力。红瓦坡顶的别墅建筑群在浓荫中依地势蜿蜒于山坡上，令人步移景异，赏心悦目。

精心划分的别墅组团，既有自身的特色，又可分期开发建设。每个组团都有自己的公共绿化空间和网球场地，绿化系统层次分明，规划的人工环境和大自然拥抱呼应。

绿化林荫轴与区内主干路的交会处是阳光俱乐部，无论从景观还是功能上，都是山庄内显赫而又重要的公共活动空间。在别墅区与商住区之间设置的小型高尔夫球场，丰富了山庄的生活，提高了山庄的品位，也为娱乐和商务活动提供了必要的场所。

商务服务区的购物中心、酒店、办公楼布置在交通方便的西北部；西部为湖区娱乐设施。山体是天然的屏障，将山庄别墅区稍稍分隔，动静分开，活动的人流不会干扰和影响山庄内的恬静气氛。

(资料来源：无忧考网. 东莞市阳光山庄详细规划[EB/OL].[2008-10-10].
http://www.51test.net/show/323518.html)

第四节　开发项目规划设计方案评价

一、城市规划对房地产开发的影响及约束

房地产开发和经营管理活动大部分都是在城市范围内进行的。凡是在城市范围内进行的房地产开发，其每一个环节都要受城市规划的影响和约束。因此，开发商不仅要全面了解某个城市的规划意图，掌握城市规划的各项控制指标，还要正确处理两者的关系，使房地产的开发少走弯路，取得事半功倍的效果。

(一)城市规划对房地产开发经济效益的影响

为了使一个城市的经济、社会、环境效益统一和谐，城市规划往往通过一些控制指标来实现这一目标。其中与房地产开发关系最密切的是对城市土地开发强度的控制。反映城市土地开发强度的指标通常有三个，即建筑密度、建筑物高度和建筑容积率。

建筑密度是指建筑物的覆盖率，具体指项目用地范围内所有建筑的基底总面积与规划建设用地面积之比(%)，它可以反映出一定用地范围内的空地率和建筑密集程度。

建筑物高度是指建筑物室外地平面至外墙顶部的总高度。应符合下列规定：烟囱、避雷针、旗杆、风向器、天线等在屋顶上的突出构筑物不计入建筑高度；楼梯间、电梯塔、装饰塔、眺望塔、屋顶窗、水箱等建筑物之屋顶上突出部分的水平投影面积合计小于屋顶面积的20%，且高度不超过4米的，不计入建筑高度。

建筑容积率简称容积率，又称地积比率，是指总建筑面积与建筑用地面积的比值。容积率直接反映一块土地上的建筑容量，因此受到城市规划师和房地产开发商的广泛重视。城市规划确定的建筑容积率，应在保证环境、社会效益的前提下，寻求充分发挥土地经济效益的最佳建筑容积率的范围。

(二)房地产开发必须符合城市规划

城市规划区内的土地使用和各项建设必须符合城市规划，服从规划管理。根据《城市规划法》，城镇规划管理实行由县规划建设行政主管部门核发选址意见书、建设用地规划

许可证、建设工程规划许可证的制度，简称"一书两证"。城市规划行政主管部门核准发放建设项目选址意见书、建设用地规划许可证和建设工程规划许可证，根据依法审批的城市规划和有关法律规范，对各项建设用地和各类建设工程进行组织、控制、引导和协调，使其纳入城市规划的轨道。

(1) 建设项目选址意见书。由城市管理部门建议的关于项目选址意见书是房地产开发申报立项时必须具备的文件之一。建设单位在进行项目可行性研究时，要接受城市规划行政主管部门关于项目选址的规划指导，审批任务设计书时应当尊重选址意见书。

(2) 建设用地规划许可证。它是城市规划主管部门根据开发单位，或有关机构的用地申请以及规划和建设项目的用地需要，确定用地位置、面积、界线的法定凭证。房地产开发单位凭借建设用地规划许可证，才能到土地管理部门申请开发建设用地，办理土地征用划拨或出让手续。

(3) 建设工程规划许可证。这是核准工程设计、施工图纸是否符合城市规划并准予施工的法定凭证之一。只有在取得建设工程规划许可证、建设工程开工许可证、土地使用权证和其他有关文件后，房地产项目才能破土动工。

(4) 临时建设用地规划许可证和临时规划许可证。这和永久性开发建设用地的申请、审批程序类似，是对因施工材料堆放、运输、架设地上线路、铺设地下管线、进行地下工程建设和地质勘探等需要临时占用土地所核发的法定凭证，这类用地必须在规定期限内予以收回。

(三)开发商在规划设计阶段的职责

一个项目的规划设计，往往需要委托某设计单位完成，但这并不等于开发商不介入这一活动，相反，开发商必须组织并参与整个规划设计的研究和论证，以便规划设计更加合理、更加切合当时当地的实际情况。开发商应主要完成下列协调、管理的工作。

(1) 会同城市规划部门，经过反复勘察、研究论证，选定项目开发地点，确定用地范围和建设规模。

(2) 委托规划设计，进行多方案比较，确定规划方案。

(3) 参照国家或地方政府规定的定额指标，参与研究确定项目规划设计的投资概算以及各项技术经济指标。

(4) 积极为施工单位创造开工条件，规划设计方案一旦确定，就要制订分期出图计划，尽快提出规划总平面图、道路规划图、竖向规划图、管网综合图、土石方工程图等。同时应抓紧组织设计单位进行建筑工程的单项设计，尽快完成项目的施工图纸。

(5) 熟悉和审查图纸。

(6) 组织现场规划设计小组，由开发商牵头，组织规划设计、建工、市政、公用建设等部门参加，定期开会研究在建设过程中出现的问题，使施工得以顺利进行。

二、开发项目规划设计的基本原则

房地产开发中的规划设计应遵循如下基本原则。

(1) 依据城市总体规划和分区规划，体现社会、经济和环境效益相结合的原则。房地产开发与城市规划是微观与宏观、局部与整体的关系。因此，无论是新区开发还是旧城改造，无论是单项开发还是综合开发，都必须根据城市总体规划或分区规划的要求，编制开发项目的详细规划，处理好局部和整体的关系，以使城市总体规划得以深化和实施。房地产开发项目应通过综合规划设计，集约合理利用城市土地，处理好单体建筑与城市设计、使用功能和室内室外环境、建筑空间组合和建筑艺术等方面的关系，在实现较好的经济效益的同时，充分兼顾社会效益和环境效益，使综合效益达到最佳。

(2) 依据国家和地方政府有关法规、规范、规定、条例，严格履行规划管理手续。房地产开发项目必须严格遵循国家和地方政府制定的有关规划、建筑设计、交通管理、消防以及卫生防疫、防空、人防、文物和古建筑保护等法律、法规，特别是《中华人民共和国城市规划法》。开发商必须对各阶段的规划设计方案征询规划主管部门的意见，严格履行规划管理手续，在规划设计得到主管部门的批准后方可实施。

(3) 房地产开发要做到统一规划、合理布局、因地制宜、综合开发、配套建设。房地产开发是一项复杂的系统工程。开发区域内的建筑物、构筑物、市政工程、公用事业、绿化、卫生防疫、人防、抗震、防洪、教育、文体、消防、交通，乃至建筑艺术、建筑色彩的构思以及建筑小品的布置，甚至小区的安全防范、物业管理等，都要在统一规划设计的前提下，统筹兼顾，合理布局，综合实施，配套建设，实行先地下后地上的原则。

(4) 遵循价值规律和市场供求法则，充分了解和掌握市场行情，对开发项目作出正确的定位。在市场经济条件下，一切社会经济活动都必须依据价值规律和市场供求关系的发展变化，利用经济杠杆和竞争机制，促使资源或产品的合理配置。房地产开发项目也不例外。就房地产产品而言，尽管是一种特殊的商品，但它对社会的价值和贡献同其他商品一样，就是商品住宅、写字楼、综合楼、商场、标准厂房等建筑物及其空间环境整体投入使用后所产生的经济效益、社会效益和环境效益相统一。因此，房地产开发商必须着眼于市场，根据市场上消费者的需求和偏好，对所开发项目的使用性质、标准进行科学的论证和分析，合理进行规划设计定位。只有这样，才能为实现良好的经济效益期望打下扎实的基础，同时实现对社会的价值和贡献。如果开发的商品建筑的使用性质与标准不符合市场需要，或与所在地段的等级不匹配，则其经济效益和社会效益就无从谈起。

(5) 节约用地、合理集约利用每一寸土地。我国人多地少，耕地面积仅占世界总耕地面积的 7%，但要养活占世界 22%的人口，土地资源十分宝贵。城市周围人均耕地更少，而且大部分均为高产良田，农村居民点又很密集，征地费、拆迁费昂贵，因此节约用地、合理集约利用每一寸土地不仅是我国的基本国策，也是房地产开发企业降低成本、提高经济效益的基本途径。

(6) 体现以人为本、可持续发展的思想。房地产开发商通过对房地产项目的开发，不仅仅是为自身获得可观的经济利益，更重要的是还要直接为人们提供优美、清洁、安全、舒适的生活和工作空间环境。因此，对其所开发的房地产产品的使用功能、内部空间与总体环境的设计、市政和公建配套等，包括老龄住宅和残疾人的无障碍建筑的设计等，都要提高到生活品质和环境质量的高度来对待，必须从"人—建筑—环境"有机结合出发，坚持以人为本的原则，走可持续发展的道路。在规划设计中要充分体现生态环境、生活环境、社会文化环境、生理环境和心理环境五个方面的要求。

三、开发项目规划设计方案评价的特点

(一)评价主体的多元性

对于房地产开发项目规划设计方案，评价主体包括房地产开发企业本身、竞争对手、城市规划管理部门、设计者、施工者、使用者和所在城市的居民。不同的评价主体，对方案的评价角度和评价标准是不同的，因而会出现不同的评价结果。

房地产开发企业本身的评价主要是对自身资金实力、技术实力和运作能力的评价。通过项目的开发对房地产公司内部的管理和外部的经营环境有一个客观的评价，对所开发的房地产项目的经济技术参数和社会政治作用有一个全面的评价。

竞争对手的评价主要是通过所开发的项目来分析评价行业内的竞争态势，分析判断建筑技术、建筑材料、建筑风格、设计趋势等方面的新情况。洞察竞争对手营销的特点，相互学习，在行业内形成积极进取、公平竞争的市场氛围。

城市规划管理部门的评价主要是从维护公众利益角度出发，来评价房地产开发项目规划设计方案。房地产开发必须服从于城市总体规划，居住区的规划必须遵循各项规划指标的要求，而城市规划管理部门提出的各项规划指标除了考虑使用者的需要外，更多的是为了维护公众利益的需要。在此前提下对设计方案进行评价，并通过行政审批认可后，项目才能建设实施。

设计者从开发项目的适用性、安全性、经济性和美观性等方面进行思考，把开发者的意图落实到图纸上。设计者的评价主要是对开发项目的设计参数进行跟踪评价，看其是否符合相关法规和规范的要求，研究法规规范的合理性，对进一步地完善法规提供实践依据。同时比较分析不同的设计理念和设计思路，在民族性和国际性之间进行协调，把握现代设计理念，引领建筑设计风骚。

施工者的评价主要是从建设实施的角度，对开发项目施工工艺的可行性、功效进行评价，这两者都间接关系到开发项目的效益。施工者的评价是多方面的，因为他们是具体的工程建设体验者。施工者从建筑材料、建筑设计、建筑装潢等方面总结经验教训。施工者当中有无数的能工巧匠，他们才是魅力城市的直接创造者。

使用者在评价主体中是最主要的。使用者会从自身角度评判房地产开发项目规划设计方案的优劣，包括居住环境的合意性、功能的满足程度等，开发项目只有得到使用者的认可，才能顺利销售出开发的房屋并获得良好的经济效益。顾客就是上帝，前卫时尚的建筑永远是消费者的追求。因此，使用者对开发项目的意见最为重要。

所在城市的居民也是重要的评价者。城市居民的眼睛是雪亮的，无论是商业楼盘还是住宅小区，其在所在城市的居民心中都有一个合适的定位。

(二)评价目标的复杂性

开发项目规划设计的目标不是单一的，而是复杂的。评价规划设计方案，不能以经济效益目标作为唯一的标准，应同时兼顾社会效益和环境效益，以综合效益的好坏作为方案取舍的标准。开发项目规划设计的评价目标可以是社会的、人文的、艺术的，也可以是技术的、材料的、工艺的，还可以是流行的、理念的、象征意义的。

(三)评价结论的多样性

尽管是客观的评价，但是由于评价者的主观性，所以评价结论往往具有多样性。在房地产开发项目规划设计方案标准的评价指标体系中，有很多指标难以定量描述，只能根据主观的判断来确定，评价者由于经验、价值观和专业水平存在着差异，对同一个方案，不同的评价者所给出的评价结论也不完全一样。对规划设计方案的评价，实际上是对方案实施后所取得的效益进行评估。由于设计方案还未实施，因而对未来情况难以准确描述，只能通过评价者对规划设计的图纸来进行分析、设想，以此作出主观判断。所以，很难保证这种预测性的判断是非常准确的。社会心理的复杂性、科学技术的发展性、建筑工艺的改进性以及地下基础的变化性等都会造成项目未来情况的多样性。

四、方案评价的主要技术经济指标

(一)居住区规划指标

居住区规划指标通常分为用地指标、分项目指标和规划综合技术经济指标三大类。用地指标主要通过规划用地平衡表和居住区用地平衡控制指标来明确。分项目指标主要分为公共服务设施、绿地、道路、竖向、管线综合等方面。规划综合技术经济指标在《城市居住区规划设计方案》中列出的有33项，其中又分为必要指标和选用指标。

(1) 居住用地平衡表(见表3-6)。

表3-6　居住用地平衡表

用 地	面积/公顷	所占比例/%	人均面积/(平方米/人)
一、居住用地(R)	▲	100	▲
1. 住宅用地(R01)	▲	▲	▲
2. 公建用地(R02)	▲	▲	▲
3. 道路用地(R03)	▲	▲	▲
4. 公共绿地(R04)	▲	▲	▲
二、其他用地(E)	△		
居住区规划总用地	△		

注："▲"为参与居住区用地平衡的项目。

(2) 公共服务设施项目分级配建表(见表3-7)。

表3-7　公共服务设施项目分级配建表

类　别	项　目	居 住 区	小 区	组 团
教育	托儿所		▲	△
	幼儿园		▲	
	小学		▲	
	中学	▲		

类　别	项　目	居住区	小　区	组　团
医疗卫生	医院(200～300床)	▲		
	诊所	▲		
	卫生站		▲	
	护理院	△		
文化体育	文化活动中心(含青少年活动中心、老年活动中心)	▲		
	文化活动站(含青少年活动站、老年活动站)		▲	
	居民运动场、馆	△		
	居民健身设施(含老年户外活动场地)		▲	△
商业服务	综合食品店	▲	▲	
	综合百货店	▲	▲	
	餐饮	▲	▲	
	中西药店	▲	△	
	书店	▲	△	
	市场	▲	△	
	便民店			▲
	其他第三产业设施	▲	▲	
金融邮电	银行	△		
	储蓄所		▲	
	电信支局	△		
	邮电所		▲	
社区服务	社区服务中心(含老年人服务中心)		▲	
	养老院	△		
	托老所		△	
	残疾人托养所	△		
	治安联防站			▲
	居(里)委会(社区用房)			▲
	物业管理		▲	
市政公用	供热站或热交换站	△	△	△
	变电室		▲	△
	开闭所	▲		
	路灯配电室		▲	
	燃气调压站	△	△	
	高压水泵房			△
	公共厕所	▲	▲	△
	垃圾转运站	△	△	
	垃圾收集点			▲
	居民存车处			▲

续表

类 别	项 目	居住区	小 区	组 团
市政公用	居民停车场、库	△	△	△
	公交始末站	△	△	
	消防站	△		
	燃料供应站	△	△	
行政管理及其他	街道办事处	▲		
	市政管理机构(所)	▲		
	派出所	▲		
	其他管理用房	▲	△	
	防空地下室	△②	△②	△②

注：① "▲"为应配建的项目；"△"为宜设置的项目。

② 在国家确定的一、二类人防重点城市，应按人防有关规定配建防空地下室。

(3) 公共服务设施各项目的设置规定(见表3-8)。

表3-8 公共服务设施各项目的设置规定

设施名称	项目名称	服务内容	设置规定	每处一般规模	
				建筑面积	用地面积
教育	(1)托儿所	保教小于 3 周岁儿童	(1)设于阳光充足、接近公共绿地、便于家长接送的地段 (2)托儿所每班按25座计；幼儿园每班按30座计 (3)服务半径不宜大于300米；层数不宜高于3层 (4)三班和三班以下的托、幼园所，可混合设置，也可附设于其他建筑，但应有独立院落和出入口，四班和四班以上的托、幼园所均应独立设置		4 班≥1 200 6 班≥1 400 8 班≥1 600
	(2)幼儿园	保教学龄前儿童	(5)八班和八班以上的托、幼园所，其用地应分别按每座不小于 7 平方米或9 平方米计 (6)托、幼建筑宜布置于可挡寒风的建筑物的背风面，但其主要房间应满足冬至日不小于2 小时的日照标准 (7)活动场地应有不少于 1/2 的活动面积在标准的建筑日照阴影线之外		4 班≥1 500 6 班≥2 000 8 班≥2 400

设施名称	项目名称	服务内容	设置规定	每处一般规模	
				建筑面积	用地面积
教育	(3)小学	6~12周岁儿童入学	(1)学生上下学穿越城市道路时,应有相应的安全措施 (2)服务半径不宜大于500米 (3)教学楼应满足冬至日不少于2小时的日照标准		12班≥6000 18班≥7000 24班≥8000
	(4)中学	12~18周岁青少年入学	(1)在拥有3所或3所以上中学的居住区或居住地内,应有一所设置400米环形跑道的运动场 (2)服务半径不宜大于1000米 (3)教学楼应满足冬至日不少于2小时的日照标准		18班≥11 000 24班≥12 000 30班≥14 000
医疗卫生	(5)医院	含社区卫生服务中心	(1)宜设于交通方便、环境较安静的地段 (2)10万人左右则应设一所300~400床位的医院 (3)病房楼应满足冬至日不少于2小时的日照标准	12 000~18 000	15 000~25 000
	(6)诊所	含社区卫生服务中心	(1)一般3万~5万人设一处,设医院的居住区不再设独立门诊 (2)设于交通便捷、服务距离适中的地段	2000~3000	3000~5000
	(7)卫生站	社区卫生服务站	1万~1.5万人设一处	300	500
	(8)护理院	健康状况较差或恢复期老年人日常护理	最佳规模为100~150床位每床位建筑面积≥30平方米可与社区卫生服务中心合设	3000~4500	
文体	(9)文化活动中心	小型图书馆、科普知识宣传与教育厅、影视厅、舞厅、游艺厅、球类、棋类活动室;科技活动、各类艺术训练班及青少年和老年人学习活动场地、用房等	宜结合或靠近同级中心绿地安排	4000~5000	8000~12 000

续表

设施名称	项目名称	服务内容	设置规定	每处一般规模	
				建筑面积	用地面积
文体	(10)文化活动站	书报阅览、书画、文娱、健身、音乐欣赏、茶座等主要供青少年和老年人活动	(1)宜结合或靠近同级中心绿地安排 (2)独立性组团应设置本站	400～600	400～600
	(11)居民运动场、馆	健身场地	宜设置60～100米直跑道和200米环形跑道及简单的运动设施		10 000～15 000
	(12)居民健身设施	篮球、排球及小型球类场地，儿童及老年人活动场地和其他简单运动设施等	宜结合绿地安排		
商业服务	(13)综合食品店	粮油、副食、糕点、干鲜果品等	(1)服务半径：居住区不宜大于500米；居住小区不宜大于300米 (2)地处山坡地的居住区，其商业服务设施的布点，除满足服务半径的要求外，还应考虑上坡空手、下坡负重的原则	居住区： 1500～2500 小区： 800～1500	
	(14)综合百货店	日用百货、鞋帽、服装、布匹、五金及家用电器等		居住区： 2000～3000 小区：400～600	
	(15)餐饮	主食、早点、快餐、正餐等			
	(16)中西药店	汤药、中成药与西药		200～500	
	(17)书店	书刊及音像制品		300～1000	
	(18)市场	以销售农副产品和小商品为主	设置方式应根据气候特点与当地传统的集市要求而定	居住区： 100～1200 小区： 500～1000	居住区： 1500～2000 小区： 800～1500
	(19)便民店	小百货、小日杂	宜设于组团的出入口附近		
	(20)其他第三产业设施	零售、洗染、美容美发、照相、影视文化、休闲娱乐、洗浴、旅店、综合修理以及辅助就业设施等	具体项目、规模不限		

设施名称	项目名称	服务内容	设置规定	每处一般规模	
				建筑面积	用地面积
金融邮电	(21)银行	分理处	宜与商业服务中心结合或邻近设置	800～1000	400～500
	(22)储蓄所	以储蓄为主		100～150	
	(23)电信支局	电话及相关业务	根据专业规划需要设置	1000～2500	600～1500
	(24)邮电所	邮电综合业务,包括电报、电话、信函、包裹、兑汇和报刊零售等	宜与商业服务中心结合或邻近设置	100～150	
社区服务	(25)社区服务中心	家政服务、就业指导、中介、咨询服务、代客订票、部分老年人服务设施等	每小区设置一处,居住区也可合并设置	200～300	300～500
	(26)养老院	老年人全托式护理服务	一般规模为150～200床位每床位建筑面积≥40 平方米		
	(27)托老所	老年人日托(餐饮、文娱、健身、医疗保健等)	一般规模为30～50床位每床位建筑面积20平方米宜靠近集中绿地安排,可与老年活动中心合并设置		
	(28)残疾人托养所	残疾人全托式护理			
	(29)治安联防站		可与居(里)委会合设	18～30	12～20
	(30)居(里)委会(社区用房)		300～1000 户设一处	30～50	
	(31)物业管理	建筑与设备维修、保安、绿化、环卫管理等		300～500	300
市政公用	(32)供热站或热交换站			根据采暖方式确定	
	(33)变电室		每个变电室负荷半径不应大于 250 米;尽可能设于其他建筑内	30～50	

设施名称	项目名称	服务内容	设置规定	每处一般规模	
				建筑面积	用地面积
市政公用	(34)开闭所		1.2 万～2.0 万户设一所；独立设置	200～300	≥500
	(35)路灯配电室		可与变电室合设于其他建筑内	20～40	
	(36)煤气调压站		按每个中低调压站负荷半径 500 米设置；无管道煤气地区不设	50	100～120
	(37)高压水泵房		一般为低水压区住宅加压供水附属工程	40～60	
	(38)公共厕所		每 1000～1500 户设一处；宜设于人流集中之处	30～60	60～100
	(39)垃圾转运站		应采用封闭式设施，力求垃圾存放和转运不外露。当用地规模为 0.7～1 平方公里时设一处，每处面积不应小于 100 平方米，与周围建筑物的间隔不应小于 5 米		
	(40)垃圾收集点		服务半径不应大于 70 米；宜采用分类收集		
	(41)居民存车处	存放自行车、摩托车	宜设于组团或靠近组团设置，可与居(里)委会合设于组团的入口处	1～2 辆/户；地上 0.8～1.2 平方米/辆；地下 1.5～1.8 平方米/辆	
	(42)居民停车场、库	存放机动车	服务半径不宜大于 150 米		
	(43)公交始末站		可根据具体情况设置		
	(44)消防站		可根据具体情况设置		
	(45)燃料供应站	煤或罐装燃气	可根据具体情况设置		
行政管理及其他	(46)街道办事处		3 万～5 万人设一处	700～1200	300～500

设施名称	项目名称	服务内容	设置规定	每处一般规模	
				建筑面积	用地面积
行政管理及其他	(47)市政管理机构(所)	供电、供水、雨污水、绿化、环卫等管理与维修	宜合并设置		
	(48)派出所	户籍治安管理	3万~5万人设一处;宜有独立院落	700~1000	600
	(49)其他管理用房	市场、工商税务、粮食管理等	3万~5万人设一处;可结合市场或街道办事处设置	100	
	(50)防空地下室	掩蔽体、救护站、指挥所等	在国家确定的一、二类人防重点城市中,凡高层建筑下设满堂人防,另以地面建筑面积2%配建。出入口宜设于交通方便的地段,考虑平战结合		

(4) 居住区综合技术经济指标。

居住区综合技术经济指标的项目应包括必要指标和可选用指标两类,其项目及计量单位应符合表3-9中的规定。

表3-9 综合技术经济指标系列一览表

项 目	计量单位	数值	所占比重/%	人均面积/(平方米/人)
居住区规划总用地	公顷	▲		
1.居住区用地(R)	公顷	▲	100	▲
①住宅用地	公顷	▲	▲	▲
②公建用地	公顷	▲	▲	▲
③道路用地	公顷	▲	▲	▲
④公共绿地	公顷	▲	▲	▲
2.其他用地	公顷	▲		
居住户(套)数	户(套)	▲		
居住人数	人	▲		
户均人口	人/户	▲		
总建筑面积	万平方米	▲		
1.居住区用地内建筑总面积	万平方米	▲	100	▲
①住宅建筑面积	万平方米	▲	▲	▲
②公建面积	万平方米	▲	▲	▲

项　目	计量单位	数值	所占比重/%	人均面积/(平方米/人)
2.其他建筑面积	万平方米	△		
住宅平均层数	层	▲		
高层住宅比例	%	△		
中高层住宅比例	%	△		
人口毛密度	人/公顷	▲		
人口净密度	人/公顷	△		
住宅建筑套密度(毛)	套/公顷	▲		
住宅建筑套密度(净)	套/公顷	▲		
住宅建筑面积毛密度	万平方米/公顷	▲		
住宅建筑面积净密度	万平方米/公顷	▲		
居住区建筑面积毛密度(容积率)	万平方米/公顷	▲		
停车率	%	▲		
停车位	辆	▲		
地面停车率	%	▲		
地面停车位	辆	▲		
住宅建筑净密度	%	▲		
总建筑密度	%	▲		
绿地率	%	▲		
拆建比		△		

注："▲"为必要指标；"△"为选用指标。

(二)居住区主要规划指标

1. 建筑面积

建筑面积是指建筑物各层面积的总和，包括主要使用面积、辅助使用面积和结构面积三项。在住宅设计中，主要使用面积是建筑物各层平面的起居室、餐室、卧室等面积的总和；辅助使用面积是建筑物各层平面中从属于起居活动的房间(如厨房、盥洗室、厕所、储藏室等)面积的总和；结构面积是建筑物各层平面中的墙柱等结构物所占面积的总和。在居住区规划中，建筑面积用于计算建筑面积总量及建筑面积密度等指标。

2. 建筑密度

建筑密度是指在一定用地范围内所有建筑物的基底面积与基地面积之比，一般以百分比表示。它可以反映出一定用地范围的空地率和建筑物的密集程度。

3. 居住密度

居住密度是指在每公顷居住用地内的居住密度。居住密度有四项指标：①人口密度；②住宅建筑面积密度；③住宅居住密度；④住宅套数密度。

4. 人口密度

人口密度是指每公顷居住用地内的居住人数(人/公顷),有毛密度和净密度两种。毛密度是按居住区总用地计算,通常作为计算城市规划用地的控制指标。净密度是按住宅用地计算,主要衡量居住密集程度和居住水平。

$$人口毛密度=规划总人口/居住用地面积 \tag{3-1}$$

$$人口净密度=规划总人口/住宅用地面积 \tag{3-2}$$

其中居住用地面积为建设项目的总占地面积,住宅用地面积为建设项目住宅楼实际占地面积。

5. 建筑面积密度

建筑面积密度又称容积率,是指一片城市开发用地内建筑面积与用地面积之比(平方米/公顷)。它反映城市土地利用的程度,容积率越高,土地开发强度越高。容积率是城市土地开发强度控制的重要技术经济指标。

$$容积率=地上总建筑面积/规划用地面积 \tag{3-3}$$

通常以地块面积为 1,地块内地上建筑物的总建筑面积对地块面积的倍数,即为容积率的值。

6. 住宅建筑面积密度

住宅建筑面积密度又称住宅容积率,是指居住区、居住小区或住宅组团内住宅总建筑面积与住宅建设用地面积之比(平方米/公顷)。这项指标用以衡量住宅容量是否合理及控制住宅面积建设量。

7. 住宅居住面积密度

住宅居住面积密度是指居住区、居住小区或住宅组团内全部住宅可供居住的总面积(卧室、起居室、餐厅)与用地总面积之比(平方米/公顷)。它反映每公顷居住面积数量。根据人均居住面积指标可计算出人口密度。

8. 住宅套数密度

住宅套数密度是指居住区、居住小区或住宅组团内所有住宅套数与用地总面积之比(套/公顷)。它反映在用地单位面积上的住宅密集度和居住环境质量。

(三)开发项目主要规划指标

房地产开发项目规划设计有关技术经济指标一般包括下面几项内容。

1. 平均层数

平均层数是指各种住宅层数的平均值,一般按各种层数总建筑面积与总占地面积之比来计算。

2. 居住建筑密度

居住建筑密度的计算公式如下:

$$居住建筑密度=居住建筑基底面积/居住建筑用地面积×100\% \tag{3-4}$$

居住建筑密度主要取决于房屋布置对气候、防火、防震、地形条件和院落使用等的要求。因此，居住建筑密度与房屋间距、建筑层数、层高、房屋排列方式等有关。在同样条件下，一般住宅层数愈高，居住建筑密度愈低。

3．居住面积密度

居住面积密度的计算公式如下：

$$居住面积密度=居住面积/居住建筑用地面积(平方米/公顷) \tag{3-5}$$

居住面积密度是最能表示住宅群用地是否经济的主要指标。它也与住宅层数、平面系数、层高、房屋间距、房屋排列方式等有关，因此为了全面地反映住宅布置、平面设计和用地之间的关系，一般同时使用居住建筑密度和居住面积密度两个指标，相互校核。

4．居住建筑面积密度

居住建筑面积密度的计算公式如下：

$$居住建筑面积密度=居住建筑总面积/居住建筑用地面积(平方米/公顷) \tag{3-6}$$

为了便于统计和控制住宅的建设量，在实际工作中常用居住建筑面积密度来表示。

5．建筑容积率

建筑容积率的计算公式如下：

$$建筑容积率=居住建筑总面积(平方米)/居住建筑用地面积(平方米) \tag{3-7}$$

建筑容积率与建筑面积密度的含义类同，区别在于容积率是无量纲的指数。

6．人口净密度

人口净密度的计算公式如下：

$$人口净密度=居住人数/居住建筑用地面积(人/公顷) \tag{3-8}$$

人口净密度不仅反映了住宅分布的密集程度，还反映了平均居住水平，因此规划中通常作为概算用地的综合指标。

7．居住建筑用地指标

居住建筑用地指标取决于四个因素：居住面积定额(平方米/人)、居住面积密度(平方米/公顷)、居住建筑密度(%)和平均层数。

其计算公式如下：

$$平均每人居住建筑用地=平均每人居住面积定额/层数×居住建筑密度×平面系数(平方米/人) \tag{3-9}$$

或

$$平均每人居住建筑用地=每人居住面积定额×居住建筑用地面积/总居住面积(平方米/人) \tag{3-10}$$

五、方案评价的主要方法

房地产开发项目规划设计方案的评价方法要从明确评价目标开始。首先，要明确评价总目标，将总目标分解为可以明确表述的两三个评价分目标；其次，进一步细化评价内容

或评价指标，从而构成结构明确、层次清楚的指标体系；再次，选定可以操作的评价方法，对方案进行分析和评价；最后，通过对可选方案的比较分析，选择最佳方案。

规划设计方案评价有法规评价、技术评价、施工评价和效益评价四个方面。法规评价是指开发项目是否符合环境保护及建筑设计施工方面的相关法律法规。建设项目涉及依法划定的自然保护区、风景名胜区、生活饮用水水源保护区及其他需要特别保护的区域的，应当符合国家有关法律法规对该区域内建设项目环境管理的规定；依法需要征得有关机关同意的，建设单位应当事先取得该机关的同意。技术评价和施工评价主要包括土建、采暖卫生与煤气工程、电梯和消防四个方面的评价。评价时，要认真学习工程力学、工程结构、建筑材料、民用建筑构造、岩土工程与地基基础、工程测量、建筑防火、城市绿化、古建保护和人防的基本知识，执行相关房屋建筑工程技术标准。效益评价包括成本效果分析和成本效益分析。前者是指为实施项目计划所投入的成本与所产生的卫生效果的比较分析；后者是指投入的成本与所产生的卫生效果转换成货币量度之间的比较分析。效益是在效果的基础上测得的。

房地产开发项目规划设计方案评价的常用方法有德尔菲法、层次分析法等。

(一)德尔菲法

德尔菲法是为了克服专家会议法的缺点而产生的一种专家预测方法。在预测过程中，专家彼此互不相识、互不往来，这就克服了在专家会议法中经常发生的专家们不能充分发表意见、权威人物的意见左右其他人的意见等弊病。德尔菲法(Delphi Method)是在20世纪40年代由O.赫尔姆和N.达尔克首创，经过T.J.戈尔登和兰德公司进一步发展而成的。德尔菲这一名称起源于古希腊有关太阳神阿波罗的神话。传说中阿波罗具有预见未来的能力，因此，这种预测方法被命名为德尔菲法。1946年，兰德公司首次用这种方法来进行预测，后来该方法被迅速广泛采用。

德尔菲法依据系统的程序，采用匿名发表意见的方式，即专家之间不得互相讨论，不发生横向联系，只能与调查人员发生关系，通过多轮次调查专家对问卷所提问题的看法，经过反复征询、归纳、修改，最后汇总成专家基本一致的看法，作为预测的结果。这种方法具有广泛的代表性，较为可靠。德尔菲法是预测活动中的一项重要工具。

德尔菲法作为一种主观、定性的方法，不仅可以用在预测领域，而且可以广泛应用于各种评价指标体系的建立和具体指标的确定过程。我们在考虑一项投资项目时，需要对该项目的市场吸引力作出评价。我们可以列出同市场吸引力有关的若干因素，包括整体市场规模、年市场增长率、历史毛利率、竞争强度、对技术的要求、对能源的要求、对环境的影响等。市场吸引力这一综合指标就等于上述因素加权求和。每一个因素在构成市场吸引力时的重要性即权重和该因素的得分，需要由管理人员的主观判断来确定。这时，我们就可以采用德尔菲法。

德尔菲法的具体实施步骤如下。

(1) 组成专家小组。按照课题所需要的知识范围确定专家。专家人数的多少可根据预测课题的大小和涉及面的宽窄而定，一般不超过20人。

(2) 向所有专家提出所要预测的问题及有关要求，并附上有关这个问题的所有背景材料，同时请专家提出还需要什么材料。然后，由专家做书面答复。

(3) 各个专家根据他们所收到的材料，提出自己的预测意见，并说明自己是怎样利用这些材料并提出预测值的。

(4) 将各位专家第一次的判断意见汇总，列成图表，进行对比，再分发给各位专家，让专家比较自己同他人的不同意见，修改自己的意见和判断。也可以把各位专家的意见加以整理，或请身份更高的其他专家加以评论，然后把这些意见再分送给各位专家，以便他们参考后修改自己的意见。

(5) 将所有专家的修改意见收集起来，汇总，再次分发给各位专家，以便做第二次修改。逐轮收集意见并为专家反馈信息是德尔菲法的主要环节。收集意见和信息反馈一般要经过三四轮。在向专家进行反馈的时候，只给出各种意见，并不说明发表各种意见的专家的具体姓名。这一过程重复进行，直到每一个专家不再改变自己的意见为止。

(6) 对专家的意见进行综合处理，得出结论。

(二)层次分析法

层次分析法是指将一个复杂的多目标决策问题作为一个系统，将目标分解为多个目标或准则，进而分解为多指标(或准则、约束)的若干层次，通过定性指标模糊量化方法算出层次单排序(权数)和总排序，以作为目标(多指标)、多方案优化决策的系统方法。层次分析法是将决策问题按总目标、各层子目标、评价准则直至具体的备投方案的顺序分解为不同的层次结构，然后用求解判断矩阵特征向量的办法，求得每一层次的各元素对上一层次某元素的优先权重，最后用加权和的方法递阶归并各备择方案对总目标的最终权重，此最终权重最大者即为最优方案。这里所谓的"优先权重"是一种相对的量度，它表明各备择方案在某一特点的评价准则或子目标，标明优越程度的相对量度以及各子目标对上一层目标而言重要程度的相对量度。层次分析法比较适用于具有分层交错评价指标的目标系统，而且目标值又难以定量描述的决策问题。其用法是构造判断矩阵，求出其最大特征值。

层次分析法的应用步骤是：建立递阶层次结构；构造两两比较判断矩阵；针对某一个标准，计算各备选元素的权重。

互动话题

将上述评价思路进行归纳，并谈谈你的见解。你认为哪个环节及哪个方法最为重要？

课 后 阅 读

如何申请审批《建设工程规划设计方案》

一、建设项目下列情形应送审《建设工程规划设计方案》

根据《建设项目选址意见书》《建设工程规划设计要求》或《国有土地使用权出让(转让)合同》提出的规划设计要求，申请单位委托设计单位进行建设工程设计或进行设计修改后，应向城市规划行政主管部门送审建设工程规划设计方案。

二、提交资料

(1)《城市建设工程规划设计方案申请表》(原件一份)。

(2) 1：500 或 1：1000(郊区 1：2000)地形图(一份)，地形图上应由设计单位用小于等于

0.3 毫米的红色或蓝色实线标明下列内容并盖章：①建设基地用地界限；②周边地形(包括现状和待建建筑位置)；③各项规划控制线；④拟建建筑位置(包括地下和地上建筑)、建筑物角点轴线标号；⑤基地内外的建筑间距、建筑退界距离、后退建筑控制线距离、建筑物层数、绿化、车位、道路交通等。地形图划示要求参见《报送建设工程规划设计方案、建设工程规划许可证地形图示意图》。

(3) 1∶500 或 1∶1000 建筑设计方案总平面图(图纸两份，电子盘片一份；市局审批三份)，总平面图上应标明的内容及要求同地形图，总平面图应符合国家和本市方案出图标准，并加盖建筑设计单位的建筑设计方案出图章和设计负责人、注册建筑师印章。

(4) 建筑设计方案图(含平面、立面、剖面)及设计说明文本(两套)，图纸应符合国家和本市设计方案出图、文本制作标准，并加盖建筑设计方案出图章和设计负责人、注册建筑师印章。

(5) 分层面积表(两份)。

(6) 属市政交通、市政管线工程的，除总平面图外，须加送横断面、纵断面图(各两套)。

(7) 属高层建筑项目，周边有文教卫生建筑的，须加送由相应资质部门编制的日照分析报告(原件两份)。

(8) 可行性研究报告或其他计划批准文件(原件及复印件各一份)。

(9) 《建设项目选址意见书的通知》或《建设工程规划设计要求通知单》或《国有土地使用权出让(转让)合同》文本及附图(复印件各一份)。

(10) 《建设项目选址意见书的通知》或《建筑工程规划设计要求通知单》或《国有土地使用权有偿出让合同》等文件中，要求申请单位送审的其他相关文件、图纸。

(11) 设计方案修改后再次送审所需的文件、图纸以城市规划管理部门前次审核意见和要求为准。

(12) 因建设项目的特殊性需要提交的其他相关材料。

三、领取资料

(1) 《建设工程规划设计方案审核意见》或《建设工程规划设计方案批复》。

(2) 《建设工程设计方案批复》的附图。

(资料来源：法律快车. 如何申请审批《建设工程规划设计方案》[EB/OL].[2010-12-21].

http://www.lawtime.cn/info/fangdichan/jianshegc/shigong/20101221115048.html##1)

思考与练习

1. 如何办理《建设用地规划许可证》？

2. 在取得《建设用地规划许可证》后，是否可以变更地块规划内容？

3. 《建设工程规划许可证》包括哪些内容？

4. 什么情况下不予核发《建设工程规划许可证》？

5. 在哪些情况下，需重新办理《建设工程规划许可证》？

6. 对已建成的建筑需改变其使用性质时，是否需要申请核发《建筑工程规划许可证》？

7. 对未取得《建设工程规划许可证》的建设项目，主管部门可以采取什么处罚措施？

第四章　房地产开发项目可行性研究

引例

大力发展新兴产业 抚顺建造三大千亿产业基地

立足优势发展先进装备制造业，拉长产业链进行产品深加工，大力发展新兴产业和循环经济。"十二五"期间，按照"两区一带"工业产业布局，抚顺将重点打造三大千亿元产业基地，即沈抚新城辽宁(抚顺)先进能源装备制造业基地、石化新城石化新材料和高性能纤维产业基地以及南环循环经济产业带。未来5年，这三大基地将实现工业产值1000亿元以上，其中石化新城石化新材料和高性能纤维产业基地工业产值将达到2000亿元。

"扩大开放、招商引资、项目建设"被抚顺市委、市政府作为全市经济工作的主线。抚顺围绕"三大千亿产业基地"，突出主题概念和产业集群招商，极大地激发了投资者的热情。山推国际事业园、青岛伊科思碳五等一大批质量高、影响大的项目落户基地。为了保证招商成果尽快转化为助推经济发展的动力，抚顺建立了扎实有效的项目落地推进工作体系，强化了市直、县区项目管理机构，按照项目推进机制，分级、分层次、分行业负责协调解决项目推进过程中存在的问题；筹建完成了项目信息管理系统，通过项目信息化建设，实时跟踪2009年以来投资超千万元的所有项目的实施进度、质量和固定资产投资情况，及时为项目决策提供技术支持。

抚顺是老工业基地，产业基础雄厚，发展装备制造业具有得天独厚的条件。为了把装备制造业基地打造成世界级的产业基地，抚顺市大力推进基地建设，在资源配置、人才引进、贷款融资等方面向这里倾斜，在行政审批、财政管理等方面给予抚顺经济开发区充分的自主权。同时，大力推进基础设施建设，累计投资8.5亿元，使基地形成了"八横九纵"的路网格局。良好的软硬环境，使装备基地成为中外客商投资的焦点。目前，装备基地共有签约和建设项目196个，合同投资416亿元，项目全部建成达产后可实现工业产值620亿元，初步形成了煤矿安全装备产业集群、工程机械装备产业集群、石化及输变电产业集群、汽车零配件产业集群、冶金及深加工产业集群。

把龙头做优做强、拉长产业链，是打造千亿石化产业集群的必经之路。抚顺以中石油"千万吨炼油、百万吨乙烯"项目为中心，整合近30平方公里的土地，利用现有的石化产业资源，承接各类深加工项目，逐步建立五大产业集群，即有机化工产业集群、新材料产业集群、精细化工产业集群、合成橡胶产业集群、塑料石蜡深加工产业集群。同时，建成6个全国最大的生产基地，即40万吨液化气制烯烃产业基地、合成橡胶产业基地、碳纤维新材料产业基地、精细化工产业基地、石蜡深加工产业基地、合成树脂深加工产业基地。目前，山东齐隆碳九、河北颐通增强螺旋波纹管等50余个项目落户石化新城石化新材料和高性能纤维产业基地，总投资额达200亿元以上。到"十二五"期末，工业园区将实现年炼油 1500 万吨，年产乙烯 100 万吨、石蜡 100 万吨、润滑油基础油 50 万吨、表面活性剂原料 35 万吨、合成树脂 140 万吨，实现工业产值 2000 亿元以上，创造直接就业机会 2 万个以上。

打造循环经济产业基地，是抚顺加速实现老工业基地转型振兴的又一杰作。抚顺结合城市矿山地质灾害治理与废弃土地的综合利用，沿南环公路和规划建设的南环铁路，进行合理规划、统筹安排，建设一系列带状分布、各具特色的产业园区，形成南部循环经济产业带。重点建设塔峪工业产业园区、演武造纸产业园区、胜利开发区页岩油深加工产业园区，形成装备制造、钢铁、油母页岩深加工、石油化工等产业集聚区。到 2015 年，南部循环经济产业带将实现工业产值 1000 亿元。

沈抚新城装备制造业基地落户企业正在紧张生产。

(资料来源：搜狐商业地产网. 大力发展新兴产业 抚顺建造三大千亿产业基地[EB/OL].[2011-06-10]. http://house.focus.cn/news/2011-06-10/1336257.html)

项目的可行性研究是对多因素、多目标系统进行的不断的分析研究、评价和决策的过程，它需要由具有各方面知识的专业人才通力合作才能完成。可行性研究不仅应用于建设项目，还可应用于科学技术和工业发展的各个阶段和各个方面。例如，工业发展规划、新技术的开发、产品更新换代、企业技术改造等工作的前期，都可应用可行性研究。可行性研究自 20 世纪 30 年代美国开发田纳西河流域时开始采用以后，已逐步形成一套较为完整的理论、程序和方法。1978 年联合国工业发展组织编制了《工业可行性研究编制手册》。1980 年，该组织与阿拉伯国家工业发展中心共同编辑《工业项目评价手册》。可行性研究大体可分为三个大的方面：工艺技术、市场需求、财务经济状况。

可行性研究的领域涉及石油、煤炭、天然气、化工、医药、环境绿化、房地产开发、旅游文化等工程方面。专业的咨询团队能够为项目提供工程项目策划、勘察、规划、设计、预算等服务，也能够为投资实体编制项目建议书、项目可行性研究报告、项目申请报告、资金申请报告、环评报告、节能报告等项目流程服务。

可行性研究报告通常分为政府审批核准用可行性研究报告和融资用报告。审批核准用的可行性研究报告侧重关注项目的社会经济效益和影响；融资用报告侧重关注项目在经济上是否可行。具体概括为：政府立项审批，产业扶持，银行贷款，融资投资、投资建设、境外投资、上市融资、中外合作、股份合作、组建公司、征用土地、申请高新技术企业等各类可行性报告、商业机会报告、产业报告等。

可行性研究报告是政府和企业有关部门制定发展战略、风险评估和投资决策的重要参考。根据《国务院关于投资体制改革的决定》(国发〔2004〕20 号)的规定，我国对不使用政府投资的项目实行核准和备案两种批复方式，其中核准项目向政府部门提交项目申请报告；备案项目一般提交项目可行性研究报告。

第一节　房地产开发项目可行性研究概述

一、房地产项目可行性研究的概念

可行性研究是运用多种科学手段对某一项工程项目的必要性、可行性、合理性进行技术经济论证的综合科学。房地产项目可行性研究就是指在投资决策前，对与项目有关的市场、资源、工程技术、经济、社会等方面的问题进行全面的分析、论证和评价，从而判断项目技术上是否可行、经济上是否合理，并对多个方案进行优选的科学方法。项目可行性研究是项目前期工作的主要内容，从技术科学、社会学、经济学及系统工程学的角度出发，通过市场分析、技术研究、经济测算，最后确定是否投资这个项目。

我国从 20 世纪 70 年代开始引进可行性研究方法，并在政府的主导下加以推广。1981 年原国家计委明确"把可行性研究作为建设前期工作中一个重要的技术经济论证阶段，纳入基本建设程序"。1983 年 2 月，原国家计委正式颁布了《关于建设项目进行可行性研究的试行管理办法》，对可行性研究的原则、编制程序、编制内容、审查办法等做了详细的规定，以指导我国的可行性研究工作。为了简政放权，以后的可行性研究工作将由企业加强内控，自主决策。

2014 年 4 月 8 日，国家发展改革委发布《境外投资项目核准和备案管理办法》(以下简称《核准办法》)，并于 2014 年 5 月 8 日起施行。与以往的境外投资项目审批相比，《核准办法》主要有如下改革。

(1) 减少程序。改项目审批制为核准制，将原来项目建议书和可行性研究报告两道审批，改为只核准项目申请报告。

(2) 下放权限。国家原审批限额为中方投资额 100 万美元以上的项目，新设定的国家核准限额为资源开发类 3000 万美元以上、大额用汇类 1000 万美元以上，分别提高了 30 倍和 10 倍。其余项目下放地方政府核准，有些项目由企业自主决策。

(3) 简化内容。与以往审批项目建议书和可行性研究报告不同，项目申请报告核准主要侧重于确定投资主体、投资方向及合规性的审查，减少审查产品方案、财务效益等应由出资人自主决策、自担风险的内容。

(4) 提高效率。明确项目申请报告的内容、项目核准的机关及权限、核准的程序、核准的条件及效力，增加核准的可操作性和透明度。

2016 年 11 月 30 日，李克强总理签署国务院第 673 号令，公布《企业投资项目核准和备案管理条例》(以下简称《条例》)，自 2017 年 2 月 1 日起施行。

《条例》第六条规定，企业办理项目核准手续，应当向核准机关提交项目申请书；由国务院核准的项目，向国务院投资主管部门提交项目申请书。项目申请书应当包括下列内容。

(1) 企业基本情况。

(2) 项目情况，包括项目名称、建设地点、建设规模、建设内容等。

(3) 项目利用资源情况分析以及对生态环境的影响分析。

(4) 项目对经济和社会的影响分析。

企业应当对项目申请书内容的真实性负责。

《条例》第九条规定，核准机关应当从下列方面对项目进行审查。

(1) 是否危害经济安全、社会安全、生态安全等国家安全。

(2) 是否符合相关发展建设规划、技术标准和产业政策。

(3) 是否合理开发并有效利用资源。

(4) 是否对重大公共利益产生不利影响。

2017 年 3 月 8 日，国家发展和改革委员会第 2 号令发布《企业投资项目核准和备案管理办法》(以下简称《办法》)，自 2017 年 4 月 8 日起施行。《办法》要求，企业投资建设固定资产投资项目，应当遵守国家法律法规，符合国民经济和社会发展总体规划、专项规划、区域规划、产业政策、市场准入标准、资源开发、能耗与环境管理等要求，依法履行项目核准或者备案及其他相关手续，并依法办理城乡规划、土地(海域)使用、环境保护、能源资源利用、安全生产等相关手续，如实提供相关材料，报告相关信息。

二、房地产项目可行性研究的内容

房地产项目可行性研究的内容按项目研究详细程度的不同，可分为投资机会研究、初步可行性研究和详细可行性研究三个阶段，各阶段的内容是一致的，只是指标的详细程度存在差别。当然，房地产项目可行性研究的具体内容因项目的复杂程度、环境状况的不同而有所不同，但一般包括项目的必要性分析、实施的可能性分析和技术经济评价。其具体内容如下。

(1) 项目概况。项目概况主要包括项目的名称、背景、宗旨等基本情况，开发项目的自然、经济、水文地质等基本条件，项目的规模、功能和主要技术经济指标等。

(2) 市场分析和需求预测。在深入调查和充分掌握各类资料的基础上，对拟开发项目的市场需求及市场供给状况应进行科学分析、客观预测，包括开发成本、市场售价、销售对象及开发周期、销售期等。

(3) 规划方案的优选。在对可供选择的规划方案进行比较分析的基础上，优选出最为合理、可行的方案作为最后方案，并对其进行详细描述，包括选定方案的建筑物布局、功能分区、市政基础设施分布、项目的主要技术参数和技术经济指标、控制性规划技术指标等。

(4) 开发进度安排。对开发进度进行合理的时间安排，可以按照前期工程、主体工程、附属工程、交工验收等阶段进行。大型开发项目，其建设周期长、投资额大，一般需要进行分期开发，这就需要对各期开发的内容同时作出统筹安排。

(5) 项目投资估算。项目投资估算即对开发项目所涉及的成本费用进行分析估计。房地产开发项目涉及的成本费用主要有土地费用、期间费用及各种税费等，估算的精度要求不高，但应充分注意各项费用在不同建设期的变化情况，力争与未来事实相符。

(6) 资金的筹集方案和筹资成本估算。根据项目的投资估算和投资进度安排，合理估算资金需求量，拟订筹资方案，并对筹资成本进行计算和分析。房地产项目投资额巨大，开发商必须在投资前做好资金的安排，并通过不同方式筹措资金，保证项目的正常运行。

(7) 财务评价。财务评价是依据国家现行财税制度、现行价格和有关法规，从项目角度对项目的盈利能力、偿债能力和外汇平衡等财务状况进行分析，借以考察项目财务可行性的一种方法。其内容包括项目的销售收入和成本预测；预计损益表、资产负债表、财务现金流量表的编制；债务偿还表、资金来源与运用表的编制；财务评价指标和偿债指标的计算，如财务净现值、财务内部收益率、投资回收期、债务偿还期、资产负债率等。

(8) 风险分析。风险分析是可行性研究的一项重要内容，主要包括盈亏平衡分析、敏感性分析和概率分析等内容。风险分析通过对影响投资效果的社会、经济、环境、政策、市场等因素的分析，了解各因素对项目的影响性质和程度，为控制项目运作过程中的关键因素提供依据，也为投资者了解项目的风险大小及来源提供参考。

(9) 国民经济评价。国民经济评价是按照资源合理配置的原则，从国家、全社会的角度考察项目的收益和费用，用资源的影子价格、影子工资、影子汇率和社会折现率等经济参数，分析计算项目对国民经济的净贡献，并评价项目的经济合理性。它是项目评价的重要组成部分，也是投资决策的重要依据之一。因此，在房地产项目开发过程中，要综合考虑项目对社区、城市环境、资源有效配置的影响，进行项目的国民经济评价。国民经济评价包括社会、经济和环境效益评价。

财务评价和国民经济评价都属于项目的经济评价，但两者的评价角度不同。财务评价侧重于项目本身的获利能力；国民经济评价侧重于项目对国民经济的贡献，即按照资源合理配置的原则，从国家整体角度考察、分析项目的效益和费用，从而评价项目的经济合理性。所以国民经济评价又叫费用效益分析。

(10) 结论。运用可行性研究的各种指标数据，从技术、经济和财务各方面论述项目的可行性，分析项目可能存在的问题，提出有效的项目建设建议。

三、房地产项目可行性研究的作用

房地产项目可行性研究是房地产基本建设管理中的一项重要的基础工作，是保证房地产建设项目以最小的投资换取最佳经济效益的科学方法，可行性研究在房地产项目投资决策和项目运作建设中具有十分重要的作用。

(1) 可行性研究是项目投资决策的重要依据。开发项目投资决策，尤其是大型投资项目决策的科学合理性，是建立在根据详细可靠的市场预测、成本分析和效益估算等制定的项目可行性研究的基础上的。

(2) 可行性研究是项目立项、审批，开发商与有关部门签订协议、合同的依据。在我国，投资项目必须列入国家的投资计划。尤其是房地产项目，要经过政府相关职能部门的立项、审批、签订有关的协议，依据之一就是可行性研究报告。

(3) 可行性研究是项目筹措建设资金的依据。房地产开发项目可行性研究对项目的经济、财务指标进行了分析，从中可以了解项目的筹资、还本能力和经营效益的获取能力。银行等金融机构是否提供贷款，主要依据可行性研究中提供的项目获利信息。因此可行性研究也是企业筹集建设资金和金融机构提供信用贷款的依据。

(4) 可行性研究是编制设计任务书的依据。可行性研究对开发项目的建设规模、开发建设项目的内容及建设标准等都作出了安排，这些正是项目设计任务书的内容。

小阅读

可行性研究与项目建议书的区别

(1) 研究任务不同。项目建议书是初步选择项目，并决定是否需要进行下一步工作，主要考察建议的必要性和可行性；可行性研究则需进行全面深入的技术经济分析论证，作多方案比较，推荐最佳方案，或者否定该项目并提出充分理由，为最终决策提供可靠依据。

(2) 基础资料依据不同。项目建议书是依据国家的长远规划和行业、地区规划以及产业政策，拟建项目的有关的自然资源条件和生产布局状况，项目主管部门的有关批文；可行性研究除把已批准的项目建议书作为研究依据外，还需把文件详细的设计资料和其他数据资料作为编制依据。

(3) 内容繁简和深度不同。两个阶段的基本内容大体相似，但项目建议书不可能也不要求做得很细致，内容比较粗略简单，属于定性性质的；可行性研究报告则是在这个基础上进行充实补充，使其更完善，具有更多的定量论证。

(4) 投资估算的精度要求不同。项目建议书的投资估算一般根据国内外类似已建工程进行测算或对比推算，误差准许控制在±20%；可行性研究必须对项目所需的各项费用进行比较详尽精确的计算，误差要求不应超过 10%。

总的来说，项目建议书和可行性研究是项目前期策划的两个不同阶段，项目建议书是可行性研究的基础。

(资料来源：360 图书馆. 可行性研究与项目建议书的区别[EB/OL].[2011-07-09].
http://www.360doc.com/content/11/0709/18/7301059_132561269.shtml##6)

四、房地产项目可行性研究的步骤

项目法人按国民经济和社会发展长远规划、行业规划和建设单位所在的城镇规划的要求，根据本单位的发展需要，经过调查、预测、分析，编报项目建议书。项目建议书批准后，项目法人委托有相应资质的设计、咨询单位，对拟建项目在技术、工程、经济和外部协作条件等方面的可行性进行全面分析、论证，进行方案比较，推荐最佳方案。

房地产项目可行性研究的步骤如下。

(1) 组织准备。进行项目可行性研究首先要组建研究班子，由其负责可行性研究的构想、经费筹集、制订研究计划和方案等。其中，项目研究班子的成员包括了解房地产市场的专家、熟悉房地产开发的工程技术人员、熟悉城市规划及管理的专家，并由熟悉房地产市场、工程技术、经济管理和经营、善于协调工作的专业人员来主持。

(2) 现场调查与资料收集。现场实际调查主要包括投资现场的自然、经济、社会、技术现状的调查，如居民人数、户数及结构现状调查，市政基础设施状况调查，非居民户生产经营状况调查，等等。收集的资料主要有政府的方针政策，城市规划资料，各类资源资料，有关社会经济发展、交通、地质、气象等方面的技术资料，房地产市场分析的资料等。

(3) 开发方案的设计、评价和选择。这一阶段的工作主要是根据项目前期工作的有关成果，结合开发商的现有资源情况和国家政策等，对项目开发方案进行设计、评价、对比优选，确定具体的项目开发方案。当然，选择不同的开发方案，会出现不同的社会经济效益。

(4) 详细研究。采用先进的技术经济分析方法，对优选出的项目开发方案进行财务评价、国民经济评价，从而分析项目的可行性。

(5) 编写研究报告书。可行性研究报告书是对可行性研究全过程的描述，其内容要与研究内容相同，且全面、翔实地反映该项目的有利或不利因素。可行性研究报告是项目决策的依据，应按国家规定达到一定的深度和准确性，其投资估算和初步设计概算的出入不得大于 10%，否则将对项目进行重新决策。

第二节　房地产市场调查研究

一、房地产市场调查研究的类型

房地产市场调查研究是通过对房地产市场信息的收集、分析和加工处理，寻找出其存在的规律和含义，预测市场未来的发展趋势，用以帮助房地产市场的参与者掌握市场动态、把握市场机会或调整其市场行为。随着房地产市场的不断发展，房地产市场调查研究对房地产开发投资、房地产置业投资、房地产市场营销、政府管理部门对房地产业实施宏观管理等的决策起着非常重要的作用。

按房地产类型的不同以及委托方需求的不同，房地产市场调查研究主要有整体房地产市场、住宅市场、写字楼市场、商业购物中心市场、工业房地产市场、酒店市场等。

(一)整体房地产市场调查研究

整体房地产市场调查研究一般是就包含各种类型房地产的总体市场供求、价格变化状况及其发展趋势等进行分析研究，其分析研究的区域范围变化很大，可以是对一个城市、一个省乃至一个国家的房地产市场进行分析。整体房地产市场调查研究的服务对象以地方政府相关管理部门、房地产开发商及投资商、金融机构为主。对地方政府而言，不论是对市场进行宏观调控，还是房地产开发过程涉及的开发项目立项、土地使用权出让、规划审批、开工许可等环节，都需要整体房地产市场调查研究结果的支持。

(二)住宅房地产市场调查研究

住宅市场调查研究非常普遍，它主要是针对某一城市或城市某一区域住宅市场进行分析，其主要任务是分析和预测住宅整体市场的供给、需求和价格水平及其未来趋势，某种特定类型住宅的需求、供给、价格水平及其消费者特征。住宅市场调查研究一方面可以帮助开发商选择合适的项目位置、确定满足市场需求的产品类型，另一方面可以了解开发项目周围地区住宅的供求状况、价格水平、对现有住宅满意的程度和对未来住房的希望，以确定所开发项目的平面布置、装修标准和室内设备的配置。

(三)商业房地产市场调查研究

商业房地产市场调查研究主要是针对城市区域中某大型项目展开，主要是分析项目所处地区的购买力水平，流动人口和常住人口的数量，该地区对零售业的特殊需求，项目商圈范围，同类型项目的分布、供求及其竞争状况等。商业房地产市场调查研究的服务对象一般是开发商、投资商及其金融机构。

互动话题

你了解奥林匹克花园、花都颐和山庄、红星美凯龙、万达广场等项目吗？你认为商业房地产市场调查研究的关键是哪些方面？

(四)写字楼房地产市场调查研究

写字楼市场调查研究往往是针对特大城市及其某一区域展开的，中小城市由于写字楼的建设量很少，因此很少涉及这类市场调查研究。写字楼市场调查研究主要评估市场中写字楼的总供给和总需求、某特定类型写字楼的供求及价格变化，并预测其主要的吸纳特征。写字楼市场调查研究的服务对象一般是开发商、投资商及其金融机构。

(五)酒店房地产市场调查研究

酒店房地产市场调查研究一般应用于城市一些大型酒店项目特别是星级酒店项目的投资分析中，是开发商、投资商及其金融机构是否进行酒店项目投资开发的重要决策依据。酒店房地产市场调查研究一般是就城市环境，旅游资源，酒店物业开发、经营状况，酒店消费群体的构成与特征等方面进行分析。

(六)工业房地产市场调查研究

目前专门进行工业房地产市场调查研究的还比较少，这与工业房地产市场的发育程度比较低有关。工业房地产市场调查研究主要是根据某区域经济发展、工业发展状况及其趋势，分析该区域工业房地产的总需求和总供给，办公、生产和仓储用房的供求比例，以及工业项目开发所必须具备的条件，如劳动力、交通运输、原材料和专业人员的来源等问题。

互动话题

你能举例谈谈调查研究的重要性吗？你对所学专业的学习内容和就业方向做过深入调研吗？

二、房地产市场调查研究的内容

(一)宏观环境分析

(1) 经济环境。第一，要阐明城市的地位。即城市所处经济圈的基本情况，城市在所处经济圈中的地位。第二，要分析城市的经济发展状况。即分析城市 GDP 和人均 GDP 及其变化情况、产业结构及其演进、城市主导产业及重大产业投资发展状况、固定资产投资和房地产投资情况以及房地产开发投资占固定资产投资的比重、城市化进程等。第三，分析城市的社会发展状况。即分析城市人口及其近年的变动情况、城市外来人口状况与人口导入政策、城市在岗职工平均工资水平及其变化趋势、城市居民人均可支配收入及其变动趋势、城市居民储蓄存款余额及其变化趋势、社会消费品零售额。

(2) 城市规划。分析城市发展的总体目标，城市总体布局规划；城市区域功能划分，各区域规划发展目标；城市交通建设状况；城市更新和旧村改造。

(3) 政策环境。政策环境是指房地产开发所面临的政策和制度环境，主要分析与房地产有关的财政政策、货币政策、产业政策和土地政策等。

(二)房地产市场发展现状和趋势分析

纵观近年来房地产市场的实践情况，我们应加强对房地产市场发展现状和趋势的分析。

(1) 城市土地供应。分析城市历年土地成交情况、区域土地价格变动、土地出让政策变化和土地供应特征等。

(2) 城市住宅开发状况。分析历年住宅施工面积、新开工面积、竣工面积等。

(3) 住宅供给和需求状况。分析历年住宅批准预售面积、政策性住房建设状况、住宅销售面积和销售金额、空置面积、市场消化系数、外销面积、平均价格、房价收入比等。

(4) 存量住宅交易状况。分析历年存量房成交面积、成交价格及其租售价格比等。

(三)客户分析

房地产客户分析是对房地产客户消费(投资)行为或消费(投资)心理的分析，主要的分析内容有以下几个方面。

(1) 产品的需求特征。分析市场上主流的和消费者偏好的住宅类型、建筑风格、户型结构、建筑面积、功能空间的配置、面积分配；小区环境设计；小区配套设施。

(2) 产品购买决策过程。分析消费者购房的动因、获取信息的途径、影响消费者决策的因素等。

(3) 客户生活形态特征。分析不同生活形态下不同族群的生活观、消费观和传播观，如消费者年龄、家庭生命周期、个人和家庭收入、工作及休闲观念、购物与消费方式等方面。

(四)竞争分析

同业之间的竞争情况也是房地产开发商应密切关注的事项，往往决定其营销和回款的效率。竞争分析的内容主要有以下两点。

(1) 竞争对手分析。主要是针对竞争对手的专业化程度、品牌知名度、资金实力、开发经营方式、楼盘质量、成本状况及成本优势、价格策略、与当地政府部门的关系、历年来的项目开发情况以及项目销售情况等方面进行分析研究。

(2) 竞争项目分析。主要是分析建成或正在建设中的竞争性项目，具体包括项目区位、占地面积、建筑面积、规划与建筑特征、配套设施、绿化率、面积户型、装修标准、建造年代、空置率、价格、付款方式、广告策略、销售状况等。

三、房地产市场调查研究的时机选择

(一)购地前的宏观调查

由于房地产作为一种特殊的商品具有不可移动性这一特点，所以房地产企业在购买土地之前，要对该地区房地产的整体市场供给、需求状况进行宏观的调查，尤其是对该地块周边的市场供求情况要进行详细的调查研究：这一区域各类房地产项目的开发量是多少、消化量是多少、现存量是多少、空置率及租金水平如何，结合该地区近两年各类房地产项目的销售情况，对各类房地产项目的租售价格走势进行预测。同时进行需求方面的调查，了解该地区对各类房地产项目的需求情况。根据以上供需的宏观调查结果，确定该地块大致的产品定位——做哪一类房地产项目，即住宅、写字楼、商场或其他类型建筑；之后，对所确定的类型项目进行更为细致的调查，以确定是做哪一档次的项目，即高档、中档、低档或者是外销、内销，以及主要客户群的范围等。

(二)购地后项目产品定位分析

在购地后，就要进行更为详细而有重点的市场调查分析，依据所确定的产品宏观定位，对同一档次的项目市场供给情况及主要客户群的具体需求进行调查，以为要开发的产品提供更为细致的定位指导。以居住性项目为例，要根据主要客户群体的消费水平、职业特征、购买偏好等确定以哪一种户型为主打户型，各类户型的建设比例，采用什么样的装修标准，定价应在哪一个档次等。

(三)配合产品设计和营销进行调查

进入设计阶段，市场调查工作也应不断地深化。应该选择该地区同档次的明星楼盘进行重点调查，分析其在设计上的优劣势，以便在设计时有所依据。因为房地产建设周期长，所以在设计中必须要有超前意识。

为配合房地产项目的市场营销，要对周边同档次项目进行长期的跟踪调查。因为房地产项目的特点之一是地域性，周边同档次的项目必将是强有力的竞争对手，因此要对其进行长期的跟踪调查，尤其是对其销售策略更要给予密切关注，以便公司随时采取相应对策。

互动话题

某商业楼盘拟进行招商，假如你是招商策划人员，应该进行哪些方面的调研？如果你打算买商品房，应该进行哪些方面的调研？

四、房地产市场调查研究的程序

为了使市场调研工作顺利进行，保证质量，在进行房地产市场调研时，应按一定程序进行。房地产市场调研的程序包括确定调研目的、搜集信息资料、初步调研、调研设计、现场调研、撰写和提交调研报告。

(一)确定调研目的

这是进行市场调研时应首先明确的问题。目的确定以后，市场调研就有了方向，不至于出现太大的过失。也就是说，调研人员应明确为什么要进行市场调研？通过调研要解决哪些问题？有关调研结果对于企业来说有什么作用？如果调研目的不够准确，将使以后一系列市场调研工作成为浪费，造成损失。一般来说确定调研目的要有一个过程，一时确定不下来的可以采用探测性调研、描述性调研、因果性调研和预测性调研来确定。

1．探测性调研

当企业对需要研究的问题和范围不明确、无法确定应当调研哪些内容时，可以采用探测性调研来找出症结所在，然后再作进一步研究。例如某房地产公司近几个月来销售量不好，公司一时弄不清楚是什么原因，是宏观经济形势不好、广告支出减少、销售代理效率低还是消费者偏好转变的原因等。在这种情况下，可采用探测性调研，从中间商或者消费者那里搜集资料，以便找出最有可能的原因。从此例可以看出：探测性调研只是搜集一些有关资料，以确定问题所在。至于问题应如何解决，则有待于进一步调查研究。

2．描述性调研

描述性调研只是从外部联系上找出各种相关因素，并不回答因果关系问题。例如在销售过程中，发现销售量和广告有关，并不说明何者为因，何者为果。也就是说描述性调研旨在说明"是什么""何时""如何"等问题，并不解释"为何"的问题。

与探测性调研相比较，描述性调研需要有一事先拟定的计划，需要确定搜集的资料和搜集资料的步骤，需要对某专门问题给出答案。

3．因果性调研

这种调研是要找出事情的原因和结果。例如价格和销售之间的因果关系如何？广告与销售间的因果关系如何？通常对于一个房地产公司的经营业务范围来说，销售、成本、利润、市场占有量，皆为因变量。自变量较为复杂，通常有两种情况：一类是企业本身可以加以控制的变量，又称内生变量，如价格、广告支出等；另一类是企业市场环境中不能控制的变量，也称外生变量，如法律、法规、政策的调整、竞争对手的广告支出与价格让利等。因果关系研究的目的在于了解以上这些自变量对某一因变量(如对成本)的关系。

4．预测性调研

预测性调研是通过搜集、分析研究过去和现在的各种市场情报资料，运用科学的方法，估计未来一定时期内市场对某种产品的需求量及其变化趋势。由于市场情况复杂多变，不易准确发现问题和提出问题。因此，在确定研究目的的阶段，可进行一些情况分析。例如前面所述的房地产公司发现近几个月来售房量不断下降，经初步分析，认为是由于市场竞争下的广告没有做好，造成消费者视线转移，为此便可做若干假设。

拟定假设的主要原因是限制研究或调研的范围，以便使用今后搜集到的资料来检验所作的假设是否成立。

(二)搜集信息资料

市场营销调研需要搜集大量的信息资料，其中有些资料需要经常不断地搜集，有些需要定期搜集，大多数是需要时才进行搜集。

(三)初步调研

初步调研的目的是了解产生问题的一些原因，通常有如下三个过程。

1．研究搜集的信息材料

研究企业外部材料。从各种信息资料中，了解一些市场情况和竞争概况，从中获知目前市场上哪类房产最好销售？其价格如何？当地消费者对房产有什么偏好？

分析企业内部资料。对公司的各种记录、函件、订货单、年度报表等内部资料进行分析，从而找出产生问题的原因和线索。

2．与企业有关领导进行正式谈话

从与这些领导人的谈话中，寻找市场占有率下降的原因，如市场营销经理可能认为房产价格定得太高；工程部经理可能认为设计不十分合理、材料供应质量不高；材料部经理可能认为物价指数上涨太快，所划拨的经费不能全部采用进口或国内各种名牌材料，等等。

3. 了解市场情况

市场是无情的，消费者对本公司所开发经营的房产态度，就是反映企业市场营销水平的重要标志，也是初步调研的关键内容，如为什么消费者不购买本公司商品房，就需要对用户进行调查研究。

(四)调研设计

根据前面信息资料的搜集以及上面初步调研的结果，可以提出调研的命题及实施的计划。例如近期的房地产业不太景气，资金积压过多，建造好的房子销售不畅，是什么原因呢？经过分析先拟定问题产生的原因有两点：一是国家宏观控制，银根收紧，消费者收入没有好转；二是广告效果不大，没有引起消费者足够的兴趣，消费者储蓄待购。为了论证此命题正确与否，决定采用计划抽样法、重点调研法，并配合个人访问法和电话调研法来进行调查研究。

在搜集原始资料时，一般需要被调研者填写或回答各种调研表格或问卷。调研表及问卷是整个调研工作的核心，其设计得好坏将直接影响调研结果。调研表和问卷的设计既要具有科学性又要具有艺术性，以利于市场调研工作的条理化、规范化。

一项房地产市场调研活动至少应设计以下四种调研表格。

(1) 当地房地产资源统计表，包括房地产分布、面积、类型、单位价格、单位总价、开发程度、居住密度、交易状况和规模、使用期限、抵押保险、政策限制、竞争程度、发展远景、其他具体情况和调研日期等项目。

(2) 房地产出租市场统计表，包括出租的房地产名称、所在地区、出租面积、租金水平、出租房的类型和等级、室内设备状况(如暖气、燃气、电话、家用电器、厨卫设备等)、环境条件(如庭院、阳台、停车场、文娱场所、交通和购物等)、空置率、影响房租市场的最大因素、具体房东的记录、房地产出租公司的资料和调研日期等项目。

(3) 房地产出售统计表，包括已售房地产的名称、地区、开发商、数量、结构类型、成交期、成交条件(如预付款、贷款额和利率、偿还约束、其他附加条款等)、出售时的房龄和状况、客户资料和调研日期等项目。

(4) 房地产个案市调分析表，包括案名、区位、投资公司、产品规划、推出日期、入伙日期、基地面积、建筑密度、土地使用权年限、单位售价、付款方式、产品特色、销售策略、客源分析、媒体广告、调研资料和日期等。

房地产市场调研中普遍采用抽样调研，即从被调研总体中选择部分样本进行调研，并用样本特性推断总体特性。在实地调研前，调研人员应选择决定抽查的对象、方法和样本的大小。一旦明确下来，调研人员必须严格按照抽样设计的要求进行工作，以保证调研质量。

(五)现场调研

现场调研即按调研计划通过各种方式到调研现场获取原始资料和搜集由他人整理过的

次级资料。现场调研工作的好坏，直接影响到调研结果的正确性。为此，必须重视对现场调研人员的选拔和培训工作，确保各人员能按规定进度和方法取得所需资料。

这一步是将调研搜集到的资料进行整理、统计和分析。首先，要进行编辑整理。就是把零碎的、杂乱的、分散的资料加以筛选，去粗取精，去伪存真，以保证资料的系统性、完整性和可靠性。在资料编辑整理过程中，要检查调研资料的误差，剔除那些错误的资料；然后要对资料进行评定，以确保资料的真实与准确。其次，要进行分类编号，就是把调研资料编入适当的类别并编上号码，以便于查找、归档和使用。再次，要进行统计，将已经分类的资料进行统计计算，系统地制成各种计算表、统计表、统计图。最后，对各项资料中的数据和事实进行比较分析，得出一些可以说明有关问题的统计数据，直至得出必要的结论。

(六)撰写和提交调研报告

撰写和提交调研报告是房地产市场调研工作的最后一环，调研报告反映调研工作的最终结果。要十分重视调研报告的撰写，并按时提交调研报告。撰写调研报告应做到：客观、真实、准确地反映调研结果；报告内容简明扼要，重点突出；文字精练，用语中肯；结论和建议应表达清晰，可归纳为要点；报告后应附必要的表格和附件与附图，以便阅读和使用；报告完整，印刷清楚美观。

以上房地产市场程序对房地产市场调研工作只具有一般的指导意义，在实际工作中可视具体情况，科学合理地灵活安排调研工作的内容。

在作出结论以后，市场营销调研部门必须提出若干建议方案并写出书面报告，提供给决策者。在编写调研报告时，要指出所采用的调研方法、调研目的、调研对象、处理资料手段，通过调研提出结论，并据此提出一些合理建议。

五、房地产市场预测的概念和作用

(一)房地产市场预测的概念

房地产市场预测是在市场调研获得一定资料的基础上，针对需要，运用已有的知识、经验和科学方法，对房地产企业和市场的未来发展趋势以及与之相关的营销环境因素进行分析和判断，从而为房地产企业的营销决策提供依据。实际上，房地产市场预测是一种信息变换系统，在这一市场预测系统中，输入的是市场调查取得的历史和现时资料，输出的则是预测信息。其中，预测者的经验、知识、技巧以及采用的预测方法对信息的转换起着重要的作用。

(二)房地产市场预测的作用

房地产市场预测的准确性最终会决定开发项目运营的成败。对开发商楼盘所在地的市场必须进行科学细致的预测。

(1) 房地产市场预测是房地产企业制订开发经营计划和进行营销决策的基础。通过房地产市场预测，可以了解房地产市场发展变化的趋势，以及对房地产企业开发经营活动所带来的影响，从而避免企业盲目开发经营，为制订科学的计划和开发经营决策提供依据。

(2) 房地产市场预测是改善企业经营管理，提高经济效益的重要手段。在市场经济条件下，房地产企业的生存和发展与房地产市场息息相关，而房地产市场又是瞬息万变的，只有通过对房地产市场预测，了解房地产市场的动态和发展趋势，根据市场需求来制定正确策略，才能提高企业的投资决策水平，提升企业的经济效益，避免盲目投资带来的损失。科学的市场预测分析是房地产企业提高经济效益的途径之一，借助它，可以提高整个企业的经营管理水平，实现经营管理的科学性。

(3) 房地产市场预测可以降低市场不确定性给房地产企业所带来的市场风险。房地产市场受到许多因素的影响，有些因素是可以控制的，有些因素是可以为企业所预知的，而有些因素是企业既无法控制又无法预知的，所以房地产市场在蕴含着巨大机会的同时又具有极大的不确定性。房地产企业可以通过市场预测借助过去的市场信息资料对未来市场的发展趋势进行预测，从而降低市场不确定性所带来的风险。

实践证明，有市场预测和无市场预测，预测准确与否，对房地产企业经营的影响极大。哪个企业注意利用了房地产市场预测，而且预测得比较准确，哪个企业的生产和经营就好。

六、房地产市场预测的种类

房地产市场预测，按预测的时间长短，可分为短期预测、中期预测和长期预测；按预测对象的范围，可分为宏观市场预测和微观市场预测；按预测方法的性质，可分为定性预测和定量预测。

(一)短期预测、中期预测和长期预测

短期预测是指房地产企业安排年度内市场营销计划的预测，由于房地产具有开发周期长的特点，因此这种短时期的预测主要用于制订月计划、季度计划、年度计划，为日常的市场营销工作服务。

中期预测是反映企业1～5年内的房地产市场变化及其发展趋势的预测，是企业制订发展规划的依据。例如，对二三年内的房地产市场各类物业的需求量进行预测，从而为房地产企业投资何种类物业提供决策依据。

长期预测是指房地产企业对5年以上的房地产市场变化及其趋势的预测。这种预测是企业制定长期战略目标的科学依据，长期预测的精确度很难把握，难度也较大。

(二)宏观市场预测和微观市场预测

宏观市场预测是对整个市场的预测分析，涉及的范围大，牵涉面广。例如，房地产市场的供求变化及与之相联系的各种因素，如人口结构变化、经济发展速度，以及对影响房地产市场的其他政治、法律因素的预测。宏观市场预测对企业确定发展方向和发展规划有指导作用。微观市场预测是指在房地产企业营销活动范围内进行的市场预测，如对房地产企业产品的市场份额、价格变化等进行预测。微观市场预测是企业制定生产经营决策、编制计划的依据。

(三)定性预测和定量预测

定性预测又称判断预测，是预测者根据自己掌握的实际情况、实践经验和逻辑推理能

力，对房地产市场的发展趋势作出的推测和判断。例如，今后几年房地产市场供求关系是供大于求还是供不应求等。定性预测需要的数据少，比较简单易行。在应用定性预测方法进行房地产市场预测时，主要是凭借个人特别是专家的知识、经验和分析能力。这种方法主要适用于缺乏信息资料，或影响因素复杂又难以分清主次，或对主要影响因素难以进行定量分析的情况。常用的定性预测方法有德尔菲法、意见集中法、类推法等。

定量预测是在了解历史资料和统计数据的基础上，运用统计方法和数学模型，对市场发展趋势进行数量分析的预测方法。定量预测与统计资料、统计方法密切相关，也称统计预测，主要包括时间序列预测和因果关系预测。时间序列预测是依据预测对象随时间的变化规律建立模型，主要包括移动平均法、指数平滑法、季节变动预测法等。因果关系预测是依据预测对象及其影响因素间的因果关系建立模型，主要包括因果分析、经济计量模型、投入产出模型等。

七、房地产市场预测的步骤

房地产市场预测的一般步骤如下。

(1) 确定预测对象和预测的目的。要说明预测的对象、要达到的目的、预测的范围及预测时间等。如某企业预测商品房市场销售量，应明确是哪类商品房，是短期预测还是中、长期预测，是全国还是某地区预测等。

(2) 制定预测方案。应包括具体内容、人员、分工、资料搜集办法、地点、时间安排等。

(3) 搜集和分析有关资料。在搜集资料时一是注意信息资料的广泛性，除了与房地产直接有关的因素外，还要注意对房地产市场具有较大影响的间接因素；二是注意信息来源的多渠道性，使得信息具有代表性、准确性、系统性、完整性和可比性。在搜集资料的过程中还要分析筛选，整理出对预测有实用价值的资料和信息。

(4) 选定预测方法和预测模型。可根据预测目标、资料、资料占有情况、准确度要求及预测费用多少来选定。房地产市场预测的定量方法有回归分析法、时间序列预测法等。

(5) 进行实际预测。即根据选定的预测方法和模型，进行预测计算。

(6) 评价修正预测结果。预测不可能做到百分之百的精确，但若预测误差很大，就失去了预测的意义。所以，应对预测误差进行具体分析，看预测结果是否达到预测目标的要求。如果满足要求，则进入撰写报告的阶段；如不能达到要求，则回到前面步骤，或重新确定目标、搜集资料，或重新选择方法，再进行预测，直到误差符合预测要求。

(7) 撰写预测报告。房地产市场预测报告既要有定性分析，也要有定量分析，尽量做到数据真实准确、论据充分可靠、建议切实可行。然后，还要对预测的结果进行判断、评价，重点是预测误差的分析。一份预测报告中，除预测结果之外，一般还应包括资料搜集整理过程、选用的预测技术、建立的预测模型及对模型的评价与检验、对未来条件的分析、对预测结果的分析与评价以及其他需要说明的问题等。若发现预测与现实不符，应立即进行修改。

第三节 投资估算和成本费用估算

房地产项目一直是这些年的投资热点，也成就了千千万万个开发商。经营房地产投入资金多、风险大，在项目的规划阶段，必须对项目的投资与成本费用进行准确的估算，以便作出经济效益评价、投资决策。

由于房地产开发项目的投资过程就是房地产商品的生产过程，因而其投资估算与成本费用估算不可截然分开，应合二为一。房地产开发项目投资与成本费用估算的范围包括土地购置成本、土地开发成本、建安工程造价、管理费用、销售费用、财务费用及开发期间的税费等全部投资。房地产建设项目各项费用的构成复杂、变化因素多、不确定性较大，依建设项目的类型不同而有其自身的特点，因此不同类型的建设项目，其投资和费用构成有一定的差异。

一、建设项目投资估算的作用与阶段划分

投资估算是指在整个投资决策过程中，依据现有的资料和一定的方法，对建设项目投资数额进行的估计，是项目决策的重要依据之一。投资估算具有准确性，如果误差太大，必将导致决策的失误。因此，准确、全面地进行建设项目的投资估算，是项目可行性研究乃至整个项目投资决策阶段的重要任务。

(一)投资估算的作用

投资估算具有以下几个方面的作用。

(1) 投资估算是筹措基本建设资金和获得金融部门批准贷款的依据。

(2) 投资估算是确定设计任务书的投资额和控制初步设计概算的依据。

(3) 投资估算是可行性研究和在项目评估中进行技术经济分析的依据。

(二)投资估算的阶段划分

建设项目的不同研究评价阶段，要求有不同的投资估算质量。联合国工业发展组织(UNIDO)为发展中国家推行项目可行性研究而编写的《工业可行性研究手册》一书中，根据经验数据，提出了按阶段变化的投资估算可能产生误差的理想平均值。其大致幅度为：机会研究阶段，±30%；初步可行性研究阶段，±20%；可行性研究阶段，±10%。对此，可将项目投资估算按其精度和适用范围归为如下五类。

(1) 毛估：根据设想的开发项目和平均单价估算投资总额，来评估一个项目是否值得作进一步研究。估算误差>30%。

(2) 粗估：根据初步打算的开发项目和平均单价估算投资总额，来表明一个项目是否可行。估算误差±20%、±30%。

(3) 初步估算：根据初步计划的开发项目和较确切的单价估算投资总额，来决定一个项目。估算误差±20%。

(4) 确定性估算：根据较详细的开发项目计划和较准确的单价估算投资总额，来决定

项目拨款,并据此确定项目是否设计和施工。估算误差±10%。

(5) 详细估算:根据项目开发的施工设计图纸、预算定额和单价估算项目投资额,来控制管理项目建设。其估算误差应在±5%以内。

由此可见,毛估与粗估,主要用在可行性研究的机会研究阶段。初步估算相当于概算指标估算法,虽然估价方法仍很粗糙,但总算是有一定的指标定额依据。确定性估算相当于初步设计概算,其估价精度已有进一步的提高,主要用于可行性研究阶段。至于第 5 类的详细估算,按其编制方法和依据,相当于施工图预算,已超出了可行性研究范畴。

二、房地产开发成本

对于一般房地产开发项目而言,投资及成本费用由开发成本和开发费用两大部分组成。房地产开发成本共有八项。

(一)土地使用权出让金

国家以土地所有者身份,将一定年限内的土地使用权有偿出让给土地使用者。土地使用者支付土地出让金的估算,可参照政府前期出让的类似地块的出让金数额,并进行时间、地段、用途、临街状况、建筑容积率、土地出让年限、周围环境状况及土地现状等因素的修正得到;也可依据所在城市人民政府颁布的城市基准地价或平均标定地价,根据项目所在地段等级、用途、容积率、使用年限等因素修正得到。

(二)土地征用及拆迁安置补偿费

(1) 土地征用费。国家建设征用农村土地发生的费用主要有土地补偿费、劳动力安置补助费、水利设施维修分摊、青苗补偿费、耕地占用税、耕地垦复基金、征地管理费等。农村土地征用费的估算可参照国家和地方有关规定进行。

(2) 拆迁安置补偿费。在城镇地区,国家和地方政府可以依据法定程序,将国有储备土地或已由企事业单位或个人使用的土地出让给房地产开发项目或其他建设项目使用。因出让土地使原用地单位或个人造成经济损失,新用地单位应按规定给予补偿。它实际上包括两部分费用,即拆迁安置费和拆迁补偿费。

(三)前期工程费

前期工程费主要包括以下两项。

(1) 项目的规划、设计、可行性研究所需费用。一般可以按项目总投资额的一定百分比估算。通常规划及设计费为建安工程费的 3%左右,水文地质勘探费可根据所需工作量结合有关收费标准估算。

(2) "三通一平"等土地开发费用。主要包括地上原有建筑物、构筑物拆除费用,场地平整费和通水、通电、通路的费用等。这些费用可以根据实际工作量,参照有关计费标准估算。

(四)建安工程费

建安工程费是指直接用于建安工程建设的总成本费用。主要包括建筑工程费(如建筑、特殊装修工程费)、设备及安装工程费(如给排水、电气照明、电梯、空调、燃气管道、消防、防雷、弱电等设备及安装)以及室内装修工程费等。在可行性研究阶段，建安工程费可采用单元估算法、单位指标估算法、工程量近似匡算法、概算指标估算法以及类似工程经验估算法等估算。

(五)基础设施费

基础设施费又称红线内工程费，包括供水、供电、供气、道路、绿化、排污、排洪、电信、环卫等工程费用，通常采用单位指标估算法来计算。

(六)公共配套设施费

公共配套设施费主要包括不能有偿转让的开发小区内公共配套设施发生的支出。其估算可参照"建安工程费"的估算方法。

(七)不可预见费

不可预见费包括基本预备费和涨价预备费。依据项目的复杂程度和前述各项费用估算的准确程度，以上述 1～6 项之和为基数，按 3%～5%计算。

(八)开发期间税费

开发项目投资估算应考虑项目在开发过程中所负担的各种税金和地方政府或有关部门征收的费用。在一些大中城市，这部分费用在开发建设项目投资构成中占较大比重，应根据当地有关法规标准估算。

三、房地产开发费用

开发费用是指与房地产开发项目有关的管理费用、销售费用和财务费用。

(一)管理费用

可以项目开发成本构成中前 1～6 项之和为基数，按 3%左右计算。

(二)销售费用

销售费用是指开发建设项目在销售产品过程中发生的各项费用以及专设销售机构或委托销售代理的各项费用。主要包括以下三项。

(1) 广告宣传费。为销售收入的 2%～3%。

(2) 销售代理费。为销售收入的 1.5%～2%。

(3) 其他销售费用。为销售收入的 0.5%～1%。

以上各项合计，销售费用占销售收入的 4%～6%。

(三)财务费用

财务费用是指为筹集资金而发生的各项费用，主要为借款利息和其他财务费用(如汇兑损失等)。

四、房地产投资与成本费用估算结果的汇总

为了便于对房地产建设项目各项支出进行分析和比较，常把前期费用和工程投资估算结果分别以汇总表的形式列出。前期费用估算表见表 4-1，投资估算说明表见表 4-2。

表 4-1 前期费用估算表

	工程项目名称：			
编制时间：		建筑面积：		单位：万元
费用项目名称：		收费标准：	造价：	备注：
一、政府管理部门收费				
	1.1	配套费	246.00 元/平方米	政府规定，按建筑面积
	1.2	物业管理公共资金	35.00 元/平方米	政府规定，按建筑面积
	1.3	人防结建(含设计)	30.00 元/平方米	政府规定，按建筑面积
	1.4	水土保持设施补偿	2.00 元/平方米	政府规定，按建筑面积
	1.5	墙体建筑材料节能费	8.00 元/平方米	按建筑面积，可退还
	1.6	散装水泥专项资金	2.00 元/平方米	按建筑面积，可退还
	1.7	工程质量监督费	0.14%	政府规定，按建安造价
	1.8	建筑企业劳保统筹费	2.60%	政府规定，按建安造价
	1.9	工程定额测定管理费	0.07%	政府规定，按建安造价
	1.10	房产测绘费	1.36 元/平方米	按住宅建安造价
	1.11	交易服务费	0.08%	政府规定，按建安造价
	1.12	印花税	0.03%	政府规定，按建安造价
	1.13	环境影响评价费		政府规定，按建筑面积
	1.14	规划用地服务费	2.10 元/平方米	政府规定，按建筑面积
	1.15	劳务工资保证金	2.00%	按建安造价，可退还
	1.16	避雷测试费	2.00 元/平方米	政府规定，按建筑面积
	1.17	白蚁防蛀	2.00 元/平方米	政府规定，按建筑面积
二、垄断性事业部门收费				
	2.1	施工图审核费	5.00 元/平方米	政府规定，按建筑面积
	2.2	招投标管理费用、标底编制费	0.08%	政府规定，按建安造价
	2.3	竣工结算审计费	0.20%	政府规定，按建安造价
	2.4	消防设施设备费	2.00 元/平方米	政府规定，按建筑面积
	2.5	日照分析费		政府规定，按建安造价
	2.6	规划指标审核	5.00%	政府规定，按建筑面积
	2.7	技术咨询服务费	2.30 元/平方米	政府规定，按建筑面积

三、勘察设计费

	3.1	道路管网设计费	1.00 元/平方米		政府规定，按建筑面积
	3.2	建筑、结构、水电暖设计	29.00 元/平方米		政府规定，按建筑面积
	3.3	园林设计	2.00 元/平方米		政府规定，按建筑面积
	3.4	方案设计及咨询费	10.00 元/平方米		政府规定，按建筑面积
	3.5	单体设计	5.00%		政府规定，按建安造价
	3.6	岩土地质勘测费、定位费	2.00 元/平方米		政府规定，按建筑面积
四、其他费用					
	4.1	工程监理费	1.30%		政府规定，按建安造价
	4.2	三通一平			政府规定，按建筑面积
五、前期费用合计					

编制单位： 　　　　　　　　　　　　　　　　　　　编制人：

表 4-2 投资估算说明表

序　号		项目名称	说　　明
		第一部分：建筑工程费	指为建造永久性建筑物和构筑物所需要的费用，包括以下内容。 (1) 各类房屋建筑工程和列入房屋建筑工程预算的供水、供暖、卫生、通风、煤气等设备费用及其装设、油饰工程的费用，列入房屋建筑工程预算的各种管道、电力、电信和电缆导线敷设工程的费用。 (2) 设备基础、支柱、工作台、烟囱、水塔、水池、灰塔等建筑工程以及各种窑炉的砌筑工程和金属结构工程的费用。 (3) 为施工而进行的场地平整，原有建筑物和障碍物的拆除以及施工临时用水、电、气、路和完工后的场地清理、环境绿化、美化等工作的费用。 (4) 矿井开凿、井巷延伸、露天矿剥离，石油、天然气钻井，修建铁路、公路、桥梁、水库、堤坝、灌渠及防洪等工程的费用
1	1	房屋建筑工程费	含基础工程、主体工程、室内外装饰工程费
2	2	构筑物建筑工程费	围墙、大门、室外道路、地面等工程费
3	3	给排水工程费	含部分消防安装工程费
4	4	空调安装工程费	含通风、供冷、供暖、消防、排烟系统安装工程费
5	5	室内弱电工程费	含部分消防安装工程费、照明安装工程费、电信安装工程费、安全监视系统安装工程费等
6	6	室外强电工程费	
7	7	电梯安装工程费	
8	8	人防工程费	包括异地人防费用

续表

序	号	项目名称	说　明
9	9	煤气安装工程费	
10	10	卫生安装工程费	
11	11	市政工程费	
12	12	绿化工程费	
13	13	其他工程费	
第二部分：设备及工器具购置费			包括设备购置费和工具器具及生产家具购置费
14	1	设备购置费	包括设备原价与设备运杂费
15	2	工具、器具及生产家具购置费	按照有关规定，为保证新建或扩建项目初期正常生产必须购置的、没有达到固定资产标准的设备、仪器、工卡模具、器具、生产家具等的购置费用，一般以设备购置费为计算基数，按照部门或行业规定的工具、器具及生产家具购置费率计算
第三部分：安装工程费			需要安装的设备应估算安装工程费，通常根据行业或专门机构发布的安装工程定额、取费标准所综合的大指标估算。具体计算可按安装费率(以设备原价为基数)、每吨设备安装费(以设备吨位为基数)或者每单位安装实物工程量的费用(以安装实物工程量为基数)分类估算。附属管道量大的行业，有的要求单独估算管道工程费用，并单独列出主材费用
16	1	装配费用	包括生产、动力、起重、运输、传动和医疗、实验等各种需要安装的机械设备的装配费用
17	2	装设工程费用	包括与设备相连的工作台、梯子、栏杆等的装设工程费用
18	3	管线敷设工程费用	包括各种附属于被安装设备上的管线敷设工程费用
19	4	设备保护材料费与安装费	包括被安装设备的绝缘、防腐、保温、油漆等工作的材料费与安装费
20	5	单机试运转调试费	为测定安装工作质量，对单台设备进行单机试运转工作的调试费
21	6	系统联动无负荷试运转调试费	为测定安装工作质量，对系统设备进行系统联动无负荷试运转工作的调试费
第四部分：工程建设其他费用			以下所列费用科目，仅供参考。应根据有关规定及拟建项目的具体情况确定
22	1	土地使用费	根据国土管理法规取得项目用地所必须支付的各项费用
23	2	建设单位管理费	指建设项目从立项至竣工验收交付使用建设全过程管理所需费用，按财政部《基本建设财务管理规定》(财建〔2002〕394号)执行
24	3	前期工作费	指建设项目开工前项目建议书、可行性研究报告、环境影响评价等各项报批文件的编制、报批、评估等费用
25	4	勘察设计费	是指工程地质勘察及设计文件等所需费用
26	5	研究实验费	是指为本建设项目提供或验收设计参数、数据、资料等进行必要的研究实验以及设计规定在施工中必须进行实验、验收和支付国内专利、技术成果一次性使用费所需费用

续表

序号		项目名称	说　明
27	6	建设单位临时设施费	是指建设期间建设单位所需临时设施的搭设、维修、摊销费用或租赁费。新建项目一般按建筑安装工程费用的 1%计取，改、扩建项目一般按建筑安装工程费用的 0.6%计取
28	7	工程建设监理费	按照国家发改委、建设部《建设工程监理与相关服务收费管理规定》(发改价格〔2007〕670 号)执行
29	8	工程保险费	参照建设部有关规定
30	9	引进技术和进口设备其他费用	包括出国人员费用、国外工程技术人员来华费用、技术引进费、分期或延期付款利息、担保费以及进口设备检验鉴定费
31	10	联合试运转费	竣工验收前，按照设计规定的工程质量标准，进行整个车间的负荷或无负荷联合试运转发生的费用支出大于试运转收入的亏损部分
32	11	生产准备费	为保证竣工交付使用进行必要的生产准备所发生的费用，包括生产人员培训费，生产单位提前进厂参加施工、设备安装、调试等，以及熟悉工艺流程及设备性能等的人员工资、福利、差旅交通费等费用
33	12	办公及生活家具购置费	是指项目投入使用初期正常生产、使用和管理所必须配置的办公和生活家具、用具的费用
34	13	勘察、设计、监理、施工等招标代理费	应按国家有关部门、地方政府或行业规定的内容、计算方法和费率收费标准估算
35	14	初步设计、施工图审查费	同上
36	15	定额编制管理费	同上
37	16	预算编制费	同上
38	17	竣工结算、竣工图编制费	同上
39	18	工程安全监督费	同上
40	19	质量监督费	同上
41	20	市政配套费	同上。包括供水、供电、通信等接入规费等
42	21	白蚁防治费	同上
43	22	其他费用	同上
		第五部分：基本预备费	基本预备费是指在项目实施中可能发生的难以预料的支出，又称"工程建设不可预见费"，主要指设计变更及施工过程中可能增加工程量的费用。包括以下几项。 (1) 在批准的设计范围内，技术设计、施工图设计及施工过程中所增加的工程费用；设计变更、工程变更、材料代用、局部地基处理等增加的费用。 (2) 一般自然灾害造成的损失和预防自然灾害所采取的措施费用。 (3) 竣工验收时为鉴定工程质量对隐蔽工程进行必要的挖掘和修复费用。 "基本预备费"按"工程费用"(即"建筑工程费""设备及工器具购置费"和"安装工程费"之和)以及"工程建设其他费用"两者之和乘以"基本预备费"的费率计算。"基本预备费"的费率按 5%计算

续表

序　号	项目名称	说　明
第六部分：涨价预备费		"涨价预备费"又称"价格变动不可预见费"，是对建设工期较长的项目，由于在建设期内可能发生的材料、设备、人工等价格上涨引起投资增加，需要事先预留的费用。"涨价预备费"以"建筑工程费""设备及工器具购置费""安装工程费"之和为计算基数，价格上涨指数按政府部门有关规定执行，没有规定的按 5%计算
第七部分：建设期利息		"建设期利息"是在完成"不含建设期利息的建设投资"估算和"分年投资计划"基础上，根据筹资方式(银行贷款、企业债券)、金额以及筹资费率(银行贷款利率、企业债券发行手续费率)等进行计算
第八部分：流动资金		又称"项目铺底流动资金"，实际上就是投资项目必须准备的最基本的运营资金，是指项目投产后，为进行正常的生产运营，用于购买原材料、燃料，支付工资及其他经营费用等所必不可少的周转资金。它是伴随着固定资产投资而发生的永久性流动资产投资，等于项目投产运营后所需全部流动资产(主要考虑应收账款、现金和存货)扣除流动负债(主要考虑应付账款)后的余额

五、房地产项目的投资估算

在建设项目总投资的构成中，通常把其中的建筑安装工程费用，设备、工器具构置费用，其他费用以及预备费中的基本预备费部分，合称为静态投资部分(有些书中也称其为概算投资)；而将建设期贷款利息、固定资产投资方向调节税以及预备费中的涨价预备费部分，合称为动态投资部分。

(一)静态投资部分的估算

静态投资部分估算是建设项目投资估算的基础，应全面进行分析，既要避免少算漏项，又要防止高估冒算。由于不同的研究阶段所具有的条件和掌握的资料不同，估算的方法和准确程度也不相同。目前常用的有以下几种方法。

(1) 生产能力指数法。这种方法是根据已建成的、性质类似的工程或装置的实际投资额和生产能力之比，按拟建项目的生产能力，推算出拟建项目的投资。一般来说，生产能力增加一倍，投资不会也增加一倍，往往是小于 1 的倍数。根据行业的不同，可以找到这种指数关系。

(2) 按设备费用的推算法。这种方法是以拟建项目或装置的设备购置费为基数，根据已建成的同类项目或装置的建筑工程、安装工程及其他费用占设备购置费的百分比推算出整个工程的投资费用。

(3) 造价指标估算法。对于建筑工程，可以按每平方米的建筑面积的造价指标来估算投资；也可以再细分每平方米的土建工程、水电工程、暖气通风和室内装饰工程的造价，汇总出建筑工程的造价，另外再估算其他费用及预备费，即可求得投资额。

采用这种方法时，一方面要注意，若套用的指标与具体工程之间的标准或条件有差异，应加以必要的局部换算或调整；另一方面要注意，使用的指标单位应密切结合每个单位工程的特点，能正确地反映出其设计参数，切勿盲目地、单纯地套用一种单位指标。

(二)动态投资部分的估算

动态投资部分主要包括建设期价格变动可能增加的投资额、建设期利息和固定资产投资方向调节税等三部分内容，如果是涉外项目，还应该计算汇率的影响。动态投资不得作为各种取费的基数。

(1) 价格变动可能增加的投资额。对于价格变动可能增加的投资额，即价差预备费的估算，可按国家或部门(行业)的具体规定执行。

(2) 建设期利息。对建设期利息进行估算时，应按借款条件的不同分别计算，对国内外借款，无论实际按年、季、月计息，均可简化为按年计息，即将名义年利率按计息时间折算成有效年利率。

(3) 固定资产投资方向调节税。固定资产投资方向调节税开征的目的在于贯彻国家的产业政策，控制投资规模，引导投资方向，调整投资结构，促进国民经济持续、快速、健康的发展。对投资方向调节税进行估算时，计税基数是年度固定资产投资计划数。按不同的单位工程投资额乘以相应的税率，求出建设期内每年应交纳的投资方向调节税。

(三)流动资金的估算

这里的流动资金是指项目建成投产后，为保证正常生产所必需的周转资金。流动资金的估算方法有以下两种。

(1) 扩大指标估算法。一般可参照同类生产企业流动资金占销售收入、经营成本、固定资产投资的比例，以及单位产量占用流动资金的比率来确定。如百货、零售商店流动资金可按年销售收入的 10%～15%估算；机械制造项目可按年经营成本的 15%～20%考虑；钢铁联合企业可按固定资产投资的 8%～10%估算等。

(2) 分项详细估算法。采用扩大指标估算法得到的估算结果准确度不高，随着项目投资决策研究的深入，必要时应进行分项详细估算。其计算公式如下：

$$流动资金=流动资产-流动负债 \qquad (4\text{-}1)$$

$$流动资产=应收账款+存货+现金 \qquad (4\text{-}2)$$

$$流动负债=应付账款 \qquad (4\text{-}3)$$

$$流动资金本年增加额=本年流动资金-上年流动资金 \qquad (4\text{-}4)$$

六、房地产项目成本费用估算

(一)土地使用权出让金

国家以土地所有者身份，将土地在一定年限内的使用权有偿出让给土地使用者，并由土地使用者向国家支付土地使用权出让金。土地出让金的估算一般可参照政府延期出让的类似地块的出让金数额并进行时间、地段、用途、临街状况、建筑容积率、土地出让年限、周围环境状况及土地现状等因素的修正得到；也可以依据城市人民政府颁布的城市基准地价或平均标定地价，根据项目用地所处的地段等级、用途、容积率、使用年限等因素修正得到。

(二)土地征用及拆迁安置补偿费

(1) 土地征用费。根据《中华人民共和国土地管理法》的规定，国家建设征用农村的土地发生的费用主要有土地补偿费、劳动力安置补助费、水利设施维修分摊、青苗补偿费、耕地占用税、耕地垦复基金、新菜地、鱼塘开发基金、征地管理费等。国家和各省市对各项费用的标准都作出了具体的规定，因此农村土地征用费的估算可参照国家和地方有关标准进行。

(2) 拆迁安置补偿费。在城镇地区，国家或地方政府可以依据法定程序，将国有储备土地或已由企、事业单位或个人使用的土地出让给房地产开发项目或其他建设项目使用。因出让土地给原用地单位或个人造成经济损失的，新用地单位应按规定给予合理补偿。拆迁安置补偿费实际包括两部分费用，即拆迁安置费和拆迁补偿费。

拆迁安置费是指开发建设单位对被拆除房屋的使用人，依据有关规定给予安置所需的费用。一般情况下应按照拆除的建筑面积给予补偿，分为原地回迁安置与异地永迁安置两种情形。被拆除房屋的使用人因拆迁而迁出时，作为拆迁人的开发建设单位应付给搬家费或临时搬迁安置费。

拆迁补偿费是指开发建设单位对被拆除房屋的所有权人，按照有关规定给予补偿所需要的费用。拆迁补偿的形式可分为产权调换、作价补偿或产权调换与作价补偿相结合的形式。产权调换的面积按照所拆房屋的建筑面积结合重新安置的地点计算，作价补偿的金额按照所拆除建筑面积的重置价格结合成新度与市场行情计算。

(三)前期工程费

前期工程费主要包括开发项目的前期规划、设计、可行性研究、水文地质勘测以及"三通一平"等土地开发工程费支出。

(1) 项目的规划、设计、可行性研究所需的费用一般可按项目总投资的一定百分比估算。一般情况下，规划及设计费为建安工程费的 3%左右，可行性研究费占项目总投资的1%～3%，水文、地质、勘探所需的费用可根据所需工作量结合有关收费标准估算，一般为设计概算的 0.5%左右。

(2) "三通一平"等土地开发费用，主要包括地上原有建筑物、构筑物拆除费用，场地平整费用和通水、电、路的费用。这些费用的估算可根据实际工作量，参照有关计费标准估算。

(四)建安工程费

建安工程费是指直接用于工程建设的总成本费用，主要包括建筑工程费(如结构、建筑、特殊装修工程费)、设备及安装工程费(如给排水、电气照明、电梯、空调、煤气管道、消防、防雷、弱电等设备及安装)以及室内装修工程费等。

在可行性研究阶段，建安工程费的估算，可以采用单元估算法、单位指标估算法、工程量近似匡算法、概算指标估算法等，也可根据类似工程的经验估算。

(1) 单元估算法。单元估算法是指以基本建设单元的综合投资乘以单元数得到项目或单项工程总投资的估算方法。如以每间客房的综合投资乘以客房数估算一座酒店的总投资额，以每张病床的综合投资乘以病床数估算一所医院的总投资额。

(2) 单位指标估算法。单位指标估算法是指以单位工程量投资乘以工程量得到单项工程投资的估算方法。一般来说，土建工程、水电安装工程及其他设备安装工程可按建筑平方米造价计算。其造价指标可参照有关近似案例获得。

(3) 工程量近似匡算法。工程量近似匡算法采用与工程概预算类似的方法，先近似匡算工程量，再配上相应的概预算定额单价和取费，近似计算项目投资。

(4) 概算指标法。概算指标法采用综合的单位建筑面积和建筑体积等建筑工程概算指标计算整个工程费用。常使用的估算公式为

$$工程概算价值 = 建筑面积 \times 概算指标 \tag{4-5}$$

需要注意的是，当拟建工程和参照工程的建设年份相隔几年时，单方造价必须考虑时间因素的影响，利用国家或地区发布的建安工程造价指数来调整参照工程的单方造价。

(5) 类似工程经验估算法。每一建设项目都有其自身的特点，因此难以就建安工程费用中各项目所占的比例定出一个绝对适用的标准。但在一定日期和相对稳定的市场状况下，运用客观的估算方法，加上对实际个案的经验总结，可以测算出各类有代表性物业的建安工程各项费用的大致标准。

(五)基础设施费

基础设施费又称红线内工程费，包括供水、供电、道路、绿化、供气、排污、排洪、电信、环卫等工程费用。

基础设施费通常采用单位指标估算法来计算。一般来说，详细估算时，供水工程可按水增容量(吨)指标计算，供电及变配电工程可按电增容量(千伏安)指标计算，采暖工程按耗热量(瓦特)指标计算，集中空调安装按冷负荷员(瓦特)指标计算，供热锅炉安装按每小时产生蒸汽量指标计算，各类围墙、管线工程按长度米指标计算，室外道路按道路面积平方米指标计算。

(六)公共配套设施费

公共配套设施费主要包括不能有偿转让的开发小区内公共配套设施发生的支出。公共配套设施费的估算可参考"建安工程费"的估算方法。

(七)开发期间税费

开发项目投资估算应考虑项目在开发过程中所负担的各种税金和地方政府或有关部门征收的费用。在一些大中城市，这部分税费已成为开发建设项目投资构成中占较大比重的费用。各项税费应当根据当地有关法规标准估算。以广州市为例，开发期间的税费主要包括以下各项。

(1) 投资方向调节税。房地产开发项目固定资产投资方向调节税的计收办法和标准为：商品住宅，按总投资额的 5%计征；经批准允许建设的楼堂馆所，按总投资额的 30%计征；解困房等，按总投资额的 0%计征；其余按总投资额的 15%计征。外资企业免征固定资产投资方向调节税。目前，国家停征固定资产投资方向调节税。

(2) 配套设施建设费。配套设施建设费开征的目的，在于加强城市配套建设，促进城市建设资金的良性循环。

计收办法和标准为：小区成片开发(用地面积大于或等于 20 000 平方米)的商品房项目按基建投资额的 6%计征；零星开发(用地面积小于 20 000 平方米)的商品房项目按基建投资额的 12%计征。

各个建设项目在设计要求、建设规模、标准及楼宇的总体高度等方面的差异必然会造成基建投资额的不同。为了减少在实施过程中出现的矛盾，有关部门经过对多种用途的建筑楼宇以及低层、高层的建筑工程进行基建投资额的实际数据调查，对建筑物的各工程层数制定了缴纳"配套设施建设费"的计算基数(1998 年颁布，以后根据实际情况再作相应调整)。

(3) 建筑工程质量与安全监督费。建筑工程质量监督是指对建筑工程的地基基础、主体结构和总体工程质量的评定、验收；安全监督是指建筑工程施工中有关防高空坠落、物体打击、机具伤害、触电以及防火、防爆等安全防范措施的落实和对执行安全操作规程的检查监督。

计收办法和标准为：工程质量监督费按建安工程总造价的 2.5‰征收；安全监督费按建安总造价的 1.5‰征收。两项合计为建安总造价的 4‰。

(4) 供水管网补偿费计收办法和标准：以新增供水容量为基数，按 600 元/吨征收。

新增供水容量的计算标准：住宅按 0.3 吨/人增容；商业按 0.1 吨/人增容。

(5) 供电、用电负荷费(供电增容费)计收办法和标准：以新增供电容量为基数，住宅按 480 元/(kV·A)征收；商业按 1000 元/(kV·A)征收。

新增供电容量的计算标准：住宅按 4(kV·A)/户增容；商业按 8(kV·A)/100 平方米增容。

(6) 其他税费。其他税费包括项目需在开发期间缴纳的报建费、预算定额管理费、排水设施有偿使用费、城市占道费、开发企业资质审查费等，总共约为基建投资额的 2%。

(7) 不可预见费。不可预见费包括备用金(不含工料价格上涨备用金)、不可预见的基础或其他附加工程增加的费用、不可预见的自然灾害增加的费用。它依据项目的复杂程度和前述各项费用估算的准确程度，以上述 1~6 项费用之和为基数，按 3%~5%计算。

小阅读

通常装饰公司提供的预算表的预算价格，由材料费、人工费、管理费三部分构成。其中管理费包括的内容较多，既有各种管理费用，又有税金和合理的利润等。一般装饰公司的优惠让利是在合理利润允许的范围内进行，如果为贪图便宜，"砍"价的幅度超出这个范围，而装饰公司又希望得到这个工程，就只好在工料上将失去的损失补回来，即人们常说的"偷工减料"。

审核图纸要准确：在审核预算前，应该先审核好图纸。一套完整、详细、准确的图纸是预算报价的基础，因为报价都是依据图纸中具体的尺寸、材料及工艺等情况而制定的，图纸如果不准确，预算也不准确。

工程项目应齐全：核定预算中所有的工程项目是否齐全。看是否把你要做的东西都列在预算单上了。应特别注意不要漏了一些该做的项目，这些漏掉的项目到了现场施工时，肯定还是要做的，但免不了要办增项手续，增加意料之外的又一笔开支。

尺寸标注应一致：审核时，应参照图纸核对预算书中各工程项目的具体数量。

(资料来源：查查吧. 如何审核装修预算[EB/OL].[2012-08-07]. http://www.chachaba.com/)

第四节　开发项目的经济评价

一、开发项目经济评价的概念

房地产开发项目经济评价是房地产项目可行性研究的重要组成部分，是房地产项目决策科学化的重要手段。为了引导房地产业健康发展，减少房地产开发投资的盲目性，就必须提高房地产项目经济评价质量。房地产项目经济评价分为财务评价和综合评价。对于一般的房地产项目只需进行财务评价；对于重大的、对区域社会经济发展有较大影响的房地产项目，如经济开发区项目、成片开发项目，在作出决策前应进行综合评价。财务评价应根据现行财税制度和价格体系，计算房地产项目的财务收入和财务支出，分析项目的财务盈利能力、清偿能力以及资金平衡状况，判断项目的财务可行性。综合评价应从区域社会经济发展的角度，分析和计算房地产项目对区域社会经济的效益和费用，考察项目对社会经济的净贡献，判断项目的社会经济合理性。

房地产项目应根据社会经济发展的需要和城市总体规划的要求，运用微观效益分析与宏观效益分析相结合、定量分析与定性分析相结合、动态分析与静态分析相结合的方法，做好经济评价工作。

房地产项目经济评价应在房地产市场调查与预测、房地产项目策划、房地产项目投资与成本费用估算、房地产项目收入估算与资金筹措的基础上进行。同时应注意对房地产项目进行不确定性分析和多方案比选。

房地产项目经济评价的结论可以为房地产开发商服务，作为房地产开发商投资决策的依据；可以为政府管理部门服务，作为政府管理部门审批房地产项目的依据；可以为金融机构服务，作为金融机构审查贷款可行性的依据。

在房地产项目经济评价中，按照房地产项目未来获取收益的方式，可将房地产项目主要分为下列类型。

(1) 出售型房地产项目。此类房地产项目以预售或开发完成后出售的方式得到收入、回收开发资金、获取开发收益，以达到盈利的目的。

(2) 出租型房地产项目。此类房地产项目以预租或开发完成后出租的方式得到收入、回收开发资金、获取开发收益，以达到盈利的目的。

(3) 混合型房地产项目。此类房地产项目以预售、预租或开发完成后出售、出租、自营的各种组合方式得到收入、回收开发资金、获取开发收益，以达到盈利的目的。

二、开发项目经济评价的方法

《国务院关于投资体制改革的决定》规定，对于政府投资项目实行审批制，对于企业不使用政府投资建设的项目，一律不再实行审批制，区别不同情况实行核准制和备案制，以贯彻"谁投资、谁决策、谁受益、谁承担风险"的基本原则，落实企业投资自主权。投资决策权的下放，增强了企业投资决策的谨慎程度。《建设项目经济方法与参数》(第 3

版)(以下简称《方法与参数》)包括《关于建设项目经济评价工作的若干规定》《建设项目经济评价方法》和《建设项目经济评价参数》三个文件。它已由国家发改委和建设部于2006年7月3日以发改投资〔2006〕1325号文批准发布，要求在开展投资建设项目经济评价工作中使用，这是我国投资建设、工程咨询和工程建设领域里进行房地产开发项目经济评价的重要方法规范。

房地产项目基础数据的准确性和参数选择的合理性，对房地产项目经济评价结论的正确性有着重要的影响，为此，要求经济评价人员具有较高的素质，以便在进行房地产项目经济评价时作出正确的分析和判断。开发项目经济评价的方法主要包括房地产开发项目财务评价、房地产开发项目不确定性分析、房地产开发项目方案比选和房地产开发项目综合评价等四个方面的内容。

三、房地产开发项目财务评价

房地产项目财务评价是在房地产市场调查与预测，项目策划，投资、成本与费用估算，收入估算与资金筹措等基本资料和数据的基础上，通过编制基本财务报表，计算财务评价指标，对房地产项目的财务盈利能力、清偿能力和资金平衡能力进行分析。

房地产项目财务评价应编制的基本财务报表主要有现金流量表、资金来源与运用表和损益表。基本财务报表按照独立法人房地产项目(项目公司)的要求进行科目设置；非独立法人房地产项目基本财务报表的科目设置，可参照独立法人项目进行，但应注意费用与效益在项目上的合理分摊。

(1) 现金流量表反映房地产项目开发经营期内各期的现金流入和现金流出，用以计算各项动态和静态评价指标，进行房地产项目财务盈利能力分析。按照投资计算基础的不同，现金流量表一般分为以下三类。

① 全部投资现金流量表。该表不分投资资金来源，以全部投资作为计算基础，用以计算全部投资财务内部收益率、财务净现值及投资回收期等评价指标，考察房地产项目全部投资的盈利能力，为各个投资方案(不论其资金来源及利息多少)进行比较建立共同的基础。

② 资本金现金流量表。该表从投资者角度出发，以投资者的出资额作为计算基础，把借款本金偿还和利息支付视为现金流出，用以计算自有资金财务内部收益率、财务净现值等评价指标，考察项目自有资金的盈利能力。

③ 投资者各方现金流量表。该表以投资者各方的出资额作为计算基础，用以计算投资者各方财务内部收益率、财务净现值等评价指标，反映投资者各方投入资本的盈利能力。

(2) 资金来源与运用表反映房地产项目开发经营期内各期的资金盈余或短缺情况，用于选择资金筹措方案，制订适宜的借款及偿还计划。

(3) 损益表反映房地产项目开发经营期内各期的利润总额、所得税及各期税后利润的分配情况，用以计算投资利润率、资本金利润率等评价指标。

① 利润总额的计算。

$$利润总额=经营收入-经营成本-管理费用-销售费用$$
$$-财务费用-税金及附加-土地增值税 \qquad (4-6)$$
$$经营收入=销售收入+租金收入+自营收入 \qquad (4-7)$$

$$销售收入=土地转让收入+商品房销售收入+配套设施销售收入 \qquad (4-8)$$

$$租金收入=出租房租金收入+出租土地租金收入 \qquad (4-9)$$

$$税金及附加=营业税+城市维护建设税+教育费附加 \qquad (4-10)$$

$$经营成本=土地转让成本+商品房销售成本+配套设施销售成本$$
$$+出租房经营成本 \qquad (4-11)$$

② 弥补亏损。

房地产开发企业发生的年度亏损，可以用下一年度的所得税前利润弥补；下一年度税前利润不足弥补的，可以在 5 年内延续弥补；5 年内不足弥补的，用税后利润弥补。

③ 利润分配。

房地产开发企业交纳所得税后的利润，一般按照下列顺序分配：弥补企业以前年度亏损；提取法定盈余公积金，法定盈余公积金按照税后利润扣除前项弥补以前年度亏损后的 10%提取，法定公积金已达到注册资本的 50%时可不再提取；提取公益金；向投资者分配利润。

(4) 财务盈利能力分析主要是考察房地产项目的财务盈利能力水平。

根据房地产项目研究阶段、研究深度以及项目类型的不同，可以通过上述基本报表，有选择地计算下列评价指标。

① 财务内部收益率。

房地产项目的财务内部收益率(FIRR)是指房地产项目在整个开发经营期内各期净现金流量现值累计等于零时的折现率。其表示公式为

$$\sum_{t=1}^{n}(\text{CI}-\text{CO})_{t}(1+\text{FIRR})^{-t}=0 \qquad (4-12)$$

式中：CI——现金流入量；

　　　CO——现金流出量；

　　　$(\text{CI}-\text{CO})_{t}$——第 t 期的净现金流量；

　　　n——开发经营期。

财务内部收益率可根据财务现金流量表中的净现金流量用试差法求取。在财务评价中，将求出的全部投资或资本金(投资者的实际出资额)财务内部收益率与投资者设定的折现率(IC)或可接受的最低收益率(MARR)比较，当 FIRR≥MARR 时，即认为其盈利能力已满足最低要求，在财务上是可以考虑并接受的。

当计算求出的财务内部收益率以季节为期间时(半年时类同)，应将其换算为以年为期间的财务内部收益率之后，再与企业最低满意收益率进行比较。其换算公式为

$$\text{FIRR}_{年}=[(1+\text{FIRR}_{季})^{4}-1]\times100\% \qquad (4-13)$$

② 财务净现值。

财务净现值(FNPV)是指按照投资者最低满意收益率或设定的折现率(IC)，将房地产项目开发经营期内各期净现金流量折现成开发期初的现值之和。其计算公式为

$$\text{FNPV}=\sum_{t=1}^{n}(\text{CI}-\text{CO})_{t}(1+\text{IC})^{-t} \qquad (4-14)$$

财务净现值可根据财务现金流量表计算求得。财务净现值大于或等于零的房地产项目，在财务上是可以考虑接受的。

③ 投资回收期。

投资回收期(P_t)的测算主要适用于出租和自营的房地产项目。投资回收期是指以房地产项目的净收益抵偿总投资所需要的时间，一般以年表示，并从房地产项目开发开始年算起。其表达式为

$$\sum_{t=1}^{P_t}(CI-CO)_t=0 \qquad\qquad (4\text{-}15)$$

投资回收期可根据财务现金流量表(全部投资)中累计净现金流量求得。其计算公式为

投资回收期=(累计净现金流量开始出现正值期数-1)+(上期累计现金流量的绝对值

　　　　　　÷当期净现金流量)　　　　　　　　　　　　　　　　(4-16)

再换算成年。

④ 投资利润率。

投资利润率=年利润总额或年平均利润总额÷总投资×100%　　(4-17)

其中

总投资=自有资金+借贷资金　　　　　　(4-18)

⑤ 资本金净利润率。

自有资金净利润率=年所得税后利润总额或年平均所得税后利润总额

　　　　　　÷资本金×100%　　　　　　　　　　　　　　　(4-19)

(5) 房地产项目清偿能力分析主要是考察房地产项目开发经营期内各期的财务状况及偿债能力。

① 借款业务利率换算公式及计息方法。

借款业务利率换算公式为

日利率(‰)=年利率(%)÷360　　　　　　(4-20)

月利率(‰)=年利率(%)÷12　　　　　　(4-21)

借款业务计息方法分为积数计息法和逐笔计息法。

a. 积数计息法按实际天数每日累计账户余额，以累计积数乘以日利率计算利息。计算公式为

利息=累计计息积数×年利率÷360　　　　　　(4-22)

其中，累计计息积数=计息期内每日余额合计数

b. 逐笔计息法按预先确定的计息公式逐笔计算利息，分为按照对年对月对日计算利息和按照实际天数计算利息。

按照对年对月对日计算利息。计息期为整年(月)的，计息公式为

利息=本金×年(月)数×年(月)利率　　　　　　(4-23)

按照实际天数计算利息。即每年为365天(闰年366天)，每月为当月公历实际天数，计息公式为

利息=本金×实际天数×日利率　　　　　　(4-24)

② 人民币贷款计结息规则。

人民币贷款按贷款合同约定的利率和计结息方法办理计结息。

a. 不分段计息。

例如，某客户2004年10月29日借款10 000万元，期限1年，假定利率为5.58%，到

期日为 2005 年 10 月 29 日。

"利息选择公式=本金×年(月)数×年(月)利率"

由于 2004 年 10 月 29 日至 2005 年 10 月 29 日期间金融机构人民币贷款基准利率没有调整，因此，应付利息=10 000×1×5.58%=558(元)。

b. 分段计息。

例：某客户 2006 年 8 月 19 日借款 10 000 万元，期限 2 年，假定借款当日利率为 6.30%，到期日为 2008 年 8 月 19 日。

由于 2006 年 8 月 19 日至 2008 年 8 月 19 日期间金融机构人民币贷款基准利率有调整(见表 4-3)，因此应分段计息。

"利息选择公式=本金×实际天数×日利率"

表 4-3　2006 年 8 月 19 日至 2008 年 9 月 16 日期间金融机构人民币贷款基准利率表

单位：%

时　间	短期贷款		中长期贷款		
	半年内(含半年)	半年至一年	一至三年	三至五年	五年以上
2006.8.19	5.58	6.12	6.30	6.48	6.84
2007.3.18	5.67	6.39	6.57	6.75	7.11
2007.5.19	5.85	6.57	6.75	6.93	7.2
2007.7.21	6.03	6.84	7.02	7.2	7.38
2007.8.22	6.21	7.02	7.20	7.38	7.56
2007.9.15	6.48	7.29	7.47	7.65	7.83
2007.12.21	6.57	7.47	7.56	7.74	7.83
2008.9.16	6.21	7.20	7.29	7.56	7.74

应付利息=10 000×211×(6.30%÷360)+10 000×62×(6.57%÷360)+10 000×63×(6.75%÷360)
　　　　+10 000×32×(7.02%÷360)+10 000×24×(7.20%÷360)+10 000×97×(7.47%÷360)
　　　　+10 000×243×(7.56%÷360)=1422.5(元)

③ 借款偿还期的计算。

a. 国内借款偿还期。

具有自营性质的房地产项目，应计算国内借款偿还期。产品用于租售的房地产项目一般可不计算国内借款偿还期。

国内借款偿还期是指在国家规定及房地产项目具体财务条件下，房地产项目开发经营期内使用可用作还款的利润、折旧、摊销及其他还款资金偿还房地产项目借款(I_d)所需要的时间。其计算公式为

$$I_d = \sum_{t=1}^{P_d} R_t \tag{4-25}$$

式中：P_d——国内借款偿还期，从借款开始期计算；

　　　R_t——第 t 期可用于还款的资金，包括利润、折旧、摊销及其他还款资金。

借款偿还期可由资金来源与运用表及国内借款还本付息计算表直接计算，其详细计算

公式为

$$借款偿还期=借款偿还后开始出现盈余期数-开始借款期数$$
$$+(当期偿还借款额÷当期可用于还款的资金额)$$

b. 国外借款偿还期。

涉及利用外资的房地产项目，其国外借款的还本付息，一般是按已经明确或预计可能的借款偿还条件(包括宽限期、偿还期及偿还方式等)计算。当借款偿还期满足贷款机构的要求期限时，即认为房地产项目具有清偿能力。

(6) 资金平衡分析主要是考察房地产项目开发经营期间的资金平衡状况。作为房地产项目开发经营的必要条件，各期累计盈余资金不应出现负值(即资金缺口)。如果出现资金缺口，应采取适当的措施(如短期贷款等)予以解决。资金平衡分析一般通过资金来源与运用表进行。

四、房地产开发项目不确定性分析

房地产项目不确定性分析是分析未来不确定性因素对项目的影响，分析这些不确定性因素对项目可能造成的风险。不确定性分析是房地产项目经济评价的重要组成部分，对房地产项目投资决策的成败有着重要的影响。房地产项目不确定性分析可以帮助投资者根据房地产项目投资风险的大小和特点，确定合理的投资收益水平，提出控制风险的方案，有重点地加强对投资风险的防范和控制。

房地产项目不确定性分析主要包括敏感性分析、临界点分析和概率分析；进行不确定性分析的因素主要有租售价格、销售进度、出租比例、可租售房地产面积、开发周期、项目总投资、土地费用、建安工程费、融资比例、融资成本等。

(一)敏感性分析

敏感性分析是通过分析、预测房地产项目不确定性因素发生变化时，对项目成败和经济效益产生的影响；通过确定这些因素的影响程度，判断房地产项目经济效益对于各个影响因素的敏感性，并从中找出对于房地产项目经济效益影响较大的不确定性因素。

房地产项目敏感性分析主要包括以下几个步骤。

(1) 确定用于敏感性分析的经济评价指标。通常采用的指标为项目的内部收益率，必要时亦可选用其他指标。在具体选定时，应考虑分析的目的、显示的直观性、敏感性以及计算的复杂程度。

(2) 确定不确定性因素可能的变动范围。

(3) 计算不确定性因素变动时，评价指标的相应变动值。

(4) 通过评价指标的变动情况，找出较为敏感的变动因素，作进一步的分析。

进行房地产项目敏感性分析时，可以采用列表的方法表示不确定性因素的相对变动而引起评价指标相对变动的幅度，也可以采用敏感性分析图对多个不确定性因素进行比较。

(二)临界点分析

临界点分析是分析计算一个或多个不确定性因素变化时，房地产项目达到允许的最低经济效益时的极限值，并以不确定性因素的临界值组合显示项目的风险程度。不确定性因素临界值的分析计算可以采用列表或图解的方法。通常进行的临界点分析如下。

(1) 最低售价和最低销售量、最低租金售价和销售量是房地产项目重要的不确定性因素，能否在预定的价格下销售出预想的数量，通常是房地产项目成败的关键。最低售价是指房地产项目产品售价下降到预定可接受的最低盈利水平时的价格，售价低于这一价格时，项目盈利水平将不能满足预定的要求。最低销售量是指在预定的房屋售价下，要达到预定的最低盈利水平，所必须达到的销售量。最低售价与预测售价之间的差距越大，最低销售量与房地产产品商品量之间的差距越大，说明房地产项目抗市场风险的能力越强。当房地产产品以出租为主时，可相应进行最低租金和最高空置率的分析。

(2) 最高土地取得价格。土地费用是影响房地产项目盈利的最重要因素，是重要的不确定性因素。最高土地价格是指在房地产项目销售额和其费用不变的条件下，保持预期收益水平所能承受的最高土地费用。当土地费用超过这一价格时，项目将无法获得足够的收益。最高土地取得价格与实际估测的土地价格之间差距越大，最高土地取得价格越高，房地产项目承受土地使用权价格风险的能力就越强。

(3) 最高工程费用。最高工程费用是指在预定销售额下，满足预期的项目收益要求所能承受的最高工程费用。当土地开发工程量不大时，最高工程费用是指最高建筑安装工程费用。最高工程费用与预测的可能工程费用之间差距越大，说明房地产项目承受工程费用增加风险的能力越强。

(三)概率分析

概率分析是使用概率研究、预测不确定性因素对房地产项目经济效益影响的一种定量分析方法，通过分析不确定性因素的概率分布，计算在不同概率分布条件下房地产项目经济评价指标的期望值，说明房地产项目在特定收益状态下的风险程度。概率分析的一般步骤如下。

(1) 列出需要进行概率分析的不确定性因素。

(2) 选择概率分析使用的经济评价指标。

(3) 分析确定每个不确定性因素的概率分布。

(4) 进行概率计算，求出评价指标的期望值、达到临界点的累计概率等分析指标。

五、房地产开发项目方案比选

房地产项目方案比选是寻求合理的房地产开发方案的必要手段。对于在房地产项目策划中提出的各种可供选择的开发经营方案，应首先进行经济分析和计算，筛选出满足最低满意收益率要求的可供比较方案，并在此基础上进行方案比选。

当可供比选方案的开发经营期相同时，可直接选用差额投资内部收益率、净现值或等额年值指标进行方案比选。当开发经营期不同时，宜采用等额年值指标进行比选。如果采用差额投资内部收益率指标或净现值指标进行方案比选，应首先对各可供比较方案的开发经营期和计算方法作适当处理后再进行比选。

对于开发经营期较短的出售型房地产项目，也可直接采用利润总额、投资利润率等静态指标进行方案比选。

对效益相同或基本相同的房地产项目方案进行比选时，为简化计算，可采用费用现值指标和等额年费用指标直接进行项目方案费用部分的比选。

1. 费用现值指标

费用现值的计算公式为

$$PC = \sum_{t=1}^{n}(C - B)_t(1 + IC)^{-t} \tag{4-26}$$

式中：C——第 t 期投入总额；

B——期末余值回收。

在进行方案比选时，以费用现值小的方案为优选方案。

2. 等额年费用指标

等额年费用的计算公式为

$$AC = PC \times IC(1+IC)^n/[(1+IC)^n - 1] \tag{4-27}$$

在进行方案比选时，以等额年费用小的方案为优选方案。

在进行可供比较方案的比选时，应注意各方案之间的可比性，遵循费用与效益计算口径对应一致的原则，并根据项目实际情况，选择适当的经济评价指标作为比选指标。通常采用的房地产项目方案比选指标有以下几个。

(1) 差额投资内部收益率。

差额投资内部收益率(ΔIRR)是两个方案各期净现金流量差额的现值之和等于零时的折现率。其表达式为

$$\sum_{t=1}^{n}[(CI - CO)'_t - (CI - CO)''_t](1 + \Delta IRR)^{-t} = 0 \tag{4-28}$$

式中：$(CI{-}CO)'_t$——投资大的方案第 t 期净现金流量；

$(CI{-}CO)''_t$——投资小的方案第 t 期净现金流量；

n——开发经营期。

在进行方案比选时，可将上述求得的差额投资内部收益率与投资者的最低满意收益率(MARR)进行比较，当 $\Delta IRR \geq MARR$ 时，以投资大的方案为优选方案；反之，以投资小的方案为优选方案。当多个方案比选时，首先按投资由小到大排序，再依次就相邻方案两两比选，从中确定优选方案。

(2) 净现值。

净现值(NPV)的计算公式为

$$NPV = \sum_{t=1}^{n}(CI - CO)_t(1 + IC)^{-t} \tag{4-29}$$

在进行方案比选时，以净现值大的方案为优选方案。

(3) 等额年值。

等额年值(AW)的计算公式为

$$AW = NPV \times IC(1+IC)^n/[(1+IC)^n - 1] \tag{4-30}$$

在进行方案比选时，以等额年值大的方案为优选方案。

六、房地产开发项目综合评价

(一)效益和费用

房地产开发项目综合评价是从区域社会经济发展的角度，考察房地产项目的效益和费用，评价房地产项目的合理性。

综合评价中项目的效益是指房地产项目对区域经济的贡献，分为直接效益和间接效益。直接效益是指在房地产项目范围内，政府能够得到的收益，一般包括下列几方面。

(1) 出让国有土地使用权所得的收益。

(2) 因土地使用权转让而得到的收益，如土地增值税等。

(3) 项目范围内的工商企业缴纳的税费，如房产税、土地使用税、车船使用税、印花税、进口关税和增值税、营业税、城市维护建设税及教育费附加、消费税、资源税、所得税等。

(4) 项目范围内基础设施的收益，如供电增容费、供水增容费、排水增容费、城市增容费、电费、水费、电信费等。

间接效益是指由房地产项目引起的，在项目直接效益中未得到反映的那部分效益，主要有增加地区就业人口、繁荣地区商贸服务、促进地区旅游业发展等带来的收益。

综合评价中项目的费用是指区域经济为项目付出的代价，分为直接费用和间接费用。

直接费用是指在项目范围内，政府所花费的投资和经营管理费用，一般包括下列几方面。

(1) 征地费用。

(2) 土地开发和基础设施投资费用。

(3) 建筑工程和城市配套设施费用。

(4) 经营管理费用。

间接费用是指由项目引起的，在直接费用中未得到反映的那部分费用，主要有在项目范围外为项目配套的基础设施投资、为满足项目需要而引起的基础服务供应缺口使区域经济产生的损失等。当基础服务(如电力)供不应求时，为满足项目需求而使区域经济产生的损失，可用该项服务的当地最高价格计算。

综合评价应遵循费用与效益计算口径对应一致的原则，防止重复计算或漏算。例如：①具有行政职能的开发企业在开发过程中上缴政府的税费，如耕地占用税、建设期间的土地使用税等，在综合评价中应视作区域经济中的转移支付，不计为项目的效益或费用。外资或一般商业性开发企业在开发过程中上缴政府的税费，在综合评价中应作为效益处理；②同类基础服务在不同情况下，可能使项目产生不同的效益和费用，对此应注意识别。

(二)综合盈利能力分析和社会影响分析

房地产项目综合评价包括综合盈利能力分析和社会影响分析。

1. 综合盈利能力分析

综合盈利能力分析是根据房地产项目的直接效益和直接费用以及可以用货币计量的间

接效益和间接费用，计算经济内部收益率和投资回收期指标，考察房地产项目投资的盈利水平。经济内部收益率(EIRR)是指房地产项目在整个计算期内，各期净现金流量现值等于零时的折现率。它反映房地产项目所占用资金的盈利率，是考察房地产项目盈利能力的动态评价指标。其表达式为

$$\sum_{t=1}^{n}(CI-CO)_t(1+EIRR)^{-t}=0 \tag{4-31}$$

经济内部收益率可根据综合评价现金流量表中的净现金流量，用试差法计算求得，并可与政府的期望收益值或银行的贷款利率进行比较，判断项目的盈利能力。

综合评价盈利能力分析的主要报表是综合评价现金流量表。该表不分投资资金来源，以全部投资作为计算的基础，用以计算经济内部收益率指标，考察房地产项目的盈利能力。房地产项目的计算期，可根据项目的实际情况自行确定，一般可不超过 10 年。

2．社会影响分析

社会影响分析是对房地产项目难以用货币计量的间接效益和间接费用，就其影响作出定性和定量的描述。社会影响分析主要包括就业效果分析、对区域资源配置的影响、对环境保护和生态平衡的影响、对区域科技进步的影响、对区域经济发展的影响、对减少进口(节汇)和增加出口(创汇)的影响、对节约及合理利用国家资源(如土地、矿产等)的影响、对提高人民物质文化生活及社会福利的影响和对远景发展的影响等方面的内容。

就业效果分析主要是指考察房地产项目对区域劳动力就业的影响。如果当地并无就业压力，项目范围内主要使用外来劳动力，则不必进行就业效果分析。就业效果以就业成本和就业密度两项指标来进行描述，并可与当地的相应指标进行比较。其计算公式为

$$就业成本=项目开发总投资(万元)÷项目范围内总就业人数 \tag{4-32}$$
$$就业密度=项目范围内总就业人数÷项目占地面积(平方米) \tag{4-33}$$

对区域经济发展的影响主要包括对繁荣商业服务的影响、对促进旅游业的影响、对发展第三产业的影响等。

互动话题

对住宅楼盘和商业楼盘进行评价时应分别侧重哪些方面？采用哪种方法比较合适？

第五节 开发项目的可行性研究报告

一、房地产项目可行性研究报告的用途

可行性研究报告的用途如下。

(1) 用于企业融资、对外招商合作的可行性研究报告。此类研究报告通常要求对市场分析准确、投资方案合理，并提供竞争分析、营销计划、管理方案、技术研发等实际运作方案。

(2) 用于国家发展和改革委(以前的计委)立项的可行性研究报告。此报告是根据《中华人民共和国行政许可法》和《国务院对确需保留的行政审批项目设定行政许可的决定》而编写，是大型基础设施项目立项的基础文件，发改委根据可行性研究报告进行核准、备案

或批复，决定某个项目是否实施。另外，医药企业在申请相关证书时也需要编写可行性研究报告。

(3) 用于银行贷款的可行性研究报告。商业银行在贷款前进行风险评估时，需要项目方出具详细的可行性研究报告。对于国家开发银行等国内银行，该报告由甲级资格单位出具，通常不需要再组织专家评审；部分银行的贷款可行性研究报告不需要资格，但要求融资方案合理，分析正确，信息全面。另外在申请国家的相关政策支持资金、工商注册时往往也需要编写可行性研究报告，该文件类似用于银行贷款的可行性研究报告。

(4) 用于申请进口设备免税。主要用于进口设备免税用的可行性研究报告，申请办理中外合资企业、内资企业项目确认书的项目需要提供项目可行性研究报告。

(5) 用于境外投资项目核准的可行性研究报告。企业在实施走出去战略，对国外矿产资源和其他产业投资时，需要编写可行性研究报告报给国家发展和改革委或省发改委。需要申请中国进出口银行境外投资重点项目信贷支持时，也需要提供可行性研究报告。

在上述五种可行性研究报告中，第(2)、(4)、(5)准入门槛最高，需要编写单位拥有工程咨询资格，该资格由国家发展和改革委员会颁发，分为甲级、乙级、丙级三个等级。

二、房地产项目可行性研究报告的编制依据

房地产项目可行性研究报告的编制依据主要包括以下内容。

(1) 国家经济建设的方针、政策和长远规划。

(2) 政府主管部门批准的资源报告、国土开发规划、交通路网规划和工业基地规划。

(3) 可靠的自然、地理、气象、水文和地质等资料。例如建设地点的自然条件和现状。自然条件包括年平均温度，冬季最低日平均温度，日照、主导风向和风速，最大冻土深度，土壤类别及地耐力，地下水位，洪水水位及 50 年(或 100 年)一遇水位，抗震设防烈度，地势和地貌等内容。建设场地现状包括场地归属，现有可供利用建筑物幢数和建筑面积，现有建筑物需拆除建筑面积，现有的可供利用或需拆除的构筑物，占用菜地、耕地、荒地、坡地的面积数，动迁户数及人口等内容。

(4) 周围的社会环境、基础设施和施工条件等。社会环境及设施包括到市中心的距离，到中学校、小学校、医院的距离，到副食、蔬菜供应点的距离，至高噪声区的距离及影响，周围通信设施的远近，相临厂矿的污染源及其影响，相邻单位可利用的条件等内容。施工条件包括自来水干管管径和接口距离，排污干管管径和距离，热力和燃气的干管管径与距离，电力等来源、距离和可供数量，当地原料可供给数量等内容。施工条件还包括当地施工力量是否能满足需要，预测构件能否满足需要，钢材、水泥、木材、建筑设备的来源地、价格，沙、石等地材的产地和单价等内容。

(5) 有关的经济法规及工程技术方面法规、标准和规范等。

(6) 政府主管部门规定用于项目评价的参数和指标。如定额回收期、基准收益率、折现率、利率、折旧率、调整外汇率等。

(7) 有关市场需求调查、分析和预测资料等。

互动话题

在项目可行性研究报告编制过程中，对项目进行详细可行性分析，参考依据主要有以下几个方面。

国家有关的发展规划、计划文件。包括对该行业的鼓励、特许、限制、禁止等有关规定。

项目主管部门对项目建设要请示的批复。

项目审批文件。

项目承办单位委托进行详细可行性分析的合同或协议。

企业的初步选择报告。

主要工艺和装置的技术资料。

拟建地区的环境现状资料。

项目承办单位与有关方面签订的协议，如投资、原料供应、建设用地、运输等方面的初步协议。

国家和地区关于工业建设的法令、法规。如"三废"排放标准、土地法规、劳动保护条例等。

国家有关经济法规、规定。如中外合资企业法、税收、外资、贷款等规定；国家关于建设方面的标准、规范、定额资料等。

对于商业楼盘或者商品房楼盘，参考这些资料的侧重点应该有何异同？

三、房地产项目可行性研究报告的主要内容

房地产项目可行性研究报告的主要内容包括以下几点。

(1) 项目总览。用简洁明了的语言概要介绍项目的概况、市场情况可行性研究的结论及有关说明或假设条件，要突出重点，假设条件清楚，使阅读人员在短时间内能了解全报告的精要。

(2) 项目背景。将项目提出的背景交代清楚。

(3) 项目承担单位概述。对项目承担单位的企业名称、法定地址、经营范围和规模等基本情况进行详细介绍。

(4) 行业分析。对项目产品进行市场和行业分析。

(5) 产品方案与生产规模。制定详细的、科学的产品生产方案。

(6) 生产工艺和设备。详细介绍产品的生产工艺及生产产品所需的设备情况。

(7) 项目建设实施计划。制订科学的建设施工实施计划。

(8) 组织与劳动定员。主要介绍核心团队的经验和才能，项目整体的组织架构、员工安排、薪金标准以及管理和激励体制。

(9) 环境保护、劳动保护与消防。项目在实施过程中，对于环境保护、消防、节能等方面的具体措施。

(10) 公司发展战略与市场营销计划。为公司制订一个切实可行的发展规划，并制订与之相适应的市场营销计划。

(11) 总投资估算及资金来源。主要介绍项目资金总额及所需资金的数额、方式，详细使用规划等内容。

(12) 财务分析。对公司未来5～10年的财务状况进行科学预测，包括收入预测、成本预测、利润预测、现金流预测等，并在此基础上进行盈亏平衡分析、不确定性分析、财务指标分析等，形成规范、合理、专业的财务预测体系。

(13) 风险分析及规避。客观说明各种潜在的风险及针对风险的规避措施。

(14) 附件。可行性研究报告的附件包括公司证件、项目施工附图等其他相关资料。

互动话题

对住宅楼盘和商业楼盘编写可行性报告时应分别侧重哪些方面？课后搜集几个项目可行性研究报告。

四、可行性研究报告的编制要点

可行性研究报告编制要点有以下几点。

1．设计方案

可行性研究报告的主要任务是对预先设计的方案进行论证，所以必须设计研究方案，才能明确研究对象。

2．内容真实

可行性研究报告涉及的内容以及反映情况的数据必须绝对真实可靠，不允许有任何偏差及失误。其中所运用的资料、数据，都要经过反复核实，以确保内容的真实性。

3．预测准确

可行性研究报告是投资决策前的活动。它是在事件没有发生之前的研究，是对事物未来发展的情况、可能遇到的问题和结果的估计，具有预测性。因此，必须进行深入的调查研究，充分地占有资料，运用切合实际的预测方法，科学地预测未来前景。

4．论证严密

论证性是可行性研究报告的一个显著特点。要使其具有论证性，必须做到运用系统的分析方法，围绕影响项目的各种因素进行全面、系统的分析，既要作宏观的分析，又要作微观的分析。

五、可行性研究报告的编制步骤

房地产项目可行性研究报告有如下编制步骤。

1．市场调查和分析

做房地产方面的可行性研究报告之前，需要在深入调查和充分掌握各类资料的基础上，对拟开发项目的市场需求及市场供给状况进行科学的分析，并作出客观的预测，包括开发成本、市场售价、销售对象及开发周期、销售周期等。

2．规划设计方案优选

在对可供选择的规划方案进行分析比较的基础上，优选出最为合理、可行的方案作为最后的方案，并对其进行详细的描述。

3．开发进度安排

对开发进度进行合理的时间安排，可以按照前期工程、主体工程、附属工程、竣工验收等阶段安排好开发项目的进度。房地产可行性研究报告的每一个步骤都要准确谨慎。

4．项目投资估算

对开发项目所涉及的成本费用进行分析评估。

5．项目资金筹集方案及筹资成本估算

根据项目的投资估算和投资进度安排，合理估算资金需求量，拟订筹资方案，并对筹资成本进行计算和分析。

6．项目财务评价

依据国家现行的财税制度、现行价格和有关法规，从房地产项目可行性研究报告的角度对项目的盈利能力、偿债能力和外汇平衡等财务状况进行分析，并借以考察项目在财务上是否可行的一种方法。

7．可行性研究的结论

根据对相关因素的分析和各项评价指标数值，对项目的可行与否作出明确的结论。

课 后 阅 读

房地产项目开发步骤

第一步　房地产开发公司的设立

房地产开发公司设立阶段的法律程序如下。

一、内资房地产综合开发公司的设立

(1) 公司设立准备。

(2) 申请资质等级审批。

(3) 申请办理企业名称预先核准。

(4) 办理工商注册登记。

(5) 办理税务登记。

二、外资房地产开发公司的设立

(1) 申请批准项目建议书。

(2) 办理企业名称登记。

(3) 送审合资或合作合同、章程。

(4) 申领外商投资企业批准证书。

(5) 办理企业登记。

三、房地产开发公司设立阶段的相关税费

(1) 企业法人开业登记费。

(2) 企业法人变更登记费。

(3) 企业法人年度检验费。

(4) 补、换、领证照费。

第二步 房地产开发项目的立项和可行性研究

一、房地产开发项目的立项和可行性研究阶段的法律程序

(1) 选定项目，签订合作意向书。

(2) 初步确定开发方案。

(3) 申报规划要点。

(4) 申报、审批项目建议书。

(5) 编制项目可行性研究报告。

(6) 申报、审批项目可行性研究报告。

二、房地产开发项目立项和可行性研究阶段的相关税费

(1) 可行性研究费。

(2) 建设工程规划许可证执照费。

第三步 房地产开发项目的规划设计和市政配套

房地产开发项目规划设计和市政配套阶段的法律程序如下。

一、房地产开发项目的规划设计

(1) 申报选址定点。

(2) 申报规划设计条件。

(3) 委托作出规划设计方案。

(4) 办理人防审核。

(5) 办理消防审核。

(6) 审定规划设计方案。

(7) 住宅设计方案的专家组审查。

(8) 落实环保"三废"治理方案。

(9) 委托环境影响评价并报批。

(10) 建设工程勘察招、投标。

(11) 委托地质勘探。

(12) 委托初步设计。

(13) 申报、审定初步设计。

二、房地产开发项目的市政配套方案

(1) 征求主管部门审查意见。

(2) 落实市政公用设施配套方案。

(3) 报审市政配套方案。

(4) 市政各管理部门提出市政配套意见。

高职高专精品课程规划教材 经管系列

(5) 市政管线综合。

三、房地产开发项目规划设计和市政配套阶段的相关税费

(1) 工程勘察(测量)费。

(2) 工程设计费。

(3) 建设工程规划许可证执照费。

(4) 竣工档案保证金。

(5) 临时用地费。

(6) 临时建设工程费。

(7) 建设工程勘察招标管理费。

(8) 勘察设计监督管理费。

(9) 古建园林工程设计费。

第四步 房地产开发项目土地使用权的取得

取得房地产开发项目土地使用权的法律程序如下。

一、国有土地使用权的出让

(1) 办理建设用地规划许可证。

(2) 办理建设用地委托钉桩。

(3) 办理国有土地使用权出让申请。

(4) 主管部门实地勘察。

(5) 土地估价报告的预审。

(6) 委托地价评估。

(7) 办理核定地价手续。

(8) 办理土地出让审批。

(9) 签订国有土地使用权出让合同。

(10) 领取临时国有土地使用证。

(11) 领取正式国有土地使用证。

(12) 国有土地使用权出让金的返还。

二、国有土地使用权的划拨

(1) 国有土地使用权划拨用地申请。

(2) 主管部门现场勘察。

(3) 划拨用地申请的审核、报批。

(4) 取得划拨用地批准。

三、集体土地的征用

(1) 征用集体土地申请。

(2) 到拟征地所在区(县)房地局立案。

(3) 签订征地协议。

(4) 签订补偿安置协议。

(5) 确定劳动力安置方案。

(6) 区(县)房地局审核各项协议。

(7) 市政府下文征地。

(8) 交纳菜田基金、耕地占用税等税费。

(9) 办理批地文件、批地图。

(10) 办理冻结户口。

(11) 调查户口、核实劳动力。

(12) 办理农转工工作。

(13) 办理农转居工作。

(14) 办理超转人员安置工作。

(15) 办理地上物作价补偿工作。

(16) 征地结案。

四、取得房地产开发项目土地使用权的相关税费

(1) 地价款(土地出让金)。

(2) 资金占用费。

(3) 滞纳金。

(4) 土地使用费。

(5) 外商投资企业土地使用费。

(6) 防洪工程建设维护管理费。

(7) 土地闲置费。

(8) 土地权属调查、地籍测绘费。

(9) 城镇土地使用税。

(10) 地价评估费。

(11) 出让土地预订金。

(12) 征地管理费。

(13) 土地补偿费。

(14) 青苗及树木补偿费。

(15) 地上物补偿费。

(16) 劳动力安置费。

(17) 超转人员安置费。

(18) 新菜田开发建设基金。

(19) 耕地占用税。

第五步 房地产开发项目的拆迁安置

一、房地产开发项目拆迁安置阶段的法律程序

(1) 委托进行拆迁工作。

(2) 办理拆迁申请。

(3) 审批、领取拆迁许可证。

(4) 签订房屋拆迁责任书。

(5) 办理拆迁公告与通知。

(6) 办理户口冻结。

(7) 暂停办理相关事项。

(8) 确定拆迁安置方案。

(9) 签订拆迁补偿书面协议。

(10) 召开拆迁动员会，进行拆迁安置。

(11) 发放运作拆迁补偿款。

(12) 拆迁施工现场防尘防污染管理。

(13) 移交拆迁档案资料。

(14) 房屋拆迁纠纷的裁决。

(15) 强制拆迁。

二、房地产开发项目拆迁安置阶段的相关税费

(1) 房屋拆迁补偿费。

(2) 搬家补助费。

(3) 提前搬家奖励费。

(4) 临时安置补助费(周转费)。

(5) 清理费。

(6) 停产、停业综合补助费。

(7) 对从城区位置较好的地区迁往位置较差的地区或远郊区县的居民的补助费。

(8) 一次性异地安置补助费。

(9) 房屋拆迁管理费。

(10) 房屋拆迁服务费。

第六步 房地产开发项目的开工、建设、竣工阶段

房地产开发项目开工、建设、竣工阶段的法律程序如下。

一、房地产开发项目开工前的准备工作

(1) 领取房地产开发项目手册。

(2) 项目转入正式计划。

(3) 交纳煤气(天然气)厂建设费。

(4) 交纳自来水厂建设费。

(5) 交纳污水处理厂建设费。

(6) 交纳供热厂建设费。

(7) 交纳供电贴费及电源建设集资费。

(8) 土地有偿出让项目办理"四源"接用手续。

(9) 设计单位出报批图。

(10) 设计单位出施工图。

(11) 编制、报送工程档案资料，交纳档案保证金。

(12) 办理消防审核意见表。

(13) 审批人防工程，办理人防许可证。

(14) 核发建设工程规划许可证。

(15) 领取开工审批表，办理开工登记。

二、房地产开发项目的工程建设招投标

(1) 办理招标登记、招标申请。

(2) 办理招标准备。

(3) 办理招标通告。

(4) 编制招标文件并核准。

(5) 编制招标工程标底。

(6) 标底送审合同预算审查处确认。

(7) 标底送市招标办核准，正式申请招标。

(8) 投标单位资格审批。

(9) 编制投标书并送达。

(10) 召开招标会，勘察现场。

(11) 召开开标会议，进行开标。

(12) 评标、决标。

(13) 发中标通知书。

(14) 签订工程承包合同。

(15) 工程承包合同的审查。

三、房地产开发项目开工手续的办理

(1) 办理质量监督注册登记手续。

(2) 建设工程监理。

(3) 办理开工统计登记。

(4) 交纳实心黏土砖限制使用费。

(5) 办理开工前审计。

(6) 交纳投资方向调节税。

(7) 领取固定资产投资许可证。

(8) 报装施工用水、电路。

(9) 协调街道环卫部门。

(10) 协调交通管理部门。

(11) 交纳绿化建设费，签订绿化协议。

(12) 领取建设工程开工证。

四、房地产开发项目的工程施工

(1) 施工场地的"三通一平"。

(2) 施工单位进场和施工暂设。

(3) 工程的基础、结构施工与设备安装。

(4) 施工过程中的工程质量监督。

五、房地产开发项目的竣工验收

(1) 办理单项工程验收手续。

(2) 办理开发项目的综合验收，领取《工程质量竣工核验证书》。

(3) 商品住宅性能认定。

(4) 竣工统计登记。

(5) 办理竣工房屋测绘。

(6) 办理产权登记。

六、房地产开发项目开工、建设、竣工阶段的相关税费

(1) "三通一平"费。

(2) 自来水厂建设费。

(3) 污水处理厂建设费。

(4) 供热厂建设费。

(5) 煤气厂建设费。

(6) 地下水资源养蓄基金。

(7) 地下热水资源费。

(8) 市政、公用设施建设费(大市政费)。

(9) 开发管理费。

(10) 城建综合开发项目管理费。

(11) 建筑行业管理费。

(12) 绿化建设费。

(13) 公园建设费。

(14) 绿化补偿费。

(15) 路灯维护费。

(16) 环卫设施费。

(17) 生活服务设施配套建设费(小区配套费)。

(18) 电源建设集资费(用电权费)。

(19) 外部供电工程贴费(电贴费)。

(20) 建安工程费。

(21) 建设工程招投标管理费。

(22) 合同预算审查工本费。

(23) 质量管理监督费。

(24) 竣工图费。

(25) 建材发展补充基金。

(26) 实心黏土砖限制使用费。

(27) 工程监理费。

(28) 工程标底编制管理费。

(29) 机电设备委托招标服务费。

(30) 超计划用水加价。

(31) 夜间施工噪声扰民补偿费。

(32) 占道费。

(33) 固定资产投资方向调节税。

第七步 房地产开发项目的经营阶段

房地产开发项目经营阶段的法律程序如下。

一、北京市外销商品房的销售

(1) 办理《外销商品房预(销)售许可证》。

(2) 选定中介代理机构和律师事务所。

(3) 与购房者签订认购书。

(4) 签订正式买卖契约。

(5) 办理签约公证。

(6) 办理外销商品房预售契约公证。

(7) 办理外销商品房的预售登记。

(8) 外销商品房转让登记。

(9) 外销商品房抵押登记。

(10) 楼宇交付入住手续。

(11) 办理产权过户手续。

二、北京市内销商品房的销售

(1) 提交完成建设项目投资证明。

(2) 签署预售内销商品房预售款监管协议。

(3) 办理《内销商品房预(销)售许可证》。

(4) 销售项目备案。

(5) 委托中介代理机构进行销售。

(6) 与购房者签订认购书。

(7) 与购房者签订买卖契约。

(8) 办理预售登记。

(9) 办理转让登记。

(10) 办理房地产抵押登记手续。

(11) 楼宇交付入住。

(12) 质量保证书和使用说明书。

(13) 办理产权立契过户手续。

三、北京市房地产出租的综合管理

(1) 房屋出租权的确认。

(2) 申请房屋租赁许可证。

(3) 出租人与承租人签订书面承租协议。

(4) 租赁当事人办理租赁登记手续。

(5) 租赁房屋的转租。

(6) 房屋租赁关系的终止。

四、北京市房地产出租的专项(外地来京人员)管理

(1) 房屋出租权的确认。

(2) 出租人办理《房屋租赁许可证》。

(3) 出租人办理《房屋租赁安全合格证》。

(4) 签订书面租赁协议。

(5) 租赁双方办理租赁登记备案手续。

五、北京市房地产的抵押

(1) 抵押权的设定。

(2) 签订抵押合同。

(3) 办理房地产抵押登记。

(4) 抵押房地产的占管。

(5) 抵押房地产的处分。

六、北京市房地产开发项目经营阶段的相关税费

(1) 营业税。

(2) 城市维护建设税。

(3) 教育费附加。

(4) 印花税。

(5) 契税。

(6) 土地增值税。

(7) 企业所得税。

(8) 个人所得税。

(9) 房产税。

(10) 城市房地产税。

(11) 房屋产权登记费。

(12) 房屋所有权证工本费。

(13) 房产共有权执照费。

(14) 房屋他项权利执照费。

(15) 房屋买卖登记费。

(16) 房屋买卖手续费。

(17) 房屋租赁审核备案手续费。

(18) 向来京人员租赁房屋审核备案手续费。

(19) 向来京人员租赁私房合同登记备案手续费。

(20) 房屋租赁登记费。

(21) 房屋估价手续费。

(22) 房屋公证估价手续费。

(23) 房地产价格评估费。

(24) 房地产中介服务费。

第八步 房地产开发项目的物业管理阶段

一、房地产开发项目物业管理阶段的法律程序

(1) 物业管理单位经营资质审批。

(2) 签署物业管理委托合同。

(3) 居住小区的物业接管综合验收。

(4) 物业使用、管理、维修公约的核准。

(5) 安排签订管理公约。

(6) 制定、提供质量保证书和使用说明书。

(7) 物业管理服务基本要求。

(8) 物业管理委员会的设立。

二、房地产开发项目物业管理阶段的相关税费

(1) 居住小区物业管理启动经费。

(2) 共用部位共用设施、设备维修基金。

(3) 普通居住小区物业管理费。

(4) 高档住宅物业管理费。

(5) 经济适用住房小区物业管理费。

(6) 供暖费。

(资料来源: 本地宝网. 房地产项目开发步骤[EB/OL].[2009-08-11].

http://lvshi.bj.bendibao.com/news/2009811/52593.shtm)

思考与练习

1. 房地产开发项目可行性研究的作用有哪些？

2. 简述房地产开发项目可行性研究的工作程序。

3. 房地产开发项目投资环境的调查应包括哪些主要内容？

4. 房地产开发项目投资、成本、费用有哪些联系与区别？

5. 简述出售型、出租型房地产开发项目总投资的构成。

6. 房地产开发项目总投资中的开发期税费主要包括哪些？

7. 房地产开发项目财务评价中的基本财务报表有哪几种？各有什么作用？

第五章 房地产开发融资

引例

零售地产积极转型 商业地产租金小幅回暖

"西单寸土寸金，每一寸地方租金和坪效都非常高。但是唯独商场 9 层是尴尬楼层。十层是电影院，六七八是餐饮楼层。9 层作为高层零售楼层，又不具备餐饮条件。再加上楼层动线比较怪，属于半循环动线。因此，9 层只能租给大商，前几年也一直做大商，但是清退之后效果一直不理想。因此，从 2016 年初开始，商场团队经过长时间探讨，决定将 9 层改为样街。也就是，将零售楼层切成非常小的铺，把喜欢街区文化的年轻人群提纯，从而吸附在这。"西单大悦城相关负责人告诉记者。

近年来，购物中心饱受同质化困扰。今年三季度，多个购物中心推出新的主题街区。例如：半岛广场"有氧公社"、西单大悦城"样街"、石景山万达广场工业主题街区。

世邦魏理仕中国华北区顾问及交易服务商业部主管希诺表示："以零售和体验业态复合为特点的生活方式类门店扩张日趋活跃，此外王府井等核心商圈年底将迎来多个国际品牌的旗舰店，这两类大面积租户将在优质零售物业租户组合中占据日益重要的位置，为北京核心和新兴商圈注入新的活力。"

一、酷玩之地

2017 年 8 月 27 日，西单大悦城首条主题街区——样街 YOUNGSTREET 揭幕，这条致力于 18～25 岁最 in 群体打造的社群集结型空间，召集了塔罗占卜、文身、BJD 娃娃、二次元手办、手指滑板、电竞黑科技、网红奶昔等 29 家潮玩潮酷店铺。多元化的业态组合与开放式的动线设计，这在购物中心属于创新业态。

近年来，购物中心饱受同质化困扰。创新成为零售地产突围的重要方式。西单大悦城总经理沈新文表示："西单大悦城引进了最先锐的品牌与业态，样街的许多商户都有着自己的故事，比如首次从线上落地线下的手指滑板、首进中国的变态奶昔、首进购物中心的塔罗占卜等等。我们希望创建一个富有想象力及情感联结的社群空间，为 18～25 岁的年轻潮人打造一个酷玩之地。"

样街位于购物中心 9 层，接近 3000 平方米的面积，呈"双肺结构"，左右两条干道"这里"和"那里"交汇于中心小广场。除了上述小众业态，还包括陶艺、调香、皮具、绘画、精酿、尤克里里等手作等体验业态。

世邦魏理仕注意到，多个购物中心也在推出新的主题街区，例如：半岛广场"有氧公社"、西单大悦城"样街"、石景山万达广场工业主题街区。

2017 年三季度，除了购物中心推出主题街区积极寻求转型，餐饮业态内的多个细分市场推动零售市场需求增长。阿里巴巴旗下的盒马鲜生超市在北京开设了第二家店，主推"生鲜"概念,以将更多线下消费者向线上引流。太古里将一栋原奢侈品独栋楼改建为户外高档餐饮楼,三季度全面开业,以满足人们对户外餐饮服务日益增长的需求。"网红"奶茶零售商喜茶进驻北京,开设了两家店面。此外,必胜客休闲餐厅、德国失重餐厅等进驻北京。

此外,连锁生鲜超市和社区型购物中心还在寻求合作探求转型思路。9月26日,王府井集团和北京首航国力商贸有限公司签署战略合作,双方共同出资1亿元组建合资公司,以"王府井首航"为商业品牌,布局连锁社区生鲜超市、综合超市、社区型购物中心,创新新零售模式。

二、近郊受益

仲量联行北京零售租赁部总监曲闻表示:"随着市场竞争日趋加剧,业主保持对'新、鲜'餐饮品牌的青睐。比如,新鲜的餐饮租户有助于提高客流量,促使项目在市场中进一步脱颖而出。此外,轻奢品牌零售商坪效更高,因而更加受到欢迎;而非传统业态,如联合办公和细分市场的健身业态,也被业主纳入考量,以保持项目在市场中的竞争优势。"

仲量联行监测显示,北京SKP引入全国首家I29-铁狮东尼、北京首家BA&SH;太古里引入全国首家GillyHicks。这使得购物中心首层商铺平均租金同样本环比增涨0.6%至每天每平米36.3元。成熟外围区的部分项目租金增长较核心区更为明显。由于新燕莎金街购物中心、国贸等项目部分改造完成,市场整体空置率环比下降0.2个百分点至5.2%。

仲量联行数据表明,三季度城区和郊区市场零售地产租金保持平稳,环比分别增长0.3%和0.7%。部分核心项目开始触及租金上限,三季度王府井市场出现项目下调租金现象。预计在未来12个月,郊区零售项目租金表现将持续优于市区项目。由于越来越多的消费者选择就近消费,五环外的优质零售项目将继续从中受益。

未来,北京商业供应量仍然继续增长。世邦魏理仕监测数据显示,2017年第三季度,无新项目落成。西单国际大厦商业停业装修。北辰北苑路店经营权转让给上品折扣,更名上品+,被定义为首家互联网城市奥莱。未来六个月,有5个项目计划入市,总体量近33.6万平方米。新增项目入市后,可使空置率小幅上升,而市场租金将保持平稳。

(资料来源:筑龙网. 零售地产积极转型 商业地产租金小幅回暖[EB/OL].[2017-10-17].
http://bbs.zhulong.com/103040_group_804/detail31191548)

2013年2月20日,国务院常务会议出台了楼市调控"新国五条",坚持执行以限购、限贷为核心的调控政策,坚决打击投资投机性购房,还提出要求各地公布年度房价控制目标。2017年,受实体经济去产能、房地产抑泡沫和金融降杠杆等影响,货币信贷进一步扩张的可能性较小,整体将稳中趋缓。房地产市场面临严厉的调控政策,信贷收紧,融资闸门关闭,严格限购,中国房地产行业粗放式的发展时代已经结束,转型应该是大势所趋。部分房地产企业不得不"曲线救国",通过海外融资举债来维持生计。在这样的背景下,大力发展房地产金融,拓展房地产投融资渠道变得迫在眉睫,同时也是解决房地产行业所需巨额资金以及分散风险的必要途径。

资本市场对于开发商来讲不仅仅是融资平台,更是发展战略的制高点。当前已经有不少房地产企业启动了金融化的战略,虽然有国外的模式参考,但是国内情况显然非常特殊,前行的路上必然会产生很多的困惑。房地产企业融资首先要思考融资方为何会钟情于该项目。这要根据企业自身和项目的情况去分析，对项目作出符合市场价值的评估。其次要思考如何在融资过程中使融资方的资金安全得到保证。这是最重要的一点，即对融资资金的进入和退出的交易结构要进行设计，要充分考虑融资方对资金安全的绝对要求。

专业的投资管理机构以资本市场服务为核心，具有敏锐的技术洞察力、娴熟的资本运作能力，是具有广阔的国际化视野的高科技产业投资与整合的引领者。这类机构致力于为贷款企业和个人提供全面的贷款咨询及贷款服务，包括贷款方案设计、还款方式的对比分析、贷款申请以及贷款相关手续的办理，通过专业的、个性化的、一对一顾问式服务，创造企业个人贷款的服务平台。其投资服务方向主要为国内房地产、基础建设、环保产业、医药、新能源、新材料等领域的高新技术项目。依照国际规范进行市场运作，为国内企业及各界人士提供风险投资、资金融通、基金管理、资产管理、项目评估、财务顾问、上市筹划等专业服务。

第一节　房地产融资与融资方式

一、房地产融资的概念

融资就是指一个企业的资金筹集的行为与过程。房地产公司通常考虑到自身的开发经营状况、资金实力状况以及公司未来经营发展战略的需要，经过科学的预测和决策，采用合适的方式，从一定的渠道筹集资金，组织资金的理财行为就是房地产融资。

房地产融资在概念上有广义和狭义之分。广义的房地产融资就是指房地产金融，即在房地产开发、流通及消费过程中，通过信用渠道进行咨询、评估、信托、抵押、信贷、按揭等资金的筹集、运用、清算及相关融资活动的总称。狭义的房地产融资是房地产企业及房地产项目的资金筹集。本教材取狭义的概念。

二、房地产融资的方式

我国的房地产业是金融业的主要贷款客户。可以说没有现代的金融业，就没有现代房地产业的快速发展。从目前的运作来看，主要的融资方式有下列几种。

(一)信贷市场融资及资本市场融资

房地产融资按照期限长短可以分为信贷市场融资及资本市场融资。信贷市场是信贷工具的交易市场。信贷市场融资是指在货币市场筹集短期资金的活动。如今的信贷市场融资可以向相关金融机构筹措到数月的建设资金。信贷市场上的融资方式比较多，融资协议也比较灵活。房地产信贷对房地产开发有着很好的助推作用。信贷市场融资既是房地产建设和交易的基础，也是政府、开发商和购房者重点关注的问题。目前，涉及房地产信贷的法规有《民法》《城市房地产管理法》和《城市房地产抵押管理办法》等。

资本市场(capital market)也称"长期金融市场"或"长期资金市场"，是期限在一年以上的各种资金借贷和证券交易的场所。资本市场上的交易对象必须是一年以上的长期证券。由于长期资金借贷所涉及的资金往往期限长、风险大，同时又具有长期较稳定收入，其融资特点与资本投入相类似，所以也归之为资本市场。由于房地产企业耗资巨大，无论国内

还是国外都普遍存在着房地产开发商自有资本不足的问题，所以必须借助于资本市场。

(二)内部融资和外部融资

按照房地产企业融资的来源划分，可以把融资渠道划分为内部融资和外部融资。内部融资是指企业内部集资、企业的自有资金和企业在生产经营过程中的资金积累。内部融资主要来源于企业留存收益、预收购房订金或购房款和抵押、贴现股票和债券获得的现金。外部融资是指企业的外部资金来源这一部分，主要包括直接融资和间接融资两种方式。外部融资方式主要包括向银行及其他金融机构融资、上市融资、债券融资等。

(三)直接融资和间接融资

按照有无金融中介，房地产企业融资可以分为直接融资和间接融资两种方式。直接融资是指不经过任何金融中介机构，而由资金短缺的单位直接与资金盈余的单位协商进行借贷，或通过有价证券及合资等方式进行企业融资的资金融通，如企业债券、股票、合资合作经营、企业内部融资等。间接融资是指通过金融机构为媒介进行的融资活动，如银行信贷、非银行金融机构信贷、委托贷款、融资租赁、项目融资贷款等。

直接融资的优点是资金流动比较迅速，成本低，受法律限制少；缺点是对交易双方筹资与投资技能要求高，而且有的要求双方会面才能成交。间接融资则通过金融中介机构，可以充分利用规模经济，降低成本，分散风险，实现多元化负债。直接融资和间接融资是发展现代化大企业、筹措资金必不可少的手段，所以两种融资方式不能偏废。

三、传统的房地产融资渠道

传统的房地产融资渠道属于金融业的传统业务。随着今天金融创新的花样翻新，融资渠道已经呈现出多元化的趋势。概括地说，传统的房地产融资渠道有下列几种。

(一)银行贷款

作为商业银行的主要业务，银行贷款是房地产企业融资的主要渠道。房地产业的银行贷款项目主要有前期的土地储备贷款、房地产开发贷款和销售环节的住房按揭贷款等直接贷款。目前房地产企业融资渠道主要依赖银行，在房地产企业所筹集的资金中，至少有60%以上的资金来自商业银行系统。根据银行的操作规程，银行贷款又分为信用放款和抵押放款两种形式。

信用放款是对信用指数较高的房地产企业所作的放款。信用放款无须抵押和担保。但是银行要加强信用放款的跟踪监控，以确保信用放款能够按期收回。

房地产抵押贷款是指抵押人以其合法的房地产以不转移占有的方式向抵押权人提供债务履行担保的贷款行为。抵押物往往是指由抵押人提供并经抵押权人许可的作为债务人履行债务担保的房地产。抵押人是指以房地产作为本人或第三人履行债务担保的企业法人、个人或其他经济组织。抵押权人是指接受房地产抵押作为履行债务担保责任的法人、个人或其他经济组织。债务人不履行债务时，抵押权人有权依法以抵押的房地产拍卖所得的价款依照抵押合同优先受偿。

我国央行房贷通常规定，对未取得《土地使用权证书》《建设用地规划许可证》《建设工程规划许可证》和《施工许可证》四证的项目，不得发放任何形式的贷款。同时对房地产企业自有资本金比例的要求也调高到35%。

(二)合作开发

房地产开发商如果具有土地或其他资源，但资金实力不够，可以通过合作开发的形式，引进有资金实力的合作伙伴共同对房地产项目进行开发，双方共享开发的收益，共担风险。合作开发双方在进行合作开发之前，应对合作方、合作项目的情况有充分的了解，并根据具体情形通过多轮谈判确定合作开发模式及相关条款，以达到规避风险、分担责任的目的。为了避免合作的不愉快，建议在合作之初，及时聘请律师或者咨询公司作为项目顾问，由律师或者咨询公司进行尽职调查、方案分析等专业服务。这对切实保护自身的合法权益应该是很有帮助的。

(三)房地产信托

房地产信托是指信托机构接受委托代办房地产的买卖、租赁、收租、保险等代营业务以及房地产的登记、过户、纳税等事项，或者直接参与房地产的开发经营活动。

在房企各项融资渠道被收紧的背景下，2017年上半年的房地产信托募集规模相比去年同期却逆势上扬。来自中国信托业协会的数据显示，2017年1季度末信托资产投向房地产行业的规模为1.58万亿元，占比为8.43%，较上一季度略有上升。与2016年1季度1.29万亿元相比，同比增长22.48%，与2016年4季度1.43万亿元相比，环比增长10.49%。近年来，监管政策对房地产融资一直呈高压态势，可以预计流向房地产的信托资金增速将趋于平稳。业内专业人士表示，今年上半年房地产信托之所以发力，主要受内外因素影响：美联储加息，市场资金紧张；债市收紧，房企融资成本上升；银行资金流向房企受限，房企融资渠道受限。但进入下半年，预计信托监管会趋严，房地产信托的热度会下降。

据用益信托在线数据统计显示，2017年上半年，集合信托共成立3683只产品，成立规模7538.71亿元，同比增长9.31%。其中，房地产信托共募集资金1024.63亿元，同比增长19.32%；成立数量412只，同比增长9.28%。尤其是2017年5月份，房地产信托成立规模高达339.72亿元，相较于去年同期，增长了94.20%。

房地产信托出现明显增长，尤其"北京3·17"新政后，房地产成立速度明显加快，大量房地产信托入市。另外，进入4月份以来，房地产信托规模也在随之扩大，2017年二季度以来房地产信托募集资金接近600亿元，占上半年总数的近六成。用益信托研究员帅国让表示，由于统计数据存在延迟，6月份的数据并未完全计入，预计二季度数据仍有一定的增量。

(四)房地产典当

房地产典当是指房地产开发商将其动产、财产权利作为典当品质押或者抵押给典当行，交付一定手续费用，取得当金，并在约定期限内支付当金利息、偿还当金、赎回当物的行为。一般来说，典当行提供的房地产当金数额较小，典当融资期限较短，利息加上综合费相对银行的贷款利息显得较高，而房地产典当物的估价一般都严重偏低，如有其他房地产融资途径，房地产开发商不会通过此种途径融资。

典当融资只需要土地证就可以办理。当开发商资金困难时，典当融资就成了其获得救命钱的渠道之一。土地典当具有以下特点。

(1) 融资规模小。一般按土地拍卖价格的 50%发放当金,同时典当法明文规定,单笔业务当金的发放,不得超过典当行注册资金的 25%。

(2) 融资期限短。由于典当的期限一般为 1~6 个月,这使得土地典当融资只能为企业提供"过桥资金",让开发商在获得土地证之后、四证办齐之前,顺利过"河",从银行获得贷款。

(3) 融资成本高。土地典当的月利率为 2.5%~3%,是银行利率的 4~5 倍,加大了房地产企业的成本。

(4) 典当行风险比较大。一方面,典当行资金规模有限,而土地典当金额一般比较大,直接加大了典当行的风险;另一方面,土地典当期满发生绝当时,由于土地所有权属于国家,所以对其进行变现十分困难,须经土地局、规划局等政府部门层层审批,手续烦琐,周期长,不利于典当行资金的周转。

(五)承建企业垫资

由于中国巨大的劳动力供应量的存在,开发商在招标活动中更加具有主动性,承建企业为获得工程合同往往在投标时会有一定的垫资承诺,开发商可以在一定的时间内少付甚至不付工程费用,承建企业垫资实际上起到了为开发商融资的作用。

承建企业垫资在一定程度上减轻了开发商的资金压力,但加重了承建企业的资金负担,导致的后果就是承建企业有时可能拖欠材料厂商的材料款、设备款,甚至可能拖欠建筑工人的工资,产生严重的社会问题。国家政府曾多次关注农民工工资问题,采用这种方式时一定要考虑到社会稳定问题。

(六)按揭贷款

按揭贷款是指购房者以所购得的楼宇作为抵押品而从银行获得贷款,购房者按照按揭契约中规定的归还方式和期限分期付款给银行;银行按一定的利率收取利息。如果贷款人违约,银行有权以房屋的变卖所得优先受偿。

从法律角度来看,商业银行对个人的商业住房贷款是银行对个人的融资,但从效果上是对开发商的间接融资。按揭贷款,尤其是在商品房预售阶段的按揭贷款,对开发商项目的完工有着非常重要的作用,特别是对自有资金不足的开发商。由于银行对个人按揭贷款的要求条件提高(如住宅需封顶、商业写字楼需竣工等),导致按揭贷款数额相对减少,会造成大面积的中小开发商资金链条断裂,可见该融资手段对开发商的重要性。

由于信用体系的缺陷以及局部房地产过热,如果经济不景气或房地产价格出现严重下挫,过度的银行按揭贷款将会干扰贷款银行、开发商和购房人。在开发商普遍为个人贷款提供阶段性担保的情况下,在担保责任没有解除前会干扰开发商——假如贷款人未能及时偿还银行贷款,则开发商会根据担保合同的规定承担一定的担保责任。对这种责任,开发商应予以慎重对待。

(七)债权融资

债权融资就是借债——由开发商向别人借贷,最常见的就是向银行和非银行金融机构贷款。在我国，商业银行一般会要求开发商或第三人为贷款提供担保。开发商可以将建设项目向银行抵押作为还款的担保，也可以将开发项目的国有土地使用权，或国有土地使用权连同在建工程向贷款银行抵押。贷款银行在抵押登记手续办理完毕，并取得他项权证后，按照工程的施工进度发放贷款，并对开发商的资金使用进行监管。

对于上市房地产开发商来讲，在符合条件的情况下，可以通过发行可转债的形式融资，该种融资具有股权和债权融资的双重性质。

由于房地产融资的具体情况比较复杂，融资过程中的谈判条款也有很大不同，所以不同渠道的融资条款至为重要，融资双方一定要认真磋商讨论。

四、新兴的房地产融资渠道

(一)股权融资

股权融资是指开发商通过新发行股权换取新股东的资本金投入，可以将其分为上市公司的股权融资和非上市公司的股权融资。

非上市公司通过股权方式融资的法规限制条件较少，运作相对容易。但其也有一定的局限性：在公司业绩或前景不好的情况下，新股东不愿意出资，而在业绩或前景好的情况下原股东又不愿意将公司的收益与别人分享；而且非上市公司内部治理制度往往不完善。非上市公司股东普遍希望对公司有控股权，新股东如不能对公司有一定的控制力则一般不会轻易投入资金。招商引资是一种非上市公司流行的股权融资，是一种私下寻找战略投资者的融资方式，公司股权不通过公开市场发售。招商引资融资方式最大的优点是不需要公开企业信息，而且被他人收购的风险较小。

上市公司上市融资则可在整个社会的范围内募集资本。上市公司首次进行的上市募集资金(IPO)、配股和增发等股权融资活动都属于股权融资。其优点是上市会带来诸多好处，不仅可以提高企业知名度，而且融资获得的资金几乎没有使用成本，没有还本付息的压力；缺点是房地产企业取得上市资格较艰难。

(二)房地产基金

随着中国房地产市场的进一步发展，房地产基金已经成为房地产融资方式的新宠。房地产基金是一种聚集众多零散资金，交由基金投资专家进行集中投资的融资方式。基金分为海外房产基金和国内产业基金。近年来，流入中国的海外基金不断增加，例如：新加坡政府投资公司成为首创置业第二大股东；万科与德国银行的合作；摩根斯坦利房地产基金与上海复地合作；荷兰的 ING 与首创合作等。由于受国内政策、国内企业运作的不规范和房地产市场的不透明性的影响，海外房地产基金在选择合作伙伴时的标准比较苛刻。

海外地产基金希望所合作的公司在管理团队、土地储备、政府关系和发展前景等方面都相对比较超群卓越。海外地产基金对于国内众多的房地产企业来讲，可以说是如虎添翼。国内地产基金的发展随着相关法律制度的规范而越来越具有市场前景。

根据中国证券投资基金业协会基金备案数据统计：截至 2016 年 12 月底，中国证券投资基金业协会已登记私募基金管理人 17 433 家。已备案私募基金 46 505 只，认缴规模 10.24 万亿元，实缴规模 7.89 万亿元。私募基金从业人员 27.20 万人。其中，人民币地产基金市场已有超过 1200 只基金实体，总管理资金规模超过一万亿元，并在持续快速增长当中。

基金业协会的数据显示，2016 年全年，共新增 641 只地产基金，承诺募集总规模超过 6000 亿元人民币。地产基金已经成为中国私募股权市场中重要的资产类别。

(三)房地产债券

房地产债券目前在我国房地产企业融资总额中所占的比重很小。其主要原因是我国对发行债券的主体要求比较严格。根据《公司法》，只有国有独资公司、上市公司、两个国有投资主体设立的有限责任公司才有发行资格，并且对企业资产负债率、资本金以及担保等都有严格限制。另外，我国债券市场相对规模较小，发行和持有的风险均较大。

房地产行业国内债券融资收紧，发行量大幅缩减。2016 年第四季度房地产行业债券总发行量仅为 1210 亿元，较第三季度减少了近三分之二，净融资额仅为 997 亿元，仅为第三季度的 30%。自 2017 年以来，房地产行业债券总发行量仅为 199.3 亿元，较 2016 年同期大幅减少。

在国内融资收紧的背景下，房地产企业选择海外融资。2017 年以来，国内房企共成功发行海外债券 13 只，累计金额达到 46.4 亿美元，房地产企业海外发债持续升温。

(四)房地产证券化

房地产证券化(real estate securitization)是指把流动性较低的、非证券形态的房地产的投资转化为资本市场上的证券资产的金融交易过程，从而使投资人与房地产投资标的物之间的物权关系转化为有价证券形式的股权和债权。房地产证券化主要包括房地产抵押贷款债权的证券化和房地产投资权益的证券化两种形式。房地产投资权益证券化即商业性房地产投资证券化，它最早出现在 20 世纪 70 年代的美国。

房地产证券化是指投资者将对物权的占有和收益权转化为债权或股权。其实质是物权的债权性扩张，它体现的是资产收入导向型融资方式。传统融资方式是凭借资金需求者本身的资信能力来融资的。资产证券化则是凭借原始权益人的一部分资产的未来收入能力来融资，资产本身的偿付能力与原始权益人的资信水平被彻底割裂开来。

房地产证券化的优点是：有利于提高银行资产的流动性，释放金融风险；有利于拓展房地产业的资金来源。在我国，推行房地产证券化可以直接向社会融资并且融资的规模可以不受银行等中介机构的制约，有助于迅速筹集资金、建立良好的资金投入机制。房地产证券化作为重要的金融创新工具，给资本市场带来的重大变化是融资方式的创新，将大大丰富我国金融投资工具，有利于增加我国资本市场融资工具的可选择性。房地产证券化可使筹资者通过资本市场直接筹资而无须向银行贷款或透支，同时其较低的融资成本有利于提高我国资本市场的运作效率。近年来，外资正加紧淘金中国的房地产证券化市场。继嘉德置地完成国内首单完全按照新政策推出的 REITs 房地产信托投资基金之后，苏格兰银行也在积极推进跨境 CMBS(商业房地产抵押贷款支持证券)交易，摩根斯坦利甚至计划把全资收购的珠海南通银行作为房地产证券化的试验平台。

概括地来说，房地产证券化是一种资产收入导向型融资，是以房地产抵押贷款债券为核心的多元化融资体系，泛指通过股票、投资基金和债券等证券化金融工具融通房地产市场资金的投融资过程。房地产证券化的运作宗旨是将巨额价值的房地产动产化、细分化，利用证券市场的功能，实现房地产资本大众化、经营专业化及投资风险分散化，为房地产市场提供充足的资金，推动房地产业与金融业快速发展。

(五)房地产信托投资基金

房地产信托投资基金是房地产直接融资的方向和可持续发展的模式，也是解决房屋租赁市场投资来源的重要融资方式。美国是国际上房地产投资信托市场最成熟的国家，房地产投资信托资金也是美国房地产投资的重要来源。

房地产信托投资基金(Real Estate Investment Trust，REITs)由房地产投资信托基金公司负责对外发行受益凭证(股票、商业票据或债券)，向投资大众募集资金。募集之后将资金委托一家房地产开发公司负责投资标的开发、管理及未来的出售，所获利润在扣除一般房地产管理费用和买卖佣金后，由受益凭证持有人分享。其发行的受益凭证可通过证券公司公开上市流通，比房地产有限合伙方式更具有流动性，且投资者享受有限责任、集中管理、自由进出转让，而且不必缴纳公司税项等优惠条件。在这些利益的吸引下，房地产开发商能够快速筹集到更多的资金。

在房地产金融领域，REITs 和其他金融产品相比具有下列优势。

(1) 对于投资者来说，REITs 的优势在于其收益高且稳定、风险低、与股票市场相关度很低、流动性好。

首先，由于 REITs 通常都是由专业的房地产公司发起并管理的，专业的房地产公司能够合理地选择投资的项目，这就避免了一般的业余投资者或者机构投资者在投资项目选择上的盲目性。同时，专业的房地产公司作为专业的投资开发商，它能够对所选的项目进行科学、合理和有效的管理，从而相对于由信托投资公司发起的房地产信托而言，其投资的经营风险大大降低了。其次，由于 REITs 的基金规模比较大，因而能够广泛地投资于各种类型、各个地区(段)的房地产项目，从而避免了把所有的鸡蛋都放在一个篮子里面所可能带来的巨大风险。最后，由于 REITs 投资的房地产基本上都是商业地产，而商业地产最大的特点就是可以获得稳定的租金收益，有一笔持续稳定的现金流，而且收益率也相当可观。通常商业地产的收益率都高于住宅地产。有资料显示，美国投资房地产的基金年平均收益率可以达到 6.7%，远远高于银行存款的收益，而且其风险要小于一般的股票。

(2) 对于房地产企业来说，通过 REITs 来进行融资与通过银行以债务方式进行融资相比，REITs 是以股权形式的投资，不会增加企业的债务负担。

因为房地产企业负债率往往偏高，其银行贷款的财务压力通常都比较大，而且房地产开发周期长，其难以就那些长期内回报低的项目向银行申请贷款。由于 REITs 的分散投资策略，房地产企业的经营风险大幅降低，而且 REITs 融资不丧失对企业和项目的控制权和经营权。相对于银行贷款而言，房地产信托计划的融资方式可以降低地产公司整体融资成本，节约财务费用，期限弹性较大，可以优化公司结构。

(3) 在我国，REITs 的优势对于建设现代金融体系意义更是深远。

首先，REITs 的金融创新有利于完善中国房地产金融架构。中国的银行体系支撑着整个房地产行业的金融需求，而资本市场和直接信用相对落后。REITs 的金融创新使得中国房地产资本市场更加完备。REITs 是对银行信用的补充，是房地产金融发展的重要标志。它直接把市场资金融通到房地产行业，是对以银行为手段的间接金融的极大补充。因此，推出 REITs 是使房地产金融走向成熟的必然选择。

其次，REITs 有助于疏通房地产资金循环的梗阻。目前，中国国内的巨额资金循环并不流畅，存在着较大的金融资源需求无法满足与资源闲置的矛盾。REITs 的引入，将在一定程度上疏通资金循环的梗阻，避免单一融通体系下银行相关政策对房地产市场的硬冲击，减缓某些特定目的的政策对整个市场的冲击力度，为有意分享房地产行业增长的投资者提供投资机会，从而缓解中国金融资源的错配矛盾。

综上所述，房地产发展确实需要多元化、多层次的货币市场和资本市场的融资渠道来支持，以化解或者分解单一靠银行贷款的风险。融资渠道多元化的实现将有助于房地产业本身结构的升级，对房地产开发运作方式也会产生很大的影响。

第二节　房地产委托贷款

一、委托贷款的条件

委托贷款是指由委托人提供合法来源的资金，委托业务银行根据委托人确定的贷款对象、用途、金额、期限、利率等代为发放、监督使用并协助收回的贷款业务。

依据相关金融法规，委托贷款的委托人包括政府部门、企事业单位及个人等。委托人及借款人应当是经工商行政管理机关(或主管机关)核准登记的企(事)业单位、其他经济组织、个体工商户或具有完全民事行为能力的自然人。委托人应当已经在商业银行开立结算账户。委托资金来源必须合法且具有自主支配的权利。申办委托贷款必须独自承担贷款风险。委托贷款需按照国家地方税务局的有关要求缴纳税款，并配合受托人办理有关代征代缴税款的缴纳工作。

二、委托贷款的程序

(一)委托贷款的期限、利率

委托贷款的期限，由委托人根据借款人的贷款用途、偿还能力或根据委托贷款的具体情况来确定。在委托贷款中，所涉及的委托贷款利率由委托双方自行商定，但是最高不能超过人民银行规定的同期贷款利率和上浮幅度。我国的预期年化利率市场化改革起源于2004 年。自 2004 年起，商业银行贷款利率浮动区间扩大到了(0.9, 1.7)，即商业银行对客户的贷款利率的下限为基准利率乘以下限系数 0.9，上限为基准利率乘以上限系数 1.7，金融机构可以根据中国人民银行的有关规定在人行规定的范围内自行确定浮动利率。

2015 年 10 月 24 日，央行规定金融机构存、贷款基准利率为：一年期存款利率 1.50%，一年期贷款利率 4.35%，个人住房公款金贷款利率五年以下(含五年)2.75%，五年以上3.25%。同时央行宣布，银行存款预期年化利率可在央行规定的基准预期年化利率上有所上浮，最高为基准预期年化利率的 1.1 倍，金融机构可在 0～3.575%的区间内自主确定一年期存款利率。金融机构贷款预期年化利率浮动区间的下限调整为基准预期年化利率的 0.8 倍。个人住房贷款利率浮动区间的下限仍为基准利率的 0.7 倍。

(二)委托贷款的业务流程

(1) 由财务公司帮助拥有资金方寻找下家以及办理银行委托放贷的相关手续。

(2) 委托人与借款人达成融资意向，协商确定贷款利率、期限等要素。

(3) 委托人与借款人在业务银行开设结算账户，委托人向业务银行出具《贷款委托书》，并由委托人和借款人共同向银行提出申请。

(4) 银行受理了客户委托申请，进行调查并经审批后，对符合条件的客户接受委托。

(三)委托贷款的费用

采用委托贷款模式进行放款和贷款，主要会涉及以下几笔费用的支出。

1. 委托贷款手续费

银行接受委托人申办委托贷款，按委托贷款金额、借款期限、违约行为等约定条款按比例向委托人收取手续费。银行委托放贷一般收取3‰的手续费。

2. 借款合同的印花税

在一般的委托贷款交易中，一笔交易交一次印花税，每笔委托贷款要按贷款金额的千万分之五缴纳印花税。在基于委托贷款的现金池模式下，一般是由企业和当地税务局进行协商，制定一定期限内的贷款总额，并按十万分之五的税率定期上缴印花税。

3. 委托贷款中所涉及的利息费用

资金方收取的利息一般高出目前银行贷款5.04%的基准利率，一般定为6.5%，有的还可能达7%以上。同时，财务公司还会以财务咨询的名义，再收取3%～5%的利息。这样加起来，开发商通过委托贷款方式获得资金的实际利息支出已经达到基准利率的两倍甚至更高。但是，迫于政府要求银行对房地产开发商紧缩贷款的决心很大，银行只能忍痛执行，很多开发商(特别是中小开发商)无法及时融到资金。为了不让正在动工的项目成为烂尾楼，他们不得不采取"应急措施"筹资，包括成本高昂的委托贷款。

在委托贷款中，账户间相互借贷资金的利率应当在央行规定的存、贷款基准利率的区间内。一旦利率超出该范围，就可能因涉嫌转移定价而遭到税务部门的质疑。委托贷款利息收入和利息支出不能以净额列报和纳税，每笔利息收入要按利息额的5%缴纳营业税，可以由银行代为扣缴；而所产生的所得税费用则由企业自行缴纳。

互动话题

要想成为企业家，只有首先成为债务人。你对这句话如何理解？

第三节 房地产信托

一、房地产信托概述

房地产信托是指信托投资公司以发行信托收益凭证的形式向投资者募集资金，对募集资金实行多元投资组合策略，投资于不同类型的房地产项目和业务，而将获得的净收益分配给广大投资者,信托投资公司则获得相应的管理费的一种投资形式。每当银行收紧房地产项目贷款的时候,房地产信托资金就成为房地产行业资金供给的重要渠道。

房地产信托包括资金信托和不动产信托两大类。资金信托是有关机构或个人委托信托机构运用和管理房地产信托基金,包括普通信托存款、特约信托存款和特约信托贷款。不动产信托是信托机构对房屋及不动产进行管理或经营的信托业务。

房地产信托产品的出台使得房地产业和信托业可以互动发展,对于我国房地产企业而言,引入信托资金自然是一种进步的表现。开展房地产信托,可以形成房地产业、信托业和投资者多赢的局面。

(1) 房地产信托可以满足房地产企业发展的需要,为房地产企业拓展了新的融资渠道。

(2) 房地产信托作为金融产品,为信托投资公司提供了新的业务方向。

(3) 投资者可以通过资本市场,投资房地产领域。房地产信托业的兴起给投资者增加了新的投资渠道。

二、房地产信托的运作模式

(一)传统的信托贷款方式

这种方式和传统商业银行贷款一样。在这方面做得最早的是北京、上海等重点城市。传统的信托贷款方式可分为以下操作步骤。

(1) 房地产公司就项目融资与信托投资公司达成一致。

(2) 就信托产品的设计与发行获得有关政府主管部门的审批。

(3) 面向广大投资者公开发行信托凭证。

(4) 信托公司将发行信托凭证所募集的资金以信用贷款的方式投入房地产项目。

(5) 信托公司回收资金。

这种模式的优点是管理比较简单,收益比较稳定;缺点在于,信托公司的信用贷款本身有较大的风险,加之信托公司对房地产项目的评估能力还不如银行,因此,信托公司面临着较大的风险。

(二)信托公司以股权的形式向房地产企业注入资金

这种方式是信托公司在集合资金后,以增资入股的方式,向房地产企业注资,持有房地产企业部分股权,房地产企业承诺两年后以溢价方式将股权回购,这种方式实质是阶段性股权融资的方式。这种方式发挥了信托的特色,是银行所不能做的,在我国金融业分业经营模式下,银行是不能进行实业投资的。

据资料显示,在这方面做得最早的是重庆国投,案例是其所运作的世纪星城项目。这种方式的一般运作模式如下。

(1) 信托投资公司以发行信托产品的方式从资金持有人处获得资金。

(2) 信托投资公司以股权投资的方式向房地产公司注入资金。

(3) 信托投资公司获得房地产公司的股权,但该股权的性质类似于优先股,即对于公司的日常经营、人事安排等没有决定权(可能具有建议权、知情权、否决权等其他有限的权利)。

(4) 信托投资公司将其所持有的股权委托原有的股东管理,同时,与原股东或关联方(最好是关联方)签署股权回购协议。为了确保回购协议的履行,双方可能需要有一些担保条件(例如,重庆国投的世纪星城项目是使用开发商所持有的全部股权作质押;杭州工商信托所运作的浙江水泥项目,是由第三方提供担保)。

(5) 房地产公司运营开发项目,获得现金流。

(6) 关联方(或原股东)从房地产公司获得相应的资金,回购股权,信托融资过程结束。

这种模式的优点是能够增加房地产企业的资本金,促使房地产企业达到银行融资的条件。依据最新的规定,房地产企业自有资本金必须达到 35%,银行才能给予贷款。但一般来说房地产企业的资本金比例都非常小,很难达到 35% 的要求。信托公司用信托计划募集的资金进行股权融资类似于优先股的概念,只要求在阶段时间内取得一个合理回报,并不要求与开发商分享最终利润,这样既满足了充实开发商股本金的要求,开发商也没有丧失对项目的实际控制权。

(三)交易方式的信托产品

交易方式的信托产品的最佳案例是北国投推出的法国欧尚天津第一店信托计划,这是中国房地产市场上第一个推出的类似房地产投资基金的项目。这个产品是通过发行信托投资计划,募集近 1 亿元资金,在天津中环地区投资一个综合性商业物业并与法国欧尚公司签下 40 年租约。北国投通过信托资金将这一商铺买下来,每年的租金回报约 1200 万元,扣除税费和折旧,这一信托计划给投资人的回报能达到 6%,信托公司收取固定的管理费用。

交易方式的信托产品最大的缺陷是流动性不好,甚至连柜台交易也没有。从美国市场来看,与这个信托产品相近的 REITs 产品,在美国金融市场的 20 年平均收益率要高于其他金融产品。因此,如果能够解决流通问题,特别是上市流通问题,交易方式的信托产品则是很有发展前途的。

三、房地产信托融资的局限性

房地产信托产品虽然火爆,但是在我国金融市场中,制约我国房地产信托业务发展的一些根本性问题尚未解决。

(一)信托公司自身的制约因素

在制约我国房地产信托业务发展的诸多因素中,除体制和制度的因素外,最重要的还是信托公司自身的制约因素。

(1) 我国社会经济环境制约了信托业的发展。信托业的产生与发展需要一定的社会经济条件,其中必备条件包括:完善的市场经济体制;完备的信用制度和产权制度,私有财产受到保护;社会经济发展中对信托业务有现实的需求。

(2) 中国信托公司存在治理结构方面的缺陷。该缺陷容易形成依附于政府的、"官办"的融资窗口。

(3) 我国信托业在人员素质、经营管理、规模等方面也存在诸多不足。

(二)信托产品融资额度的限制

我国信托融资目前存在以下两方面的限制。

(1) 信托合同不超过 200 份。《信托投资公司资金信托管理暂行办法》中明确规定，信托投资公司集中管理、运用、处分信托资金时，接受委托人的资金信托合同不得超过 200 份(含 200 份)，每份合同金额不得低于 5 万元(含 5 万元)。

(2) 信托产品不得做广告宣传。

以上两个规定限制了信托客户只能是面向机构的，这大大降低了信托融资的可能额度，导致现有信托产品流动性严重不足。

(三)运作模式的限制

房地产信托投资是指信托投资公司(有房地产开发经营权)运用自有资金和稳定的长期信托资金，以投资者的身份，直接参与房地产的经营开发的投资行为。从目前我国现有的信托品种运作模式来看，尚存在如下问题。

(1) 短期资金进行长期运作，存在巨大的偿付风险。从房地产信托品种来看，其期限种类较多，从 6 个月到 4 年，但多数都在 3 年以内，这种期限也仅仅能满足一个小型房地产开发项目，根本无法满足那些规模较大的开发项目，更无法满足那些开发自有物业的房地产项目。大型房地产项目及自有物业的开发项目的长期资金需求存在巨大的偿付风险。

(2) 现有信托业的资金供给与房地产行业资金需求脱节。对大型房地产公司来说，其资金的需要量很大，但是目前信托融资额度不可能满足其需要。对小型房地产公司来说，信托融资额度虽然能满足其需求，但信托要求采取一个或多个非常有保证的手段，来降低产品的风险，比如财政支持、资产抵押、第三者担保、贷款保险、银行信誉和信托公司自身的信誉等，而如何获得这些保证，对一家小型房地产企业来说比登天还难。

(3) 房地产信托业严重缺乏"代人理财"的专业能力。房地产投资本身是一个专业化很强的领域，房地产信托业如果只有钱没有人，最终将以失败告终。

互动话题

你如何运作房地产信托？房地产信托的关键点是什么？

第四节　房地产企业债券

一、房地产企业债券概述

企业债券是指企业依照法定程序发行、约定在一定期限内还本付息的有价证券。根据深、沪证券交易所关于上市企业债券的规定，企业债券发行的主体可以是股份公司，也可以是有限责任公司。申请上市的企业债券必须符合规定条件。

企业债券代表着发债企业和投资者之间的一种债权债务关系，债券持有人是企业的债权人，有权按期收回本息。企业债券与股票一样，同属有价证券，可以自由转让。企业债券风险与企业本身的经营状况直接相关。如果企业发行债券后，经营状况不佳，连续出现亏损，可能无力支付投资者本息，投资者就面临着财产损失的风险。所以，在企业发行债券时，一般要对发债企业进行严格的资格审查或要求发行企业有财产抵押，以保护投资者利益。由于在一定限度内，证券市场上的风险与收益成正相关关系，高风险往往伴随着高收益，所以企业债券的利率通常也高于国债。

二、房地产企业债券的分类

房地产企业债券按不同标准可以分为很多种类，最常见的分类有以下几种。

(1) 按发行方式分类，企业债券可分为公募债券和私募债券。公募债券是指按法定手续经证券主管部门批准，公开向社会投资者发行的债券；私募债券是指以特定的少数投资者为对象发行的债券，发行手续简单，一般不能公开上市交易。

(2) 按照期限划分，企业债券有短期企业债券、中期企业债券和长期企业债券。根据中国企业债券的期限划分，短期企业债券期限在 1 年以内，中期企业债券期限在 1 年以上 5 年以内，长期企业债券期限在 5 年以上。

(3) 按债券有无担保划分，企业债券可分为信用债券和担保债券。信用债券是指仅凭筹资人的信用发行的、没有担保的债券，它只适用于信用等级高的债券发行人。担保债券是指以抵押、质押、保证等方式发行的债券。其中，抵押债券是指以不动产作为担保品所发行的债券；质押债券是指以其有价证券作为担保品所发行的债券；保证债券是指由第三者担保偿还本息的债券。

(4) 按是否记名划分，企业债券可分为记名企业债券和不记名企业债券。如果企业债券上登记有债券持有人的姓名，投资者领取利息时要凭印章或其他有效的身份证明，转让时要在债券上签名，同时还要到发行公司登记，那么它就称为记名企业债券；反之称为不记名企业债券。

(5) 按债券票面利率是否变动，企业债券可分为固定利率债券、浮动利率债券和累进利率债券。固定利率债券是指在偿还期内利率固定不变的债券；浮动利率债券是指票面利率随市场利率定期变动的债券；累进利率债券是指随着债券期限的增加，利率累进的债券。

(6) 按债券可否提前赎回划分，企业债券可分为可提前赎回债券和不可提前赎回债券。如果企业在债券到期前有权定期或随时购回全部或部分债券，这种债券就称为可提前赎回企业债券；反之则是不可提前赎回企业债券。

(7) 按发行人是否给予投资者选择权分类，企业债券可分为附有选择权的企业债券和不附有选择权的企业债券。附有选择权的企业债券，是指债券发行人给予债券持有人一定的选择权，如可转让公司债券、有认股权证的企业债券、可退还企业债券等。可转换公司债券的持有者，能够在一定时间内按照规定的价格将债券转换成企业发行的股票；有认股权证的债券持有者，可凭认股权证购买所约定的公司的股票；可退还的企业债券，在规定的期限内可以退还。反之，债券持有人持有的没有上述选择权的债券，即是不附有选择权的企业债券。

三、房地产企业债券的法律基础

《企业债券管理条例》第二条规定，"本条例适用于中华人民共和国境内具有法人资格的企业在境内发行的债券"，"除前款规定的企业外，任何单位和个人不得发行企业债

券"。《公司法》第一百五十九条规定："股份有限公司、国有独资公司和两个以上的国有企业或者其他两个以上的国有投资主体投资设立的有限责任公司，为筹集生产经营资金，可以依照本法发行公司债券。"从法律法规角度来看，企业债券的外延比公司债券的外延要大得多，正如企业涵盖公司一样，企业债券也涵盖公司债券。

(一)发行企业债券的基本条件

从发行条件来看，《企业债券管理条例》规定的发行企业债券的基本条件有以下五条。

(1) 企业规模达到国家规定的要求。

(2) 企业财务会计制度符合国家规定。

(3) 具有偿债能力。

(4) 企业经济效益良好，发行企业债券前连续三年盈利。

(5) 所筹资金用途符合国家产业政策。

(二)发行公司债券的基本条件

《公司法》规定的发行公司债券的基本条件有以下六条。

(1) 股份有限公司的净资产额不低于 3000 万元，有限责任公司的净资产额不低于 6000 万元。

(2) 累计债券余额总额不超过净资产额的 40%。

(3) 最近三年平均可分配利润足以支付公司债券一年的利息。

(4) 筹集的资金投向符合国家产业政策。

(5) 债券的利率不得超过国务院限定的利率水平。

(6) 国务院规定的其他条件。

对比企业债券与公司债券的发行条件，容易看出，发行公司债券的基本条件是在发行企业债券的基本条件基础上，为体现公司债券特点提出的进一步要求。例如，从资产规模(包括净资产余额)方面，公司债券的规定比企业债券的规定更具体；从盈利情况要求看，公司债券比企业债券提出了更进一步的要求；从筹集资金用途看，两者基本上一样；从利率控制看，公司债券是遵照《企业债券管理条例》第十八条"企业债券的利率不得高于银行相同期限居民储蓄定期存款利率的 40%"的要求执行的。

(三)企业债券和公司债券的发行管理

在企业债券和公司债券发行管理上，《企业债券管理条例》规定的范围是在境内注册的所有企业法人(当然包括公司法人)发行的债券，公司债券的发行应该在首先服从《企业债券管理条例》的基本前提、满足《企业债券管理条例》要求的基本条件下，然后再按照《公司法》有关公司债券的要求进一步规范。或者说，没有满足《公司法》规定条件的企业，按照《企业债券管理条例》的规定发行企业债券；而满足《公司法》规定条件发行公司债券的股份有限公司和两个以上的国有投资主体投资设立的有限责任公司，则应按照《公司法》发行公司债券，同时它也是企业债券，也满足《企业债券管理条例》的有关要求。

(四)企业债券的报批程序

企业债券目前在国内的报批程序是：国家发展和改革委员会会同中国人民银行、财政部、国务院证券委员会拟订全国企业债券发行的年度规模和规模内的各项指标，报国务院批准后，下达各省、自治区、直辖市、计划单列市人民政府和国务院有关部门执行。

互动话题

你读过《公司法》吗？房地产企业债券是可以随便发行的吗？企业债券发行程序及关键点是什么？

第五节　资产证券化

一、资产证券化概述

资产证券化是指将缺乏流动性的资产，转换为在金融市场上可以自由买卖的证券的行为，使其具有流动性。

(一)广义的资产证券化

广义的资产证券化是指某一资产或资产组合采取证券资产这一价值形态的资产运营方式，它包括以下四类。

(1) 实体资产证券化，即实体资产向证券资产的转换，是以实物资产和无形资产为基础发行证券并上市的过程。

(2) 信贷资产证券化，是指把欠流动性但有未来现金流的信贷资产(如银行的贷款、企业的应收账款等)经过重组形成资产池，并以此为基础发行证券。

(3) 证券资产证券化，即证券资产的再证券化过程，就是将证券或证券组合作为基础资产，再以其产生的现金流或与现金流相关的变量为基础发行证券。

(4) 现金资产证券化，是指现金的持有者通过投资将现金转换成证券的过程。

(二)狭义的资产证券化

狭义的资产证券化是指信贷资产证券化。按照被证券化资产种类的不同，信贷资产证券化可分为住房抵押贷款支持的证券化(Mortgage-backed Securitization，MBS)和资产支持的证券化(Asset-backed Securitization，ABS)。

(三)资产证券化的基本流程

简单地说，一次完整的资产证券化融资的基本流程是：发起人将证券化资产出售给一家特殊目的机构(Special Purpose Vehicle，SPV)，或者由 SPV 主动购买可证券化的资产，然后将这些资产汇集成资产池(assets pool)，再以该资产池所产生的现金流为支撑在金融市场上发行有价证券融资，最后用资产池产生的现金流来清偿所发行的有价证券。

下面通过例子简单、通俗地了解一下资产证券化。

A 代表资产证券化在未来能够产生现金流的资产；

B 代表上述资产的原始所有者；信用等级太低，没有更好的融资途径；

C 代表枢纽(受托机构)SPV；

D 代表投资者。

资产证券化的基本流程——B 把 A 转移给 C，C 以证券的方式销售给 D。

B 低成本地(不用付息)拿到了现金；D 在购买以后可能会获得投资回报；C 获得了能产生可见现金流的优质资产。

投资者 D 之所以可能获得收益，是因为 A 不是垃圾，而是被认定为在将来的日子里能够稳妥地变成钱的好东西。

SPV 是个中枢，主要是负责持有 A 并将 A 与破产等麻烦隔离开来，并为投资者的利益说话做事。

SPV 进行资产组合，不同的 A 在信用评级或增级的基础上进行改良、组合、调整，目的是吸引投资者。

过去有很多资产成功进行了证券化，如应收账款、汽车贷款等，现在出现了更多类型的资产，如电影特许权使用费、电费应收款单、健康会所会员资格等。但核心是一样的——这些资产必须能产生可预见的现金流。

(四)资产证券化的特点

资产证券化具有如下特点。

(1) 利用金融资产证券化可提高金融机构的资本充足率。

(2) 可以增加资产流动性，改善银行资产与负债结构失衡的情况。

(3) 利用金融资产证券化来降低银行固定利率资产的利率风险。

(4) 银行可利用金融资产证券化来降低筹资成本。

(5) 银行利用金融资产证券化可使贷款人资金成本下降。

(6) 金融资产证券化的产品收益良好且稳定。

二、资产证券化的种类与范围

1. 根据基础资产分类

根据证券化的基础资产不同，可以将资产证券化分为不动产证券化、应收账款证券化、信贷资产证券化、未来收益证券化(如高速公路收费)、债券组合证券化等类别。

2. 根据资产证券化的地域分类

根据资产证券化发起人、发行人和投资者所属地域不同，可将资产证券化分为境内资产证券化和离岸资产证券化。国内融资方通过在国外的特殊目的机构或结构化投资机构(Structured Investment Vehicles，SIVs)在国际市场上以资产证券化的方式向国外投资者融资称为离岸资产证券化；融资方通过境内 SPV 在境内市场融资则称为境内资产证券化。

3. 根据证券化产品的属性分类

根据证券化产品的金融属性不同，可以将资产证券化分为股权型证券化、债券型证券化和混合型证券化。

值得注意的是，尽管资产证券化的历史不长，但相关证券化产品的种类层出不穷，名称也千变万化。最早的证券化产品以商业银行房地产按揭贷款为支持，故称为按揭支持证券(MBS)；随着可供证券化操作的基础产品越来越多，出现了资产支持证券(ABS)的称谓；再后来，由于混合型证券(具有股权和债权性质)越来越多，干脆用 CDOs(Collateralized Debt Obligations)概念代指证券化产品，并细分为 CLOs、COMs、CBOs 等产品；最近几年，还采用金融工程方法，利用信用衍生产品构造出合成的 CDOs。

三、资产证券化的有关当事人

资产证券化交易比较复杂，涉及的当事人较多。资产证券化主要市场主体包括发起人、SPV、资金和资产存管机构、信用增级机构、信用评级机构、承销人、投资人和其他服务机构等。

(一)发起人

发起人也称原始权益人，是证券化基础资产的原始所有者，通常是金融机构或大型工商企业。

(二)特定目的机构或特定目的受托人(SPV)

这是指接受发起人转让的资产，或受发起人委托持有资产，并以该资产为基础发行证券化产品的机构。选择特定目的机构或受托人时，通常要求满足所谓破产隔离条件，即发起人破产对其不产生影响。

SPV 的原始概念来自防火墙(china wall)的风险隔离设计，它的设计主要是为了达到"破产隔离"的目的。SPV 的业务范围被严格地限定，所以它一般是不会破产的高信用等级实体。SPV 在资产证券化中具有特殊的地位，它是整个资产证券化过程的核心，各个参与者都将围绕着它来展开工作。SPV 有特殊目的公司(Special Purpose Company，SPC)和特殊目的信托(Special Purpose Trust，SPT)两种主要表现形式。

(三)资金和资产存管机构

为保证资金和基础资产的安全，特定目的机构通常聘请信誉良好的金融机构进行资金和资产的托管。

(四)信用增级机构

此类机构负责提升证券化产品的信用等级，为此要向特定目的机构收取相应费用，并在证券违约时承担赔偿责任。在有些证券化交易中，并不需要外部增级机构，而是采用超额抵押等方法进行内部增级。

(五)信用评级机构

如果发行的证券化产品属于债券，发行前必须经过评级机构进行信用评级。

国外主要评级机构有标准普尔(Standard & Poor)、穆迪(Moody)、惠誉(Fitch)、达夫菲尔普斯(D&P)。

国内主要评级机构有大公和中诚信。

(六)承销人

承销人是指负责证券设计和发行承销的投资银行。如果证券化交易涉及金额较大，可能会组成承销团。

(七)证券化产品投资者

证券化产品投资者就是证券化产品发行后的持有人。

除上述当事人之外，证券化交易还可能需要金融机构充当服务人，服务人负责对资产池中的现金流进行日常管理，通常可由发起人兼任。

四、资产证券化应注意的问题

在资产证券化过程中，最重要的有三个方面的问题。

(1) 必须由一定的资产支撑来发行证券，且其未来的收入流可预期。

(2) 资产的所有者必须将资产出售给 SPV，通过建立一种风险隔离机制，在该资产与发行人之间筑起一道防火墙，即使其破产，也不影响支持债券的资产，即实现破产隔离。

(3) 必须建立一种风险隔离机制，将该资产与 SPV 的资产隔离开来，以避免该资产受到 SPV 破产的威胁。

后两个方面的问题正是资产证券化的关键之所在。其目的在于减少资产的风险，提高该资产支撑证券的信用等级，降低融资成本，同时有力地保护投资者的利益。

互动话题

列举几个资产证券化的实例。资产证券化的程序及关键点是什么？

第六节　房地产项目融资

一、项目融资概述

从广义上讲，为了建设一个新项目或者收购一个现有项目，或者对已有项目进行债务重组所进行的一切融资活动都可以被称为项目融资。从狭义上讲，项目融资(project finance)是指以项目的资产、预期收益或权益作抵押取得的一种无追索权或有限追索权的融资或贷款活动。通常提到的项目融资仅指狭义上的概念。

项目融资始于 20 世纪 30 年代美国油田开发项目，后来逐渐扩大范围，广泛应用于对石油、天然气、煤炭、铜、铝等矿产资源的开发，如世界最大的、年产 80 万吨铜的智利埃斯康迪达铜矿，就是通过项目融资实现开发的。项目融资作为国际大型矿业开发项目的一种重要的融资方式，是以项目本身良好的经营状况和项目建成、投入使用后的现金流量作为还款保证来融资的。它不需要以投资者的信用或有形资产作为担保，也不需要政府部门的还款承诺。贷款的发放对象是专门为项目融资和经营而成立的项目公司。

在我国，项目融资常用于建造一个或一组大型生产装置、基础设施、房地产项目或其他项目，包括对在建或已建项目的再融资贷款；其借款人通常是为建设、经营该项目或为该项融资而专门组建的企事业法人，包括主要从事该项目建设、经营或融资的既有企事业法人；还款资金来源主要依赖该项目产生的销售收入、补贴收入或其他收入，一般不具备其他还款来源。项目融资具有项目导向、有限追索、风险分担、信用结构多样化等特点。

项目融资用来保证贷款偿还的依据是项目未来的现金流量和项目本身的资产价值，而非项目投资人自身的资信。它具有以下特点。

(一)有限追索或无追索

在其他融资方式中，投资者向金融机构的贷款尽管是用于项目，但是债务人是投资者而不是项目，整个投资者的资产都可能用于提供担保或偿还债务，也就是说债权人对债务有完全的追索权，即使项目失败也必须由投资者还贷，因而贷款的风险对金融机构来讲相对较小。而在项目融资中，投资者只承担有限的债务责任，贷款银行一般在贷款的某个特定阶段(如项目的建设期)或特定范围可以对投资者实行追索，而一旦项目达到完工标准，贷款将变成无追索。

无追索权项目融资是指贷款银行对投资者无任何追索权，只能依靠项目所产生的收益作为偿还贷款本金和利息的唯一来源，最早在 20 世纪 30 年代美国得克萨斯油田开发项目中应用。由于贷款银行承担的风险较高、审贷程序复杂、效率较低等原因，目前已较少使用。

(二)融资风险分散，担保结构复杂

由于项目融资资金需求量大、风险高，所以往往由多家金融机构参与提供资金，并通过书面协议明确各贷款银行承担风险的程度，一般还会形成结构严谨而复杂的担保体系。如澳大利亚波特兰铝厂项目，由 5 家澳大利亚银行以及比利时国民银行、美国信孚银行、澳大利亚国民资源信托资金等多家金融机构参与运作。

(三)融资比例大，融资成本高

项目融资主要考虑项目未来能否产生足够的现金流量偿还贷款以及项目自身风险等因素，对投资者投入的权益资本金数量没有太多要求，因此绝大部分资金是依靠银行贷款来筹集的，在某些项目中甚至可以做到100%的融资。

由于项目融资风险高，融资结构、担保体系复杂，参与方较多，因此前期需要做大量协议签署、风险分担、咨询顾问的工作，需要发生各种融资顾问费、成本费、承诺费、律师费等。另外，由于风险的因素，项目融资的利息一般也要高出同等条件抵押贷款的利息，这些都导致项目融资同其他融资方式相比融资成本较高。

(四)实现资产负债表外融资

即项目的债务不表现在投资者公司的资产负债表中。资产负债表外融资对于项目投资者的价值在于使某些财力有限的公司能够从事更多的投资，特别是一个公司在从事超过自身资产规模的投资时，这种融资方式的价值就会充分体现出来。这一点对于规模相对较小的我国矿业集团进行国际矿业开发和资本运作具有重要意义。由于矿业开发项目建设周期和投资回收周期都比较长，如果项目贷款全部反映在投资者公司的资产负债表中，很可能

造成资产负债比例失衡，影响公司未来的筹资能力。

二、项目融资的新种类

建设一个新项目，收购一个现有项目或者为已有项目进行重组时所进行的项目融资，都是以项目的预期收益或权益作抵押的。由于项目也可能失败，所以该融资有无追索权就显得尤为重要。项目融资一般分为无追索权的项目融资和有限追索权的项目融资。

(一)无追索权的项目融资

无追索权(no-recourse)的项目融资也称为纯粹的项目融资，在这种融资方式下，贷款的还本付息完全依靠项目的经营效益。同时，贷款银行为保障自身的利益必须从该项目拥有的资产取得物权担保。如果该项目由于种种原因未能建成或经营失败，其资产或受益不足以清偿全部贷款时，贷款银行无权向该项目的主办人追索。

无追索权项目融资在操作规则上具有以下特点。

(1) 项目贷款人对项目发起人的其他项目资产没有任何要求权，只能依靠该项目的现金流量偿还。

(2) 项目发起人利用该项目产生的现金流量的能力是项目融资的信用基础。

(3) 当项目风险的分配不被项目贷款人所接受时，由第三方当事人提供信用担保将是十分必要的。

(4) 该项目融资一般建立在可预见的政治与法律环境和稳定的市场环境基础之上。

(二)有限追索权的项目融资

有限追索权(limited-recourse)的项目融资，要求除了以贷款项目的经营收益作为还款来源和物权担保外，贷款银行还要求有项目实体以外的第三方提供担保，贷款银行有权向第三方担保人追索。但担保人承担债务的责任，以他们各自提供的担保金额为限，所以称为有限追索权的项目融资。

项目融资的有限追索性表现在以下三个方面。

(1) 时间的有限性。即一般在项目的建设开发阶段，贷款人有权对项目发起人进行完全追索，而通过"商业完工"标准测试后，项目进入正常运营阶段时，贷款可能就变成无追索性的了。

(2) 金额的有限性。如果项目在经营阶段不能产生足额的现金流量，其差额部分可以向项目发起人进行追索。

(3) 对象的有限性。贷款人一般只能追索到项目实体。

三、项目融资的参与者

由于项目融资的结构复杂，因此参与融资的利益主体也较传统的融资方式利益主体要多。概括起来主要包括以下几种：项目公司、项目投资者、银行等金融机构、项目产品购买者、项目承包工程公司、材料供应商、融资顾问、项目管理公司等。

项目公司是直接参与项目建设和管理，并承担债务责任的法律实体，也是组织和协调整个项目开发建设的核心。项目投资者拥有项目公司的全部或部分股权，除提供部分股本资金外，还需要以直接或间接担保的形式为项目公司提供一定的信用支持。金融机构(包括银行、租赁公司、出口信贷机构等)是项目融资资金来源的主要提供者，可以是一两家银行，也可以是由十几家银行组成的银团。

项目融资过程中的许多工作需要具有专门技能的人来完成，而大多数的项目投资者不具备这方面的经验和资源，需要聘请专业融资顾问。融资顾问在项目融资中发挥着重要的作用，在一定程度上影响着项目融资的成败。融资顾问通常由投资银行、财务公司或商业银行融资部门来担任。

项目产品的购买者在项目融资中发挥着重要的作用。项目的产品销售一般是通过事先与购买者签订的长期销售协议来实现的，而这种长期销售协议形成的未来稳定现金流构成了银行融资的信用基础。特别是资源性项目的开发受到国际市场需求变化影响，价格波动较大，能否签订一个稳定的、符合贷款银行要求的产品长期销售协议往往成为项目融资成功实施的关键。如澳大利亚的阿施顿矿业公司开发的阿盖尔钻石项目，欲采用项目融资的方式筹集资金。由于参与融资的银行认为钻石的市场价格和销售存在风险，融资工作迟迟难以完成，但是当该公司与伦敦信誉良好的钻石销售商签订了长期包销协议之后，阿施顿矿业公司很快就获得了银行的贷款。

四、项目融资的应用流程

项目融资一般要经历融资结构分析、融资谈判和融资执行三个阶段。

(一)融资结构分析阶段

通过对项目进行深入而广泛的研究，项目融资顾问协助投资者制定出融资方案，签订相关谅解备忘录、保密协议等，并成立项目公司。

(二)融资谈判阶段

融资顾问将代表投资者同银行等金融机构接洽，提供项目资料及融资可行性研究报告。贷款银行经过现场考察、尽职调查及多轮谈判后，将与投资者共同起草融资的有关文件。同时，投资者还需要按照银行的要求签署有关销售协议、担保协议等文件。整个过程需要经过多次的反复谈判和协商，既要在最大限度上保护投资者的利益，又能为贷款银行所接受。

(三)融资执行阶段

由于融资银行承担了项目的风险，因此会加大对项目执行过程的监管力度。通常贷款银行会监督项目的进展，并根据融资文件的规定，参与部分项目的决策程序，管理和控制项目的贷款资金投入和现金流量。银行的参与在某种程度上也会帮助项目投资者加强对项目风险的控制和管理，从而使参与各方实现风险共担、利益共享。

随着国内资源企业走出去的步伐加快，项目融资的多元融资和风险分担优势越发显现出来，因此企业有必要尽快了解项目融资的特点、优势，并不断摸索、掌握项目融资的流程和步骤，提高融资能力，为境外矿产资源的顺利开发及自身的迅速发展获取资金保障。

五、项目融资的申请条件

一般情况下，项目融资应具备下列申请条件。

(1) 项目本身已经经过政府部门批准立项。

(2) 项目可行性研究报告和项目设计预算已经政府有关部门审查批准。

(3) 引进国外技术、设备、专利等已经政府经贸部门批准，并办妥了相关手续。

(4) 项目产品的技术、设备先进适用，配套完整，有明确的技术保证。

(5) 项目的生产规模合理。

(6) 项目产品经预测有良好的市场前景和发展潜力，盈利能力较强。

(7) 项目投资的成本以及各项费用预测较为合理。

(8) 项目生产所需的原材料有稳定的来源，并已经签订供货合同或意向书。

(9) 项目建设地点及建设用地已经落实。

(10) 项目建设以及生产所需的水、电、通信等配套设施已经落实。

(11) 项目有较好的经济效益和社会效益。

(12) 其他与项目有关的建设条件已经落实。

六、项目融资计划书的主要内容

通常情况下，一份标准的项目融资计划书应具备下列几方面的内容。

(1) 项目的经营对象和范围。

(2) 投资规模。

(3) 所需要的融资服务的规模。

(4) 建设周期。

(5) 项目收益的主要来源(这部分要详细可信)。

(6) 项目的年回报率(详细可信)。

(7) 项目建设者和经营者的资历(此处也是重要部分)。

(8) 其他情况，其中包括是否经主管部门批准，特殊的项目是否已经办理好特殊手续，是否是国家或者地方重点扶持项目，等等。

互动话题

列举几个项目融资的实例。项目融资的程序及关键点是什么？

课 后 阅 读

张民耕：被逼出来的房地产金融创新

2010 年 8 月 11—14 日，观点地产新媒体主办的"2010 博鳌房地产论坛"在海南博鳌开幕。论坛邀请了樊纲、周其仁、陈淮、巴曙松、陈启宗、任志强、刘晓光、施永青、凌克等学者和企业精英参会，共议"新政下的中国房地产"。

以下内容为盛世神州房地产投资基金管理(北京)有限公司董事长张民耕先生13日下午的现场演讲实录。

张民耕:

各位博鳌论坛最忠实的参与者,下午好!在此我向各位表示致敬,同时相信大家的坚守也是非常有收益的。

我刚才还跟凌克董事长交流,下午的演讲知识性非常强,大家的收益一定比上午还要多。我今天讲的也是私募房产投资基金,好像跟苏鑫商量了一样,其实并没有商量。虽然我们讲的是同一件事情,但讲的是不同方面。

我先做一个解释,上帝关上了一道门,我们打开了一扇窗。这个上帝不是政府,政府也有很多事搞不定,这个上帝是各式各样的社会和经济规律。我们也不是指我们,是指在金融领域为房地产金融创新服务的工作人员。

近年来房地产创新有各种各样的产品,私募房地产投资基金只是其中一个方面或者一个产品。我这儿讲的是被逼出来的地产金融创新,要讲的实际上是形势所迫。

房地产是十年九调控,在逐步调控中,房地产开发商和房地产金融从业人员一直在寻找怎么走出一个调控怪圈的方法,我们发现私募房地产投资基金可能是解决这样一个怪圈的一条路。

美国房地产创新也是被逼出来的。

第一,住房抵押贷款、长期低息分期付款。1932年美国总统签署了房地产抵押贷款法,1934年国会通过了《全国住房法》后,就产生了住房抵押贷款、长期低息分期付款。同时也带动了美国金融复苏。

第二,REITs正式成立。"二战"结束对住房需求膨胀,逼出了房地产投资基金的诞生,促进了美国房地产和地产金融成熟。1960年,美国总统艾森豪威尔签署了国内《税收法》,这标志着REITs正式创立。

第三,房地产金融证券化。20世纪60年代美国经济又进入了衰退期,流动性短缺。银行贷出去的钱、房地产信托的钱不能进入再循环,所以流动性短缺,于是逼出了抵押贷款证券化。有一个品种叫MBS,由于房地产的贷款可以变成证券化,银行可以把房地产贷款卖给信托公司、保险公司、各种投资人,这样就获得了流动性,使得整个经济又活跃起来,促进了房地产金融的证券化。

每当美国经济和房地产面临重大问题和危机时,往往是寻求金融创新解决重大问题的契机。由于房地产经济的重要地位,也使得美国房地产制度创新同时成为美国经济发展的巨大动力。对于我们来说,就是不要怕创新,这种创新往往会为整个经济带来巨大动力。美国房地产投资基金在城市化发展和房地产业成熟进程中起到了关键作用。

REITs募集形式:第一,比较自由;第二,专业化操作;第三,可预测的现金流,长期稳定的投资;第四,多种组合,分散风险。REITs使美国房地产从私人资本支撑转化为公众资本支撑,成为一个大众产业。专业化操作使得房地产收益接近债券投资,使得投资人可以从投机转向理性,尤其是多种灵活的REITs产品,使得小资金也可以进入房地产市场。对我们中国房地产界来说,房地产投资基金可能是走出房地产调控、反弹恶性循环的根本解决之道。中国的城市化和房地产的根本问题就是土地问题和金融问题。

土地问题这里不谈,对于金融问题而言,房地产基金是最终找到的走出调控反弹循环的根本解决之道。为什么这么说呢？我讲一下我们的历程。十年九调控，久病成良医，以以前的实践为例，我们有一个"6、5、4、3、2、1"。我们创立这个基金是起源于六年前萌生的一个理念，凝聚五方股东的远见与共识，发起基金的初衷是为实现四个愿望，打造三大核心竞争力和资源优势，寻找和培育两类战略合作伙伴，锻炼一支特别能战斗的队伍。现在我们内部培训每两个月进行一次。

在这个过程当中，我觉得我们不是孤军作战的，就像苏鑫说的一样。我们前些天由苏鑫提倡，北京华本俱乐部主持博鳌论坛。北京房地产商这个习惯特别好，有问题开会，大家一起讨论。我们欣喜地看到，在北京运作的全国现在可以上榜的房地产投资基金已经有三四十个，发起和经营房地产投资基金的势头呈现风起云涌之势。

我相信房地产投资基金在我国也是具有强大生命力、具有远大发展前景的。这里讲它的作用，我们认为房地产投资基金将在我国城市化进程和房地产业发展成熟的过程中发挥关键性的作用。第一，房地产基金可动员巨额的社会资金参与到城市化进程和房地产开发中。增加供给，增大存量，缓和供求矛盾，平抑房价，降低中国城市化的经济和社会成本。第二，房地产投资基金在增加房地产基金的同时，促进行业分工细化，可以分化出房地产开发、投资、基金管理、营销和物业管理，促进行业健康、精细、平稳发展。第三，房地产投资基金在自身发展中也会从私募走向公募。它肯定会走到这一天，并且演化出各种品种，如房地产私募投资基金、公募投资基金，丰富金融市场，分享金融收益，分担金融风险。第四，房地产投资基金使中小投资者能够从源头进入房地产开发，分享城市和房地产开发红利，减少盲目投资需求，增加理性投资需求。

下面谈谈我们在做这个基金过程中的一些感受。房地产投资基金的建立和运营必须进行符合中国实际的创新，它本身的品种就是创新，但是在创立过程又要进行和国外不同的创新。在国外房地产基金已经发行几十年，有光辉的业绩、深厚的投资阶层，在中国完全是一个新生事物，要被社会接受，必须回答好投资人的若干问题，以我们的经验来说大概要回答四个问题。

(1) 业绩怎么样。房地产投资基金本质上是一个产业基金，必须回答你这个基金和你这个基金管理公司在行业当中的业绩问题。我们是怎么解决的呢？我们是以管理公司的五个股东单位的业绩为证。今后还是要以这些公司的业绩来为证。

(2) 房地产投资基金的基本能力在于替人挣钱能力，所以必须回答好核心竞争力是什么。

(3) 房地产基金是替人理财的一种企业，必须回答诚信和利益一致的问题。国外房地产基金一般管理人只出 1%，我们却出 20%，这是最大化的利益一致性。同时我们还提供了在规章制度、财务、法律方面的保障。

(4) 房地产投资基金是以项目为生命线，必须回答投资项目的选择问题。除了规定现在投资的地域、财务、法务外，还建立了十几个项目的优质项目库。

在运作过程当中，由于房地产投资基金既有金融属性，又是服务行业，我们这些人都是开发商转行，因此我把开发的这块交给职业经理人，我就专心致志做房地产基金，即使这样还不行，还要完成思维转变。第一，是开发思维转向金融思维。第二，从满足自身需求转向创造和满足合作方需求。我们有三个提法：为开发商雪中送炭，提供一种新的乐观的融资渠道；为金融机构锦上添花，提供一种新的避险工具；为社会投资者保驾护航，提供一种不同于炒房炒地的安全性与收益性结合的投资收益平台，即为社会大众创造介入房地产开发的平台，从房地产开发的源头来分享原始股开发收益。谢谢各位！

(资料来源：搜狐网. 张民耕：被逼出来的房地产金融创新[EB/OL].[2010-10-14].

http://news.focus.cn/bi/2010-10-14/1071262-1.html)

思考与练习

1. 房地产投资的形式有哪些？
2. 房地产投资的系统风险和个别风险分别包括哪些方面？
3. 简述房地产开发资金筹集的内涵。
4. 房地产开发资金筹集方式主要有哪些？
5. 房地产开发企业自有资金由哪几部分组成？
6. 房地产股份有限公司可通过哪几种方式筹集资本金？
7. 在房地产项目开发建设中，为满足项目筹资需要的房地产抵押贷款主要有哪几种？
8. 筹资的资金成本由哪几部分组成？
9. 评价筹资方案优劣的主要指标有哪些？

第六章 房地产开发项目的前期工作

引例

商办用地引人注目 上海八地连拍成交卖出40亿

沉寂良久的上海土地市场六月份相当热闹，继上周五两幅宅地上市后，昨天，又有八幅住宅和商业用地进入市场。尽管在资金相当紧张的情况下，大部分开发商谨慎拿地，但是上海宅地和商办用地仍然较为引人注目，八幅地块无一流拍。

一、八幅地块无一流拍

昨天，上海迎来今年以来最大规模单日土地出让，出让面积高达38万平方米，其中纯宅地21.5万平方米，占本次土地出让面积的57%。8幅土地中，嘉定区就囊括了3幅纯宅地及3幅商办地块，另有青浦、奉贤的2幅商办、商住地块。

绿新投资、万龙投资联合以2亿元拿下华新镇8号住宅地块，楼板价每平方米7993元，溢价率100%。而另一幅地块位于奉贤区奉城镇兰博路南侧、南门港以东，被中建楷昕、华东中建地产联合以3.4亿元拿下，楼板价每平方米2822元。

此轮土地出让显示，纯宅地以及具有住宅属性的商业用地对开发商还是有着极大的吸引力。中原地产有关分析人士指出，八幅地块仅一幅溢价率较高，这与其起始的定位有关，这些地块的起始价位普遍较高，衡量周围在售楼盘价格，未来开发利润已经普遍遭到挤压。而从六月以来的土地出让情况来看，众多开发企业尽管拿地渴求依旧，但并不愿意冒险拿地，他们普遍预期房价在未来2~3年内走势趋稳。

二、嘉定六幅地卖了37亿

值得注意的是，昨天，上海土地市场上市的八幅地块中，有六幅地块在嘉定区，这六幅嘉定地块出让总价达到37亿元人民币。上海亨盛置业有限公司、新加坡明峰投资私人有限公司联合12.51亿元拿下嘉定区德园路以东、金迈路以北住宅地块，楼板价每平方米9704元，溢价率33%。泰路置业、好世投资联合15.6亿元拿下嘉定区槎溪路以西、金通路以南住宅地块，楼板价10 200元每平方米，溢价率39.6%。红土置业9956万元拿下嘉定区福海路南、普惠路东商办地块，楼板价每平方米2523元。旭辉1.03亿元拿下高台路以南、裕民路以东商业地块。同济房产、同济大学建筑设计院6.5亿元拿下德园路以东、金通路以北住宅地块，这也是该房企连续2周拿下住宅地块。个人买家杨红光以4400万元拿下嘉定区永盛路以东、福海路以南商办地块，该地块溢价率高达163%，楼板价约为每平方米6579元。在楼市限购和开发商资金紧张的情况下，总价不高的地块受到了个人投资者的欢迎。

昨天的土地出让还相当具有戏剧性。近年来，包括绿地、华润等在内的多家企业均在嘉定拿地，此次土地出让中，位于嘉定南翔的地块依旧吸引了众多开发商的关注。其中有两幅地块的领取竞买申请书人数已超过50人，是今年以来上海土地市场上最高的，但最终进入竞价环节的不足 10 人，而均价在 11 000 元/平方米的楼面地价，属于相当理性的竞买结果，开发商利润空间已被大幅压缩。

(资料来源：房天下网. 商办用地引人注目 上海八地连拍成交卖出 40 亿[EB/OL].[2011-06-10].
http://sydc.fang.com/2011-06-10/5200997.htm)

房地产项目开发的前期工作阶段是指在投资决策后到正式施工之前的一段时间，这一时间内要完成的主要工作是获取土地使用权、落实资金及完成项目的规划设计。具体地说，前期工作主要包括：获得土地使用权；实施筹资计划；规划方案的扩初设计；获得规划及配套部门的许可；征地、拆迁、安置、补偿；施工现场的"三通一平"或"七通一平"；估算工程量和开发成本；与建筑商初步洽谈承发包事宜。前期工作的质量是整个房地产项目的关键。前期工作主要由策划师和报建员来完成。

策划师的岗位职责如下：①制定项目建议书、可行性研究报告、策划方案、推广方案和广告策划案，制定项目促销策略；②负责组织编写项目的相关策划文案、企业刊物文案等；③负责配合广告公司拟定项目报版广告主题及广告创意设计；④负责组织编写项目楼书、各种宣传册及宣传期刊；⑤其他策划工作。

报建员的岗位职责如下：①负责协调房地产开发前期主管部门完善各种具体手续，保证开发计划顺利实施；②负责协调与市政府有关部门的关系，确保市政配套设施符合公司开发项目的需要，组织有关部门完成市政配套设计，完善小区的各种市政配套设施；③完善房屋入住所需的各种手续、证件等；④参与各有关单位及部门经济合同的谈判，并及时整理已完成的合同；⑤处理公司交予的其他事宜。

前期工作人员应具备的专业条件如下：熟悉本地房地产开发政策、流程及报审、报建、竣工验收等各项手续的审批程序；熟悉项目规划、建筑、水、电、热、气等方面的基础知识及房地产报建流程；能够独立完成前期管线会签、各项配套工程接入、验收；具备出色的语言表达能力、沟通协调能力，有较强的配合意识和团队精神。

第一节　土地使用权的取得

一、土地使用权的概念

土地使用权是指土地使用人依法对土地进行开发和利用，以满足自己某种需要的权利。它是独立于土地所有权的他物权，包括对土地的占有权、使用权和一定范围的收益权，以及一定条件下的处分权。我国土地使用权分为国有土地使用权和农村集体土地使用权两种。

国有土地使用权是指国有土地的使用人(公民或法人)在法律许可的范围内，对依法取得的国有土地所享有的土地占有、使用、收益和处分的权利。国有土地使用权是一种有期限的民事权利。国有土地使用权的取得方式有划拨、出让、出租、入股等。有偿取得的国有土地使用权可以依法转让、出租、抵押和继承。划拨土地使用权在补办出让手续、补缴或抵交土地使用权出让金之后，才可以转让、出租、抵押。

农村集体土地使用权是指农村集体土地的使用人依法利用土地并取得收益的权利。农村集体土地使用权可分为农用土地使用权、宅基地使用权和建设用地使用权。农用土地使用权是指农村集体经济组织的成员或者农村集体经济组织以外的单位和个人从事种植业、林业、畜牧业、渔业生产的土地使用权。宅基地使用权是指农村村民住宅用地的使用权。建设用地使用权是指农村集体经济组织兴办乡(镇)企业和乡(镇)村公共设施、公益事业建设用地的使用权。按照《土地管理法》的规定，农用土地使用权通过发包方与承包方订立承包合同取得。宅基地使用权和建设用地使用权通过土地使用者申请，经县级以上人民政府依法批准取得。

二、土地使用权的有偿转让

土地使用权的有偿转让分为划拨土地使用权、城镇国有土地使用权的出让、城镇国有土地使用权的转让、土地使用权的出租和土地使用权的抵押五种基本形式。

(一)划拨土地使用权

划拨土地使用权，即土地使用权人通过审批的方式而取得的土地使用权。划拨土地的使用权人也必须依照有关法律的规定交纳土地使用税，但与通过出让、转让、出租、抵押、变卖等方式取得的土地使用权不同，划拨土地使用权的基本特征是其取得方式的非市场性，依照法律的规定，其总是无偿或只经过补偿即可取得。

(二)城镇国有土地使用权的出让

国有土地使用权的出让是指国家以土地所有人的身份，将一定时间内的国有土地的使用权有偿转让给土地所有人的一种法律行为。土地使用者以向国有土地所有者代表支付出让金为对价而原始取得有期限限制的国有土地使用权。简单来说，就是指国家将国有土地使用权在一定年限内出让给土地使用者，由土地使用者向国家支付土地使用权出让金的交易行为。

(三)城镇国有土地使用权的转让

城镇国有土地使用权的转让，即土地使用人将土地使用权再转移的行为，包括出租、交换和赠与。其实质上是，土地使用权人依照法律的规定，将自己合法取得的土地使用权有偿或无偿地转让给他人的法律行为。

(四)土地使用权的出租

土地使用权的出租，即以承租人向出租人支付租金为条件，作为出租人的城镇国有土地使用权人将自己合法取得的土地使用权随同地上建筑物或其他附属物租赁给承租人的行为。

土地使用权的出租，并未使出租人丧失土地使用权人的法律地位，他只是为了获取租金，而在出租期间将自己合法取得的土地使用权让与承租人。出租期满，土地使用权即又自动回到其手中。正因为如此，即使土地使用权已经出租，原土地使用权人仍然负有责任，必须履行他和国家签订的土地出让合同中的各种义务。

(五)土地使用权的抵押

土地使用权的抵押，即指城镇土地使用权的抵押，它是不动产抵押的一种。具体是指当土地使用权人与其他人有债务关系时，土地使用权人可以将自己合法取得的土地使用权作为债务履行的担保，在自己不能履行债务时，债权人有权将用以担保的土地使用权按合同规定予以处分，并将处分的收益补偿土地使用权人所欠债务的这样一种法律行为。

三、房地产开发用地管理

国土资源房管、规划等部门要加强对房地产开发用地的监管。市国土资源房管部门应依据房地产开发年度计划编制年度用地计划。房地产开发主管部门应组织有关部门对开发项目的类别、开发期限、项目拆迁补偿要求、基础设施和公共设施的建设要求以及产权界定提出书面意见。规划部门应对开发项目的性质、规模、规划设计条件提出书面意见，作为房地产开发用地出让或划拨的依据之一。对超出合同约定动工开发日期满 1 年未动工开发的，依法从高征收土地闲置费，并责令限期开工、竣工；满 2 年未动工开发的，无偿收回土地使用权。对虽按期开工，但开发建设面积不足 1/3 或已投资额不足 1/4，且未经批准中止开发建设连续满 1 年的，按闲置土地处置。

房地产开发企业必须按照国有土地使用权出让合同的约定支付土地出让金，并按合同约定的动工时间进行开发建设。对擅自改变土地使用性质、超出用地规模开发建设、利用集体土地进行房地产开发或与集体经济组织私自签订协议非法开发等行为，市国土资源房管部门应依法查处。

四、农地征用和补偿

农地征用指国家为了社会公共利益的需要，依据法律规定的程序和批准权限批准，并依法给予农村集体经济组织及农民补偿后，将农民集体所有土地变为国有土地的行为。农地征用的过程，就是将待征土地的集体所有权变为国有土地所有权的过程。

我国农地征用制度形成于计划经济时代，从新中国成立后沿用至今。尽管其间在征地补偿标准方面作了一些调整，但是没有从根本上触动农地征用制度本身，这与我国市场经济体制的改革进程已经很不相适应。尤其是现行农地征用制度在征地目的界定、征地范围划分以及农地征用安置补偿办法等方面存在着诸多的弊端，既造成了"征而不用""多征少用"和"征而迟用"等现象，降低了土地配置效率，又带来了大量的失地农民，影响了社会的稳定。与此同时，随着市场经济体制改革的深入和加入 WTO，对包括土地产权在内的财产权的保护已经成为人们日益关注的话题。因此，改革我国农地征用制度、清晰地界定农地征用目的、合理划定农地征用范围、科学地论证征地补偿及安置办法，已经成为迫在眉睫的任务。

(一)农地征用范围的具体界定

国外的土地制度多为私有制，征地的对象是私有土地，土地产权非常明晰，因而公共利益是构成国家行使农地征用权的唯一合法条件。由于公共利益的抽象性、动态性以及非特定性，使得在具体判断时难免带有主观色彩，并且可能存在不同的判断标准。为了防止解释不当导致征用权滥用或不当限制征用权的行使，国外(地区)对公共利益用地范围都作了具体的规范，其立法体例有两种：一是概括式规定，二是列举加概括式。采用列举式可以明确农地征用权利行使的部分具体范围，可最大限度地减少征用权行使的自由裁量权，维护公共利益的权威性，强化征用权行使的操作性。概括式的规定是为了适应社会发展，落实国家经济政策的实施需要而给予一定的法律空间，在符合公共利益需要的时候，由法律授权相关部门确定用地符合公共利益性质而允许行使征用权，是对列举式的补救。

　　我国土地一度被视为无偿或低偿征用，存在征用范围过宽的现象，大量的非公共利益性的用地也通过征用手段获取，直接导致一系列社会问题。当前征用土地过程中对"公共利益"的掌握理解也基本上属于行政机关的自由裁量权，法律上又无相应制度规定进行事前调查监督。因此，较宽的农地征用范围既容易产生滥用征用权，也不利于社会对土地这种稀缺资源的保护利用；相反，明确界定农地征用范围既符合农地征用权的理论，也有利于国家控制土地利用，有利于社会长远发展。

　　由于我国土地产权模糊，产权主体不明，缺少所有权主体对农地征用的制约作用，因此实施"唯一标准"非常困难。况且国家是一个社会的管理者和组织者，不会也没有能力亲自去实施每一项公共利益事业。它必须借助各种企业去完成某些公共利益，并将征用的土地移转给这些企业。农地征用行为在满足公共利益的同时，也使某一特定私人获益，并不违反社会公共利益目的。例如，征用土地并移转给能源企业或水污染处理公司，而该企业或公司为公众提供电源或美化环境，从而实现公共任务。因此，建议将征地划分为公益性征用和经营性征购两类：前者指的是以公共利益为目的且属于非营利性的用地；后者是指以盈利为目的的经营用地，包括公益类中的经营用地和非公益类的经营用地。要说明的是，划分征地类型的主要依据是看用地单位使用土地是否以盈利为目的。

(二)征地补偿标准的确定

　　按照现行法律规定，我国征用集体土地的补偿费包括土地补偿费、安置补助费以及地上附着物和青苗补偿费等。而征地的补偿费标准在某些方面不够合理，具体表现为：首先，对土地所有权的补偿缺乏依据。征地的过程是土地所有权转移的过程。因此，在市场经济条件下如何评估土地所有权的价格，并以此为依据确定征地补偿费，是征地实践中急需解决的重大问题。其次，征地补偿费测算方法不科学。按照法律规定，征地补偿费是按照土地被征用前三年平均年产值的若干倍来测算的，但由于土地利用方式、种植制度、市场情况、区域差异等条件的不确定性，这种测算方法难以准确地反映被征用土地的本质特性。农民不能拒绝征地，但随着他们商品意识的加强，逐渐认识到土地的价值会随着经济的发展而升值。于是，农民与征地者之间就征地补偿费的高低会进行激烈的甚至是持久的讨价还价。征地者常常为了不违反法律和早日征到土地，表面上按规定的标准补偿征地费，暗中又以其他方式额外给予补偿，并且额外补偿的费用更多，以达到"两全其美"的效果。这说明《土地管理法》规定的征地补偿费标准已不适应当前的形势，而暗中予以补偿的征地费也不能正确评估出土地的价值，反而造成各地征地补偿标准不一致，难以统一管理。农民漫天要价又会拖延国家建设项目的进程，导致征地的不正当黑市交易活动，增加交易成本，也为一些干部从中谋私大开方便之门。

与世界其他国家相比，我国的征地补偿范围小、标准偏低。在征用土地的补偿原则和补偿标准方面，我国与世界各国的普遍做法之间尚有很大的距离。综观国内外的征地立法，多数国家都经历了完全补偿—不完全补偿—相当补偿的变化过程，相当补偿原则是征地补偿制度发展的趋势。在确定征地补偿标准时，应充分考虑我国的具体国情，对公益性征用采用不完全补偿原则，征地费以农用土地基准地价为标准测算；而对于经营性征购，则应采用完全补偿原则，按市价水平计算购地费。

根据上述补偿原则，结合我国农用土地分等定级估价工作在逐步展开的实际情况，建议将征地的补偿标准按以下方法确定：征用土地的征地费由地价款、安置补助费以及地上附着物和青苗的补偿费构成；征用城市郊区的菜地，用地单位应当按照国家有关规定缴纳新菜地开发建设基金。其中地上附着物和青苗的补偿费应如实补偿，地价款以农地基准地价为标准测算。其中农地基准地价是在农地本身的自然条件、社会条件、经济条件下，农地所有权（含使用权）在未来一定年限收益的资本化区域平均价格，其价值内涵是"农地级差地租Ⅰ+农地级差地租Ⅱ+绝对地租（农用）"的资本化。征购土地的购地费，应当由被征购地的地价款、地上附着物和青苗的补偿费构成，其中地上附着物和青苗的补偿费应如实补偿，地价款以在农地基准地价的基础上，参考集体农用地转为国有建设用地后的用途及预期收益等因素确定。其价值内涵是"农地征用价格+绝对地租（非农）"的资本化。

(三)对被征地农民的安置

对于被征地农民的安置问题，原《土地管理法》规定得较为具体，但随着社会主义市场经济体制的逐步确立和户籍制度、劳动用工制度的改革，原有的劳动力安置办法和"农转非"等办法在实践中已失去意义。在市场经济条件下，劳动力安置的主要方法应当是对被征地的农民集体采取货币安置、入股安置和社会保险安置等。我国目前正处于新旧经济体制转轨时期，对被征地农民的安置办法也正处于转变过程之中。由于长期实行的城乡隔离政策和二元社会结构导致居住在农村的居民通常文化素质、知识技能相对较低，在城市中能从事的一般都是低声望、低技术劳动和低社会参与的职业。社会地位低下，在竞争中自然处于被动地位，农村居民的社会支持网以及在城市中可能从事的职业难以支持他们在城市长期居住。而新《土地管理法》虽然有"地方各级人民政府应当支持被征地的农村集体经济组织和农民从事开发经营、兴办企业"等规定，但这只是原则性的，对具体的安置办法未作规定。这样，在生存能力低下和被排除在社会保障制度外的双重压力下，农地的社会保障功能得到强化，而现行征地补偿标准已经难以保证被征地农民维持现有的生活水平。

对被征(购)用土地上的农民进行妥善安置，是征地制度改革能否成功的关键。安置工作应当实行由"以安排劳动力就业为主"转向"以市场为导向的多种途径安置"的原则，拓宽渠道。具体的安置途径如下。

(1) 货币安置。由土地行政主管部门将征(购)地费中农民个人应得的所有款额在规定的时间内一次性支付给农民个人，用于本人在社会上发挥专长、自谋职业。

(2) 地价款入股安置。将征用(购)的地价款入股，由被征(购)地者参与用地者的生产经营，并作为股东参与经营，享受经营利润并承担风险。

(3) 社会保险安置。经农民本人申请，土地行政主管部门可将征地费中的农民个人应得的所有款额一次性付给保险公司，由保险公司按有关规定办理医疗保险和养老保险等有关险种。

(4) 留地安置。在经济发达或城乡接合部并保留集体经济组织的地区，可在被征用土地中按照规划用途预留一定比例的土地确定给被征地的农村集体经济组织，从事开发经营，发展生产。

(5) 用地单位安置。用地单位根据需要，按照本单位的用工制度，依法招聘被征(购)土地的农民，在同等条件下优先录用。

(6) 农业安置。将地上附着物和青苗的补偿费付给农民个人之后，由农村集体经济组织调整本集体经济组织内部的土地承包经营权进行安置。

(7) 土地开发整理安置。通过整理农用地、复垦被破坏的土地、开发未利用地等途径，增加耕地面积，扩大农用地范围，以发展农业生产的办法对被征地的农民进行安置。

各种安置途径应结合被征用(购)地的农村集体经济组织的实际情况因地制宜地运用，但不管采取何种途径，应坚持"保护农民的合法利益"的原则，使农民在失去土地后还能保证其生存权和发展权。

五、城市房屋拆迁、补偿和安置

城市房屋拆迁必须符合城市规划，有利于城市旧区改造和生态环境改善，保护文物古迹。为了加强对城市房屋拆迁的管理，维护拆迁当事人的合法权益，保障建设项目顺利进行，凡是在城市规划区内、国有土地上实施房屋拆迁，我国法律要求其对被拆迁人要进行补偿和安置。拆迁人应当依照相关规定，对被拆迁人给予补偿、安置；被拆迁人应当在搬迁期限内完成搬迁。拆迁人是指取得房屋拆迁许可证的单位。被拆迁人是指被拆迁房屋的所有人。

国务院建设行政主管部门对全国城市房屋拆迁工作实施监督管理。县级以上地方人民政府负责管理房屋拆迁工作的部门(以下简称"房屋拆迁管理部门")对本行政区域内的城市房屋拆迁工作实施监督管理。县级以上地方人民政府有关部门应当依照《城市房屋拆迁管理条例》和相关实施办法的规定，互相配合，保证房屋拆迁管理工作的顺利进行。县级以上人民政府土地行政主管部门应依照有关法律、行政法规的规定，负责与城市房屋拆迁有关的土地管理工作。

房地产开发企业应当严格执行城镇房屋拆迁年度计划，依法申请拆迁许可，并按程序实施房屋拆迁。在没有落实拆迁安置房源和补偿资金不到位的情况下，不得实施拆迁。拆迁评估机构要按照规定，独立、客观、公正地实施拆迁评估。对违反拆迁年度计划或未经拆迁许可擅自实施拆迁，未与被拆迁居民签订拆迁补偿协议即将房屋拆除，以停水、停电、停气、停暖、阻断交通、破坏相邻公用设施和暴力胁迫等手段强迫被拆迁人签订协议或搬迁以及违法进行拆迁评估等行为，各级房屋拆迁管理部门应当依法查处。

(一)拆迁管理

拆迁房屋的单位取得《房屋拆迁许可证》后，方可实施拆迁。申请领取《房屋拆迁许可证》的，应当向房屋所在地的市、县人民政府房屋拆迁管理部门提交下列资料。

(1) 建设项目批准文件。

(2) 建设用地规划许可证。

(3) 国有土地使用权批准文件。

(4) 拆迁计划和拆迁方案。

(5) 办理存款业务的金融机构出具的拆迁补偿安置资金证明。

市、县人民政府房屋拆迁管理部门应当自收到申请之日起 30 日内，对申请事项进行审查；经审查，对符合条件的，颁发《房屋拆迁许可证》。房屋拆迁管理部门在发放《房屋拆迁许可证》的同时，应当将《房屋拆迁许可证》中载明的拆迁人、拆迁范围、拆迁期限等事项，以房屋拆迁公告的形式予以公布。

房屋拆迁管理部门和拆迁人应当及时向被拆迁人做好宣传、解释工作。拆迁人应当在《房屋拆迁许可证》确定的拆迁范围和拆迁期限内，实施房屋拆迁。需要延长拆迁期限的，拆迁人应当在拆迁期限届满前 15 日内，向房屋拆迁管理部门提出延期拆迁申请；房屋拆迁管理部门应当自收到延期拆迁申请之日起 10 日内给予答复。

拆迁人可以自行拆迁，也可以委托具有拆迁资格的单位实施拆迁。房屋拆迁管理部门不得作为拆迁人，不得接受拆迁委托。拆迁人委托拆迁的，应当向被委托的拆迁单位出具委托书，并订立拆迁委托合同。拆迁人应当自拆迁委托合同订立之日起 15 日内，将拆迁委托合同报房屋拆迁管理部门备案。被委托的拆迁单位不得转让拆迁业务。

拆迁范围确定后，拆迁范围内的单位和个人，不得进行下列活动。

(1) 新建、扩建、改建房屋。

(2) 改变房屋和土地用途。

(3) 租赁房屋。

房屋拆迁管理部门应当就前款所列事项，书面通知有关部门暂停办理相关手续。暂停办理的书面通知应当载明暂停期限。暂停期限最长不得超过 1 年；拆迁人需要延长暂停期限的，必须经房屋拆迁管理部门批准，延长暂停期限不得超过 1 年。

拆迁人与被拆迁人应当依照地方政府颁发的《拆迁管理办法》的规定，就补偿方式和补偿金额、安置用房面积和安置地点、搬迁期限、搬迁过渡方式和过渡期限等事项，订立拆迁补偿安置协议。拆迁租赁房屋的，拆迁人应当与被拆迁人、房屋承租人订立拆迁补偿安置协议。房屋拆迁管理部门代管的房屋需要拆迁的，拆迁补偿安置协议必须经公证机关公证，并办理证据保全。

拆迁补偿安置协议订立后，被拆迁人或者房屋承租人在搬迁期限内拒绝搬迁的，拆迁人可以依法向仲裁委员会申请仲裁，也可以依法向人民法院起诉。诉讼期间，拆迁人可以依法申请人民法院先予执行。

拆迁人与被拆迁人或者拆迁人、被拆迁人与房屋承租人达不成拆迁补偿安置协议的，经当事人申请，由房屋拆迁管理部门裁决。房屋拆迁管理部门是被拆迁人的，由同级人民政府裁决。裁决应当自收到申请之日起 30 日内作出。当事人对裁决不服的，可以自裁决书送达之日起 3 个月内向人民法院提起诉讼。拆迁人依照规定已对被拆迁人给予货币补偿或者提供拆迁安置用房、周转用房的，诉讼期间不停止拆迁的执行。

被拆迁人或者房屋承租人在裁决规定的搬迁期限内未搬迁的，由房屋所在地的市、县人民政府责成有关部门强制拆迁，或者由房屋拆迁管理部门依法申请人民法院强制拆迁。

实施强制拆迁前，拆迁人应当就被拆除房屋的有关事项，向公证机关办理证据保全。

拆迁中涉及军事设施、教堂、寺庙、文物古迹以及外国驻华使(领)馆房屋的，依照有关法律、法规的规定办理。

尚未完成拆迁补偿安置的建设项目转让的，应当经房屋拆迁管理部门同意，原拆迁补偿安置协议中有关权利、义务随之转移给受让人。项目转让人和受让人应当书面通知被拆迁人，并自转让合同签订之日起30日内予以公告。

拆迁人实施房屋拆迁的补偿安置资金应当全部用于房屋拆迁的补偿安置，不得挪作他用。县级以上地方人民政府房屋拆迁管理部门应当加强对拆迁补偿安置资金使用的监督。

房屋拆迁管理部门应当建立、健全拆迁档案管理制度，加强对拆迁档案资料的管理。

(二)拆迁补偿与安置

拆迁人应当依照规定，对被拆迁人给予补偿。拆除违章建筑和超过批准期限的临时建筑，不予补偿；拆除未超过批准期限的临时建筑，应当给予适当补偿。拆迁补偿的方式可以实行货币补偿，也可以实行房屋产权调换。

货币补偿的金额，根据被拆迁房屋的区位、用途、建筑面积等因素，以房地产市场评估价格确定，具体办法由省、自治区、直辖市人民政府制定。实行房屋产权调换的，拆迁人与被拆迁人应当依照《国有土地上房屋征收与补偿条例》第二十一条的规定，计算被拆迁房屋的补偿金额和所调换房屋的价格，结清产权调换的差价。

拆迁非公益事业房屋的附属物，不作产权调换，由拆迁人给予货币补偿。拆迁公益事业用房的，拆迁人应当依照有关法律、法规的规定和城市规划的要求予以重建，或者给予货币补偿。拆迁租赁房屋，被拆迁人与房屋承租人解除租赁关系的，或者被拆迁人对房屋承租人进行安置的，拆迁人对被拆迁人给予补偿。被拆迁人与房屋承租人对解除租赁关系达不成协议的，拆迁人应当对被拆迁人实行房屋产权调换。产权调换的房屋由原房屋承租人承租，被拆迁人应当与原房屋承租人重新订立房屋租赁合同。

拆迁人应当提供符合国家质量安全标准的房屋，用于拆迁安置。拆迁产权不明确的房屋，拆迁人应当提出补偿安置方案，报房屋拆迁管理部门审核同意后实施拆迁。拆迁前，拆迁人应当就被拆迁房屋的有关事项向公证机关办理证据保全。拆迁设有抵押权的房屋，依照国家有关担保的法律执行。拆迁人应当对被拆迁人或者房屋承租人支付搬迁补助费。在过渡期限内，被拆迁人或者房屋承租人自行安排住处的，拆迁人应当支付临时安置补助费；被拆迁人或者房屋承租人使用拆迁人提供的周转房的，拆迁人不支付临时安置补助费。搬迁补助费和临时安置补助费的标准，由省、自治区、直辖市人民政府规定。

拆迁人不得擅自延长过渡期限，周转房的使用人应当按时腾退周转房。因拆迁人的责任延长过渡期限的，对自行安排住处的被拆迁人或者房屋承租人，应当自逾期之月起增加临时安置补助费；对周转房的使用人，应当自逾期之月起付给临时安置补助费。因拆迁非住宅房屋造成停产、停业的，拆迁人应当给予适当补偿。

互动话题

拆迁会大大地改善当地人民的生产生活环境，同时也会引发一系列社会问题。谈谈你们当地拆迁中的群众意见？有哪些不良现象？

(三)罚则

违反规定，未取得《房屋拆迁许可证》擅自实施拆迁的，由房屋拆迁管理部门责令停止拆迁，给予警告，并处已经拆迁房屋建筑面积每平方米 20 元以上 50 元以下的罚款。拆迁人违反规定，以欺骗手段取得《房屋拆迁许可证》的，由房屋拆迁管理部门吊销《房屋拆迁许可证》，并处拆迁补偿安置资金 1%以上 3%以下的罚款。

拆迁人违反规定，有下列行为之一的，由房屋拆迁管理部门责令停止拆迁，给予警告，可以并处拆迁补偿安置资金 3%以下的罚款；情节严重的，吊销《房屋拆迁许可证》。

(1) 未按《房屋拆迁许可证》确定的拆迁范围实施房屋拆迁的。

(2) 委托不具有拆迁资格的单位实施拆迁的。

(3) 擅自延长拆迁期限的。

接受委托的拆迁单位违反规定，转让拆迁业务的，由房屋拆迁管理部门责令改正，没收违法所得，并处合同约定的拆迁服务费 25%以上 50%以下的罚款。

县级以上地方人民政府房屋拆迁管理部门违反规定，核发《房屋拆迁许可证》以及其他批准文件的，核发《房屋拆迁许可证》以及其他批准文件后不履行监督管理职责的，或者对违法行为不予查处的，对直接负责的主管人员和其他直接责任人员依法给予行政处分；情节严重，致使公共财产、国家和人民利益遭受重大损失，构成犯罪的，依法追究刑事责任。

六、国有土地使用权出让的特点和方式

(一)国有土地使用权出让的特点

(1) 出让主体是国家。法律规定的出让行为和出让合同的出让方，是依法代表国家实施出让行为，与土地使用者签订出让合同的市、县人民政府的土地管理部门。

(2) 出让国有土地使用权直接依法律的规定原始取得，在存续期间内其权能近似于所有权。

(3) 出让国有土地使用权取得性质为有偿和有期限，即以支付出让金为取得土地使用权的对价，土地使用权的行使有一定的期限限制。

根据《中华人民共和国城镇国有土地使用权出让和转让暂行条例》第十二条规定，土地使用权出让最高年限按下列用途确定：居住用地 70 年；工业用地 50 年；教育、科技、文化、卫生、体育用地 50 年；商业、旅游、娱乐用地 40 年；综合或者其他用地 50 年。综合用地是指不同用途的土地(如商业、工业、住宅等)所构成的土地。

(二)国有土地使用权出让的方式

国有土地使用权出让有法定的出让方式，应当采用招标、拍卖、挂牌的方式出让。

招标出让国有土地使用权是指市、县人民政府土地行政主管部门(以下简称出让人)发布招标公告，邀请特定或者不特定的公民、法人和其他组织参加国有土地使用权投标，根据投标结果确定土地使用者的行为。

拍卖出让国有土地使用权是指出让人发布拍卖公告，由竞买人在指定时间、地点进行

公开竞价，根据出价结果确定土地使用者的行为。

挂牌出让国有土地使用权是指出让人发布挂牌公告，按公告规定的期限将拟出让宗地的交易条件在指定的土地交易场所挂牌公布，接受竞买人的报价申请并更新挂牌价格，根据挂牌期限截止时的出价结果确定土地使用者的行为。

(三)出让土地使用权的双方所拥有的权利和义务

土地使用权人对国家土地管理部门交付的指定土地，拥有占有、使用和收益，并在约定的期限内对其使用权有处分的权利。实际上就是按照合同的约定开发、利用和经营土地的权利，并在约定的条件下，于合同有效期内，可以享有转让、出租和抵押的权利。土地使用权人负有按合同缴纳土地出让金的义务，同时负有按合同规定的条件使用土地的义务，故不得擅自改变土地的用途；土地使用期届满后，还负有交还土地的义务；土地使用权人负有合法行使权利的，不得侵害他人的相邻权的义务等。

土地管理部门作为土地出让合同的出让方，其最基本的义务就是按照合同的约定，向土地使用权人提供土地以供使用。土地出让方享有收取全部出让金的权利；受让方逾期未交纳出让金时，土地出让方有权解除合同并请求违约赔偿。出让方的监督权是指，对于在土地使用权的出让中，没有依照合同规定的期限和条件开发利用土地的，它有权予以纠正，并可根据情节给予警告、罚款等处罚，直至无偿收回土地使用权。

第二节　房地产开发项目的工程勘察、设计

一、项目勘察设计概述

勘察设计是工程建设的重要环节，勘察设计的好坏不仅影响建设工程的投资效益和质量安全，其技术水平和指导思想对城市建设的发展也会产生重大影响。

勘察分可行性研究、初勘、定测和补充定测四个部分，每个勘察阶段都有其目的。先确定建筑的可行性，然后对地质水文情况做一个大致勘察，最后详勘，弄清楚每一个地层岩土情况，需要做原位实验、土工实验，确定地基承载力，进而采取合适的基础形式和施工方法。

工程设计是可行性研究的深入和继续，是在可行性研究确定项目可行的条件下解决怎样进行建设的具体工程技术和经济问题。因此，两者在内容上是大致相同的，但在工作深度上则存在明显不同。

在进行勘察设计工作时，必须遵行国家颁布的《建筑工程勘察设计管理条例》等现行有关规章制度。从事建设工程勘察、设计单位应当依法取得相应等级的资质证书，并在其资质等级许可的范围内承揽工程。建设工程勘察、设计的发包方与承包方，应当执行国家规定的建设工程勘察、设计程序，双方应当签订建筑工程勘察、设计合同。在工程勘察、设计时，必须严格按基本建设程序办事，坚持先勘察、后设计、再施工的原则。勘察单位要精心勘察，设计单位则要精心设计，必须人人树立质量第一的观念。

二、项目勘察设计的管理

建设项目工程勘察是指根据建设工程的要求，查明、分析、评价建设场地的地质地理环境特征和岩土工程条件，编制建设工程勘察文件的活动。建设项目工程设计是指根据建设工程的要求，对建设工程所需的技术、经济、资源、环境等条件进行综合分析、论证，编制建设工程设计文件的活动。

(一)勘察设计单位的资质管理

国家对从事建设工程勘察、设计活动的单位，实行资质管理制度。工程勘察设计资质按承担不同业务范围一般分为甲、乙、丙、丁四个等级。国务院有关部门和县级以上人民政府建设行政主管部门，对持证单位的资质实行资质年检制度，建设工程勘察、设计单位应当在其资质等级许可的范围内承揽建设工程勘察、设计业务。

禁止建设工程勘察、设计单位超越其资质等级许可的范围或者以其他建设工程勘察、设计单位的名义承揽建设工程勘察、设计业务。禁止建设工程勘察、设计单位允许其他单位或者个人以本单位的名义承揽建设工程勘察、设计业务。

依照国务院 1995 年 9 月发布的《中华人民共和国注册建筑师条例》，注册建筑师是指依法取得注册建筑师证书并从事房屋建筑设计及相关业务的人员。注册建筑师分为一级注册建筑师和二级注册建筑师。国家实行注册建筑师全国统一考试制度。

注册建筑师的执业范围如下。

(1) 建筑设计。

(2) 建筑设计技术咨询。

(3) 建筑物调查与鉴定。

(4) 对本人主持设计的项目进行施工指导和监督。

注册建筑师执行业务，应当加入建筑设计单位。

(二)勘察设计市场的管理

国家对勘察设计市场实行从业单位资质、个人执业资格准入管理制度。

1. 勘察设计的委托

发包方可以将整个建设工程的勘察、设计发包给一个勘察、设计单位，也可以将其分别发包给几个勘察、设计单位。发包方不得将建设工程勘察、设计业务发包给不具有相应勘察、设计资质等级的建设工程勘察、设计单位。除建设工程主体部分的勘察、设计外，经发包方书面同意，承包方可以将建设工程其他部分的勘察、设计再分包给其他具有相应资质等级的建设工程勘察、设计单位。建设工程勘察、设计单位不得将所承揽的建设工程勘察、设计转包。

2. 勘察设计业务的承接

承包方必须在建设工程勘察、设计资质证书规定的资质等级和业务范围内承揽建设工程的勘察、设计业务。具有乙级及以上勘察设计资质的承接方可以在全国范围内承接勘察设计业务；在异地承接勘察设计业务时，须到项目所在地的建设行政主管部门备案。

外国勘察设计单位及其在中国境内的办事机构，不得单独承接中国境内建设项目的勘察、设计业务。承接中国境内建设项目的勘察设计业务，必须与中方勘察设计单位进行合作勘察或设计，也可以成立合营单位，领取相应的勘察设计资质证书，按国家有关中外合作、合营勘察设计单位的管理规定和上述规定开展勘察、设计业务活动。

港、澳、台地区的勘察设计单位承接内地工程建设项目的勘察设计业务，原则上参照上款规定执行。

(三)建设工程勘察设计的监督管理

建设行政主管部门和有关管理部门应按各自的职责分工，加强对勘察设计市场活动的监督管理，依法查处勘察设计市场活动中的违法行为，维护和保障勘察设计市场秩序。建设行政主管部门应当会同有关管理部门建立健全勘察设计文件审查制度、质量监督制度和工程勘察设计事故报告处理制度，定期公布有关结果。国家鼓励勘察设计单位参加勘察质量保险。

三、项目勘察设计的目的

(一)工程勘察的目的、内容和质量要求

项目勘察主要是对地形、地质及水文等状况进行测绘、勘探和测试。工程勘察的目的是为工程建设单位及工程设计单位提供地质、测量、水文、地震等勘察文件，以满足建设工程规划、选址、设计、岩土治理和施工的需要。

一般情况下，对于工程勘察的内容，由工程设计单位提出准确的范围与深度要求，由勘察单位组织完成。具体内容包括：水文泥沙调查和洪水分析；地形测量、陆地摄影、航测成图；区域构造稳定和地震危险性调查分析；卫生照片和航测照片、遥感资料的地质解释；各种比例的区域和现场地质测绘；综合物探调查、测试；水文地质调查测试和地下水动态观测；钻探、坑探、槽探、井探；天然建筑材料调查、勘探和试验；建筑物地基、边坡和地下洞室围岩等的现场测试。提交的勘察文件不仅应提供图纸，还要写出文字说明。

勘察单位要确保其勘察成果符合国家标准、规范、规程，特别是要严格执行国家强制性标准、规范和规程。勘察单位要加强对原始资料收集、现场踏勘、勘察纲要编制和成果处理等各环节的质量控制。勘察单位应认真做好后期服务工作，参加工程地基基础检验，参加与地基基础有关的工程质量事故调查，并配合设计单位提出技术处理方案。勘察单位要对勘察质量承担相应的经济责任与法律责任。勘察单位内部要建立质量责任制度，明确各自的质量责任(负终身责任)。

(二)工程设计的目的和作用

工程设计是对拟建工程的生产工艺流程、设备选型、建筑物外形和内部空间布置、结构构造、建筑群的组合以及与周围环境的相互联系等方面提出清晰、明确、详细的概念，并体现于图纸和文件上的技术经济工作。其主要目的是解决如何进行建设的具体工程技术和经济问题。项目设计的作用如下。

(1) 实现先进的科学技术与生产建设相结合。

(2) 建设项目的使用功能与其价值的有机结合。

(3) 作为安排建设计划、设备的采购安装和组织施工的依据。

(4) 作为编制招标标底及投资控制的依据。

(5) 设计阶段的项目费用估算，将使业主明确实施建设所需的费用，可作为其筹措资金的依据和用于授权及实施成本的控制。

小阅读

中南勘察设计院有限公司(简称中勘)创建于 1955 年，原为国家建筑工程部综合勘察院中南分院，1971 年隶属于湖北省，为我国建立最早的综合勘察设计院之一。为推进建立现代企业制度于 2009 年 7 月改制为中南勘察设计有限公司。

公司目前具有甲级工程勘察、工程监理、工程测绘、工程咨询，乙级工程设计等资质。公司下设岩土工程设计中心、岩土技术所、工程测量所、建筑设计所、土工实验室及湖北中南岩土工程有限公司、湖北中南工程建设监理公司、湖北省岩土水资源工程技术开发公司及湖北中南建设工程检测有限公司，在成都等地设有分公司。

(资料来源：百度百科. 中南勘察设计院有限公司[EB/OL].[2012-11-11].

http://baike.baidu.com/view/9584326.html)

四、建设工程的设计阶段划分及主要内容

设计单位应当根据勘察成果文件进行建设工程设计。设计文件应当符合国家规定的设计深度要求，并注明工程合理使用年限。设计阶段的划分，国际上一般分为"概念设计""基本设计"和"详细设计"三个阶段。我国习惯的划分，中小型工程分为"初步设计"和"施工图设计"两个阶段；大型工程或技术程度高难的工程，往往分为"方案设计""初步设计"和"施工图设计"三个阶段。

方案设计——反映建筑平面布局、功能分区、立面造型、空间尺度、建筑结构、环境关系等方面。

初步设计——在方案设计的基础上，提出设计标准、基础形式、结构方案及各专业的设计方案。

施工图设计——标明工程各构成部分的尺寸、布置和主要施工方法，绘制详细的建筑安装详图及必要的文字说明。

设计方案应征询环保、人防、消防、自来水、市政、供电、煤气、绿化电信等部门的意见，且与城市规划管理部门协商，获得规划部门许可。各设计阶段的主要内容及深度要求如下。

(一)方案设计

方案设计(概念设计)是投资决策之后，由咨询单位对可行性研究提出意见和问题，经与业主协商认可后提出的具体开展建设的设计文件，其深度应当满足编制初步设计文件和控制概算的需要。

(二)初步设计

可行性研究报告批准后，项目法人委托有相应资质的设计单位，按照批准的可行性研究报告的要求编制初步设计。初步设计批准后，设计概算即为工程投资的最高限额，未经批准，不得随意突破。确因不可抗拒因素造成投资突破设计概算时，须上报原批准部门审批。

初步设计(基础设计)的内容依项目类型的不同而有所变化，一般来讲，它是项目的宏观设计，即项目的总体设计、布局设计、主要的工艺流程、设备的选型和安装设计、土建工程量及费用的估算等。初步设计文件应当满足编制施工招标文件、主要设备材料订货和编制施工图设计文件的需要，是下一阶段施工图设计的基础。

例如：某项目的初步设计包括以下主要内容：初步系统设计，绘制各工艺系统的流程图；通过计算确定各系统的规模和设备参数并绘制管道及仪表图；编制设备的规程及数据表以供招标使用；土建工程量的估算；项目费用估算。

初步设计的深度应满足以下要求：设计方案的选择和确定；主要设备、材料订货；土地征用；基本建设投资控制。

项目建议书、可行性研究报告、初步设计经批准后向主管部门申请列入年度投资计划。

(三)施工图设计

初步设计批准后，项目法人委托有相应资质的设计单位，按照批准的初步设计，组织施工图设计。

施工图设计(详细设计)的主要内容是根据批准的初步设计，绘制出正确、完整和尽可能详细的建筑、安装图纸，包括建设项目部分工程的详图、零部件结构明细表、验收标准、方法、施工图预算等。此设计文件应当满足设备材料采购、非标准设备制作和施工的需要，并注明建筑工程的合理使用年限。

上例项目在施工设计阶段的主要工作是补充修正初步设计采购用的设备及部件的技术规格书的数据表。在采购过程中，若某些设备及部件的技术规格有变更，在施工图设计中应对原来的计算、流程图、管道和仪表图、总布置图、管道透视图、系统逻辑图、设备表、电气单线图等作相应的修改，以符合实际采购要求。应特别注意订购设备及部件的接口工作，如与管道、电缆等的连接口，土建和安装之间的接口等，均须明确落实，以保证设计的一致性和完整性。[①]

五、建设工程项目设计的实施步骤

(一)初步设计的工作程序

初步设计的一般工作程序如下。

(1) 准备。由项目经理会同计划、勘察设计的负责人，研究设计依据的文件，弄清项目目标、设计范围、工作条件特点，确定工作阶段，指定设计经理、勘察经理人选，确定

高职高专精品课程规划教材 经管系列

---

① 邱志膏，中国工程咨询网，www.cnaec.com.cn.

项目的范围和内容。

由设计经理与协商确定的各专业设计负责人和设计人员组成项目组。在认真研究设计依据的文件和分析基础资料的基础上，提出需要补充与核实的基础资料任务书，估算费用，报项目经理，安排计划进度，同时委托勘察部门进行工程勘察。

(2) 确定设计原则。由项目经理组织各专业设计负责人在详细了解业主意见的基础上，考虑项目所在地的法律、法规标准，并参考类似项目的设计文件，编制设计原则，经项目经理批准执行。

设计原则的主要内容包括：项目本期建设与远期规划的规模、本期的产品方案、主要工艺、主要设备及指出本项目的特点；设计范围；确定和统一主要设计原始数据；对各专业设计原则的指示，需在方案拟订阶段才能确定的原则问题，可提出几个需要的方案和课题，以便集中精力研究；应从其他项目吸取的经验教训及其他注意事项；确定项目划分结构与项目编码，拟出初步设计成品的卷册目录及对各专业设计成品内容深度的特殊要求；各专业设计工作量的估计(参照设计定额)；工作阶段进度，各专业的综合进度，专业间交换资料的内容和交换日期；保证设计质量和提高工效的措施；必要时各专业设计负责人可参照上述内容编制本专业各卷册的设计指导文件。

在明确了设计原则之后，还要进行必要的设计协调。最后，由项目经理(或设计经理)主持召开会议，审查、核实本项目的设计工作准备情况，正式宣布开始设计方案的拟订。

(3) 工程项目设计方案拟订。本阶段是工程项目设计的关键环节，也是最基本的工作内容。

首先，要进行方案构思。通过调查研究，进行物流分析和必要的计算，绘制方案图，全面考虑各种因素，估计工程量与费用，作出正确的分析结论。

其次，要进行方案评议。几个方案构思出来，就要进行方案比较，得出推荐方案。

再次，要进行定案。有了初步方案，项目经理应召集有关人员进行研讨。包括设计人员、审查人员、管理人员，并邀请业主参加。通过研讨、分析、方案修正，最终得出合理的设计方案。

最后，要进行费用估算。费用估算应按现行不同行业的概算定额进行编制。其主要依据是技术图纸和设备清单。

(4) 设计制图。设计制图已进入基本设计的成品阶段，或称为加工制作阶段。设计人员要在充分理解设计方案的基础上，统筹安排图纸的次序和数量，充分表达设计思想与意图。

(5) 初步设计审查。基本设计的审查，是保证设计质量的有效手段。必须建立严格的校核、审查、会签制度。审查时，应从整体出发，把宏观内容作为重点，如项目的规模、设计目标、宏观布局、系统方案、工艺流程、功能组合、关键尺寸、主要参数等。必要时，可采用价值工程(VE)的评估方法对基本设计进行审查。

(6) 编写设计说明书。初步设计说明书的主要内容与可行性研究报告相同，所不同的是内容的深浅与侧重。

(7) 文件汇总编制。由设计经理主持制定综合进度与各专业间交换资料的内容和日期，定出综合归口和会签日期、成品审查、出版设计。

(8) 文件出版及初步设计结束。

(二)施工图设计的工作程序

施工图设计的一般工作程序如下。

(1) 准备。首先，要明确研究任务、组织人员。由项目经理组织设计经理、采购经理和施工经理等负责人仔细研究详细设计的依据文件，弄清项目目标、项目特点、设计范围、施工现场等条件，确定项目划分结构与项目编码，并确定工作阶段进度。

其次，由设计经理负责组织专业主任工程师、专业设计负责人在认真研究设计依据文件、分析基础资料的基础上，弄清各专业的设计范围和技术要求，提出需要补充与核实基础资料的任务书、估计费用，报项目经理安排计划执行。

再次，由项目经理组织各专业设计负责人编制施工图卷册目录。设计经理与项目经理协商按施工综合进度的需要确定施工图各卷册的提交进度。根据这个进度，设计经理组织各专业设计人员制定每个卷册的设计审核、出版进度，各专业间交换资料的内容和日期，这就是详细设计的综合进度。

最后，召开开工会议。在上述工作就绪后由设计经理召集设计人员下达设计任务计划。

(2) 制定设计原则。施工图设计对初步设计不得任意修改，施工设计的工程预算一般不得超出初步设计概算。建议修改初步设计方案时，必须由设计部门提出因变更引起的工程量和费用的变化，经原设计审批的主管部门批准后方可修改设计和工程概预算。

(3) 制定设计大纲和总体框架设计。制定设计大纲是提高设计效率、保证设计质量的重要方法和重要环节。大纲的内容根据不同性质的工程、不同类型的专业而定。一般要确定设计的配合进度、设计范围、设计深度、设计标准、设计主要参数、技术条件、控制措施等。

总体框架设计包括平面总体布置和空间组合设想。平面总体布置要确定工程内容的相互关系、相互位置、平面控制尺寸、交通运输、管道布局、进出通道等宏观控制问题。空间组合设想要考虑工程建筑的总体空间组合。如根据功能分区、空间或埋地管道的布局、建筑式样与立面的协调、建筑体量的组合与外部环境的融合等。

(4) 施工设计。总体框架设计对详细设计起控制与指导作用，详细设计是总体设计的深入与完善。在本阶段，设计人员应在充分理解总体框架设计的基础上，按单项工程进行设计，包括设计绘图和工程计算。

(5) 完善总图设计。首先汇总各单项设计的有关内容，然后将总图的各个部位画出大样。各专业总图的完善要在综合性总图的指导下进行，综合性总图要体现各专业总图的内容。总图设计有平面设计和竖向设计，要将两者结合起来，理顺内部与外部的复杂关系。

(6) 设计的审查。参照初步设计的审查。

(7) 施工图设计预算。施工图设计预算的主要依据是各卷册图纸资料、工程量表(bill of quantities)和各种费用。

(8) 文件汇总编制。参照初步设计中的文件汇总编制。

(9) 文件出版与施工图设计结束。

(10) 施工图设计后的服务。

施工图设计后的服务，指的是设计单位为项目建设施工单位或施工监理单位提供的服务。

① 根据施工进展情况，派出设计代表或设计代表组，在施工现场工作。

具体工作内容为：向施工单位或施工监理工程师介绍设计内容，解答提出的问题；在施工前处理好施工图中遗漏的专业间的配合问题，核对施工图与到货设备、材料的技术要求是否吻合，必要时提出设计修改通知单；如施工单位提出材料代换或变更设计要求，须经设计代表同意并签署设计变更通知单，经监理工程师同意后交施工单位；参加调试、试运行及处理与设计有关的问题。

② 配合加工订货。根据采购经理的要求派出设计人员到制造单位，工作内容同上，并负责施工图。

③ 设计回访。在每套装置试运行后，由项目经理或设计经理组织设计人员到现场，充分听取施工运行部门对设计的意见，进行实地调查，提出改进措施，作出回访总结，并将分析整理的经验反馈到其他项目中去。[①]

六、建设工程项目设计的质量要求

通常情况下，建设工程项目设计的质量要求如下。

(1) 设计单位要确保其设计成果符合国家标准、规范、规程，特别是要严格执行国家强制性标准、规范和规程，以保证建筑工程的安全、经济、环保等方面的要求。

(2) 设计文件中选用的材料、构配件和设备，应注明规格、型号、性能等技术指标，其质量要求必须符合国家规定的标准。

(3) 设计单位应认真做好后期服务工作，参加设计文件交底，积极配合解决施工中出现的设计问题，参与工程重要部位的验收(主体结构及隐蔽工程)，特殊工程要派设计代表配合施工。对出现质量事故的工程，设计单位应及时参加工程质量事故调查，并提出技术处理方案。

(4) 设计单位要对设计质量承担相应的经济责任和法律责任。设计单位内部要建立严格的质量责任制度，明确各自的质量责任。单位的法定代表人、技术总负责人、项目负责人、注册执业人员和勘察设计人员，要按各自的职责对其经手的建设工程的设计在工程寿命期限和法律追诉期限内负终身质量责任，并承担相应的行政、经济和法律责任。

(5) 勘察设计单位要加强技术档案的管理工作，设计的依据性文件、设计图纸和计算书、各级校审记录、设计修改、有关主要技术质量问题的书面文件、函件等应归档齐全。

(6) 建立健全勘察设计文件审查制度，确保勘察设计的质量。对于工程设计中涉及公众利益、结构安全性以及国家政策规定的其他内容，要逐步开展政府的审查工作，即由政府设计主管部门组织设计审查，或认定授权有资格的、权威的勘察设计单位承担勘察设计审查工作，实行有偿服务。

(7) 建设行政主管部门要继续推行设计质量监督检查制度。要会同有关专业部门定期或不定期地对设计单位的质量体系建设和设计文件质量进行抽查，并将检查结果与单位的资格动态管理挂钩，对存在严重问题的单位要依法加大处罚力度，通过新闻界定期向社会公布检查和处理结果。

---

① 邱志膏，中国工程咨询网，www.cnaec.com.cn。

(8) 建立勘察设计质量事故报告制度。国家和地方建设行政主管部门及有关专业部门要成立建设工程勘察设计质量鉴定专业委员会并批准一批事故鉴定机构，为处理质量纠纷和判定质量事故的责任提供客观、公正和权威的技术认定。[①]

七、建设工程项目的立项审批

根据国家有关规定，经营性项目总投资在 5000 万元以上，非经营性项目总投资在 3000 万元以上的，需编报项目建议书、可行性研究报告、初步设计。项目建议书及可行性研究报告初审后，由主管部门报国家计委审批立项，初步设计由国家计委或主管部门审批。

经营性项目总投资在 5000 万元以下的(不含 5000 万元)，非经营性项目总投资在 3000 万元以下(不含 3000 万元)的，需编报可行性研究报告、初步设计，均由行业主管部门审批。

对于投资额较小的单项新建或扩建工程，可向主管部门提出建设的必要性的投资估算报告，直接编报项目初步设计，具体投资限额由行业主管部门确定。

第三节　房地产开发项目基础设施建设与管理

一、基础设施的范围

(一)城市基础设施

城市基础设施是建设现代化城市的基本条件。没有或缺少这些设施，城市的各项事业都难以维持和发展，任何一方面失灵，都将造成城市的局部混乱以至整个城市的瘫痪。城市基础设施多年来严重欠缺，已严重影响着或将会影响到城市化的进程。可以说，城市基础设施上不去，城市的全局就难以优化。

城市基础设施包括以下内容。

(1) 城市公共汽车首末站、出租汽车停车场、大型公共停车场；城市轨道交通线、站、场、车辆段、保养维修基地；城市水运码头；机场；城市交通综合换乘枢纽；城市交通广场等城市公共交通设施。

(2) 取水工程设施(取水点、取水构筑物及一级泵站)和水处理工程设施等城市供水设施。

(3) 排水设施；污水处理设施；垃圾转运站、垃圾码头、垃圾堆肥厂、垃圾焚烧厂、卫生填埋场(厂)；环境卫生车辆停车场和修造厂；环境质量监测站等城市环境卫生设施。

(4) 城市气源和燃气储配站等城市供燃气设施。

(5) 城市热源、区域性热力站、热力线走廊等城市供热设施。

(6) 城市发电厂、区域变电所(站)、市区变电所(站)、高压线走廊等城市供电设施。

(7) 邮政局、邮政通信枢纽、邮政支局；电信局、电信支局；卫星接收站、微波站；广播电台、电视台等城市通信设施。

(8) 消防指挥调度中心、消防站等城市消防设施。

---

① 邱志膏，中国工程咨询网，www.cnaec.com.cn.

(9) 防洪堤墙、排洪沟与截洪沟、防洪闸等城市防洪设施。

(10) 避震疏散场地、气象预警中心等城市抗震防灾设施。

(11) 其他对城市发展全局有影响的城市基础设施。

互动话题

对比学校附近的两个城市或者两个县城基础设施的优缺点，并谈谈你的基础设施建设思路。

(二)居住区基础设施

在城市文化和价值观念的影响和渗透下，人们对生产和生活环境的要求也逐渐提高，如物质环境方面，包括居住建筑、道路、水利、医疗卫生等公共设施的配套；景观环境方面，包括居住区、家庭的绿化和景观的营造等；文化环境方面，包括教育、文化娱乐设施等方面。经济越发达，居民生活水平越高，对这些设施的要求也越高。

居住区基础设施主要包括五大方面。

(1) 能源系统，包括供电、供热、供气等。

(2) 给水、排水系统，包括取水、输水、净水、配水管网(上水道)、排水管网(下水道)、污水处理、排污工程等。

(3) 道路交通系统。

(4) 邮电、通信系统。

(5) 环境系统：园林绿化、环境卫生、垃圾处理。

小阅读

"三通一平"是指基本建设项目开工的前提条件，具体指通水、通电、通路和场地平整。通水专指给水；通电指施工用电接到施工现场具备施工条件；通路指场外道路已铺到施工现场周围入口处，满足车辆出入条件；场地平整指拟建建筑物及条件现场基本平整，无需机械平整，人工简单平整即可进入施工的状态。

"五通一平"就是指建筑中为了合理有序施工进行的前期准备工作，一般包括：通水、通电、通路、通讯、通气、平整土地。

在经济发达地区，也有要求"七通一平"(通给水、通排水、通电、通信、通路、通燃气、通热力以及场地平整)的。

其中"三通一平"指的是最基本的三项，这也是招标工程必须具备的条件中的重要组成部分。

(资料来源：百度百科. 三通一平[EB/OL].[2016-12-18]. https://wapbaike.baidu.com/)

二、基础设施的建设管理

基础设施建设项目是指在国民经济和社会发展中处于基础地位，对国民经济持续快速健康发展和社会全面进步有重大促进作用的县级以上水利、能源、交通、邮电、环境保护、市政公用设施等新建、改建和扩建项目。

基础设施建设项目质量，是指根据国家和省有关项目质量管理规定、技术规范、规程

和标准以及批准的设计文件和合同的约定，确保基础设施建设项目达到安全、适用、经济、美观等特性的综合要求。

(一)前期管理

基础设施建设项目应当严格执行国家基本建设程序，任何单位和个人不得擅自简化或者增加基本建设程序和审批环节。

基础设施建设项目建议书应当根据国民经济和社会发展计划、行业发展规划编制。项目可行性研究报告应当委托具有相应资质的咨询、设计单位负责编制。项目建议书、可行性研究报告应当按照项目的隶属关系经行业主管部门提出预审意见后，报计划部门审批。大中型项目的建议书、项目可行性研究报告应当委托有相应资质的咨询单位或专家评估论证后，才能上报审批。编制单位应当对编制的项目建议书、项目可行性研究报告承担责任，咨询单位应当对出具的评估论证意见承担责任。

除军事工程等特殊项目外，基础设施建设项目应当在可行性研究报告批准后，根据有关规定，实行项目法人责任制。未实行项目法人责任制的在建基础设施建设项目，必须在限期内整改。项目法人的法定代表人及其主要管理人员应当熟悉有关法律、法规、规章和方针政策，并具有管理相关建设项目的专业理论水平和实际工作经验。项目法人的内部组织机构及其派驻施工现场的相关人员的素质必须满足工程质量监督管理的要求。

基础设施建设项目的勘察设计应当由具有相应资质的勘察设计单位承担，并由项目法人通过招标或竞争择优的方式选定。勘察单位应当加强对现场踏勘、勘察纲要编制、原始资料收集和成果资料审核等环节的管理，并对所提供的勘察资料承担责任。设计单位应当建立完整的设计文件的编制、审核、复核、会签和报批制度，并对设计文件的质量负责。初步设计文件由项目法人按规定报计划部门审批，计划部门应当及时会同行业主管部门组织对初步设计文件的审查。施工图设计必须依据批准的初步设计文件进行。施工图由项目法人组织监理、设计、施工等单位进行会审或委托有资质的设计监理单位审查。

(二)开工准备

基础设施建设项目的施工必须实行监理制。基础设施建设项目的设计逐步实行监理制。项目法人应当通过竞争择优的方式选定项目的监理单位，对基础设施建设项目的设计、施工、材料设备的采购等环节进行监理。

基础设施建设项目的主体工程或控制性工程必须通过公开招标的方式选定具有相应资质的施工单位。确需采用邀请招标或议标方式的，必须按规定报招投标主管部门批准。

由项目法人采购的主要设备和材料，应当通过公开招标的方式选定生产和供应单位。确需采用邀请招标或议标方式的，必须按规定报招投标主管部门批准。

基础设施建设项目在开工前必须完成征地拆迁、供水、供电、运输、通信和场地平整等准备工作，落实有关外部配套条件，确保项目开工后能够连续施工。

项目法人应当按照有关规定编制开工报告，并按规定报计划主管部门审批。对于达不到规定开工条件的项目，开工报告不予审批。按照国务院规定的权限和程序批准开工报告的基础设施建设项目，不再领取施工许可证。未经批准开工的项目，任何单位和个人不得擅自开工建设。

(三)组织实施

基础设施建设项目严禁转包。总承包单位如进行分包，除总承包合同中有约定的以外，必须经发包单位认可，但主体结构不得分包。禁止分包单位将其承包的工程再分包。实行总承包的基础设施建设项目，总承包单位必须对全部工程承担质量责任，分包单位应当根据分包合同的约定对其分包的工程承担质量责任。

基础设施建设项目开工后，项目法人应当履行以下义务。

(1) 在施工现场挂牌公示项目法人、勘察、设计、监理、施工、质量监督等单位的名称和责任人的姓名。

(2) 向施工现场派驻熟悉建设项目施工管理的业务人员，对工程质量和各参建单位进行监督。

(3) 对工程的重要结构部位和隐蔽工程，及时组织阶段性验收。

项目法人不得违反国家和省有关规定及合同的约定，对工程造价、建设工期、设备材料的采购等提出不合理的要求。

任何单位和个人不得擅自更改基础设施建设项目设计内容。因特殊原因确需进行重大设计变更的，项目法人必须报原设计审批部门批准，经批准后，由原设计单位出具设计变更文件。

设计单位应当根据合同的约定向施工现场派驻设计代表，及时解决设计和施工中出现的问题。

施工单位在编制的施工组织方案中应当有保证工程质量的措施，并建立施工现场质量自检体系。施工单位应当对进入施工现场的材料分别进行检验并作出书面记录。

监理单位应当编制监理大纲，对工程质量、工期、投资和有关合同进行监理，并独立承担监理责任。监理单位应当向施工现场派驻足够的取得相应执业资格的监理工程师，监理工程师对工程质量承担相应的责任。未经监理工程师签字认可，施工单位不得进行下一道工序的施工，有关材料设备不得在工程上使用或安装，项目法人不得拨付工程进度款，不得进行竣工验收。监理单位应当对进入施工现场的材料设备分别进行检验并作出书面记录。

各地区、各部门应当建立健全质量报告制度。有关单位和工程质量负责人应当如实填写质量报告，并对所填写内容的真实性承担责任。基础设施建设项目存在质量问题的，有关单位应当按照项目的隶属关系向主管部门和主管地方政府报告。省重点建设项目存在质量问题的，有关部门应当及时向省重点建设项目主管部门报告。

(四)基础设施的竣工验收

基础设施建设项目建成后，施工、设计、监理等单位应当向项目法人提交交工报告，并由质量监督机构核验工程质量等级。

以国家投资、融资为主的基础设施建设项目建成后，项目法人应当报审计部门办理竣工决算审计。

除国家另有规定外，基础设施建设项目建成并经过规定时间的试运营或交工验收后，行业主管部门(无行业主管部门的由项目法人)应当根据有关规定，会同有关部门及组织设计、监理、施工等单位进行单项验收和初步验收；初步验收合格后，计划部门根据项目法人编制的竣工验收报告，会同行业主管部门组织或委托有关单位进行竣工验收。未经竣工验收或验收不合格的基础设施建设项目，不得交付使用。

项目法人应当建立健全项目档案管理制度。从项目筹划到竣工验收等项目建设各个环节的文件资料，都应当严格按照规定收集、整理、归档，项目档案管理单位和档案管理人员应当严格履行职责。

在国家规定或合同约定的范围和期限内，基础设施建设项目出现质量问题的，责任单位应当负责修复，并承担相应的责任。

第四节　建设工程前期的"一书两证"

一、办理"一书两证"的范围

根据《城市规划法》，城镇规划管理实行由县规划建设行政主管部门核发《建设项目选址意见书》《建设用地规划许可证》《建设工程规划许可证》的制度，简称"一书两证"。

(一)办理《建设项目选址意见书》的范围

城市规划区(市)的建设工程的选址和布局必须符合城市规划。设计任务书报请批准时，必须附有城市规划行政主管部门的选址意见书。目前，办理《建设项目选址意见书》的范围如下。

(1) 新建、迁建项目需要使用土地的。

(2) 原址扩建需要使用本单位原有土地以外土地的。

(3) 需要改变本单位现在土地使用性质的。

(二)办理《建设用地规划许可证》的范围

《建设用地规划许可证》是建设单位向国土资源行政主管部门申请征用、划拨土地前，经城市规划行政主管部门确认建设项目位置和范围符合城市规划的法定凭证。取得该证后，方可向县级以上政府的国土资源行政主管部门申请用地。目前，办理《建设用地规划许可证》的范围如下。

(1) 新建、扩建、迁建需要使用本单位以外土地的。

(2) 需要改变本单位土地使用性质进行建设的。

(3) 调整、交换用地进行建设的。

(4) 土地使用权出让、转让的。

(5) 因建设需要临时使用土地的。

(三)办理《建设工程规划许可证》的范围

《建设工程规划许可证》是有关建设工程符合城市规划要求的法律凭证，没有该证的建筑是违章建筑。办理《建设工程规划许可证》的范围为在城市规划区内新建、扩建和改建建筑物、构筑物、道路、码头、铁路和其他工程设施。

二、办理"一书两证"须提供的材料

现将福建省福州市申请办理规划行政许可("一书两证")须提供的材料列示如下。

(一)申请《建设项目选址意见书》行政许可

(1) 报建人身份证复印件及单位介绍信或委托书。

(2) 申请建设报告。内容包括申请理由、拟选地点、用地面积、建设规模、用途、计划工期、投资总额、对市政配套设施的要求等。

(3) 填写《建设项目选址申请表》一份(到市规划局二楼报建厅取),并加盖公章。

(4) 1∶500 或 1∶1000 现状地形图一式四份(到市城乡勘测大队联系购图)。

(5) 建设项目平面布置方案、管线布置方案。

(6) 有关批准文件、建设项目建设书、证明、协议等(由经办人根据实际情况选定)。

(7) 其他材料(有特殊要求的项目)。

(二)申请《建设用地规划许可证》行政许可

(1) 报建人身份证明及单位介绍信或委托书。

(2) 申请办理《建设用地规划许可证》报告。内容包括建设地点、用途、用地面积、建设规模、计划工期、造价等。

(3) 填写《建设用地规划许可证》申请表一份(到市规划局二楼报建厅取),并加盖公章。

(4) 1∶500 或 1∶1000 现状地形图一式五份。

(5) 经有资质的规划咨询服务单位审查的建设项目总平面布置图及有关图件各八份。

(6) 计划部门(或外经委)的立项批文一份。

(7) 《建设项目选址意见书》及附图复印件各一份。

(8) 国土资源管理部门对该项目的土地预审意见。

(9) 根据项目性质涉及的有关部门审查意见。如建设局,消防、环保、交通、教育、电力、电信、人防、市政部门等,由经办人根据实际情况选定。

(10) 其他材料(有特殊要求的项目)。

(三)申请办理《建设工程规划许可证》行政许可

(1) 报建人身份证复印件及单位介绍信或委托书。

(2) 申请办理《建设工程规划许可证》报告一份。内容包括建设地点、用途,建筑功能分区,建筑层数及面积等事项。

(3) 填写《建设工程规划许可证》申请表一份(到市规划局二楼报建厅取),并加盖申请单位公章。

(4) 《建设用地规划许可证》及附图复印件各一份。

(5) 计划部门(或外经委)的立项批文复印件一份。

(6) 国土资源管理部门核发的《建设用地批准书》和附图及市政府批复文件复印件各一份。

(7) 经市规划局审定盖章的建设项目总平面布置图一份。

(8) 经有资质的规划咨询中心审查的建筑设计方案图或审查意见、管网综合图各一份。

(9) 根据项目性质涉及的有关部门审查意见。涉及人防、环保、电力、电信、交通、市政部门等，应根据实际情况选定。

(10) 经有资质审图单位审查盖章的施工图、建筑施工图两套，结构、水、电、市政配套施工图各一套。

(11) 有关单位审批的《建设工程勘察成果施工图审查批准书》一份。

(12) 消防建审文件一份。消防科联系电话：0591-8820190。

(13) 其他材料(有特殊要求的项目)。

(四)市政道路、管线等工程"一书两证"

原则上参照上述目录提供材料，另需提供以下资料。

(1) 管线工程须上报符合规划要求的线路设计方案(线路走向须在1∶500或1∶1000现状地形图上绘制)。

(2) 经审查的有资质设计单位设计的施工图两套。

(3) 其他材料(有特殊要求的项目)。

(五)申请办理临时建设许可审批

(1) 申报人身份证复印件及单位介绍信或委托书。

(2) 申请办理《临时建设工程规划许可证》报告一份(内容包括申请理由、拟建地点、建设规模、用途等)。

(3) 填写《申请表》一份(到市规划局二楼报建厅取)，并加盖公章。

(4) 土地使用证或建设用地红线图、建设总平面图。

(5) 报建临时施工工棚、材料库等需提供《建设工程施工许可证》复印件。

(6) 报建临时厂房、临时仓库等需提供消防、环保部门审查意见。

(7) 占用城市道路、城市绿地等须取得有关部门同意的批文。

(8) 临时建设施工图两套。

课 后 阅 读

建设项目用地预审

许可事项名称：建设项目用地预审

项目编号：XKS—7

许可责任部门：北京市国土资源局

承办部门：土地市场处

许可依据：

(1)《中华人民共和国土地管理法》

(2)《中华人民共和国土地管理法实施条例》

(3)《建设项目用地预审管理办法》(国土资源部令第 27 号)

申请方式：书面申请

许可证件名称：建设项目用地预审意见

许可收费依据和标准：不收费

许可时限：20 个工作日

许可程序如下。

一、受理

受理部门：市国土资源局业务受理中心

其条件如下。

(1)《建设用地预审申请表》需填写清楚、齐全。

(2)《建设用地预审申请报告》内容翔实。

(3) 国土资源部预审的建设项目、中央国家机关及其直属企事业单位、驻京部队建设项目和跨区县行政区域建设项目。

(4) 需审批、核准的项目，在取得相关部门审批、核准文件前。

(5) 需备案的项目，在取得相关部门备案文件后。

(6) 申请人提交的材料齐全、真实、有效。

申请人需要提交如下材料。

(1) 建设项目用地预审申请表(原件一式两份)。

(2) 建设项目用地预审申请报告(原件一份)。

(3) 区别建设项目情况，提供如下材料。

中央国家机关及其直属企事业单位利用自有土地的建设项目(审批类)：

① 提供具备相应审批权限的主管机关批准文件(国家发改委、国管局、中直管理局或主管机关等的立项批复)；

② 可行性研究报告；

③ 规划行政主管部门核发的规划意见书；

④ 市建设行政主管部门的登记备案文件；

⑤ 土地权属材料。

中央国家机关及其直属企事业单位利用自有土地的建设项目(核准备案类)：

① 提供具备相应批准权限的主管机关批准文件(国家发改委、国管局或中直管理局等的核准备案批准文件)；

② 按照《北京市人民政府办公厅转发市编办等部门关于梳理和规范本市固定资产投资项目办理流程意见(试行)的通知》(以下简称《通知》)(京政办发〔2006〕40 号)规定由本市发展改革行政主管部门出具的备案文件和规划行政主管部门核发的规划意见书，或按照《通知》(京政办发〔2006〕40 号)规定由本市发展改革行政主管部门出具的项目办理用地预审告知单(含规划部门的规划意见)；

③ 土地权属材料。

中央国家机关及其直属企事业单位新征占土地的建设项目(审批类)：

① 提供具备相应审批权限的主管机关批准文件(国家发改委、国管局、中直管理局或主管机关等的立项批复)；

② 可行性研究报告;

③ 市建设行政主管部门的选址意见通知书(含规划部门的规划意见)。

中央国家机关及其直属企事业单位新征占土地的建设项目(核准备案类):

① 提供具备相应批准权限的主管机关批准文件(国家发改委、国管局或中直管理局等的核准备案批准文件);

② 按照《通知》(京政办发〔2006〕40号)规定由本市发展改革行政主管部门出具的备案文件和规划行政主管部门核发的规划意见书,或按照《通知》(京政办发〔2006〕40号)规定由本市发展改革行政主管部门出具的项目办理用地预审告知单(含规划部门的规划意见)。

驻京部队建设项目(利用自有土地):

① 提供具备相应审批权限的主管机关批准文件(国家发改委、总后或主管机关等的立项批复);

② 可行性研究报告;

③ 规划行政主管部门核发的规划意见书;

④ 市建设行政主管部门的登记备案文件;

⑤ 土地权属材料。

驻京部队建设项目(新征占土地):

① 提供具备相应审批权限的主管机关批准文件(国家发改委、总后或主管机关等的立项批复);

② 可行性研究报告;

③ 市建设行政主管部门的选址意见通知书(含规划部门意见)。

其他类型项目(审批类):

① 项目建议书批复;

② 可行性研究报告;

③ 发展改革行政主管部门核发的项目办理用地预审告知单(或规划行政主管部门核发的规划意见书)。如项目建议书和可行性研究报告合并审批的,需提供项目建议书(代可行性研究报告)和发展改革行政主管部门核发的项目办理用地预审告知单(或规划行政主管部门核发的规划意见书)。

其他类型项目(核准类):

① 提供发展改革行政主管部门核发的项目办理用地预审告知单(含规划部门的规划意见);

② 可行性研究报告。

其他类型项目(备案类):

① 提供发展改革行政主管部门核发的项目备案表;

② 规划行政主管部门核发的规划意见书。

(注: 需报国土资源部预审的建设项目,上述申请材料为一式两份。)

本岗位责任人: 市国土局业务受理中心和市场处经办人员

岗位责任及权限:

市国土局业务受理中心对申请人提交的材料按照受理条件进行初步审查。审查通过,给申请人一份书面《材料接收单》，然后在 0.5 个工作日内将申报材料转交市场处。

市场处按照受理条件进行详细审查并作出是否受理的决定，对于受理项目出具《行政许可申请受理决定书》，对于不予受理项目出具《行政许可申请不予受理决定书》，对于需要补充资料的项目出具《行政许可补正材料告知书》，并在受理当日或四五个工作日内将结果转业务受理中心并告知申请人领取。

市场处未按时作出不予受理的决定或未提出补正资料的，视为受理，受理日期以业务受理窗口收到申请材料之日计算。

时限：5 个工作日

二、审查

标准：

(1) 申请人提交的申请材料齐全、规范、有效。

(2) 建设项目用地选址符合土地利用总体规划，符合土地管理法律、法规规定。

(3) 建设项目符合国家及本市供地政策。

(4) 建设项目用地标准和总规模符合有关规定。

(5) 占用耕地的建设项目，补充耕地初步方案是否可行，资金是否有保障。

本岗位责任人：市场处经办人员

岗位职责及权限：

按照建设项目用地预审的有关法律、法规、规章和政策规定，对申请人提供的申请材料进行详细审查，提出初步审核意见，如《建设项目用地预审意见(代拟稿)》，在 6 个工作日内上报市场处负责人。

时限：6 个工作日

三、审核

标准：同审查标准

本岗位责任人：市场处负责人

岗位职责及权限：

(1) 审核项目用地是否符合土地利用总体规划，是否符合土地供应政策，是否符合相关用地标准，是否符合节约、集约用地原则等。

(2) 根据项目实际情况会同相关处室对初步审核意见进行审核和提出具体要求。

(3) 审定《建设项目用地预审意见(代拟稿)》，并在 10 个工作日内上报主管局长。

时限：10 个工作日

四、审定

标准：同审核标准

本岗位责任人：主管局长

岗位责任及权限：

(1) 按照标准对《建设项目用地预审意见(代拟稿)》的内容进行审定。

(2) 同意审核意见的，签发建设项目用地预审意见，交还市场处。

(3) 不同意审核意见的，应与审核人员沟通情况、交换意见后，提出审定意见和理由，交还市场处。

时限: 4个工作日

五、告知

标准:

(1) 及时、准确地告知申请人办理结果。

(2) 制发的文书完整、正确、有效。

(3) 留存归档的审批文件材料齐全、规范。

(4) 及时将办理结果通过网络等形式进行公示。

本岗位责任人: 市场处经办人和市国土局业务受理中心

岗位职责及权限:

(1) 准予许可的,制作《建设项目用地预审意见》,加盖局章,送交业务受理部门。

(2) 不予许可的,制作《不予行政许可决定书》,加盖局章,送交业务受理部门。

(3) 受理部门按照工作标准负责通知申请人领取《建设项目用地预审意见》或者《不予行政许可决定书》等文书材料,申请人凭《材料接收单》领取相关文书、证件和资料。

(4) 审批工作结束后,经办人将审批过程中形成的文书材料按要求归档、备案。

(5) 办理结果通过网络等形式进行公示。

时限: 5个工作日

(资料来源: 本地宝网. 建设项目用地预审[EB/OL].[2009-09-25]. http://lvshi.bj.bendibao.com/)

思考与练习

1. 什么是土地使用权出让?

2. 各类用途的土地使用权出让最高年限是多少?

3. 土地使用权出让合同规定的用途或条件是否可以变更?

4. 土地使用权的出让方式有哪些?

5. 什么是拍卖出让土地使用权?

6. 什么是招标出让土地使用权?

7. 有哪些土地使用权出让需通过招标或拍卖方式进行?

8. 什么是协议出让土地使用权?

9. 哪些土地使用权出让可采取协议方式?

10. 哪些土地使用权出让经市政府批准后可采取协议方式?

11. 对原行政划拨土地、历史用地、协议出让土地上建成并已竣工验收的房地产,如何进入市场?

12. 什么是土地的挂牌交易?

13. 有哪些土地交易应在土地房产交易中心通过招标、拍卖、挂牌交易方式公开进行?

第七章　房地产项目的建设阶段

引例

工程质量事故典型案例

案例一：

某工厂新建一生活区，共 14 幢七层砖混结构住宅(其中 10 幢为条形建筑，4 幢为点式建筑)。在工程建设前，厂方委托一家工程地质勘察单位按要求对建筑地基进行了详细的勘察。工程于 1993—1994 年相继开工，1995—1996 年相继建成完工。一年后在未曾使用之前，相继发现 10 幢条形建筑中的 6 幢建筑的部分墙体开裂，裂缝多为斜向裂缝，从一楼到七楼均有出现，且部分呈外倾之势；3 幢点式住宅发生整体倾斜。后来经仔细观察分析，出现问题的 9 幢建筑均产生严重的地基不均匀沉降，最大沉降差达 160 mm 以上。事故发生后，有关部门对该工程质量事故进行了鉴定，审查了工程的有关勘察、设计、施工资料，对工程地质又进行了详细的补勘。经查明，在该厂修建生活区的地下有一古河道通过，古河道沟谷内沉积了淤泥层，该淤泥层系新近沉积物，土质特别松软，属于高压缩性、低承载力土层，且厚度较大，在建筑基底附加压力作用下，产生较大的沉降。凡古河道通过的 9 栋建筑物均产生了严重的地基不均匀沉降，均需要对地基进行加固处理，生活区内的其他建筑物(古河道未通过)均未出现类似情况。该工程地质勘察单位在对工程地质进行详勘时，对所勘察的数据(如淤泥质土的标准贯入度仅为 3，而其他地方为 7～12)未能引起足够的重视，对地下土层出现了较低承载力的现象未引起重视，轻易地对地基土进行分类判定，将淤泥定为淤泥质粉土，提出其承载力为 100 kN，Es 为 4 Mpa。设计单位根据地质勘察报告，设计基础为浅基础，宽度为 2800 mm，每延米设计荷载为 270 kN，其埋深为-1.4～2 m。该工程后经地基加固处理后投入正常使用，但造成了较大的经济损失，经法院审理判决，工程地质勘察单位向厂方赔偿经济损失 329 万元。

案例二：

某市一商品房开发商拟建 10 栋商品房，根据工程地质勘察资料和设计要求，采用振动沉管灌注桩，桩尖深入沙夹卵石层 5 米以上，按地勘报告桩长应在 9～10 米以上。该工程振动沉管灌注桩施工完成后，由某工程质量检测机构采用低应变动测法对该批桩进行桩身完整性检测，并出具了相应的检测报告。施工单位按规定进行主体施工，个别栋号在施工进行到 3 层左右时，由于当地质量监督人员对检测报告有争议，故经研究决定又从外地请了两家检测机构对部分桩进行了抽检。这两家检测机构由于未按规范要求进行检测，未及时发现问题。后经省建筑科学研究院对其检测报告进行了审核，在现场对部分桩进行了高、低应变检测，发现该工程振动沉管灌注桩存在非常严重的质量问题，有的桩身未能进入持力层，有的桩身严重缩颈，有的桩甚至是断桩。后经查证该工程地质报告显示，在自然地坪以下 4～6 m 深处有淤泥层，在此施工振动沉管灌注桩，由于工艺方面的问题，容易发生缩颈和断桩。该市检测机构个别检测人员思想素质差，一味地迎合施工单位的施工记录桩长(施工单位由于单方造价报得低，经常利用多报桩长的方法来弥补造价)，将砼测试波速由 3600 米/秒左右调整到 4700～4800 米/秒，个别桩身经实测波速推定桩身测试长度为 5.8 m，而当时测试桩长为 9.4 m，两者相差达 3.6 m。这样一来，原本未进入持力层的桩、严重缩颈桩和断桩就成为了与施工单位记录桩长一样的完整桩。该工程后经加固处理达到了要求，但造成了很大的经济损失。

(资料来源：找法网. 工程质量事故典型案例[EB/OL].[2006-09-12].
http://china.findlaw.cn/fangdichan/gongchengjcufen/gczlif/gczlsg/78485.html)

建设工程遍及经济社会的各个领域，涉及钢结构建设工程、铁路公路建设工程、城市道路建设工程、管网建设工程、土石方开挖工程、园林绿化工程、房屋拆迁工程、装修工程以及工程机械租赁等实体工程。房地产开发过程中建筑施工总承包、分承包以及工程监理均存在政策约束下的合同关系。房地产开发公司、建筑施工企业和工程监理公司必须在 ISO 9001 国际质量体系和 OHSAS 18001 国际安全体系指引下，认真贯彻国家有关政策和标准，坚持"以人为本"的理念，不断改善经营机制，不断推进科技进步。

项目经理和监理工程师是这一阶段的主要责任人员。

项目经理的岗位职责如下。

(1) 制订计划：根据公司订下的总体目标，以完成目标为目的，组织编制月度、季度、年度工作计划并组织实施。

(2) 计划的实施：根据已制订的主计划，将工作任务落实到个人，并进行工作跟踪及支持。

(3) 执行公司的决策：响应公司提出的决策，并以最快的速度落实完成。

(4) 保证工作效率：进行部门之间的工作协调及对业主反映的问题以最快速度给出明确答复并加以解决。

(5) 主持工程部的日常管理工作，按计划组织实施项目的工程建设；对项目的工程建设进行管理、过程监督；保证按进度、保质量、控成本完成建设任务。

(6) 对项目的工程技术和施工情况进行质量控制、成本控制、进度控制及目标管理；负责对公司所开发项目的建设工期、工程质量、施工安全、各方协调、工程成本等进行全面的控制、管理、监督。

(7) 参加图纸会审、工程施工组织设计及施工方案的讨论和审定，审定设计方案、设计图纸和设计文件，主持技术会议，参与和审定主要材料及设备的选型，审核图纸设计和工程施工合同，对项目设计方案和工程建设的技术问题进行审核把关，并提出合理的建议。

(8) 执行国家、当地的法律、法规、政策和公司规定，根据公司标准工作程序，结合工程所在地的实际，主持制定、修订工程部职责范围、管理制度和有关规定。

(9) 组织负责重要分项工程、隐蔽工程、样板和样板房、结构试验的验收并进行审核，参加对重大施工技术问题的攻关和解决。

(10) 组织人员审查竣工资料，参加单位工程及单项工程的初验，组织竣工验收。

(11) 负责根据工程实际情况协助运营部起草工程合同，加强项目合约标准化管理。

(12) 做好工程部对外的联络、交往，化解矛盾，平衡关系，维护良好的建设环境；负责协调工程建设相关各方的业务关系，以及工程部和公司其他部门间的协调与配合工作。

(13) 负责部门内各项工作的布置、检查和落实，检查和考核本部门员工的工作，客观评价其表现，并对员工进行教育、培训。

(14) 完成公司及领导交办的其他工作。

工程监理的任务是保证工程的质量和进度，加强工程的全程造价控制，向业主提出合理化的建议，为业主节约资金。工程监理人员分为总监理工程师、结构设备等专业监理工程师和监理员三个层次。

一名总监理工程师只宜担任一项委托监理合同的项目总监理工程师工作。当需要同时担任多项委托监理合同的项目总监理工程师时，须经建设单位同意，且最多不得超过三项。总监理工程师应履行以下职责。

(1) 确定项目监理机构人员的分工和岗位职责。

(2) 主持编写项目监理规划、审批项目监理实施细则，并负责管理项目监理机构的日常工作。

(3) 审查分包单位的资质，并提出审查意见。

(4) 检查和监督监理人员的工作，根据工程项目的进展情况进行监理人员调配，对于不称职的监理人员应调换其工作。

(5) 主持监理工作会议，签发项目监理机构的文件和指令。

(6) 审定承包单位提交的开工报告、施工组织设计、技术方案、进度计划。

(7) 审核签署承包单位的申请、支付证书和竣工结算。

(8) 审查和处理工程变更。

(9) 主持或参与工程质量事故的调查。

(10) 调解建设单位与承包单位的合同争议，处理索赔，审批工程延期。

(11) 组织编写并签发监理月报、监理工作阶段报告、专题报告和项目监理工作总结。

(12) 审核签认分部工程和单位工程的质量检验评定资料，审查承包单位的竣工申请，组织监理人员对待验收的工程项目进行质量检查，参与工程项目的竣工验收。

(13) 主持整理工程项目的监理资料。

专业监理工程师应履行以下岗位职责。

(1) 负责编制本专业的监理实施细则。

(2) 负责本专业监理工作的具体实施。

(3) 组织、指导、检查和监督本专业监理员的工作，当人员需要调整时，向总监理工程师提出建议。

(4) 审查承包单位提交的涉及本专业的计划、方案、申请、变更，并向总监理工程师提出报告。

(5) 负责本专业分项工程验收及隐蔽工程验收。

(6) 定期向总监理工程师提交本专业监理工作的实施情况报告，对重大问题应及时向总监理工程师汇报和请示。

(7) 根据本专业监理工作实施情况做好监理日记。

(8) 负责本专业监理资料的收集、汇总及整理，参与编写监理月报。

(9) 核查进场材料、设备、构配件的原始凭证、检测报告等质量证明文件及其质量情况，根据实际情况在必要时对进场材料、设备、构配件进行平行检验，合格时予以签认。

(10) 负责本专业的工程计量工作，审核工程计量的数据和原始凭证。

监理员应履行以下岗位职责。

(1) 在专业监理工程师的指导下开展现场监理工作。

(2) 检查承包单位投入工程项目的人力、材料、主要设备及其使用、运行状况，并做好检查记录。

(3) 复核或从施工现场直接获取工程计量的有关数据并签署原始凭证。

(4) 按设计图及有关标准，对承包单位的工艺过程或施工工序进行检查和记录，对加工制作及工序施工质量检查结果进行记录。

(5) 担任旁站工作，发现问题及时指出并向专业监理工程师报告。

(6) 做好监理日记和有关的监理记录。

为了确保建筑安全，上述工作人员必须熟悉设计、招投标、设备管理的内容、流程、规范、标准；具备优秀的领导能力和丰富的工业厂房项目运作管理经验；具有较强的沟通协调能力，善于带领团队和团结同事。

第一节　房地产开发项目管理

一、房地产开发项目管理的主体

房地产开发项目管理是以高效率地实现项目目标为最终目的，以项目经理负责制为基础，运用系统工程的观点、理论和方法，对开发项目建设的全过程按其内在运行规律进行有效的计划、组织、协调、监督和控制的管理系统。

房地产开发涉及投资方、监理方、勘察、规划、设计、施工、建材、设备、市政、交通、供电、电信、银行、文教、卫生、消防、商业、服务、环境等几十个部门，近百个单位，以及最终用户——消费者的相互制约和相互影响，因此，房地产项目开发建设是一项复杂的系统工程，必须有一整套完整、规范和科学的管理保证体系，来统筹和协调开发项目的全过程并确保总体目标的实现。在项目的建设过程中，尽管不同的参与者所承担的工作任务不同，但是各参与者及其工作任务共同构成了房地产项目管理的完整体系。

1. 项目建设单位

项目建设单位是站在投资主体的立场对项目进行综合管理，通过一定的组织形式，采用多种方法和措施，对整个项目多种工作的系统运动过程进行计划、协调、监督、控制和总评价，以保证项目质量、工期、投资效益目的的实现。如果除项目建设单位之外还包括项目的其他投资者，如项目融资单位、BOT 项目的投资者等，他们必须参与项目全过程的管理，以便了解项目的投资收益情况，确定投资方案。

2. 项目设计单位

在现代项目实施过程中，由于市场经济体制的影响，设计单位的工作任务在不断地延伸，已经打破了以往纯设计阶段的旧格局，在向两端逐渐拓展，渐渐深入到了项目目标设计、可行性研究、施工和竣工验收阶段，甚至还渗透到了使用过程中的改造和维修。

因此，在市场的作用下，项目设计单位的工作任务在不断拓展，已不完全是设计阶段的自我管理。其工作任务已延伸到项目施工阶段的施工监督、竣工阶段的质量验收，渗透到项目前期为项目建设单位提供可靠的技术服务，帮助建设单位进行产品定位和项目立项之中。

3. 施工单位(或项目承包商)

施工单位是项目产品的直接建造单位，一般是在项目施工图设计完成后，施工单位通过投标的形式取得项目的施工承包资格，按承包合同规定完成项目施工任务，并在规定的期限内交付项目，同时还应按合同规定承担承包项目的保修责任。其工作范围、责任与权力持续时间应由合同进行明确的规定。

现代房地产项目的复杂性，使业主越来越趋向于将项目的全部任务交给一个承包商完成，即采用"设计—施工—供应"的总承包方式。采用这种承包方式的项目，承包商往往在项目建立后，甚至在项目可行性研究阶段或构思阶段就介入项目的有关工作，为业主提供全过程、全方位的服务(包括参与项目的运行管理、项目的融资等)。

这种总承包公司是一个纯粹的项目管理公司(没有施工单位和设计单位等)，对于项目各阶段的任务可在它的统一调配下，采用分包的方式分包给设计单位、施工单位、监理单位等。此时的总承包方式已打破了以往承包单位仅仅承包项目施工任务的运行模式，可使总承包单位运用自己丰富的项目管理经验对具体项目实施管理，同时减轻了业主管理项目的压力，在一定程度上促进了项目的顺利实施和社会资源的合理利用。

4. 咨询单位(监理公司)

咨询单位(或监理公司)是一种中介服务组织，一般是在接受业主或总承包商的委托之后，按咨询(监理)合同的规定，代表业主或承包商对项目进行技术咨询(监理)，对相应阶段的相关任务进行咨询(监理)。其中咨询(监理)单位主要是对业主或承包商直接负责。

当然，还包括对项目进行宏观调控的政府主管部门，它们主要负责调控项目对整个社会经济发展的影响，控制项目的质量关，促进项目与环境之间的协调等宏观性工作。

上述各项目参与单位的工作任务都符合"项目"的定义，因此在具体的实施过程中，都可设立自己相应的项目管理组织，以实施相应的项目管理任务或过程。

二、项目管理的特点

房地产项目管理是房地产项目的参与者、合作者按一定的规则构成的有机整体，是项目的行为主体构成的系统。现代房地产项目管理不同于一般的企业团体管理，具有非常复杂的特点。它不仅是由房地产项目的特殊性所决定的，而且它又决定了项目管理设置和运行的基本原则和基本要求，决定了行为主体的管理行为，决定了项目管理、控制、沟通、协调和信息流通的形式，所以研究房地产项目管理的具体特点是十分必要的。在通常情况下，房地产项目管理的特点表现如下。

(1) 明确的目的和目标。房地产参与者来自不同的企业或部门，各自有独立的经济利益和权力目标。在项目的实施过程中，项目的共同目标与不同利益群体的目标以及不同利益群体之间的目标必然会存在不同程度的矛盾。为了完成项目的总目标和总任务，在项目的目标设计、组织实施和运行过程中，必须考虑并顾及不同参与群体的利益，并使各参与者之间能够通力合作，同时应赋予各参与者以决定权和在一定范围内变动的自由，保证各参与者能最有效地工作，使房地产项目取得成功。

(2) 组织结构的完整性。房地产项目的工作和任务具有多样性和复杂性，但其系统结构对项目管理结构有很大影响：它既决定了项目管理的基本分工，又决定了组织结构的基本形态，所以房地产项目的系统结构决定了项目管理结构的完整性。项目管理结构的不完整或重复繁杂，不仅会增加工作失误的概率，而且会降低组织运行效率。为了顺利完成项目的所有工作任务，在项目管理设置过程中，可依据项目结构分解设立完整的项目管理结构，并将所有的工作任务无一遗漏地落实到位，防止工作产生任务和责任的"盲区"。

(3) 管理形式具有一次性、暂时性。房地产项目管理的寿命与它在项目中所承担任务的时间长短有关，项目结束或相应任务完成后，项目管理就会解散或重新构成其他的项目管理，即使是一些专门从事房地产项目管理的机构，虽然项目管理班子或队伍人员不变，但是由于不同项目有不同的目的、对象和合作者等原因，从而引起项目管理的不同。所以房地产项目管理的一次性、暂时性特点，是它与一般企业团体组织相区别的显著特征。这一特点对整个房地产项目管理的运行、控制以及各参与者的工作行为等均有重大影响。

(4) 项目管理与企业管理之间有强烈的关联性。房地产项目管理的成员通常都有两个角色，既是项目的组成人员，又是原所属企业的组成人员，承担着项目和原企业的双重工作任务，有的甚至同时承担多项任务，从而使这些人员要经常变换工作的思维方式，以适应项目和企业的不同环境，否则会影响其工作的数量和质量。不仅如此，企业管理系统与项目管理系统之间也存在着复杂的信息交流问题，企业组织与项目管理之间的任何障碍都可能成为项目失败的原因。所以研究各参与企业对项目产生的影响以及它们之间的复杂关系，对企业自身管理和项目管理都有十分重要的意义。无论是企业内部的项目，还是由多企业参与合作的项目，企业与项目之间都存在着复杂的关系。

(5) 项目管理易受到相关部门不同程度的影响，如政府行政主管部门、质检部门、环保部门等，它们可按有关法律、法规政策、公共准则对项目进行不同程度的干预。当然也可能由于某些个人因素的影响，存在一些不合理的干预。

(6) 项目管理有高度的弹性、可变性。项目管理的这一特点与企业组织刚性大、结构不易变动、运行稳定的特点刚好相反。许多项目因不同的项目管理策略或实施计划而采用不同的项目管理形式，项目管理成员也会随项目开始和任务承接而进入项目管理，随项目结束和任务完成而退出项目管理。

小阅读

吉林梦溪工程管理有限公司的前身为吉林工程建设监理公司，成立于 1992 年，是中国最早组建的监理企业之一。

公司拥有工程监理综合资质和设备监造甲级资质，形成了以工程项目管理为主导、以工程监理为核心、带动设备监造等其他板块快速发展的"三足鼎立"的业务格局。

公司市场基本覆盖了中国石油炼化板块各地区的石化公司，进入了中上游的油田地面建设、长输管道建设、石油销售工程建设等市场，突破了中国石油外部的石油化工、煤化工、冶金化工、粮食加工、环保工程等国有大型企业集团市场。近年来，市场由国内拓展到海外，承揽了中油国际尼日尔炼油项目。

（资料来源：东北炼化工程有限公司网站. 吉林梦溪工程管理公司[EB/OL].[2012-06-18].
http://dblh.cnpc.com.cn/dblh/xsqyjlmxgs/xsqy_common.shtml）

第二节　房地产开发项目开工审批和招标投标

一、项目报建制度

为了有效地掌握建设规模，规范工程建设实施阶段程序管理，统一工程项目报建的有关规定，达到加强建筑市场管理的目的，建设部制定了《工程建设项目报建管理办法》，以此作为办理开工审批手续的法律依据。1994 年 8 月建设部发布了《工程建设项目报建管理办法》，规定凡在我国境内投资兴建的房地产开发项目都必须实行报建制度，接受当地建设行政主管部门或其授权机构的监督管理，未报建的开发项目不得办理招投标和发放施工许可证，设计、施工单位不得承接该项工程。

《工程建设项目报建管理办法》中的工程建设项目是指各类房屋建筑、土木工程、设备安装、管道线路敷设、装饰装修等固定资产投资的新建、扩建、改建以及技改等建设项目。工程建设项目由建设单位或其代理机构在工程项目可行性研究报告或其他立项文件被批准后，须向当地建设行政主管部门或其授权机构进行报建，交验工程项目立项的批准文件，包括银行出具的资信证明以及批准的建设用地等其他有关文件。

工程建设项目的报建内容主要包括工程名称、建设地点、投资规模、资金来源、当年投资额、工程规模、开工竣工日期、发包方式以及工程筹建情况等。

报建程序如下。

(1) 建设单位到建设行政主管部门或其授权机构领取《工程建设项目报建表》。

(2) 按报建表的内容及要求认真填写。

(3) 向建设行政主管部门或其授权机构报送《工程建设项目报建表》，并按要求进行招标准备。

建设行政主管部门在下列几方面对工程建设项目报建实施管理。

(1) 贯彻实施《建筑市场管理规定》和有关的方针政策。

(2) 管理监督工程项目的报建登记。

(3) 对报建的工程建设项目进行核实、分类、汇总。

(4) 向上级主管机关提供综合的工程建设项目报建情况。

(5) 查处隐瞒不报、违章建设的行为。

工程建设项目报建实行分级管理，分管的权限由各省自行规定。凡未报建的工程建设项目，不得办理招投标手续和发放施工许可证，设计、施工单位不得承接该项工程的设计和施工任务。

房地产开发项目的工程建设招投标的主要工作环节有：办理招标登记、招标申请；招标准备；招标通告；编制招标文件并核准；编制招标工程标底；标底送审合同预算审查处确认；标底送市招标办核准，正式申请招标；投标单位资格审批；编制投标书并送达；召开招标会，勘察现场；召开开标会议，进行开标；评标、决标；发中标通知书；签订工程承包合同；工程承包合同的审查等。

工程建设项目报建和招投标工作结束后，就可以着手房地产开发项目开工手续的办理，积极办理质量监督注册登记手续、建设工程监理、开工统计登记、开工前审计，签订绿化协议，领取建设工程开工证等工作。

二、建设工程招标的范围

建设工程招标是指招标人率先提出工程的条件和要求，发布招标广告吸引或直接邀请众多投标人参加投标并按照规定程序从中选择中标人的行为，如勘察招标、设计招标、工程监理招标、施工招标等。依据《中华人民共和国招标法》，下列工程建设项目，包括项目的勘察、设计、施工、监理以及与工程建设有关的重要设备、材料等的采购，必须进行招标。

1. 大型基础设施、公用事业等关系社会公共利益、公众安全的项目

关系社会公共利益、公众安全的基础设施项目的范围包括煤炭、石油、天然气、电力、新能源等能源项目；铁路、公路、管道、水运、航空以及其他交通运输业等交通运输项目；邮政、电信枢纽、通信、信息网络等邮电通信项目；防洪、灌溉、排涝、引(供)水、滩涂治理、水土保持、水利枢纽等水利项目；道路、桥梁、地铁和轻轨交通、污水排放及处理、垃圾处理、地下管道、公共停车场等城市设施项目；生态环境保护项目；其他基础设施项目。

关系社会公共利益、公众安全的公用事业项目的范围包括供水、供电、供气、供热等市政工程项目；科技、教育、文化等项目；体育、旅游等项目；卫生、社会福利等项目；商品住宅(包括经济适用住房)项目；其他公用事业项目。

2. 全部或者部分使用国有资金投资或者国家融资的项目

使用国有资金投资的项目包括：使用各级财政预算资金的项目；使用纳入财政管理的各种政府性专项建设基金的项目；使用国有企事业单位自有资金，并且国有资产投资者实际拥有控制权的项目。

使用国家融资的项目包括：使用国家发行债券所筹资金的项目；使用国家对外借款或者担保所筹资金的项目；使用国家政策性贷款的项目；国家授权投资主体融资的项目；国家特许的融资项目。

3. 使用国际组织或者外国政府贷款、援助资金的项目

这类项目包括：使用世界银行、亚洲开发银行等国际组织贷款资金的项目；使用外国政府及其机构贷款资金的项目；使用国际组织或者外国政府援助资金的项目。

各省市政府对建设工程招标投标还有规模和造价方面的规定。比如《台州市建设工程招标投标管理办法》(市政府12号令)中规定：凡本市行政区域范围内，由政府、国有和集体所有制企业、事业单位投资或参与投资的新建、改建、扩建工程和技术改造工程项目(含交通、水利、电力等建设工程)，建筑面积在1000平方米以上(含1000平方米)(路桥区为300平方米)或其他建设工程造价在50万元(含50万元)以上的(路桥区为30万元)，均实行招标投标。涉及国家安全、国家秘密、抢险救灾或者属于利用扶贫资金实行以工代赈、需要使

用农民工等特殊情况，不适宜进行招标的项目，按照国家有关规定可以不进行招标。工程有下列情形之一的，经县级以上地方人民政府建设行政主管部门批准，可以不进行施工招标。

(1) 停建或者缓建后恢复建设的单位工程，且承包人未发生变更的。

(2) 施工企业自建自用的工程，且该施工企业资质等级符合工程要求的。

(3) 在建工程追加的附属小型工程或者主体加层工程，且承包人未发生变更的。

三、建设工程招标的方式

建设工程施工招标的必备条件有：招标人已经依法成立；初步设计及概算应当履行审批手续的，已经批准；招标范围、招标方式和招标组织形式等应当履行核准手续的，已经核准；有相应资金或资金来源已经落实；有招标所需的设计图纸及技术资料。

依法必须进行施工招标的工程，以及全部使用国有资金投资或者国有资金投资占控股或者主导地位的，应当公开招标，但经国家计委或者省、自治区、直辖市人民政府依法批准可以进行邀请招标的重点建设项目除外；其他工程可以实行邀请招标。

(1) 按照竞争程度划分，建设工程招标的方式通常有下列两种。

① 公开招标。公开招标亦称无限竞争性招标，是指招标人以招标公告的方式邀请不特定的法人或者其他组织投标。建设工程项目一般应采用公开招标方式。

② 邀请招标。邀请招标亦称有限招标，是指招标人以投标邀请书的方式邀请特定的法人或者其他组织投标。

有下列情形之一的，经批准可以进行邀请招标：项目技术复杂或有特殊要求，只有少量几家潜在投标人可供选择的；受自然地域环境限制的；涉及国家安全、国家秘密或者抢险救灾，适宜招标但不宜公开招标的；拟公开招标的费用与项目的价值相比，不值得的；法律、法规规定不宜公开招标的。

(2) 按照招标能力和资格划分，建设工程招标的方式通常有下列两种。

① 自行招标。招标人具有编制招标文件和组织评标能力的，可以自行办理招标事宜。招标人自行办理招标事宜，应当具有编制招标文件和组织评标的能力，具体包括：具有项目法人资格(或者法人资格)；具有与招标项目规模和复杂程度相适应的工程技术、概预算、财务和工程管理等方面的专业技术力量；有从事同类工程建设项目招标的经验；设有专门的招标机构或者拥有 3 名以上专职招标业务人员；熟悉和掌握招标投标法及有关法规规章。

招标人在自行办理招标事宜前应向招标办报送以下资料备案：项目法人营业执照、法人证书或者项目法人组建文件；与招标项目相适应的专业技术力量情况；内设的招标机构或者专职招标业务人员的基本情况；拟使用的专家库情况；以往编制的同类工程建设项目招标文件和评标报告，以及招标业绩的证明材料；其他材料。

② 招标代理。招标人不具有编制招标文件和组织评标能力的，有权自行选择招标代理机构，委托其办理招标事宜，任何单位和个人不得以任何方式为招标人指定招标代理机构。

四、招标文件的编制与发放

(一)招标文件的内容

招标文件的内容包括：工程名称、地址、占地面积、建筑面积等；已批准的项目建议书或者可行性研究报告；工程经济、技术要求；城市规划管理部门确定的规划控制条件和用地红线图；可供参考的工程地质、水文地质、工程测量等建设场地勘察成果报告；供水、供电、供气、供热、环保、市政道路等方面的基础资料；招标文件答疑、踏勘现场的时间和地点；投标文件编制要求及评标原则；投标文件送达的截止时间；拟签订合同的主要条款；未中标方案的补偿办法。

工程建设项目施工招标文件一般包括下列内容：投标邀请书；投标人须知；合同主要条款；投标文件格式；采用工程量清单招标的，应当提供工程量清单；技术条款；设计图纸；评标标准和方法；投标辅助材料。

(二)招标时限规定

招标人应当确定投标人编制投标文件所需要的合理时间。依法必须进行招标的项目，自招标文件开始发出之日起至投标人提交投标文件截止之日止，最短不得少于20日。

(三)招标文件与资格预审文件的出售

招标文件与资格预审文件应当以出售的方式向社会发布，其出售的相关规定如下。

(1) 招标人应当按招标公告或者投标邀请书规定的时间、地点出售招标文件或资格预审文件。自招标文件或者资格预审文件出售之日起至停止出售之日止，最短不得少于5个工作日。

(2) 对招标文件或者资格预审文件的收费应当合理，不得以盈利为目的。对于所附的设计文件，招标人可以向投标人酌收押金；对于开标后投标人退还设计文件的，招标人应当向投标人退还押金。

(3) 招标文件或者资格预审文件售出后，不予退还，招标人在发布招标公告、发出投标邀请书后或者售出招标文件或资格预审文件后不得擅自终止招标。

(四)招标文件的澄清与修改

招标人对已发出的招标文件进行必要的澄清或者修改的，应当在招标文件中要求提交投标文件的截止时间至少15日前，以书面形式通知所有招标文件收受人。该澄清或者修改的内容为招标文件的组成部分。

招标人应保管好证明澄清或修改通知已发出的有关文件(如邮件回执等)；投标单位在收到澄清或修改通知后，应书面予以确认，该确认书双方均应妥善保管。

五、建设工程投标

建设工程投标是指投标人在同意招标人拟订好的招标文件的前提下，对招标项目提出自己的报价和相应条件，通过竞争以求获得招标项目的行为。

(一)建设工程投标程序

1. 编制投标文件

编制投标文件的步骤为：结合现场踏勘和投标预备会的结果，进一步分析招标文件；

校核招标文件中的工程量清单；根据工程类型编制施工规划或施工组织设计，根据工程价格构成进行工程估价，确定利润方针，计算和确定报价；形成投标文件；进行投标担保。

投标文件一般包括下列内容：投标函、投标报价、施工组织设计、商务和技术偏差表。

投标担保是指招标人可以在招标文件中要求投标人提交投标保证金，投标保证金除现金外，也可以是银行出具的银行保函、保兑支票、银行汇票或现金支票。

2. 投标文件的送达

投标人应当在招标文件要求提交投标文件的截止时间前，将投标文件密封送达投标地点。投标人在招标文件要求提交投标文件的截止时间前，可以补充、修改或者撤回已提交的投标文件，并书面通知招标人。补充、修改的内容为投标文件的组成部分。在提交投标文件截止时间后到招标文件规定的投标有效期终止之前，投标人不得补充、修改、替代或者撤回其投标文件。投标人补充、修改、替代投标文件的，招标人不予接受；投标人撤回投标文件的，其投标保证金将被没收。

(二)有关投标人的法律禁止性规定

为了确保招投标的公开、公平和公正，法律法规对投标人的行为作了禁止性的规定。

(1) 禁止投标人之间串通投标。投标人之间串通投标的行为有：投标人之间相互约定抬高或压低投标报价；投标人之间相互约定，在招标项目中分别以高、中、低价位报价；投标人之间先进行内部竞价，内定中标人，然后再参加投标；投标人之间其他串通投标报价的行为。

(2) 禁止投标人与招标人之间串通投标。投标人与招标人之间串通投标的行为有：招标人在开标前开启投标文件，并将投标情况告知其他投标人，或者协助投标人撤换投标文件，更改报价；招标人向投标人泄露标底；招标人与投标人商定，投标时压低或抬高标价，中标后再给投标人或招标人额外补偿；招标人预先内定中标人。

(3) 其他串通投标行为。投标人不得以行贿的手段谋取中标；投标人不得以低于成本的报价竞标；投标人不得以非法手段骗取中标。

(4) 其他禁止行为。非法挂靠或者借用其他企业的资质证书参加投标；投标文件中故意在商务上和技术上采用模糊的语言骗取中标，中标后提供低档劣质货物、工程或服务；投标时递交假业绩证明、资格文件；假冒法定代表人签名，私刻公章，递交假的委托书等。

六、资格预审、开标、评标与中标

(一)资格预审

1. 资格预审的要求

资格预审应主要审查潜在投标人或者投标人是否符合下列条件：具有独立订立合同的权利；具有履行合同的能力，包括专业能力、技术资格，资金、设备和其他物质设施状况，管理能力，经验、信誉和相应的从业人员；没有处于被责令停业，投标资格被取消，财产被接管、冻结，破产状态；在最近三年内没有骗取中标和严重违约及重大工程质量问题；法律、行政法规规定的其他资格条件。

资格预审时，招标人不得以不合理的条件限制、排斥潜在投标人或者投标人，不得对潜在投标人或者投标人实行歧视待遇。任何单位和个人不得以行政手段或者其他不合理方式限制投标人的数量。

2. 资格预审的程序

资格预审程序如下：发布资格预审通告；发售资格预审文件；对资格预审资料进行分析并发出资格预审合格通知书。

(二)开标

1. 开标的时间和地点

开标应当在招标文件确定的提交投标文件截止时间的同一时间公开进行；开标地点应当为招标文件中确定的地点。

2. 废标的条件

逾期送达的或者未送达指定地点的；未按招标文件要求密封的；无单位盖章并无法定代表人或法定代表人授权的代理人签字或盖章的；未按规定的格式填写，内容不全或关键字迹模糊、无法辨认的；投标人递交两份或多份内容不同的投标文件，或在一份投标文件中对同一招标项目报有两个或多个报价，且未声明哪一个有效(按招标文件规定提交备选投标方案的除外)的；投标人名称或组织机构与资格预审时不一致的；未按招标文件要求提交投标保证金的；联合体投标未附联合体各方共同投标协议的。

(三)评标

评标是一项严肃谨慎的工作。评标的科学性、公正性是确保招投标质量的关键环节。

(1) 评标的准备与初步评审工作包括：编制表格，研究招标文件；投标文件的排序和汇率风险的承担；投标文件的澄清、说明或补正；废标处理；投标偏差；有效投标不足的法律后果。

(2) 详细评审内容包括：确定评标方法(最低投标价法、综合评价法、法律或行政法规允许的其他评标方法)；备选标的确定；决定招标项目是否作为一个整体合同授予中标人；决定投标有效期可否延长。

(3) 评标报告的内容包括：基本情况和数据表；评标委员会成员名单；开标记录；符合要求的投标一览表；废标情况说明；评标标准；评标方法或者评标因素一览表；经评审的价格或者评分比较一览表；经评审的投标人排序；推荐的中标候选人名单与签订合同前要处理的事宜；澄清、说明、补正事项纪要。

(4) 推荐中标候选人。评标委员会推荐的中标候选人应当限定在1～3人，并标明排列顺序。中标人的投标应当符合下列条件之一：能够最大限度地满足招标文件中规定的各项综合评价标准；能够满足招标文件的实质性要求，并且经评审的投标价格最低(但是投标价格低于成本的除外)。

(四)中标

1. 确定中标的时间

评标委员会提出书面评标报告后，招标人一般应在 15 日内确定中标人，最迟应当在投标有效期结束日前 30 个工作日内确定。

2. 发出中标通知书

各地应当建立中标候选人的公示制度。采用公开招标的，在中标通知书发出前，要将预中标人的情况在该工程项目招标公告发布的同一信息网络和建设工程交易中心予以公示，公示的时间最短应不少于 2 个工作日。

招标人和中标人应当自中标通知书发出之日起 30 日内，按照招标文件和中标人的投标文件订立书面合同。中标人应按照招标人要求提供履约保证金或其他形式的履约担保，招标人也应当同时向中标人提供工程款支付担保。招标人与中标人签订合同后 5 个工作日内，应当向中标人和未中标的投标人退还投标保证金。

(五)招标投标情况的书面报告

依法必须进行施工招标的项目，招标人应当自发出中标通知书之日起 15 日内，向有关行政监督部门提交招标投标情况的书面报告。书面报告应包括下列内容：招标范围；招标方式和发布招标公告的媒介；招标文件中投标人须知、技术条款、评标标准和方法、合同主要条款等内容；评标委员会的组成和评标报告；中标结果。

互动话题

《中华人民共和国招标投标法》和《中华人民共和国招标投标法实施条例》是什么关系？它们是何时颁发的？

第三节　工程项目施工管理

一、项目施工阶段的主要工作

房地产开发项目的工程管理是指对项目从开工准备到竣工验收的全过程所进行的管理。建设项目完成各项准备工作，具备开工条件后，建设单位要及时向主管部门和有关单位提出开工报告，开工报告批准后即可进行项目施工。

工程施工，即开发项目的建筑施工和建筑工程安装是生产阶段最主要的任务，它不仅决定开发企业能否为社会提供优质的房地产产品，而且从经济角度分析，施工阶段的投入和开支远高于准备阶段。有效的施工管理也是合理节约开支、提高房地产开发项目投资效益的关键环节。

在项目施工阶段，由于房地产开发项目的建筑施工与安装任务通常是承包给建筑施工单位来完成的，所以开发项目的工程管理，主要是以合同管理为手段，运用计划、组织、协调、控制、检查、验收等方法，对开发项目施工建设中的技术活动和经济活动，按照国家标准、规范和合同规定的目标，严格进行监督、控制和管理，以确保开发项目总体目标的最终实现。

(一)施工准备

甲方牵头进行施工准备，包括现场准备、技术准备、资源准备等；参与各方面的协调；签发开工令。

施工准备要加强项目组织与协调工作。一方面，选择施工、供应等参建单位，明确各自在业务往来中应遵守的原则。另一方面，落实项目施工阶段的各项准备和组织工作，包括落实设计意图、选定施工方案、审定材料与设备供应品种及供应方式。

(二)质量控制

质量控制重在提出质量标准，进行质量监督，处理质量问题，组织工程验收。审核承包商的质量保证体系和案例保证体系；对设备材料采购及其实施方案进行事前认定；对材料、设备进行进场检查、验收；对工程施工过程进行质量监督、中间检查；对不符合要求的工程、材料、工艺提出处置意见；对已完工程进行验收；组织整个工程验收、设备安装调试和移交；为项目运行做各种准备，如使用手册、维修手册、人员培训、运行准备等。

(三)进度控制

进度控制主要进行进度分析，适时调整计划，协调各参建单位的进度。审核承包商的实施方案和进度计划；监督参加者各方面项目计划的完成情况；如果项目进度推迟，可责成承包商修改进度计划；处理工期索赔要求。

(四)投资控制

投资控制主要包括编制投资计划，审核费用支出，研究节支途径。对已完工程进行工程量的测算和费用计算核对；控制项目内部和外部费用支出；下达、处理各种开工工程变更的文件，并决定是否变更价格；处理费用索赔要求；审查、批准进度付款，准备竣工结算，提出结算报告。

(五)合同管理

合同管理是对施工前签订的施工合同进行管理，并处理工程量增减、合同纠纷、索赔等事宜。解释合同，确保项目参与人员熟悉和理解合同，遵守合同；对各种合同文件进行守信和管理；审核承包商的分包合同，批准分包单位；调解业主和承包商及之间的合同争执。

(六)信息管理

建立项目信息管理系统，并保证其有效运行；收集项目实施过程中的各种信息，并予以保存；起草并保存各种文件范本；向承包商发布图纸及相关指令；向业主、企业和其他相关各方提交各种报告。

二、施工许可制度

在中华人民共和国境内从事各类房屋建筑及其附属设施的建造、装修装饰和与其配套的线路、管道、设备的安装，以及城镇市政基础设施工程的施工，建设单位在开工前应当依照有关规定，向工程所在地的县级以上人民政府建设行政主管部门(以下简称发证机关)申请领取施工许可证。必须申请领取施工许可证的建筑工程未取得施工许可证的，一律不得开工。

任何单位和个人不得将应该申请领取施工许可证的工程项目分解为若干限额以下的工程项目，规避申请领取施工许可证。

各地政府建委将建立以"施工许可"为法定开工凭证的制度，必须申领"施工许可证"的建筑工程未取得施工许可证的，一律不得开工；否则，视其情节将予以暂扣或吊销资质证书。配合施工过程质量、安全监督的机制，监察人员将每日巡查主干道周边的建筑装饰工程，在巡查过程中一旦发现违法工程，将立即责令施工单位停工，下发停工通知单，并根据其违法行为按照相关法定程序进行处罚。建设单位在开工前应当依照相关规定，向工程所在地的县级以上建设行政主管部门申请领取施工许可证。必须申领施工许可证的建筑工程未取得施工许可证的，一律不得开工；未取得施工许可证或者开工报告未经批准擅自施工的，由建设行政主管部门没收违法所得，视其情节予以暂扣或吊销资质证书，并可以处以罚款。同时，将发生安全事故的企业记入诚信档案体系，这将会影响到企业资质动态考核的结果。

申请施工许可证的条件如下。

(1) 已经办理该建筑工程用地批准手续。

(2) 在城市规划区的建筑工程，已经取得建设工程规划许可证。

(3) 施工场地已经基本具备施工条件，需要拆迁的，其拆迁进度符合施工要求。

(4) 已经确定施工企业。按照规定应该招标的工程没有招标，应该公开招标的工程没有公开招标，或者肢解发包工程，以及将工程发包给不具备相应资质条件的施工企业，所确定的施工企业无效。

(5) 已满足施工需要的施工图纸及技术资料、施工图设计文件已按规定进行了审查。

(6) 有保证工程质量和安全的具体措施。施工企业编制的施工组织设计中有根据建筑工程特点制定的相应质量、安全技术措施；专业性较强的工程项目编制了专项质量、安全施工组织设计，并按照规定办理了工程质量、安全监督手续。

(7) 按照规定应该委托监理的工程已委托监理。

(8) 建设资金已经落实。建设工期不足一年的，到位资金原则上不得少于工程合同价的50%；建设工期超过一年的，到位资金原则上不得少于工程合同价的30%。建设单位应当提供银行出具的到位资金证明，有条件的可以提供银行付款保函或者其他第三方担保。

(9) 法律、行政法规规定的其他条件。

三、工程项目承、发包的五种模式

工程承发包是一种商业行为，交易双方为项目业主和承包商，双方签订承包合同，明确各自的权利与义务,承包商为业主完成工程项目的全部或部分项目建设任务,并从项目业主处获取相应的报酬。

(一)平行承发包模式

平行承发包模式是指项目业主将工程项目的设计、施工和设备材料采购的任务分解后分别发包给若干个设计、施工单位和材料设备供应商,并分别和各个承包商签订合同。各个承包商之间的关系是平行的,他们在工程实施过程中接受业主或业主委托的监理公司的协调和监督。

(二)工程项目总承包模式

工程项目总承包模式是指业主在项目立项后,将工程项目的设计、施工、材料和设备采购任务一次性地发包给一个工程项目承包公司,由其负责工程的设计、施工和采购的全部工作,最后向业主交出一个达到动用条件的工程项目。业主和工程承包商签订一份承包合同,称为"交钥匙""统包"或"一揽子"合同。按这种模式发包的工程也称为"交钥匙工程"。

(三)设计或施工总分包模式

这种模式与工程项目总承包模式不同,业主将工程项目设计和施工任务分别发包给一个设计承包单位和一个施工承包单位,并分别与设计和施工单位签订承包合同。它是处于工程项目总承包和平行承发包之间的一种承包模式。

(四)联合体承包模式

联合体承包模式是指由多家工程承包公司为了承包某项工程而组成的一次性组织机构。联合体的组建一般遵循一定的原则。

(五)CM 模式

CM 是英文 construction management 的缩写,是一种特定承发包模式的国际公认的名称。CM 模式是指 CM 单位接受业主的委托,采用 fast track(快速路径法)的组织方式来协调设计和进行施工管理的一种承发包模式。CM 模式的出发点是为了缩短工程建设工期。它的基本思想是通过采用 fast track 的生产组织方式,即设计一部分、招标一部分、施工一部分的方式,实现设计与施工的充分搭接,以缩短整个建设工期。

CM 有两种基本类型:非代理型(CM/non-agency)和代理型(CM/agency)。

四、工程项目施工控制

无论是开发住宅小区、商业区还是交通枢纽等,开发项目的工程施工控制是整个开发项目管理的主要内容,也是项目经理的主要职责。因此,必须加强施工控制,以保证开发项目按计划有序地实施。

(一)工程进度控制

工程进度关系到建设工程能否如期竣工交付使用,而工程进度通过工程计划来具体实现。

(1) 进度计划的形式。按照工程项目阶段划分,进度计划一般分为以下三类。

第一类,客观进度计划。从工程项目开始准备到竣工各阶段的进度计划,常用横道图法和网络图法表示。

① 横道图法。横道图法是指在时间坐标上用一种直线条表示出各项工程内容和进度的方法,如图 7-1 所示,空白横道表示某项工作实际花费的时间。图中 A 工序已按计划要求时间完成;B 工序已完成大约 60%,虽然 B 的生产按计划时间开始,但在第四周末中断了,半周后继续工作;C 工序按计划完成,但工作时间推迟了 1.5 周。横道图法简单明了,但看不出各项工作之间相互依赖和相互制约的关系,看不出某项工作的提前或落后对整个工期的影响程度,看不出哪些属于关键工作。

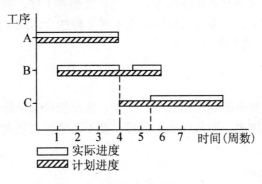

图 7-1 控制工程进度的横道图

② 网络图法。其基本原理是首先应用网络形式来表示计划中各项工作的先后顺序和相互关系;其次通过计算找出计划中的关键工作和关键路线,在计划执行过程中对其进行有效的控制和监督,以保证合理地使用人力、物力、财力,完成目标任务。

第二类,总进度计划。由承包单位的技术部门、计划部门、质量监督部门等,在项目负责人领导和监督工程师主持下编制。根据工程所需工时数以及人力、物力、设备情况,求出施工工期,进而编制整个工程的施工进度计划。总进度计划也可通过横道图和网络图表示。

第三类,单位工程进度计划。以单位工程为对象进行编制。

(2) 进度计划的监测,以防止进度滑动。定期获得工程实际进展情况,与原进度计划对比、检查,找出进度滑动原因,保证工期按时完成。"进度滑动"虽然是一种司空见惯的现象,但也应引起工程管理人员的高度警惕。

(3) 进度计划的衡量、分析和修订。衡量工程进度的指标有实物量、形象进度、工作量(完成投资额)或者工时数。衡量、分析与修订工作一般每月进行一次。

(二)质量控制

工程项目的质量是设计意图被实现的程度。质量控制是指开发项目管理机构以合同规定的质量目标或以国家标准、规范为目标所进行的监督和管理活动。质量控制的任务主要是在施工过程中及时发现施工工艺等是否满足设计要求和合同规定,对所选用的材料和设备进行质量评价,对整个工程中的工作质量水平进行评估,将取得的质量数据和承包商履行职责的程度与国家有关规范、技术标准、规定进行比较,并作出评判。工程质量控制工作主要包括以下几项。

(1) 对原材料的检验。为保证材料质量,应当在订货阶段就向供货商提供检验的技术标准,并将这些标准列入订购合同。有些重要材料应当在签订购货合同前取得样品,材料到货后再与样品对照检查。未经检验或检验不合格的材料切忌与合格的材料混装入库。

(2) 对工程中的配套设备进行检验。工程建设中应确立设备检查和试验的标准、手段、程序、记录、检验报告等制度;对于主要设备的试验和检查,可考虑到制造厂进行监督和检查。

(3) 确立施工中质量控制的具体措施。检查各项施工设备、仪器,保证在测量、计量方面不出现严重误差;严格控制混凝土质量,设立水泥、沙、石和水配比的严格计量手段,由专人负责检验混凝土试块制作以及挖方、定位、支模等工序;制定有效的质量检查和评定方法,以便保证砌筑工程、装饰工程和水电安装工程按合同规定的技术要求实施。

(4) 建立有关质量文件的档案制度。

(三)成本控制

实施成本控制是指在不影响工程进度、质量、生产操作安全施工的前提下,将工程的实际成本控制在预算范围内。通常在施工阶段,要不断进行直接费用监测分析和间接费用监测分析。

1. 直接费用监测分析

直接费用包括工程量、工时、机械台班、材料耗费、工程其他费用支出。对直接费用要逐月提出统计报表。将实际费用与工程预算进行比较,并且根据实物工程量和花费计算出实际工程单价,最后与预算工程单价比较,研究存在的问题。

2. 间接费用监测分析

间接费用的预算金额是以直接费为基础,按照间接费率计算出的。一经确定就要不断进行监测,采取措施来降低施工管理费用的支出。费用支出时要做支出报告和支出审计,并要定期将实际费用与预算费用比较,进行有效控制。

小阅读

南广铁路肇庆西江特大桥主拱肋顺利合龙

2011 年 11 月 12 日,由中铁咨询集团设计、中铁大桥局集团施工的南广铁路肇庆西江特大桥主拱肋顺利合龙。西江特大桥全长 618.3 米,主跨为 450 米的中承式钢箱提篮拱桥,拱脚中心距 450 米,矢跨比 1/4,桥面距拱顶 73.5 米,桥面为钢砼结合梁体系,是目前国内铁路同类型桥梁中跨度最大的,建成后将成为世界第一跨度的铁路钢箱提篮拱桥。

(资料来源:人民网.南广铁路肇庆西江特大桥主拱肋顺利合龙[EB/OL].[2011-11-13].

http://www.people.com.cn/h/2011/1113/c25408-36821284.html)

第四节 工程建设监理

一、工程建设监理的概念

工程建设监理简称为工程监理，是指监理单位受建设单位的委托对工程建设项目实施阶段进行监督和管理的活动。监理单位是指取得监理资质证书，具有法人资格的监理公司、监理事务所和兼承监理业务的工程设计、科学研究及工程建设咨询的单位。

建设工程监理只能由具有相应资质的工程企业来开展，建设工程监理的行为主体是工程监理企业，这是我国建设工程监理制度的一项重要规定。

建设工程监理实施的前提是建设单位与其委托的工程监理企业应当订立书面建设工程委托监理合同，明确了监理的范围、内容、权利、义务、责任等，工程监理企业才能在规定的范围内行使管理权，合法地开展建设工程监理活动。

工程监理企业在委托监理的工程中拥有一定的管理权限，能够开展管理活动，是建设单位授权的结果。

工程监理就是对建设者在工程项目实施过程中的技术活动和经济活动进行管理，使这些活动及其结果符合有关法规、技术标准、规范和工程合同要求，实现房地产开发商的预期投资目标，同时使房地产开发商能在开发计划期限内以合理的造价和合格的质量提供房地产产品给市场消费者。

二、工程建设监理的层次

工程建设监理可分为两个层次，即政府对工程建设的监理和社会对工程建设的监理。

1. 政府对工程建设监理

这是指政府建设主管部门或被授权单位，对本地区、本部门的工程建设项目进行统一的、强制性的监督管理，以及对由社会负责的工程建设监理活动实施监督和管理的过程。

政府对工程建设项目的监理是从宏观上、纵向上强制性实施的。这一监理工作由国家建设部负责，在其下设立有建设监理司作为具体办事机构，地方各级政府的建设主管部门，下设建设监理处、科、室作为办事机构。它们的主要职责是：制定法规、规章、条例细则并组织实施；审核批准和管理工程建设监理单位；审核监理工程师资格；参与审批开工报告、工程项目竣工验收；参与重大工程事故的处理等。

2. 社会对工程建设监理

社会对工程建设监理主要是从微观上、横向上通过委托方式实施工程监理，其主要监理机构有工程建设监理公司或事务所、工程设计单位、科研单位、工程建设咨询公司等。房地产开发商可以委托一个监理单位，也可以同时委托几个监理单位对其开发项目进行工程建设监理。工程监理范围可以是开发项目建设的全过程监理，也可以是阶段性监理。社会性工程建设监理单位在接受开发商委托后，须与开发商签订监理委托合同后，方能对开发项目进行工程建设监理。

三、建设工程质量监督管理制度

(一)建设工程质量监督管理

国家实行建设工程质量监督管理制度。国务院建设行政主管部门对全国的建设工程质量实施统一的监督管理。国务院铁路、交通、水利等有关部门按照国务院规定的职责分工，负责对全国有关专业建设工程质量的监督管理。

国务院发展计划部门按照国务院规定的职责组织稽查特派员，对国家出资的重大建设项目实施监督检查。国务院经济贸易主管部门按照国务院规定的职责，对国家重大技术改造项目实施监督检查。

建设工程质量监督管理，可以由建设行政主管部门或者其他有关部门委托的建设工程质量监督机构具体实施。

履行监督检查职责时，有权采取下列措施。

(1) 要求被检查的单位提供有关工程质量的文件和资料。

(2) 进入被检查的施工现场进行检查。

(3) 发现有影响工程质量的问题，责令其改正。

建设工程发生质量事故，有关单位应当在 24 小时内向当地建设行政主管部门和其他有关部门报告。对重大质量事故，事故发生地的建设行政主管部门及其他有关部门应当按照事故类别和等级向当地人民政府和上级建设行政主管部门及其他有关部门报告。

(二)监理单位的资质

监理单位资质是指从事监理业务应当具备的人员素质、资金数量、专业技能、管理水平及监理业绩等。

监理单位的资质分为甲级、乙级和丙级。

(1) 甲级监理单位可以跨地区、跨部门监理一、二、三等的工程。

(2) 乙级监理单位只能监理本地区、本部门二、三等的工程。

(3) 丙级监理单位只能监理本地区、本部门三等的工程。

监理单位的资质等级三年核定一次。 对于不符合原定资质等级标准的单位，由原资质管理部门予以降级。

四、工程建设监理的内容

工程建设监理的主要工作是做好"三控制、两管理、一协调"，即投资进度、建设工期和工程质量控制，合同与信息管理，协调有关单位间的工作关系。其中的质量、进度与投资三大控制目标具有辩证关系，必须在确保工程质量和施工安全的前提下，加快施工进度，控制好施工过程中发生的费用，控制好施工进度，最终实现建设项目按计划完工或投产。

(一)工程进度监理

工程进度监理，即监理单位受建设单位或业主委托，对工程进度情况所进行的监督管理活动，以保证施工工程按照合同中的预定方案和交付时间完成。主要任务是对项目建设周期进行具体的论证，编制项目总进度计划和阶段详细进度计划，监督阶段详细进度计划的执行，对施工现场进行调研和分析。

(二)工程质量监理

工程质量监理是监督单位受建设单位或业主的委托，以合同规定的质量目标或国家规范对项目质量进行监督和管理的活动。通常涉及如下内容。

(1) 委托方与监理方要按照国家有关规定签订质量监理合同。明确监理目标及监理事项，依照合同规定提供建设项目最终产品。

(2) 进行质量控制。根据设计要求和合同规定检查施工过程中的工艺、材料、设备情况。

(3) 质量保证。对取得的实际质量数据和施工单位履行质量职责的程度，与国家有关规定、技术标准进行比较，看其是否合乎要求。

(三)工程合同监理

监理单位可以根据委托方的意图，代其准备招标文件，协助组织招标，并同中标单位商签工程承包合同。但其主要任务还是监督合同的实施执行，及时了解并处理合同执行过程中出现的问题。需要说明的是，在合同监理过程中，监理方与合同有关方的联系均为法律行为的活动，必须采取书面形式。

五、工程建设监理的程序和范围

(一)工程建设监理的程序

工程建设监理工作的程序化、规范化是确保施工秩序和工程安全的前提条件。一般情况下，工程建设监理应遵循下列程序。

(1) 编制工程建设监理规划。

(2) 按工程建设进度、分专业编制工程建设监理细则。

(3) 按照建设监理细则进行建设监理。

(4) 参与工程竣工预验收，签署建设监理意见。

(5) 建设监理业务完成后，向项目法人提交工程建设监理档案资料。

(二)工程建设监理的范围

依据《建设工程质量管理条例》，为了保证工程质量，以下工程项目均应实行工程建设监理制度。

(1) 大、中型工程项目。

(2) 市政、公用工程项目。

(3) 政府投资兴建和开发建设的办公楼、社会发展事业项目和住宅工程项目。

(4) 外资、中外合资、国外贷款、赠款、捐款建设的工程项目。

小阅读

中国工程监理人才网(www.job2299.com)是全国唯一专注监理行业招聘和行业交流的行业门户网站，由广东茂名汇淼人力资源咨询服务有限公司投资建设和运营管理，运营中心位于中国最大的炼化基地——广东茂名。

旗下现有三大平台："中国工程监理人才网"——全国最大型、最专业的工程监理人才求职招聘、猎头猎证首选平台；"资讯无限"——监理行业资讯和资料范本最健全的监理资讯网；"大师论道"——工程监理、项目管理和建筑施工等从业人员最活跃的监理论坛。

(资料来源：中国工程监理人才网. 中国工程监理人才网[EB/OL].[2017-07-08].
http://www.job2299.com/)

第五节　房地产开发项目的竣工验收

一、竣工验收概述

根据国家有关规定，建设项目按批准的内容完成后，符合验收标准的，须及时组织验收，办理交付使用、资产移交手续。工程项目的竣工验收是施工全过程的最后一道程序，也是工程项目管理的最后一项工作。它是建设投资成果转入生产或使用的标志，也是全面考核投资效益、检验设计和施工质量的重要环节。

大中型和限额以上基本建设和技术改造项目(工程)，由国家计委或由国家计委委托项目主管部门、地方政府部门组织验收。小型和限额以下基本建设和技术改造项目(工程)，由项目(工程)主管部门或地方政府组织验收。经营性项目总投资在 5000 万元(含 5000 万元)，非经营性项目总投资在 3000 万元(含 3000 万元)以上的竣工验收工作，由国家计委或行业主管部门组织进行，限额以下的项目由行业主管部门或行业主管部门委托监理公司进行。

竣工验收要根据工程的规模大小、复杂程度组成验收委员会或验收组。验收委员会或验收组应由银行、物资、环保、劳动、统计、消防及其他有关部门组成。建设单位、接管单位、施工单位、勘察设计单位参加验收工作。验收委员会或验收组负责审查工程建设的各个环节，听取各有关单位的工作报告，审阅工程档案资料并实地察验建筑工程和设备安装情况，并对工程设计、施工和设备质量等方面作出全面的评价。不合格的工程不予验收，对遗留问题提出具体解决意见，限期落实完成。

二、竣工验收的准备工作

在项目竣工验收之前，施工单位应配合监理工程师做好下列竣工验收的准备工作。

(一)完成收尾工程

收尾工程的特点是零星、分散、工程量小，但分布面广，如果不及时完成，将会直接影响项目的竣工验收及投产使用。

做好收尾工程，必须摸清收尾工程项目。通过竣工前的预检，做一次彻底的清查，按设计图纸和合同要求，逐一对照，找出遗漏项目并开展修补工作，制订作业计划，相互穿插施工。

(二)编制竣工决算

所有竣工验收的项目(工程)在办理验收手续之前，都必须对所有财产和物资进行清理，编制好竣工决算，分析预(概)算执行情况，考核投资效果，报上级主管部门(公司)审查。竣工项目(工程)经验收交接后，应及时办理固定资产移交手续，加强固定资产的管理。

(三)竣工验收资料的准备

整理各种技术文件材料，绘制竣工图纸。建设项目(包括单项工程)竣工验收前，各有关单位应将所有技术文件材料进行系统整理，由建设单位分类立卷，在竣工验收时，交生产单位统一保管，同时将与所在地区有关的文件材料交当地档案管理部门，以适应生产、维修的需要。

竣工验收资料和文件是工程项目竣工验收的重要依据，从施工开始就应完整地积累和保管，竣工验收时应经编目建档。

(四)竣工验收的预验收

竣工验收的预验收，是初步鉴定工程质量，避免竣工进程拖延，保证项目顺利投产使用不可缺少的工序。通过预验收，可及时发现遗留问题，事先予以返修、补修。

三、竣工验收的依据和标准

竣工验收的依据主要有上级主管部门批准的设计纲要、设计文件、施工图纸和说明书，设备技术说明书，招标投标文件，开发商和建筑商签订的工程合同，图纸会审记录、设计修改签证和技术核定单，现行的施工技术验收规范，建筑安装统计规定，协作配合协议，以及施工单位提供的有关质量保证文件和技术资料等。工程项目的规模、工艺流程、工艺管线、生产设备、土地使用、建筑结构、建筑面积、内外装修、质量标准等，必须与上述文件、合同所规定的内容一致。对从国外引进的新技术或成套设备项目，还应按照签订的合同和国外提供的设计文件等资料进行验收。

由于建设工程项目门类很多，要求各异，因此必须有相应的竣工验收标准，以资遵循。一般有土建工程、安装工程、人防工程、管道工程、桥梁工程、电气工程及铁路建筑安装工程等的验收标准。

(一)土建工程验收标准

凡生产性工程、辅助公用设施及生活设施均按照设计图纸、技术说明书、验收规范进行验收，工程质量符合各项要求，在工程内容上按规定全部施工完毕，不留尾巴。即对生产性工程要求室内全部做完，室外明沟勒脚、踏步斜道全部做完，内外粉刷完毕；建筑物、构筑物周围2米以内场地平整、障碍物清除，道路及下水道畅通。对生活设施和职工住宅除上述要求外，还要求水通、电通、道路通。

(二)安装工程验收标准

按照设计要求的施工项目内容、技术质量要求及验收规范的规定，各道工序全部保质保量施工完毕，不留尾巴。即工艺、燃料、热力等各种管道已做好清洗、试压、吹扫、油漆、保温等工作，各项设备、电气、空调、仪表、通信等工程项目全部安装结束，经过单体、联动无负荷及投料试车，全部符合安装技术的质量要求，具备形成设计能力的条件。

(三)人防工程验收标准

凡人防工程或结合建设的人防工程的竣工验收必须符合人防工程的有关规定，并要求：按工程等级安装好防护密闭门；室外通道在人防密闭门外的部位增设防护门进、排风等孔口；设备安装完毕，目前没有设备的，做好基础和预埋件，具备设备以后即能安装的条件；应做到内部粉饰完工；内部照明设备安装完毕，并可通电；工程无漏水，回填土结束；通道畅通等。

(四)大型管道工程验收标准

大型管道工程(包括铸铁管和钢管)按照设计内容、设计要求、施工规格、验收规范全部(或分段)按质量敷设施工完毕和竣工，泵验必须符合规定要求达到合格，管道内部的垃圾要清除，输油管道、自来水管道要经过清洗和消毒，输气管道要经过通气换气。在施工前，对管道材质用防腐层(内壁及外壁)要根据规定标准进行验收，钢管要注意焊接质量，并加以评定和验收。对设计中选定的闸阀产品质量要慎重检验。地下管道施工后，对覆地要求分层夯实，确保道路质量。

更新改造项目和大修理项目，可以参照国家标准或有关标准，根据工程性质，结合当时当地的实际情况，由业主与承包商共同商定提出适用的竣工验收的具体标准。

四、竣工验收的范围

凡新建、扩建、改建的基本建设项目(工程)和技术改造项目，按批准的设计文件所规定的内容建成，符合验收标准的，必须及时组织验收，办理固定资产移交手续。

有的建设项目(工程)基本符合竣工验收标准，只是零星土建工程和少数非主要设备未按设计规定的内容全部建成，但不影响正常生产，亦应办理竣工验收手续。对剩余工程，应按设计留足投资，限期完成。有的项目投产初期一时不能达到设计能力所规定的产量，不应因此拖延办理验收和移交固定资产手续。

有些建设项目或单项工程，已形成部分生产能力或实际上生产方面已经使用，近期不能按原设计规模续建的，应从实际情况出发，可缩小规模，报主管部门(公司)批准后，对已完成的工程和设备尽快组织验收，移交固定资产。

五、竣工验收的条件

(一)竣工验收的基本条件

依据《建设工程质量管理条例》及中央各部委制定的专项工程竣工验收办法，凡是竣工验收项目均应符合如下基本条件。

(1) 完成工程设计和合同约定的各项内容。工程项目按照工程合同规定和设计图纸要求已全部施工完毕，达到国家规定的质量标准，能够满足使用要求。

(2) 施工单位在工程完工后对工程质量进行了检查，确认工程质量符合有关法律、法规和工程建设强制性标准，符合设计文件及合同要求，并提出工程竣工报告。工程竣工报告应经项目经理和施工单位有关负责人审核签字。

(3) 对于委托监理的工程项目，监理单位对工程进行了质量评估，具有完整的监理资料，并提出工程质量评估报告。工程质量评估报告应经总监理工程师和监理单位有关负责人审核签字。

(4) 勘察、设计单位对勘察、设计文件及施工过程中由设计单位签署的设计变更通知书进行了检查，并提出质量检查报告。质量检查报告应经该项目勘察、设计负责人和勘察、设计单位有关负责人审核签字。

(5) 有完整的技术档案和施工管理资料。

(6) 有工程使用的主要建筑材料、建筑构配件和设备的进场试验报告。设备调试、试运转达到设计要求。

(7) 建设单位已按合同约定支付工程款。

(8) 有施工单位签署的工程质量保修书。

(9) 城乡规划行政主管部门对工程是否符合规划的设计要求进行检查，并出具认可文件。

(10) 有公安消防、环保等部门出具的认可文件或者准许使用文件。

(11) 施工现场要求竣工工程达到窗明、地净、水通、灯亮及采暖通风设备运转正常。建筑物周围 2 米以内的场地清理完毕。

(二)施工单位承建的工程项目，达到下列条件者，可报请竣工验收

依据《建设工程质量管理条例》和相关工程项目的《竣工验收办法》，施工单位在下列工作完成时方可报请竣工验收。

(1) 生产性工程和辅助公用设施已按设计建成，能满足生产要求。例如，生产、科研类建设项目，土建、给水排水、暖气通风、工艺管线等工程和属于厂房组成部分的生活间、控制室、操作室、烟囱、设备基础等土建工程均已完成，有关工艺或科研设备也已安装完毕。

(2) 主要工艺设备已安装配套，经联动负荷试车合格，安全生产和环境保护符合要求，已形成生产能力，能够生产出设计文件中所规定的产品，生产准备工作能适应投产的需要。

(3) 必要的生活设施已按设计要求建成，生产性建设项目中的职工宿舍和其他必要的生活福利设施以及生产准备工作能适应投产初期的需要。

(4) 环境保护设施、劳动安全卫生设施、消防设施已按设计要求与主体工程同时建成使用。

(5) 非生产性建设的项目，土建工程及房屋建筑附属的给水排水、采暖通风、电气、煤气及电梯已安装完毕，室外的各管线已施工完毕，可以向用户供水、供电、供暖气、供煤气，具备正常使用条件。如因建设条件和施工顺序所限，正式热源、水源、电源没有建

成，则须由建设单位和施工单位共同采取临时措施解决，使之达到使用要求，这样也可报请竣工验收。

(三)工程项目达到下列条件者，也可报请竣工验收

工程项目(包括单项工程)符合上述基本条件，但实际上有少数非主要设备及某些特殊材料短期内不能解决，或工程虽未按设计规定的内容全部建完，但对投产、使用影响不大，也可报请竣工验收。例如，非生产性项目中的房屋已经建成，但电梯未到货或晚到货，因而不能安装，或虽已安装但不能同时交付使用；又如住宅小区中房屋及室外管线均已竣工，但个别的市政设施没有配套完成，也允许房屋建筑施工企业将承建的建设项目报请竣工验收。

这类项目在验收时，要将所缺设备、材料和未完工程列出项目清单，注明原因，报监理工程师以确定解决的办法。当这些设备、材料或未完工程已安装完或修建完时，仍按前述办法报请验收。

(四)工程项目有下列情况之一者，施工企业不能报请监理工程师作竣工验收

(1) 生产、科研性建设项目，因工艺或科研设备、工艺管道尚未安装，地面和主要装修未完成的。

(2) 生产、科研性建设项目的主体工程已经完成，但附属配套工程未完成，影响投产使用。例如，主厂房已经完成，但生活间、控制室、操作间尚未完成；车间、锅炉房工程已经完成，但烟囱尚未完成等。

(3) 非生产性建设项目的房屋建筑已经竣工，但由本施工企业承担的室外管线没有完成，锅炉房、变电室、冷冻机房等配套工程的设备安装尚未完成，不具备使用条件。

(4) 各类工程的最后一道喷浆、表面油漆活未完成。

(5) 房屋建筑工程已基本完成，但被施工企业临时占用，尚未完全腾出。

(6) 房屋建筑工程已完成，但其周围的环境未清理，仍有建筑垃圾。

六、竣工验收的内容

竣工验收的具体内容包括隐蔽工程验收、单项工程验收、分期验收和全部工程验收。

(一)隐蔽工程验收

隐蔽工程验收是指对被其他工序施工所隐蔽的分部分项工程，在隐蔽之前所进行的检查验收，它是保证工程质量、防止留有质量隐患的重要措施。隐蔽工程验收的标准为施工图设计要求和现行技术规范，验收是由开发商和建筑商共同进行的，验收后要办理签证手续，双方均要在隐蔽工程检查签证上签字，并列入工程档案。对于检查中提出不符合质量要求的问题要认真进行处理，处理后进行复核并写明处理情况。未经检验合格不能进入下道工序施工。

(二)单项工程验收

单项工程验收是指某个单项工程已按设计要求施工完毕，具备使用条件，能满足投产

要求时，建筑商便可向开发商发出交工验收通知。开发商在接到建筑商的交工通知后，应先自行检查工程质量、隐蔽工程验收资料、工程关键部分施工记录以及工程有否漏项等情况，然后再组织设计单位、建筑商等共同进行交工验收。

(三)分期验收

分期验收是指在一个群体工程中分期分批进行建设的工程项目，或个别单位工程在达到使用条件、需要提前动用时所进行的验收。例如住宅小区，当第一期房屋建成后即可验收，以使建筑产品能提前投入使用，提前发挥投资效益。

(四)全部工程验收

工程项目按设计要求全部落成并达到竣工验收标准即可进行全部工程竣工验收。全部工程竣工验收应在做好验收准备工作的基础上，按预先验收—正式验收的顺序进行。

物业管理企业均应在物业前期管理中参与上述各种建筑工程项目的验收。物业管理企业应代表业主，从今后管理和使用的角度，根据专业经验提出意见。这样既便于避免建筑后遗症的发生，又便于掌握第一手资料，为日后的管理打好基础。

七、竣工验收的程序

竣工验收应由监理工程师牵头，项目经理配合进行。

(一)施工单位作竣工预验

施工单位竣工预验是指工程项目完工后要求监理工程师验收前由施工单位自行组织的内部模拟验收。内部预验是顺利通过正式验收的可靠保证，为了不使验收工作遇到麻烦，最好邀请监理工程师参加。

预验工作一般可视工程重要程度及工程情况分层次进行，通常有下述三个层次。

(1) 基层施工单位自验。基层施工单位，由施工队长组织施工队有关职能人员，对拟报竣工工程的情况和条件，根据施工图要求、合同规定和验收标准，进行检查验收。主要包括竣工项目是否符合有关规定，工程质量是否符合质量检验评定标准，工程资料是否齐全，工程完成情况是否符合施工图及使用要求等。若有不足之处，应及时组织力量，限期修理完成。

(2) 项目经理组织自验。项目经理部根据施工队的报告，由项目经理组织生产、技术、质量、预算等部门进行自检，自检内容及要求参照前条。经严格检验并确认符合施工图设计要求，达到竣工标准后，可填报竣工验收通知单。

(3) 公司级预验。根据项目经理部的申请，竣工工程可视其重要程度和性质，由公司组织检查验收，也可分部门(如生产、技术、质量)分别检查预验，并进行评价。对不符合要求的项目，提出修补措施，由施工队定期完成，再进行检查，以决定是否提请正式验收。

(二)施工单位提交验收申请报告

工程完工后，施工单位决定正式提请验收后应向监理单位送交验收申请报告，申请工

程竣工验收。实行监理的工程，监理工程师收到验收申请报告后应参照工程合同的要求、验收标准等进行仔细的审查。验收申请报告须经总监理工程师签署意见。

(三)根据申请报告作现场初验

监理工程师审查完验收申请报告后，若认为可以进行验收，则应由监理人员组成验收班子对竣工的工程项目进行初验，对于在初验中发现的质量问题，应及时以书面通知或备忘录的形式告知施工单位，并令其按有关的质量要求进行修理甚至返工。

(四)由监理工程师牵头，组织业主、设计单位、施工单位等参加正式验收

在监理工程师初验合格的基础上，便可由监理工程师牵头，组织业主、设计单位、施工单位等参加，在规定时间内进行正式验收。

(五)竣工验收的基本环节

(1) 建筑商准备和提交竣工资料。为了使开发商对物业进行合理使用和维护管理，为改建、扩建提供依据和办理工程决算，建筑商向开发商提交的资料有：竣工工程项目一览表；图纸会审记录；竣工图；隐蔽工程验收单、工程质量事故发生记录单；材料、半成品的试验和检验记录；永久性的水准点坐标记录；建筑物或构筑物沉陷观测记录材料、构件和设备的质量合格证；土建施工的试验记录；土建施工记录；设备安装施工和检验记录；建筑商和设计单位提供的建筑物使用注意事项；该工程的有关技术决定；工程结算资料、文件和签证等。

(2) 建设单位收到工程竣工报告后，对符合竣工验收要求的工程，组织勘察、设计、施工、监理等单位和其他有关方面的专家组成验收组，制订验收方案。建设单位应当在工程竣工验收 7 个工作日前将验收的时间、地点及验收组名单书面通知负责监督该工程的工程质量监督机构。如果是房地产开发商，在收到建筑商提供的竣工资料以后，应对这些资料进行逐项检查和鉴定。

(3) 进行设备的单体试车、无负荷联动试车、有负荷联动试车。

(4) 办理工程交接手续。检查鉴定和负荷联动试车合格后，合同双方即可签订交接验收证书，逐项办理固定资产移交，根据承包合同的规定办理工程结算手续。除注明承担的保修工作内容外，双方的经济关系与法律责任可予以解除。

(六)竣工验收的阶段性步骤

竣工验收一般分为两个阶段进行。

(1) 单项工程验收。它是指在一个总体建设项目中，一个单项工程或一个车间已按设计要求建设完成，能满足生产要求或具备使用条件，且施工单位已预验，监理工程师已初验通过，在此条件下进行的正式验收。

由几个建筑安装企业负责施工的单项工程，当其中某一个企业所负责的部分已按设计完成，也可组织正式验收，办理交工手续，交工时应请总包施工单位参加，以免相互耽误时间。例如，自来水厂的进水口工程，其中钢筋混凝土沉箱和水下顶管是基础公司承担施工的，泵房土建则由建筑公司承担，建筑公司是总包单位，基础公司是分包单位，基础公

司负责的单体施工完毕后，即可办理竣工验收交接手续，请总包单位(建筑公司)参加。

已建成的住宅可分幢进行正式验收。例如，一个住宅基地的一部分住宅已按设计要求内容全部建成，另一部分还未建成，可将建成的具备居住条件的住宅进行正式验收，以便及早交付使用，提高投资效益。

(2) 全部验收。它是指整个建设项目已按设计要求全部建设完成，并已符合竣工验收标准，施工单位预验通过，监理工程师初验认可，由监理工程师组织，以建设单位为主，由设计、施工等单位参加的正式验收。在整个项目进行全部验收时，对已验收过的单项工程，可以不再进行正式验收和办理验收手续，但应将单项工程验收单作为全部工程验收的附件加以说明。其一般步骤如下。

① 项目经理介绍工程施工情况、自检情况以及竣工情况，出示竣工资料(竣工图和各项原始资料及记录)。

② 监理工程师通报工程监理中的主要问题，发表竣工验收的意见。

③ 业主根据在竣工项目目测中发现的问题，按照合同规定对施工单位提出限期处理的意见。

④ 暂时休会，由质检部门会同业主及监理工程师讨论工程正式验收是否合格。

⑤ 复会，由监理工程师宣布验收结果，质监站人员宣布工程项目质量等级。

(3) 办理竣工验收签证书。竣工验收签证书必须有建设单位、管理单位和施工单位三方的签字方生效。

小阅读

建设单位对工程质量负首责

2012 年 4 月 27 日，泰安市下发《关于切实加强房屋建筑和市政工程质量安全管理的通知》(以下简称《通知》)，对泰安市的房屋建筑和市政工程质量安全管理工作提出多项规定，并要求建设单位对工程建设质量安全负首要责任。

《通知》要求，建设单位不得将应当由一个承包单位完成的工程项目肢解成若干部分发包给不同的承包单位。对因监管不到位以及因转包、违法分包造成拖欠劳务人员工资或重大质量安全隐患的，整改期间暂停企业和项目负责人承接新的项目工程。

根据要求，建设单位要对工程建设质量安全负首要责任。建设单位要严格执行工程基本建设程序，严格执行合理的工程建设工期，任何单位和个人不得随意压缩调整工期。建设单位要单独列支并及时足额支付安全防护和文明施工措施费、监理费、检测费等专项经费。工程招标时不得将以上费用作为竞标条件，否则招标无效，整改期间暂停该建筑单位参与其他项目的招标。

此外，还将对建筑材料执行见证取样和送检，检验结果将上传和存档。实施伪劣建材曝光退市制度，不合格的建筑材料、设备、构配件将不得使用。对达不到安全性能要求或国家明令淘汰的建筑起重机械，坚决停用并责令退出施工现场。

(资料来源：《齐鲁晚报》，2012 年 04 月 28 日)

八、房地产开发项目的工程建设竣工验收

竣工验收是施工过程的最后一道程序，是全面检验设计和施工质量、考核工程造价的

重要环节。通过竣工验收，质量合格的物业即投入使用，可以出售或出租给住户。对于预租或预售的物业，通过投入使用，房地产开发商可以得到扣除预付款外的其他款项。因此，竣工的建设项目和单项工程，都应该及时按照国家有关规定和质量标准，组织竣工验收。

(一)房屋建设项目的一般竣工验收标准

根据《建设工程质量管理条例》和相关《竣工验收办法》，房屋建设项目的一般竣工验收标准如下。

(1) 工程项目按照设计图纸建成，所有粉刷、装修工作全部施工完毕。

(2) 所有设备(如电梯、采暖通风装置)均按设计规定安装完毕，并能正常启动，发挥功能。

(3) 上下水道架设完毕，所有沟道、管道通畅，无渗透现象；照明及动力用电工作回路及控制回路结构清晰，操作方便；室内、外道均已建成；卫生装备、煤气设施均能正常运转、工作。

(4) 整个工程质量经有关部门评定，达到合格以上。核实建筑安装工程的完工程度，列出已交工的工程和未完工程一览表；提出财务决算分析；对工程质量作出评价，对不合格的提出返回复修意见。

(5) 要求建筑物四周2米以内的场地平整，由本项施工所造成的障碍物已清除。

(二)竣工验收的程序

依据相关工程项目的《竣工验收办法》，竣工验收的程序一般如下。

(1) 工程建设完成后，施工单位向开发商递交竣工报告，设计、施工单位向开发商提交图纸。

(2) 开发商验收。开发商根据图纸、隐蔽工程验收资料、关键部位施工记录，初步检验工程施工质量。

(3) 共同验收。以开发商为主，组织用户、施工单位、设计单位、建设银行、质量监督等单位共同检查，评定工程质量、技术资料和竣工图纸。单项工程经过共同验收，验收合格的由验收单位填具验收证书，由质量监督部门发给工程质量等级证书。总体开发项目建设完毕后，经过共同验收，还要进行综合验收。

(4) 编制工程决算。竣工决算是反映项目实际造价的技术经济文件，是开发商进行经济核算的重要依据。每项工程完工后，承包商在向开发商提供有关技术资格和竣工图纸的同时，都要编制工程决算，办理财务结算。工程决算应在竣工验收后30日内完成。

(5) 编制并移交竣工档案。开发建设项目的技术资料和竣工图是使用单位进行管理和进一步改造、扩建的依据，是城市进一步发展的重要技术档案。开发项目竣工后，要认真整理和清绘竣工图纸等，并按规定移交给使用单位和城市建设档案馆。

九、建设工程质量保修制度

房屋建筑工程质量保修，是指对房屋建筑工程竣工验收后在保修期限内出现的质量缺陷予以修复。质量缺陷，是指房屋等建筑工程的质量不符合工程建设强制性标准以及合同的约定。

建设工程承包单位在向建设单位提交工程竣工验收报告时，应当向建设单位出具质量保修书。质量保修书应当明确建设工程的保修范围、保修期限和保修责任等。

施工单位不按工程质量保修书约定保修的，建设单位可以另行委托其他单位保修，由原施工单位承担相应责任。

保修费用由质量缺陷的责任方承担。

在正常使用条件下，建设工程最低保修期限如下。

(1) 基础设施工程、房屋建筑的地基基础工程和主体结构工程，为设计文件规定的该工程合理使用年限。

(2) 屋面防水工程、有防水要求的卫生间、房间和外墙面的防渗漏，为 5 年。

(3) 供热与供冷系统，为两个采暖期、供冷期。

(4) 电气管道、给排水管道、设备安装和装修工程，为 2 年。

其他项目的保修期限由发包方与承包方约定。

建设工程的保修期，自竣工验收合格之日起计算。

课 后 阅 读

南京高新区建设工程审批指南

一、建设工程审批流程

项目用地规划选址

↓

土地出让合同

↓

建设项目立项、批复

↓   ↓

环境评估　建设工程规划设计要点

↓   ↓

场地初勘、方案设计

↓

建设工程设计方案审查

↓

场地勘探、岩勘图纸审查

↓

施工图设计

↓

建设工程消防审查意见书

↓

建设工程规划许可证

↓

施工图审查

↓

建设工程招投标

↓

建设工程施工许可证

↓

开工验线

↓

施工检查

↓

竣工测量、规划验收

二、建设项目规划选址

1. 工作内容：根据招商局项目需求，依照项目性质、投资强度、建筑强度确定用地规模、四至范围，绘制用地红线图。

2. 工作流程：红线绘制→处审→管委会审定→发件。

3. 办理部门：管委会建设处。

4. 工作周期：2～3个工作日。

5. 项目单位申报资料：项目建议书或可行性研究报告。

三、建设项目立项

1. 工作内容：根据项目单位上报的立项申请，拟文批复。

2. 工作流程：书面申请→办公室转发→拟文上报→处审→办公室核稿→管委会审批→打印发文。

3. 办理部门：管委会建设处。

4. 工作周期: 5~7个工作日。

5. 项目单位呈文要素: ①呈文对象: 南京高新技术产业开发区管委会; ②项目用地面积、合同地块编号; ③建筑规模、功能分区、结构形式、层数、面积等; ④投资规模、资金来源。

四、建设项目环境评估

(高新区预审)

1. 工作内容: 建设项目环境管理包括环境影响评价和污染防治设施建设。项目建议书阶段实行环保预审制度, 可行性研究阶段执行环境影响评价制度, 设计、施工、试运行和竣工验收阶段执行"三同时"制度。

2. 审批权限: 高新区管委会预审, 总投资在5000万元(或3000万美元)以下的项目由市环保局审批, 总投资在5000万元~2亿元的项目由省环保厅审批, 总投资在2亿元以上的项目由国家环保总局审批。

3. 预审部门: 管委会建设处。

4. 预审周期: 1~2个工作日。

5. 申报材料: ①项目建议书阶段: 项目单位提交项目建议书, 填报《建设项目环境影响申报表》, 附地形图。②可行性研究阶段: 项目单位报送环境影响报告书(表)、环境保护审批登记表, 附立项批文、可行性研究报告、项目总平面图等。③试生产阶段: 项目单位提交试生产(运行)申请报告等, 填报临时许可证申请表。④环保竣工验收阶段: 申请人提交竣工验收申请报告、环保"三同时"竣工验收登记表以及验收监测报告, 填报竣工验收报告。

五、建设工程规划设计要点

1. 工作内容: 根据项目单位立项批文、建设规模出具设计要点、红线图及管线综合图, 提出建设限制性条件和方案报审图件要求, 作为项目单位方案设计的法定依据。

2. 办理部门: 管委会建设处。

3. 工作流程: 项目单位书面申请→要点编制→处审→管委会审定→发件。

4. 工作周期: 3~5个工作日。

5. 项目单位申报资料: ①立项批复、建设规模申请; ②现实性基建地形图2张(1:1000); ③地形图数字化磁盘。

六、建设工程规划设计方案

1. 工作内容: 对项目单位依据设计要点编制的设计方案进行审查, 出具设计方案审查意见, 提出施工图编制要求, 作为项目单位施工图设计的法定依据。

2. 工作流程: 方案报送→初审→处审→管委会审定→发件。

3. 工作周期: 5~7个法定工作日(限上项目由相关部门进行方案会审)。

4. 项目单位申报资料: ①按要点编制的设计方案(平、立、剖等); ②主立面效果图、鸟瞰图。

七、场地勘探、岩勘图纸审查

(高新区配合办理)

1. 工作内容: 项目单位委托有勘察资质的勘察单位进行现场勘探, 并将岩勘报告报市建委审图中心审查, 通过后开展施工图设计。

2. 办理部门: 市建委审图中心。

(广州路 183 号建设政务大厅 16 号窗口　汤宇红: 025-83278192)

3. 工作流程: 项目单位岩勘报告报市建委审图中心审查。

4. 工作周期: ①勘探周期 5～10 天; ②审查周期 10～15 天。

5. 项目单位报审图中心需准备资料: ①报审表(一式三份); ②立项批文(复)、勘察单位资质证书副本(复); ③规划设计要点、设计方案审查意见书及项目总平面图; ④经建设行政主管部门审核备案的工程勘察合同原件; ⑤全套岩土工程勘察文件及原始资料。

八、建设工程规划许可证

1. 工作内容: 项目单位完成施工图设计后,报消防审核,在取得消防审核意见后,提供相关资料报管委会申领"建设工程规划许可证"。

2. 办理部门: 管委会建设处。

(消防审核: 老区——高新区公安消防大队; 泰山园区——浦口区公安消防大队)

3. 工作流程: 资料报送→初审→处审→管委会审定→发放规划许可证副本。

4. 工作周期: 3～5 个工作日。

5. 项目单位需准备资料: ①申报表(事先领取按要求填好)、环评意见、土地使用合同; ②消防审核意见书; ③施工图(建施图、结施基础平面图、桩位图); ④建筑红线定位图 3 张(基建地形图手绘图或数字化地形图机绘图)。

九、施工图审查

(高新区配合办理)

1. 工作内容: 根据国家的法律、法规、技术标准与规范,对施工图进行结构安全和强制性标准、规范执行情况等的独立审查。

2. 办理机构: 市建委审图中心。

(广州路 183 号建设政务大厅 16 号窗口　汤宇红: 025-83278192)

3. 工作流程: 受理材料→预审、受理报审→政策性审查→技术审查→审图中心审核→市建委核发审查批准书。

4. 工作周期: 15～30 个工作日。

5. 项目单位申报资料: ①报审表(一式三份); ②经建设行政主管部门审核备案的工程勘察合同、工程设计合同及合同履行情况证明材料; ③立项批文(复),有初设批文的可不提供; ④设计方案审查意见书及总平面图(复),有初设批文的可不提供; ⑤应进行初设审查的工程项目提供初设批文(复); ⑥专项设计审查主管部门(消防、人防、交管等部门)的批件; ⑦岩土勘察报告、两套施工图设计文件、总图一份及相关设计基础资料; ⑧各专业相关计算书、计算软件名称及授权书(复); ⑨岩土勘察文件审查意见书; ⑩市城市建设费用征收处核准的建筑工程各栋建筑面积一览表。

十、建设工程招投标

(高新区配合办理)

(一)招标人资格审查

1. 审批流程: 招标人自行招标资格审查,招标人在发布招标公告或发出投标邀请书 5 日前向招标处备案,招标处自接受备案材料之日起 5 日内办理; 如认为招标人不具备自行办理施工招标事宜的,招标人应委托招标代理机构代理招标。

2. 办理机构：市建委招投标处。

3. 工作周期：自备案之日起 5 日内。

(二)招标方式

1. 直接发包

(1) 发包人办理报建和监理招标手续。

(2) 填写《直接发包申请及审批表》。

(3) 提供规划许可证(复)，拟定承包人的项目经理资质证书(复)，工程预算报招标处备案。

(4) 招标处在收件后 3 日内进行核对和调查，并提出办理意见，处审后报委领导审批。

(5) 待申请批准后，发包人可办理《江苏省南京市房屋建筑和市政基础设施施工批准直接发包通知书》。

(6) 发包人与拟承包人应在通知书发出之日起 30 日内签订书面合同，并在合同签订之日起 7 日内送招标处备案。

2. 邀请招标

(1) 审批条件：依法必须进行招标的项目中非国有资金投资占控股或主导地位。

(2) 审批流程：招标人(或代理机构)将资料送招标处备案→招标处核对和调查，提出办理意见，处审后报委领导审批。

(3) 项目单位申报材料：报建表；立项批文；港、澳、台地区的投资企业批准证书、法人营业执照原件及复印件；有限责任公司需提供《公司章程》；资产评估或验资报告。

3. 公开招标

(1) 报建、提交工程建设项目发包初步方案，招标备案。

(2) 编制(填写)招标公告；采用资格预审的，编制资格预审文件；编制招标文件；设有标底的，编制标底。

(3) 发布招标公告，投标报名(可网上报名)。

(4) 发放(出售)招标文件，踏勘现场。

(5) 组织评标委员会，开标、评标。

(6) 确定中标人，中标公示，缴纳规费。

十一、建设工程施工许可证

(高新区配合办理)

1. 工作内容：依照法规要求，项目单位在招投标结束且确定中标单位后，在工程开工前，需按规定到市建委建设政务大厅办理申领施工许可证。

2. 办理机构：市建委。

(广州路 183 号建设政务大厅 21 号窗口 万云飞：025-583278236)

3. 工作流程：受理材料→经办人初审→处审→委领导审批→发证。

4. 工作周期：10～15 个法定工作日。

5. 项目单位报建设政务大厅需准备资料：①立项批文、土地使用证或高新区相关证明；②建设工程规划许可证副本、建设工程中标通知书；③施工图设计文件审查批准书；④监理单位或建设单位对施工组织设计审查的意见(由总监或建设单位技术负责人签署意见并加盖单位公章。可以使用《施工组织设计方案申报表》，该表由监理方提供); ⑤质量监督和安全监督的委托手续(由建设方和施工方向质监和安监部门报批手续); ⑥按照规定应监理的工程，须提交监理合同及监理中标通知书; ⑦银行出具的资金到位证明或银行付款保函或第三方担保或审计报告。

(注: 以上资料提供原件和复印件，原件复验后退还，复印件留存。)

十二、建设工程规划验线

1. 工作内容: 项目单位提交开工报告，在具备施工条件的前提下，接通施工便道(原则: 施工便道入口与经审核的规划总平面入口一致)和施工临时水电，项目单位申报验线单及红线定位图，委托化勘院进行建筑物放、验线，建设处审核无误后，企业即可开工。

2. 办理机构: 化工部第二勘察设计院(化勘院，大厂区杨新路 357 号　樊院长: 13327813061)。

接临时水电: 高新区管委会建设处

余扬: 58641152; 吕波: 58490121。

3. 工作流程: 项目单位提交开工报告→验线单、红线定位图→化勘院放、验线→建设处审核→企业开工。

4. 工作周期: 5~7个工作日。

5. 项目单位需准备资料: ①开工报告; ②验线单、红线定位图。

十三、建设工程规划验收

1. 工作内容: 项目单位工程竣工后，报建设处规划验收，委托化勘院进行建筑物竣工测量。建设处审定竣工测量资料，最终结果与规划核准图件无误后，换发规划许可证正本。

2. 办理机构: 化勘院高新区管委会建设处。

3. 工作流程: 竣工测量→现场验收→建设处审核→换发规划许可证正本。

4. 工作周期: 5~7个工作日。

5. 项目单位需准备资料: ①验线单、验线图; ②竣工测量报告; ③规划建设许可证副本。

十四、相关费用

1. 基建地形图(1:1000): 约1000元/格(1格以100米×100米计)。

2. 环境评估费: 5000~20 000万元(根据项目污染程度)。

3. 设计费: 市场行为。

4. 勘探费: 市场行为。

5. 消防咨询费: 高新区、建成区不收; 泰山园区目前属于浦口公安消防大队管理，每平方米按1元收取(建筑面积)。

6. 审图费: 1.5元/平方米(建筑面积)。

7. 放线、验线费: 1元/平方米(建筑面积)。

8. 接临时水电费: 根据项目规模，由水电管理部门收取。

9. 工程质检费: 2.3‰(工程造价)。

(资料来源: 南京高新技术产业开发区管理委员会. 南京高新区建设工程审批指南[EB/OL].[2006-10-09].

www.njnhz.gov.cn/guide/13)

思考与练习

1. 购买预售商品房后，开发商是否可以变更项目设计？
2. 建设工程竣工后，是否必须取得《规划验收许可证》？
3. 什么情况下不予核发《规划验收许可证》？
4. 对成片开发、分期开发的住宅小区是如何进行规划验收的？
5. 对住宅区内的公用设施、设备、场所(地)的使用有哪些规定？
6. 什么是违法建筑？
7. 哪些属于违法建筑？

第八章 房地产市场营销

引例

2017年7月北京楼市持续降温

人民网北京2017年8月1日电(伍振国 实习生 殷铭遥)刚刚结束的盛夏7月,北京楼市迎来持续"降温"。新建住宅市场持续低迷,二手房网签量创下37个月以来的交易新低。

中原地产研究中心的统计数据显示,7月北京二手房仅签约7158套,环比跌幅达到了20%,年度同比跌幅达到了70%。继6月以后,7月成交量再度少于万套规模,创下了北京37个月以来市场成交的新低。

值得注意的是,7月北京二手房市场平均单套成交面积有明显增加,体现出目前市场结构中改善需求比例增加。

相同于二手房市场的冷清,北京新建住宅市场一样维持了低迷的市场状态。7月合计签约新建商品房住宅仅1739套,签约金额仅130亿元,网签成交量继3月调控后连续走低。

中原地产首席分析师张大伟分析认为,在进入惯例的7—8月淡季后,市场将继续保持低迷的态势,调控政策影响还将继续加强。

张大伟分析称,北京楼市未来成交量将继续下降,继而带来成交价格的继续下行。整体价格3个月累计跌幅在8%左右,部分区域房源价格跌幅超过了10%,目前的价格大约回到了今年春节前后的水平。

张大伟表示,当前市场上部分跌幅超过10%的房源,可能报价虚高,不一定代表市场真实水平。

"买卖双方在调控最初3个月依然以博弈为主,3月前后换房客户的低价房源已经基本成交。7—8月是市场的惯例淡季,成交量将继续低迷,成交价格肯定将继续下行。"张大伟预测,7—8月价格有可能继续下行5%左右,有望跌回到2016年10月左右的水平。

(资料来源: 人民网. 2017年7月北京楼市持续降温[EB/OL].[2017-08-01].
http://house.people.com.cn/n1/2017/0801/c164220-29442778.html)

在中国房地产飞速发展的20多年中,市场需求不断发生变化,而产品同质化现象却越来越严重。随着房价的理性回归,房地产"产品时代"的市场与销售必然被"品牌时代"的品牌建设所取代。于是大江南北、长城内外,以文化、生活方式等心理要素为核心进行的品牌定位正愈演愈烈,逐步形成了为房地产开发过程提供市场及客户定位、战略定位、产品定位、品牌定位、营销策划、销售代理等"纵向一体化"的地产专业服务链。通过房地产政策、城市房地产现状、城市规划的解读,结合项目地块实际情况进行项目市场调研及分析,从而提供项目客户定位、产品(产业)定位(提供项目概念性规划),提供项目运营模式、销售通路、开发建议及项目经济评价，为开发商开发项目提供决策依据。

就拿广州华南板块来说，从碧桂园"给你一个五星级的家"，南国奥林匹克花园"运动就在家门口"，到雅居乐"享受国际文化生活"，各个楼盘创新立意，莫不在于树立自己的个性。消费者面对市场上纷飞的概念，"乱花渐欲迷人眼"，难免犹豫起来：到底如何选择一个楼盘？到底如何判断房子的优劣？市场没有对这些基本的需求作出明确的解答。

专业的房地产营销公司通过科学的工作方法、案例、公司外脑等多元平台的技术保障，为各种规模的开发企业提供地产发展战略与策略，土地运营战略与策略及最具可行性的方案。其服务领域涵盖别墅类项目、公寓类项目、住宅类项目、商业类项目、酒店写字楼类项目、综合体项目、工业园项目、旅游项目、文化创意产业园项目、主题房地产项目及其他地产全案代理。

经验丰富的专业团队，通过销售管控和现场管理，确保客户完成销售目标，按计划安全回笼资金，实现项目价值最大化。其服务内容包括城市区域规划及土地一级开发顾问、企业发展战略制定、项目全案顾问、市场研究、产品顾问、项目市场定位优化及调整、营销执行策略制定、营销实施及推广方案、项目入市营销执行方案、项目价格策略及价格方案、月度推广总结及调整建议、销售现场管理及销售控制、方案实施指导与监督、协调并监控合作单位工作、销售诊断及调整方案、销售团队招聘及培训、销售组织框架及管理制度建议、销售人员测评等。

第一节　房地产购买者心理和行为分析

一、消费者行为问题

房地产市场营销的目的是为了满足目标消费群的需要和欲望，但是要了解消费者并不简单。消费者对自己的需要和欲望叙述的是一回事，实际行为可能是另外一回事。消费者可能并不愿意说出自己的深层动机，他们往往会受到影响而在最后一刻改变主意。但是房地产市场营销人员必须了解目标消费者的欲望、观念、喜好和购买行为。这些研究能为确定新商品房户型结构、商品房户型结构特性、价格、渠道、信息等房地产市场营销组合因素提供线索。

房地产市场营销经理们要了解房地产市场，就要知道关于房地产市场消费者行为的下列问题的答案。

购房人的心理首选是什么？

哪些人购买什么类型的商品房？

顾客为什么要选购这些新商品房户型结构？

谁参与了购买过程？

顾客以什么方式购买商品房？

顾客什么时候购买商品房？

顾客在哪里购买商品房？

消费者行为问题需要调查，其深刻内涵是很复杂的。例如，有一项购房人的心理首选调查显示：人们最喜爱阳光健康(占 48.6%)，其次是自由空间(占 48%)、人性化的关怀(占 40.8%)、科技智能化(38.7%)。由此可以看出人们依然喜欢现代舒适自由的生活方式和对自身的尊重。再接着是文化诗意(占 26.1%)、时尚全新(占 26.1%)，分别有一部分人喜欢。其他的如良辰美景(占 12%)、国际风范(占 14.8%)、异域感受(占 10.6%)、海洋氛围(占 7%)、尊贵辉煌(占 6.3%)都是比较个性化的。

二、影响购买者行为的主要因素

(一)文化因素

建筑不是冰冷的钢筋混凝土，建筑具有深刻的社会文化内涵。事实上，文化因素对房地产消费者行为有着最广泛而深远的影响。文化是人类欲望和行为最基本的决定因素。人类在成长过程中通过家庭和其他主要社会机构获得基本的价值、观念、喜好和行为、民族、宗教、种族和地域文化传统。

房地产市场营销人员可以根据购买者的文化需要设计商品房户型结构并制订房地产市场营销计划。例如，风水对南方人比对北方人要重要得多，尤其是在广东、福建、海南等几乎都讲究风水。我国香港、马来西亚和新加坡的企业也依靠风水先生的指点选择办公地点以求得好财运。

(二)社会因素

事实上所有社会都存在着社会等级。社会等级有时类似不同种姓的成员，都有不同的社会角色；有时类似不能改变排列的具有相对同质性和持久性的社会阶层，每一阶层成员都具有类似的价值观、兴趣和行为。个人的行为也会受到各种社会群体的影响。群体如家庭、朋友、邻居和同事等；宗教、职业或贸易协会等。

(三)家庭

购买者生活中有两类家庭：婚前家庭和婚后家庭。婚前家庭包括双亲，每个人都是从父母那里获得信仰、政治与经济等方面的倾向以及个人抱负、自我价值和爱情等方面的意识。即使购买者与其双亲间的相互影响已经不大，双亲对购买者购买行为的影响仍然很重要。对日常购买行为有更直接影响的是婚后家庭，包括配偶与子女，这是社会中最重要的消费者购买单位。房地产市场营销人员对丈夫、妻子和子女在商品房和服务购买中的角色和影响要进行考察，这种角色和影响程度在不同的国家和不同的社会阶层是不一样的。例如在传统的中国家庭中，丈夫将工资交给妻子，由妻子来管理家庭开支的情况是很普遍的。在住宅消费方面，由于消费的家庭平等性，因此购买决策往往由夫妻共同作出，但在消费的一些细节方面，如厨房、卧室，则往往由妻子的偏好所决定。

(四)个人因素

购买者决策也受到个人特征的影响，特别是年龄与人生阶段、职业、经济状况、生活方式、个性与自我观念，等等。个人的经济状况对商品房户型结构选择的影响最大。经济状况包括收入水平、储蓄与资产、债务、借贷能力以及对消费与储蓄的态度等。

(五)心理因素

个人的购房选择还会受四种主要心理因素的影响:动机、感觉、学习以及信念与态度。一般的心理需要不会强烈到驱使人立即采取行动的程度,只有强烈到一定程度时才会变为动机。动机即强烈的能驱使人采取行动的需要。需要得到满足后就会降低紧张感。当前住房更新换代的需求就是在人们满足了最基本的要求后追求居家舒适的表现。开发商首先应该尽力完善小区的各种配套设施等,以消除各种顾客不满意因素,从而避免这些因素影响销售。

房地产市场营销人员必须尽力吸引消费者的注意。因为公司所要传递的信息不会被与其商品房户型结构、房地产市场无关的那些消费者所注意,即使是其目标房地产市场上的消费者也可能没有注意到公司的信息。大规模的、或四色印刷的、或新奇的、或对比性的广告才能引起人们的注意。

(六)信念与态度

公司最好使其商品房户型结构能够迎合既有的顾客群的态度,而不要企图改变人们的态度。购买选择是文化、社会、个人与心理等因素综合作用的结果,其中很多因素是房地产市场营销人员所无法改变的。但是,营销人员确认那些可能对商品房户型结构有兴趣的购买方面是很有用的,这些可以影响的因素,则能辅助房地产市场营销人员来制定商品房户型结构、价格、分销和促销的方式,以激发消费者的反应。公司可以通过诉求来引导房地产市场。购买者更可能将其忠诚从原品牌转向类似的品牌而不是相异的品牌(类推)。公司也可针对不同的设计品牌的诉求,来诱导消费者转换品牌。

三、住宅购买行为影响因素

住宅购买涉及金额巨大,购买后影响的程度和时间也最长,交易过程也很复杂,因此影响住宅消费行为的因素也很多,如家庭人数、家庭收入和结构、家庭成员的年龄和受教育程度、现有居住状况、居住地区、购买动机、购买倾向、交通、价格、房屋属性,等等。而其中任一种因素都包含了许多子因素,如现有居住状况就包罗极广,包括现有住宅的样式、类型、大小、隔间、设备、地点、外观、环境、新旧度、坚牢度、所有权,等等。影响住宅消费行为最主要的三项因素是现有住宅的类型、现有住宅面积、现有住宅所有权归属状况。

也可以将所有影响因素分为两类:一类是消费者自身因素,如年龄、受教育程度、家庭人数与结构、家庭收入、现有居住状况、购买动机及倾向等,这类因素与消费者自身的需要紧密关联,直接决定消费者的购买标的。消费者按其自身的需要,决定了购买标的以后,他们就会针对这个标的,去寻求有关的消息及信息,诸如打听行情、阅读广告及与亲友讨论,研究有关的法律问题,咨询借款、贷款的方式及条件,等等。另一类因素为非消费者自身因素,其中包括:交通是否便利;价格是否公平;房屋是否坚固;设计是否完善;是否能增值;环境是否良好;其他因素。这些因素当中,还包含了许多次级因素,如风景、空气、噪声、邻里都是环境的一部分。这些因素和个人的生活方式、生活态度、心理需要、购买动机等密切相关。例如,有些人较重视交通状况,有些人较重视环境状况,有些人较重视房屋本身的各种要素属性,如外观、室内设计、房型、工程质量、水电设施、通风、采光、朝向，等等。

(1) 家庭收入是影响住房消费最重要的因素。没有一定的家庭收入和家庭积累支持，住房消费不过是一句空话。分析家庭收入对住房消费的影响，还应深入到家庭收入结构的划分、评估以及居民的收入预期对住房消费的影响中去。

(2) 购买房屋的动机对住房选择的影响大致分为两类：一类是那些驱使人采取购买行为的因素，如没有自己的房子、现有住宅太小、现住宅地点不好、现住宅已破旧等"促因"；另一类是那些吸引人去购买的因素，如想住新式公寓、想住更气派的房子、想住更舒服的房子、想要有幢别墅、想投资房地产等"诱因"。

(3) 房屋自身要素。房屋本身具有许多要素，其中包括外观、室内设计、房厅数、工程质量、水电设施、采光、通风、朝向。除以上因素外，还有一些与房屋本身的属性关系较为紧密，如交通、价格、设计、环境等因素，以及与个人的生活方式、人生观、心理需要、购买动机等密切相关的因素。

小阅读

西安 紫薇·西棠

项目占地 89.69 亩，总建筑面积 21 万平方米，由 5 栋观景高层、8 栋 9+1 花园洋房、1 栋国际品牌双语幼儿园和社区自带商业组成，共计 1354 户，车位 1651 个，车位配比 1:1.25，容积率 2.75，绿地率 35%，面积区间高层 96 m^2 和 117 m^2，洋房 135～220 m^2。

小区设置一个人行出入口及两个车型出入口(一东一西)，小区实行严格的人车分流制度，规避噪音的同时，充分保障了社区内老人及小孩的人身安全，车位配比高达 1:1.2(1651个)，能够保证每家可以买到一个车位(车位价格待定)。

售楼部的西侧是社区的品牌国际双语幼儿园，占地 2000 平方米，六个班的设置，后期将会为业主的孩子提供良好的教育保障，既可节省您每天接送孩子的时间，又可规避上学途中的安全隐患，让您享受最大的生活便利，不再为孩子的教育发愁。

售楼部东侧是社区的沿街商业，未来将会引入类似于便利店、干洗店、果蔬店、宠物店等业态，完全能够满足日常生活所需。

基本信息：

区县	高新区	总户数	1354
所属商圈	高新工业园	当前户数	1354
占地面积	59 793.3 平方米	装修情况	毛坯
开盘	2017 年 5 月 6 日	物业费	1.5 元/平方米·月
入住	2019 年 11 月	绿化率	35%
建筑面积	212 155 平方米	容积率	2.75
产权年限	住宅 70 年	开发商	紫薇地产
建筑类别	高层、小高层	物业公司	紫薇物业
预售证	市房预售字第 2017161、2017162 号		
售楼地址	西安市雁塔科技路西段紫薇臻品南门紫薇西棠生活馆		

(资料来源：腾讯房产网. 西安 紫薇·西棠[EB/OL].[2017-05-06].
http://db.house.qq.com/xian_176650/info.html)

四、现房和期房选择的影响因素

期房预售是房地产开发销售的一大特色，许多开发商正是借房屋预售才得以实现房地产的滚动开发；对消费者来说，他有可能买到增值潜力极大的房屋。但是，消费者按其偏好和约束条件作出选择、决定买房后，他付出价款却未必就能如其所愿获得自己所要的房子，也许根本拿不到房，或拿到了却发现自己必须付出更多的价款或发现一些自己从来没有想到的缺点，还有许多其他可能使自己面临各种损失的情况。房屋购买金额巨大，风险也极大，以至消费者轻易不敢作出购买决策。因此，对开发商和代理商来说，了解消费者的担心和疑虑，是房产顺利销售的前提之一。

五、写字楼购买行为影响因素

写字楼是房地产市场的新宠。影响写字楼购买行为的因素主要有以下五种。

(一)市政配套设施状况

写字楼作为日常办公场所，对其周围的市政配套设施有较高要求。如写字楼的对外道路交通是否便捷，是否有足够的停车位；写字楼附近是否有与办理商务紧密相关的机构和服务设施，如政府有关办事机构、银行、邮电局、保险机构、打字复印社、餐饮设施、宾馆、酒店等。

(二)配套设施设备的数量与质量

写字楼的电梯、卫生设施、空调设备、通信设备是否齐全有效，数量是否足够，质量是否稳定，能否确保正常运行。配套设施设备的数量足够、质量合格对发挥写字楼的功能至关重要。

(三)写字楼的空间尺寸与布局

在空间尺寸上，除少数行业的特殊要求外，绝大多数的商贸型公司都需要空间尺寸较大的写字间，以提高机构的工作效率。写字楼的楼层上最好无过多的强制分隔，以利于各公司根据实际情况进行办公室的布局安排；楼层高度不宜过低，以免在其中的工作人员有压迫感；层高不足往往会降低写字楼的价值。在布局上，写字楼前应当有适当广场或绿地；写字楼主门厅装修气派、外观齐整美观，其投资价值往往十分理想。

(四)写字楼的社会形象

良好的社会形象对于写字楼的购买者和承租者来说，是重要的决策因素。因为这将有助于衬托和提高其社会地位，为其发展创造出更多的机会。

(五)物业管理服务

物业管理工作做得好，等于创造一个良好的工作环境，有利于写字楼内各公司(企业)的正常营运，并帮助它们维持企业形象和提高企业的信誉。

小阅读

北京诺德中心

北京诺德中心位于南四环西路126号汽车博物馆西侧。项目一期已经全部售罄,二期地上共39层,地下3层,在售写字楼主力开间面积120 m²,售价区间47 000~51 000元/m²,每层1户到12户,50年产权。另外项目临街商业现房出售,地上两层,地下一层,开间面积80~550m²,层面积2500~3200 m²,一层均价55 000元/m²,二层均价42 000元/m²,产权40年。目前,项目三期写字楼开盘在售,售价48 500元/m²,主力开间面积50~200m²,准层面积1400~2000 m²,2016年12月底交房入住;三期商业预售价45 000~85 000元/m²,主力开间面积70~200 m²,分为独立商业和一拖二两种类型,2016年年底交房入住。

(资料来源:搜狐焦点网. 北京诺德中心[EB/OL].[2017-06-01].
http://shangye.focus.cn/news/2017-06-01/11552313.html)

六、商业物业的购买行为影响因素

(一)区位

首先,商业物业的购买者对所购物业的区位最为关注。如商业物业处在或临近城市的中心商业区,或处在有商业发展潜力的地段,购得后进行经营活动往往容易获利。其次,购买者会注意商业物业是否临近交通枢纽,即所谓人潮带来钱潮。通常情况下,交通枢纽所在之处往往是商业经营必争之地,因此,交通枢纽附近的商业物业宜成为投资者较好的投资选择对象。最后,还需考察一些重要的相关问题,诸如,十字路口是人流会聚之地,本是理想的投资位置,但如果兴建地下通道或立交桥以后,其投资价值就会明显下降。

(二)所处的总体商业环境

这具体包括:商业区内的人口密度、人口流量;商业区的范围及发展方向;商业区内消费者的收入水平及消费特征;营业范围及时间是否受到某种限制;商业区内的商业繁华程度;商业区级别、商业服务业店铺总数(包括数目和面积)、营业类型及竞争情况、商业经营者的资历及开拓精神,等等。

(三)交通便捷程度

交通方便程度,包括对内和对外两个方面。对内交通便捷程度方面主要考察商业区内的道路类型、道路宽度、路面状况、公共交通站点总数及密度、平均车流量等。对外交通便捷程度方面主要考察商业物业与火车站、港口、长途汽车站等设施的空间距离和对外交通连接的方便程度。

(四)建筑质量

无论是购物中心还是商店,其建筑设计的风格式样应独特、新颖,具有外观上的吸引力;内部设备要先进、技术性能良好。例如,有两个不同的购物中心,从地段上看优劣相近,而且租户经营类别和经营能力类似,房地产面积大小也差不多,只是一家的主营业楼有上下电梯，并且运转良好；而另一家的主营业楼没有电梯或电梯因性能不好经常停开。这两个购物中心的营业额就可能因上述差别而大不一样。那个装有良好电梯的购物中心营业额必然要比没装电梯或电梯不能正常运转的购物中心营业额大。内部设备不好的购物中心或商店物业必然在出租上有困难，即使有人租用，租金也低些。所以，选择好了地段，还必须注意建筑的质量，包括外观和内部设备等。

(五)店面的小环境

店面小环境包括店面朝向；店面临街长度应足够；店面的采光应充分；停车与行人步行均要方便；预计经营的范围与种类应与周围店铺的经营范围与种类存在某种互补或不同等。关于店面朝向，一般来说店面宜朝向阳面，阳面的店铺人流较多；单行道通常是右侧的营业状况好些。

(六)店面自身的配置

店面以两面临街为最佳；应兼顾进货与出货的方便性；店面在长、宽、高三个方向上最好有充足的发展余地，以利装潢之用；要有放置广告招牌的醒目位置；店面的展示面和临街面应该较大，以便拥有较好的营业优势；店面前不应有任何障碍物，以免顾客出入不便。

互动话题

李嘉诚说过："决定房地产价值的因素，第一是地段，第二是地段，第三还是地段。"你对这句话如何理解？试举例说明。

七、工业物业的购买行为影响因素

(一)工业建筑设计与质量

实践中，不同的工业生产有不同的工艺流程、设备、管道设施和环境卫生条件等方面的要求，相应地，工业建筑的平面布局、形体、结构形式、空间大小、立面设计和艺术处理等也各不相同。

作为工业建筑的设计必须贯彻下列四条基本原则。

(1) 满足生产工艺要求，包括流程、运输工具和运输方式、生产特点等的要求。

(2) 根据生产工艺要求和材料、施工条件，选择适宜的结构条件；保证良好的生产环境。

(3) 工业建筑要有良好的采光、照明、通风和噪声控制，对某些在温度、湿度、洁净度、防尘、防振、防辐射等方面有特殊要求的车间，则要在建筑平面、结构等方面采取相应措施；同时要注意厂房内外整体环境的设计，包括色彩和绿化。

(4) 合理布置存衣间、卫生间、餐室等生活用房和辅助用房。

(二)交通便捷程度

这是指工业物业所在地区的内外交通运输方便程度，即原材料的运入以及生产成品运出的便捷程度。交通便捷程度可以从两个方面加以测度和衡量：一是对内的情况，包括区域内道路类型、宽度、路面状况、道路面积、道路密度等;二是对外联系情况,包括工业区道路系统同过境公路、骨干公路、高速公路和铁路的连接状况,工业物业距火车站、港口以及其他交通枢纽的距离和上述设施可利用程度等。

(三)基础设施完善程度

这是指为工业服务的基础设施配置以及其运行能力。基础设施包括动力能源、供水能力及保证率、排水设施及能力。工业的动力能源主要有煤、油、火电、水电、热能等。一般来说,基础设施条件好,保证率高,生产不受影响,工业物业的使用效益可得到充分发挥。

(四)产业集聚规模

这是指工业区内工业企业的数目多寡、行业类型以及企业规模的大小。现代化工业生产分工细、专业化强,许多生产部门需要相互协作。工业区内具有一定规模的生产技术体系才能使置身其中的企业产生规模经济效益,减少不必要的生产成本和一些其他费用。产业的集聚规模可以用两个指标加以测度和衡量:一是工业区内的工业企业数目与行业结构,二是每一企业占地面积(或职工总数)和厂房结构与年产量。

(五)环境质量

环境主要指区域内的自然条件,环境质量参数主要包括地质状况,土地承压力,地形和受到洪水淹没威胁的可能性,区域内水污染程度及大气、噪声污染程度等。一些工业生产对厂房结构、气象条件和环境质量(如温度、湿度、粉尘等)要求较严格。污染严重地区对现代化的工厂有明显的不利影响。

第二节　房地产营销计划与控制

一、销售的计划与控制

搞好房地产销售工作,首先要搞好销售管理工作。许多公司销售业绩不佳,如房地产销售不畅、应收账款过多、销售人员没有积极性、销售费用居高不下等问题,并非是由于销售策略不正确、销售人员不愿努力,而是由于销售管理工作不到位造成的。目前,许多公司的销售工作政策难以调动业务人员的积极性,实际是陷入了无管理销售的销售"黑洞"。

一个人做事讲究随机应变和足智多谋,集团作战则讲究协调配合,无计划的协调配合犹如乌合之众,其势必败。销售工作的基本法则是:制订销售计划和按计划销售。销售计划管理既包括如何制订一个切实可行的销售目标,也包括精细求索和刻画实施这一目标的方法。具体内容有:在分析当前市场形势和公司现状的基础上,制定明确的销售目标、回款目标和其他定性、定量目标;根据目标编制预算和预算分配方案;落实具体执行人员、职责和时间。

无控制的过程必是失控的过程,失控的过程必然导致盲目的结局。许多公司对业务员的行动管理非常粗放：对业务员宣布一个业务政策，然后把业务员像鸽子一样地放飞到市场上，等待业务员给公司拿来一份份订单、开发出一片片市场。由此必然导致：业务员行动无计划、无考核；无法控制业务员的行动，从而使销售计划无实现保证；业务员的销售活动过程不透明，公司经营的风险增大；业务员工作效率低下，销售费用高；业务员的销售水平不能提高，业务员队伍建设不力；好不容易培养的业务员流失严重等。

没有耕耘，哪有收获？不对销售过程进行有效的管理控制，就不会有良好的业绩结果。

首先要把握入市的时机与姿态，即利用一个很好的时机和适当的方式，使项目推出受到社会公众广泛的关注，给人留下强烈的印象。有一个比较典型的案例：由于广州和中国香港历史情结深厚，血脉亲缘关系密切，广州好望角楼盘广告把握入市时机，其广告措辞称"为庆祝七·一香港回归，改在 7 月 1 日进行内部认购，凡当天认购者，均能得到特殊优惠"，从而在香港回归之时又添一道风景线，迎合了社会公众的亲情认同，当天销售就达 3 成。这就是一种正确把握入市时机(香港回归)与姿态(内部认购而非公开销售)的入市技巧。

其次要控制销售节奏。对规模较大的项目，要有细致、严格的销售节奏控制，犹如弹琴分轻重缓急，针对不同层次的购房者，分期分批出售，以利于对不同的价格、楼层和户型的掌握，避免发生营销过程的气氛格调难以把握等尴尬情况。同时，适当地控制节奏有利于维持人们的购买热情，掌握销售的主动，更好地吸引客户，保持销售形势的稳定和一致。

二、销售渠道价格管理

(一)价格是市场的指挥棒

从目前情况来看，造成公司价格体系混乱的原因主要来自公司的决策策划阶层。由公司造成的价格混乱的原因有以下几点。

(1) 公司在不同的目标市场上采取了不同的价格政策。针对不同的目标市场制定不同的价格是必要的，也是符合市场规律的，但必须掌握的一个原则是，不同地区的价格差异不足以对市场价格体系造成混乱。

(2) 公司对不同分销推广商的价格政策混乱。

(3) 公司对分销推广商的奖励政策混乱。

(二)公司对价格体系的管理

公司要管理价格体系，保证不乱价，就必须做到以下几点。

(1) 公司不能急功近利，为眼前的利益而自乱阵脚，要彻底杜绝各种不良现象。

(2) 制定政策。公司在和分销推广商签订合同时就要明确规定稳定价格的条款。对不履行价格义务、不严守价格同盟的，要取消经销资格。

(3) 监督。要及时掌握价格状况，发现分销推广商存在违反价格条款的行为就要立即说服和处理。

三、销售信息反馈

21 世纪是知识经济的时代，也是信息时代。信息是公司决策的生命，有价值的市场信息决定着公司明天的销售业绩、明天的市场。业务员身处市场一线，最了解市场动向，包括消费者的需求特点、竞争对手的变化、分销推广商的要求，将这些信息及时地反馈给公司，对公司决策有着重要的意义；另一方面，对于销售活动中存在的问题，也要迅速向上级报告，以便管理层及时制定对策。

遗憾的是，许多公司至今既没有向业务员提出过收集信息的要求，也没有建立一套业务报告系统，以致不能及时收集和反馈信息。公司销售工作出了问题并不可怕，可怕的是公司不能够及时地发现其营销活动各个环节中发生的问题，并在管理上及时作出反馈，使这些问题得以迅速解决而不至于给公司造成重大危害。

四、销售业绩考核

业绩考核是对营销人员极大的鼓励和鞭策，是那些无社会背景靠自己的能力和智慧奋斗的年轻人开启智慧源泉的钥匙，也是营销人员前途之所在。公司应对销售人员定期进行定量和定性考核，包括考核业务员的销售结果，如销售额、回款额、利润额和客户数；考核业务员的销售行动；对业务员进行定性考核，如考核业务员的合作精神、工作热情、对公司的忠诚责任感等。对业务员进行考核，一方面是决定销售人员报酬、奖惩、淘汰与升迁的重要依据，从而调动业务员的积极性；另一方面对业务员的业绩进行检讨和分析，可以帮助其进步。销售管理的一个重要内容就是培养业务员的销售能力，业务员不进步，销售业绩就不会提高。

五、建立一套完善的销售管理体系

无数实践说明，无管理销售已成为制约公司销售工作顺利开展的陷阱和黑洞。要搞好房地产销售工作，公司必须建立一套完善的销售管理体系。

(一)销售计划管理

销售计划管理的核心内容包括销售品种、销售区域、客户、业务员、结算方式。销售方式和时间进度的分解过程既是落实过程也是说服过程，同时通过分解也可以检验目标的合理性与挑战性。合理的、实事求是的销售计划，其实施过程既能够反映市场危机，也能够反映市场机会，同时也是严格管理，确保销售工作效率、工作力度的关键所在。

(二)业务员行动过程管理

其核心内容是围绕销售活动的主要工作，管理和监控业务员的行动，使业务员的工作集中在有价值的项目上，包括制订月销售计划、月行动计划和周行动计划，每日销售报告，月工作总结和下月工作要点，流动销售预测，房地产竞争情况分析，市场巡视工作报告等。

(三)分销推广商管理

分销推广商管理的核心任务是热情管理和市场风险管理。调动分销推广商的热情和积极性的关键在于利润和前景；市场风险管理的关键是分销推广商的信用、能力和市场价格控制。管理手段和方法有分销推广商资料卡、分销推广商策略卡、分销推广商月评卡等。

(四)营销结果管理

业务员行动结果管理包括两个方面:一是业绩评价,二是市场信息研究。业绩评价对象包括销售量和回款情况、销售报告系统执行情况、销售费用控制情况、服从管理情况、市场策划情况、进步情况。信息研究对象包括本公司表现、竞争对手信息,如质量信息、价格信息、品种信息、市场趋势、客户信息等。

销售管理工作的关键是全面、系统和专业地面对市场,以房地产市场的深层潜在规律为指引,并要不断地推陈出新,积极进取。

六、房地产营销管理系统

房地产营销确实是一个规模庞大的系统工程,风险和利益结伴而行,操作前景扑朔迷离。为了使大量的人力从冗繁、枯燥的文书、数据、图表中解脱出来,投入更多的精力去做更重要的管理工作,房地产营销管理系统软件将充分发挥计算机的优势,即高存储性能、高速运算能力、严密科学的数据管理能力、强大的图形图像处理能力、可靠的安全保密性、自动生成统计图表能力等,辅助管理者在经营决策工作中做到实现资源共享、提高工作效率、规范业务流程、减少人为错误、降低经营成本、准确统计数据、支持经营决策。目前,我国知名的房地产营销管理系统主要有以下几种。

(一)因特网房地产营销管理系统

因特网房地产营销管理系统是针对目前我国房地产行业营销管理的现状,结合各个房地产公司现有的软硬件投资,开发出的完整的房地产营销管理信息系统。它集办公自动化、管理科学化、数据实时化、信息多渠道于一体,支持移动办公及异地远程办公等现代办公手段。该系统的全面推广和使用,将使房地产公司的网络化营销管理水平提高到一个全新的层次。

(二)房屋营销信息管理系统

房屋营销信息管理系统,是大连赛维资讯有限公司在大连房地产企业中经过长期的市场调研,在深入了解和掌握房地产业的运行管理模式规律的基础上研制开发的。主要功能模块包括:房屋销售管理(如房源管理、房屋销售、特殊合同查询、销售控制、销售分析、销售任务管理、房间查询);营销策划(如营销管理、广告发布管理、广告策划管理);市场调查(如市场调查汇总表、市场调查分析、竞争对手基本情况、竞争对手广告宣传、广告效果调查、消费者行为调查、全国房地产市场调查、房地产经典案例);公建招商(如公建客户档案、工作计划、工作总结);财务管理(如电子银行、销售费用汇总);客户管理(如客户登记、客户档案、客户意见、客户预约管理、客户服务);俱乐部(如俱乐部简介、会员档案、连锁单位、E 家园专刊);人员管理(如人员销售情况报表、工作业绩评估表、人员销售计划、营销培训)。其中为方便和支持房地产营销管理和策划,该软件提供 40 余个查询、统计、打印、输出报表,允许使用者实时查询、统计各种房屋销售信息。

(三)天问房地产开发管理系统

成都天问软件有限公司将产品定位在房地产开发、销售、物业管理、社区服务及相关行业的计算机应用软件开发和电子商务应用上。天问房地产开发管理系统，主要应用于房地产开发企业内部的办公和业务管理。天问房地产营销管理系统，主要应用于房地产开发企业的楼盘销售和经营管理。天问物业管理系统，"小区版"适用于居住社区的物业管理；"大厦版"适用于写字楼、市场等的物业管理；"企业版"适用于综合性物业管理企业对小区、大厦、市场等物业场所的管理和最后的综合汇总。天问社区服务系统所提供的基本功能包括小区简介、信息中心、管理中心、服务中心和商务中心。

(四)网络时代的"房地产交易中心"系统

深圳市恩大科技有限公司以"呼叫中心"系统为前台，采用网络先进技术，以"房地产营销管理"系统为平台，建造"房地产交易中心"系统。该系统分别适用于房地产开发商和中介公司。

该系统的作用是：最大限度地降低投资风险、加快物业销售、加速投资资金回笼。

对于房地产开发商，系统以"市场研究→风险控制→决策分析→调整控制"为主题，是理性投资和有效营销的基础保障，极大地适应了网络时代的房地产市场分析、经营决策、销售管理、客户关系管理的需要。对于房地产中介公司，系统为其收集和发布房源信息提供最有效的手段，注重市场分析、信息管理、客户关系管理、营销管理并提供培训支持。

总之，房地产销售管理系统会帮助业内人士加强房地产销售的管理工作，帮助开发商建设、投资、管理，开发并建设满足人民生活需要的新型房地产品。

第三节　房地产促销技巧

一、房地产促销技巧的内涵

当你踏进某个房地产促销营业部，你就能感到促销的气氛。精美的房地产宣传"包装"技巧、样板房和楼盘模型陈列、打折的价格，成了促销技巧的一部分。同样，从你的信箱内、某些报纸中，也可以找到一些促销传单、纪念品、赠品、折扣券等。房地产促销技巧包括广告促销技巧和非广告促销技巧，前者是指电视、报纸、广播、张贴广告和其他宣传技巧；后者是指促销行动和运作。以往，商家的非广告促销技巧主要集中在价格上，很多商家拿不出更多的招数。从总体上说应该尽量注意开发非价格竞争因素，降价打折实际上涉及营销理论的根本变化。过去说营销4P，即房地产、质量、价格、分销促销。现在变成4C组合，即顾客满意、顾客成本、顾客方便、顾客交流。现在的4C是以买方、顾客为中心。实际上促销可以有多种多样的办法，如商品房促销、技巧促销、品牌促销、文化促销等。另外，我们还可以考虑以信仰促销、以管理促销、以环境促销、以意念促销等。

促销的目的是试图改变消费者的购买行为。房地产被暂时地冠以某种限定了的优势。如果促销满足了消费者的期望，如果促销和房地产领域的情况相协调，那么，促销就会大受欢迎，同时也使企业能够借此以比广告低得多的费用向消费者传递友善、关心、忠诚之情。

促销的核心有如下几点。

(1) 房地产开发商应注重广告宣传，树立品牌形象。

(2) 住宅小区应设施完备、环境优美。

(3) 住宅小区应管理先进、安全、清洁。

(4) 住房结构设计必须合理、灵活，让用户有自我选择的余地。

公司促销有两个基本原则：一是在任何时候都应该将消费者的利益放在最前面。一般而言，大公司在遵守《消费者权益保护法》上都比较出色，但更深层次上还要讲究维护消费者的利益，包括维护其心理满足，使其对你产生信任。二是在设计促销手段时，不要忘掉自身的企业形象，特别是面对越来越激烈的竞争。

二、促销创新

大多数房地产公司都有售楼部或营销部，特别是涉外房地产公司或项目公司，更加注重营销费用的投入。这是传统的自产自销方式。要想达到成功销售房产的目的，房地产公司必须通过下列方式对传统售房方法进行改革和创新。

(一)实行股份制改造

对房地产企业进行股份制改造，是当前深化改革的内在要求，其目的是明确企业产权关系和规范产权主体及产权内容，从而使房地产企业能真正承担责任和风险，实现利益共享和风险共担。

(二)发展中介代理制

房地产代理商已成为活跃在房地产界的一支重要力量。其与开发商的合作都是采取佣金制，即代理商帮助开发商销售要按照一定的比例提成，其大致标准为2%左右。

(三)多元化经营

房地产企业的经营可超出房地产行业的范围，向几个行业的多种房地产的方向发展。房地产企业实现多元化经营有两种途径：一是房地产企业在内部积累的基础上，逐渐向其他行业扩展；二是从房地产企业外部兼并和收购其他行业的公司。后一种方式更加快捷。

(四)纵向整合

这里主要是指房地产企业进入它的上游行业或下游行业。纵向整合可以利用房地产企业的某方面优势向相关领域扩张，如建筑、安装、运输、建材、家具、信息咨询等。纵向整合可以推行"买断"方式。它的诱惑力在于，代理商可以从中赚到更多的钱。这种方式下代理商所赚取的差价要比佣金丰厚得多，但其风险也大得多，这就要求代理商在"买断"房源时，就要事先对其增值能力、市场前景有充分的调查和评估。

(五)地区间联合

房地产具有强烈的地域性、固定性和单件性(不可大量复制)，因而，房地产企业的经营特点之一便是地区性很强。加强地区间联合对于克服区域性的局限及解决一些地区的资金困难问题是非常必要和重要的。可以通过合资、合股等方式来促进房地产企业在地区间的联合。

三、销售方式的选择

销售方式可以是多种多样的,但必须从公司与市场竞争的实际出发,选择恰当的销售方式。从销售活动的地点与方式看,销售方式有门市销售、人员推销、会议展销、邮购式销售、国际互联网的网上销售、集市销售与流动销售等方式。从销售渠道环节和销售的组织形式来看,销售方式有直销、代销、经销、经纪销售、联营销售和组合销售等方式。

(一)楼花预售

对于预售楼盘,房地产公司应首先公布商品房房源的地段、楼层及价格,让买房者根据自己的经济实力确定购房层次;对一次付清房款的,加大优惠幅度等;采用期货交易,提高商品房成交量。为了让购房者放心,可以聘请律师做购房合同见证,还可免费送客户前往施工现场,观看即将封顶的楼宇,给客户一个心里踏实的感觉,当然很多买家更会亲自去调查,而后才可能拍板成交。

(二)直销、代销、经销

直销是指房地产公司直接把商品房销售给最终的目标市场,而无须通过任何中间商的销售方式。房地产公司可以通过自己设立的房地产营业部直销。代销是房地产公司委托其他中间商代理销售的方式。代销商不承担资金投入和销售风险,只按协议领取代销佣金。经销是一种商业公司向房地产公司买断房地产开展商业经营的销售方式。

(三)经纪销售、联营销售

经纪销售是开发商与销售商利用经纪人或经纪行沟通信息,达成交易的方式。经纪方不直接管理商品房房源,更不承担风险,只是通过为供销双方牵线搭桥来收取佣金。联营销售是由两个以上不同经营单位按自愿互利的原则,通过一定的协议或合同,共同投资建立联营机构,联合经营某种销售业务,按投资比例或协议规定的比例分配销售效益。联销各方共同拥有商品房房源的所有权。

(四)先租后售、租售结合

第一种情况是客户可以先租住,到客户认为有能力买下房屋产权时,开发商将如数退还此前的租金总款,并且按租住时议定的房价出售。也可以是以租代售,即那些有意购房的客户先试住一段时间,等满意了再买;如果不满意,只管搬走。据了解,实行以租代售的楼盘有80%以上在半年内转租为买。第二种情况是以租促销,租住者不一定就是购买者,开发商先将物业出租,而后再找购买者,购买者购买后,开发商此前所收的租金总额连同对租户的权力义务一并转交给购买者。写字楼的行销经常采用这种方式,因为已经有了租金回报,投资者很容易算账,因此可以很快作出决定,效率极高,同时一栋物业可以有两批客户,市场承受面宽广。第三种情况是以租转售,和一套60平方米的商品房,售价7万元,房地产公司可以先收取客户2万元租赁保证金,然后每月按一定的标准收取租金。当客户逐月支付租金，到了所付租金累计数等于购房余额亦即 5 万元时，房屋的产权便属于客户。第四种情况是房屋"售后包租"，是指房地产开发商或房屋产权单位，在其投资建造的商品房房源或存量产权房屋出售时与买受人约定，在出售后的一定年限内由房地产开发商或房屋产权单位以代理出租的方式进行包租，以包租期间的租金冲抵部分售价款或偿付一定租金回报的行为。

(五)财务组合销售

分期付款。分期付款又分免息分期付款和低息分期付款。这是在淡市比较吸引人的销售方式。

银行按揭。也叫购房抵押贷款，是购房者以所购房屋之产权作抵押，由银行先行支付房款给开发商，以后购房者按月向银行分期支付本息。

让利销售。商品房房源作为大宗商品房，在宏观调控滞销的情况下，亦可以一定的幅度让利销售，与其让巨额资金积压在商品房房源上，还不如适当降价，吸引众多买家，尽快回笼资金。

月租、典当、抵押等。商品房房源除了对外销售外，还应拓宽经营思路，采取商品房月租、典当、抵押等多种形式经营，充分利用积压的商品房房源创收。

四、安排销售网点的要点

一个公司在某一地区安排多少销售点除了要考虑公司的房地产属性、销售目标、目标消费群体所在市场区域的综合条件(如经济发达程度、人口等)外，还要参照以下标准。

(一)分销成本

分销推广渠道的成本可分为两种：一种是开发分销推广渠道的投资，另一种是维持渠道的费用。与生产成本相类似，开发分销推广渠道的投资可看作固定费用，而维持的费用可视为流动费用，二者构成分销推广渠道总费用。选择方案时显然不能不考虑成本而盲目决策，不仅要控制成本的总体水平，而且要形成一种通过分销效率的提高而不断降低成本的机制。

(二)市场覆盖率

处于成长、扩张和成熟期的公司，在任何时候都不可能不考虑自己在房地产市场的覆盖率。可以说，覆盖率始终是公司决策时必须考虑的核心因素，因为它事关公司的生存和发展。在一定条件下，公司为了提高销售额和市场覆盖率，甚至可能不惜加大成本，以实现自己的销售目标。市场覆盖率提高意味着某种分销推广渠道的销售能力提高，从而意味着房地产公司生存和发展空间的增大，进而有利于公司长期目标的实现。

(三)公司后勤支持系统的跟进能力

公司后勤支持系统包括销售预测、分销计划、生产计划、订单处理等。房地产要顺利地到达各终端销售点，需要公司内部及外部有关部门的协同配合。

五、低价促销

在激烈的市场竞争中,价格往往成为焦点。如今的促销都集中在价格上,这应该从两方面来看,一方面,价格竞争是低层次竞争,这种方式谁都会。商家经常在价格上做文章,或是降价促销,或是低价大甩卖;批发商和分销推广商也会经常对制造商提出降价的要求。但另一方面,价格竞争的学问也是最大的,包含着整个公司的经营管理水平。建立在合理的成本、利润基础上的价格,是不存在讨价还价问题的,故而面对杀价要求,绝不降价。只有在降低成本、保持合理利润的前提下,才可以答应降价的要求。房屋建设中,在确保建筑质量的前提下,尽可能降低成本,才能以低廉的价格出售。

无论是厂商还是促销商,纷纷在这里做文章,殚精竭虑,千方百计,如公司价促销、让利促销、有奖促销(实行中奖客户各处旅游观光的促销法)、配送家具促销、降价促销……花样翻新,层出不穷。低价促销也难免遇到杀价高手,你越说利润薄,他就越是拼命杀价。这时,你应当把建设的辛苦情形向对方说明,他面前就会浮现出建筑工人挥汗劳作的形象;同时你再强调建筑质量优良,于是对方在很大程度上就会同意。这样,这笔交易也就做成了。

六、品牌促销

如果公司的品牌效应很强,则销售代表开拓市场时所依靠的不是自己的实力,而主要是依靠厂家的品牌来加大自己在客户方的谈判力度。就像房地产的销售代表去谈房地产业务,客户不是看房地产的质量好不好、功能先进不先进、售后服务好不好,也不是销售代表的能力强不强,而主要是认准房地产的品牌。

这样的情况下,销售渠道就完全是属于公司所有,销售代表个人对渠道建设的贡献比较小。客户认可的主要是公司、主要是品牌,而不是销售代表个人。所以这种情况下,公司可以按照需要"随意"调动销售代表,而不会出问题。

目前,流行的住宅品牌概念主要有以下几种。

(1) "海派"现代智能化的物业。在尖端科技硬件设施的有力支撑下,在园区保安系统与住户之间建立先进的电子防盗体系,包含周界红外线报警系统、楼内可视对讲系统、闭路电视监控系统、人员出入管理系统、家庭安全报警系统、电子巡更系统等多重防卫,此外还有全封闭的小区物业管理以及训练有素的保安人员进行 24 小时的服务,住户的生活将得到安全保证。

(2) 科技智能化空间。网络时代的到来从根本上改变了人类的生活方式和思维习惯,高科技的痕迹在各行各业显露无遗。作为一种必然,具有高科技含量的住宅小区在全新理念碰撞的 21 世纪将成为一个重要的音符。在科技营造的全新空间里,突破时空的束缚,通过光纤宽带数据传送,为住户提供与小区局域网、国际互联网、金融证券网、电子商务等高速链接的条件,满足现代商务"办公家庭化"的需求。同时,小区物业管理服务系统、IC 卡身份识别、娱乐消费管理系统、广播及背景音乐系统等使社区服务功能更趋全面。小区跨世纪的特征在这些科技的结晶中将得到充分体现。

(3) 绿色生态住宅。绿色生态住宅强调的是资源和能源的利用,注重人与自然的和谐共生，关注环境保护和材料资源的回收和复用，减少废弃物，贯彻环境保护原则。它的实际释义为："消耗最少的地球资源，消耗最少的能源，产生最少废弃物的住宅和居住小区。"绿色生态住宅贯彻"节能、节水、节地、治理污染"方针，强调可持续发展原则，这也是宏观、长期的国策。

(4) 体育健身住宅。奥林匹克花园楼盘成功地实现了体育产业与房地产产业的对接，跳出了传统房地产的思路来运作房地产，适应了人们对体育健身活动的需求，并提供给消费者住宅和健身的双重满足，打造了真正得到市场认同的有体育健身特色的高素质综合楼宇。房地产应该有与体育健身配套的设施，发展体育健身，把工程、健身配套、体育环境做好。

(5) 健康住宅。健康住宅有别于绿色生态住宅和可持续发展的概念。健康住宅围绕人居环境的"健康"二字展开，是具体化和实用化的体现。总体而言，健康住宅是绿色生态住宅的一个子系统，是绿色生态住宅关注人的具体表现。其技术要点涉及室内外居住环境的健康性、对自然的亲和性、住区环境保护和健康环境的保障四大方面。由于每一方面的具体评估项目实现了量化，因此(技术要点)具有很大的操作性。如主卫生间最少 6 平方米，推荐标准为 10 平方米；储藏室最少 3 平方米，推荐标准为 6 平方米。另外，对各类建材的有害物质控制指标、室内空气污染控制指标、声环境质量、饮用水及复用水设备都有相应要求，如雨水、污水分流；万平方米以上住宅区，应设立复用水设备。此外，作为健康住宅的标准，其对社区医疗保健设施、健身设施的配备和健身场地的规划也有一定要求。可以说这是集声、光、热、水于一体，以实现人们健康生活为目标的住宅标准体系。

国家住宅与居住环境工程中心推出的《健康住宅建设技术要点》，不同于国家强制推行的住宅建筑技术规范，仅仅是为开发绿色住宅提供了一个技术上的量化指标。同时，国家住宅与居住环境工程中心鼓励开发符合标准的绿色住宅，并愿意与开发商一起合作开发，共同建设健康住宅。

互动话题

针对学校附近的住宅楼盘和商业楼盘，谈谈其营销中的成功因素和失败因素，同时谈谈你的营销思路。

七、强化客户技巧

(一)客户喜欢却迟迟不作决定

原因：对房地产不了解，想再作比较；同时选中几套单元，犹豫不决；想付定金，但身边钱很少或没带。解决方法：针对客户的问题点，再作尽可能的详细解释；若客户来访两次或两次以上，对房地产已很了解，则应力促使其早早下决心；缩小客户选择范围，肯定他的某项选择，以便及早决定签约；定金无论多少，能付则定，客户方便的话，应该上门收取定金；暗示其他客户也看中同一套单元，或房屋即将调价，早做决定则早定心。

(二)下定金后迟迟不来签约

原因：想通过晚签约，来拖延付款时间；事务繁忙，有意或无意忘记了；对所定房屋又开始犹豫不决。解决方法：下定金时，约定签约时间和违反罚则；及时沟通联系，提醒客户签约时间；尽快签约，避免节外生枝。

(三)客户一再要求折让

原因：知道先前的客户成交有折扣；促销人员急于成交，暗示有折扣；客户有打折习惯。解决方法：立场坚定，坚持房地产品质，坚持价格的合理性；价格拟定预留足够的还价空间，并设立几重的折扣空间，由促销现场经理和各等级人员分级把关；大部分预留折让空间还是由一线促销人员掌握，但应注意逐渐退让，让客户知道还价不宜，以防无休止还价；为成交而暗示折扣，应掌握分寸；若客户确有困难或诚意，应主动提出合理的折扣；定金收取愈多愈好，便于掌握价格谈判主动权；关照享有折扣的客户，因为具体情况不同，所享折扣请勿大肆宣传。

(四)退定金或退户

原因：受其他楼盘的促销人员或周围人的影响，犹豫不决；的确自己不喜欢；因财力或其他不可抗拒的原因，无法继续履行承诺。解决方法：确实了解客户之退户原因，研究挽回之道，设法解决；肯定客户选择，帮助排除干扰；按程序退房，各自承担违约责任。

八、促销失误原因及解决方法

房地产现场促销好比战场上的短兵相接，一个细微的过失往往会造成一次交锋的失败。在坚持客户公司"双赢策略"，努力提高成交率的同时，促销技能的不断自我完善则是现场促销人员成功的阶梯。下面我们将其中最常见的几种情况罗列出来，以避免促销中更多的失误。

(一)随意答应客户要求

原因：急于成交；为个别别有用心的客户所诱导。解决方法：相信自己的房地产，相信自己的能力；注意辨别客户的谈话技巧，注意把握影响客户成交的关键因素；确实了解公司的各项规定，对不明确的问题应向现场经理请示；所有载以文字并列入合同的内容应认真审核；应明确规定，若逾越个人权责而造成损失的，由个人负责。

(二)房地产介绍不翔实

原因：对房地产不熟悉；对竞争楼盘不了解；迷信自己的个人魅力，特别是年轻女性员工。解决方法：对于楼盘公开促销前的促销讲习，要认真了解及熟读所有资料；进入促销现场时，应针对周围环境，对具体房地产再做详细了解；多讲多练，不断修正自己的促销词；随时请教老员工和部门主管；端正促销观念，让客户认可自己，房屋买卖才能成功。

(三)不善于运用现场道具

原因：不明白、不善于运用各种现场促销道具的促销功能；迷信个人的说服能力。解决方法：了解现场促销道具对说明楼盘的各自辅助功能；多问多练，正确运用名片、海报、说明书、灯箱、模型等促销道具；营造现场气氛，注意团队配合。

(四)未做客户追踪

原因：现场繁忙，没有空闲；自以为客户追踪效果不大；促销员之间协调不够，同一客户，害怕重复追踪。解决方法：每日设立规定时间，建立客户档案，并按成交的可能性分门别类；依照列出的客户名单，员工间协调并主动追踪；电话追踪或人员拜访，都应事先想好理由和措辞，以避免客户生厌；每日追踪记录在案，分析客户考虑的因素，并且及时报告现场经理，相互研讨说服的办法；尽量避免电话游说，最好能邀请来现场，可以充分借用各种道具，以提高成交概率。

(五)对奖金制度不满

原因：奖金制度不合理；自我意识膨胀，不注意团队合作；促销现场管理有误。解决方法：强调团队合作，鼓励共同进步；征求各方意见，制定合理的奖金制度；加强现场管理，避免人为不公。

(六)一屋二卖

原因：没做好销控对答，现场经理和促销人员配合有误；促销人员自己疏忽，动作出错。解决方法：明确事情缘由和责任人，再作处理；先对客户解释，降低姿态，口气婉转，请客户见谅；协调客户换户，并可给予适当优惠；若客户不同意换户，报告公司上级同意，加倍退还定金；务必当场解决，避免官司。

(七)客户间折让不同

原因：客户是亲朋好友或关系客户；不同的促销阶段，有不同的折让策略。解决方法：内部协调统一折扣给予的原则，特殊客户的折扣统一说辞；给客户的报价和价目表，应说明有效时间；尽可能了解客户所提异议的具体理由，合理的要求尽量满足；如不能满足客户要求，应耐心解释为何有不同的折让，谨请谅解；态度要坚定，但口气要婉转。

(八)订单填写错误

原因：促销人员的操作错误；公司有关规定需要调整。解决方法：严格操作程序，加强业务训练；软性诉求，甚至可以通过适当退让，要求客户配合更改；想尽各种方法立即解决，不能拖延。

(九)签约问题

原因：签约人身份认定、相关证明文件等的操作程序和法律法规认识有误；签约时，在具体条款上的讨价还价(通常存在问题的地方有面积的认定、贷款额度及程度、工程进度、建材装潢、违约处理方式、付款方式等)；客户想通过挑毛病来退房，以逃避因违约而承担的赔偿责任。解决方法：仔细研究标准合同，通晓相关法律法规；兼顾双方利益，以"双赢策略"签订条约细则；耐心解释，强力说服，以时间换取客户妥协；在职责范围内，研究条文修改的可能；对无理要求，应按程序办事，若因此毁约，则各自承担违约责任。

课 后 阅 读

健康住宅新理念

一、理念与出发点

健康住宅是住宅建设发展的自然结果。它是在满足住宅建设基本要素的基础上，提升健康要素，以可持续发展的理念，保障居住者生理、心理和社会等多层次的健康需求，进一步完善和提高住宅质量与生活质量，营造出舒适、安全、卫生、健康的居住环境。目前健康住宅虽是一个开发研究项目，但只要坚持理念，依靠科技进步，必然会取得硕果。

(1) 从社会发展角度看，随着人民群众物质生活水平的提高，人们的生活方式更加文明，关注健康的意识正在日益强烈，急切要求完善和提高居住环境，为现代居住生活带来新的变化。

(2) 从经济发展角度看，随着国民经济的持续高速增长，以及居民收入的不断提高，在住宅造价中有条件增大健康要素的成分。考虑到居民的承受能力，宜以无损健康为起点，向有益健康过渡，逐步完善健康住宅的建设标准，以利于推广和普及。

(3) 从技术发展角度看，随着科技水平的不断提高、创新机制的逐步完善，完全有能力建立健康住宅技术支撑体系，积极开发和推广健康住宅成套技术和新材料、新产品。

二、住区环境

环境建设要从源头抓起，对建设用地要求建立环境状况量化评估制度，评估建设用地环境状况对住区建设可能带来的环境影响，以便在规划设计中采取相应的技术措施，达到住区环境质量标准的要求。评估内容主要有大气、水、声、光、热、电磁辐射、土壤氡浓度等。

三、居住空间

住宅面积不是越大越好，面积要服从于功能。各国都在一定的适当面积下，努力追求更高的住宅功能。欧洲经济发达国家的新建住宅面积虽在前一时期有些扩大，但在满足功能的条件下又回落至 100 平方米左右。一些经济实力有限、住宅短缺较突出的国家，新建住宅面积一般都不超过 90 平方米。健康住宅所推荐的居住空间面积标准，主要来源于近年来住宅建设实践、能满足功能要求的适当面积，与国外标准基本上相适应。

四、空气环境质量

(1) 住区空气应清新流畅、清洁卫生，以确保居民的健康。要做到这一点，必须对住区室外空气中的污染物进行严格限制。重庆建筑大学论文建议，考虑到我国目前大气污染属于煤烟型及混合型的特点，宜选取飘尘、SO_2、NO_2、CO 作为住区室外空气质量指标。其标准值主要参考《大气环境质量标准》(GB 3095—1982)和《工业企业设计卫生标准》(TJ 36—79)。

技术措施如下：①在规划设计中，充分考虑住区的通风；②减少住区集中污染源的排放，对小锅炉、垃圾焚烧炉、污水处理站等污染源进行治理；③减少住区分散污染源的排放，要求汽车尾气和油烟机排放不超标，并易于扩散。

(2) 室内空气质量对人尤为重要。人的一生中有 70%～90%的时间是在室内度过的，而且其中大部分时间是在居室内度过的。如果室内空气受到污染，就有可能引起人体的各种疾病，为此应采取较严格的态度。健康住宅室内空气污染物控制指标在国内新近陆续编制的诸多空气质量标准中，主要选自要求较高、可操作性较强的国标《室内空气质量标准(送审稿)》。

技术措施如下：①在建筑设计中注意通风问题，门窗开启时有穿堂风，气流流向合理。②主要居住空间在密闭门窗时有新鲜空气补充装置，保证室内有足够的新风量、洁净空气量和换气次数。新风量要求为 30 立方米/(人·时)。特别是厨房，是污染源集中的地方，应通过竖向风道和通风设施，保证它的通风换气次数。③室内氡气(Rn)有 80%～90%来自地基土壤，因此降低室内氡浓度的有效办法是经常开窗通风和建造防氡地基，密封室内的细小裂缝，堵住地下氡气(Rn)进入室内的通道。④对装修材料，从无损健康出发，在新近颁布的 10 项国家标准的基础上又有所提高，提出较严格的标准要求。

五、热环境质量

(1) 住宅室内热环境关系到人体的舒适性，基本上做到与 WHO 的规定接轨。WHO 规定：温度 17～27 ℃，湿度 40%～70%。我们的指标是：冬季温度 18～24 ℃，湿度 35%～60%；夏季温度 24～28 ℃，湿度 40%～65%。原因为：①舒适性要与我国的经济水平相适应。②室内外温差超过 10℃时，在夏天容易感冒。③在北方冬季，湿度高于 60%技术上有困难，低于 30%人很容易感冒；夏季湿度高于 70%人也不舒适。

(2) 外围护结构的隔热保温性能与室内热环境有直接的影响。我们所建住宅往往属于高能耗住宅，由于外围护结构的隔热保温性能差，导致采暖地区住宅单位面积的采暖能耗高达经济发达国家的 3 倍左右，而舒适度较之却有很大差距。非采暖地区随着空调的普及，能源浪费也十分严重。为此，要求建立外围护结构隔热保温技术体系。

六、声环境质量

(1) 住宅声环境是指住宅内外各种噪声源在住户室内对居住者生理和心理上产生影响的声音环境。它直接关系到居民的生活、工作和休息。

住区户外环境噪声标准基本上取自《城市区域环境噪声标准》(GB 3096—93)，与 ISO 提出的标准相类似。ISO 标准是，住宅窗前 1 米处 35～45 dB(A)，对不同时间、不同地区分别修正：晚上-5 dB(A)，深夜-10～-15 dB(A)，郊区住宅+5 dB(A)，城市住宅+10 dB(A)，主要大街住宅+15 dB(A)。

技术措施是：①采取绿化隔离带和声屏障等隔离措施，减少住区外界的各种噪声干扰；②对住区内产生噪声的设备通过合理处置来减少影响。

(2) 室内允许噪声标准(见表 8-1)来自《民用建筑隔声设计规范》(GBJ 118—88)。它符合中国科学院声学所提出的保证睡眠和劳动的要求。

表 8-1　室内允许噪声标准

适用范围	理想值/dB(A)	极限值/dB(A)
睡眠	30	50
脑力劳动	40	60
体力劳动	70	90

(3) 我国住宅普遍存在着室内声环境质量差的问题，除有效控制楼外噪声外，要重视

住宅本身的防噪声设计,合理选择围护结构构造,并保证其施工质量。为此,参照《民用建筑隔声设计规范》(GBJ 118—88)分别对分户墙和楼板提出空气声隔声标准和撞击声隔声标准。

分户墙与楼板的空气声隔声量在45～50 dB(A)时,听闻感觉是大声讲话听不到,播放音乐大致能听到,但声音较低;在＞50 dB(A)时,音乐声、大声喊叫都听不到。我们认为比较合适。

楼板的计权标准化撞击声声压级在65～75 dB(A)时,听闻感觉是脚步声白天感觉不到,晚上能听到,但较弱;拖桌椅、孩子跳能听到,除睡眠外一般无影响。在＜65 dB(A)时,除敲打外,一般声音都听不到,椅子摔倒、孩子跑跳能听到,但声音较弱。我们认为有必要适当改善。

七、光环境质量

(1) 改善住宅光环境,其目的在于:①增进人体和视力的健康,形成居住空间在心理上的舒适感;②为在住宅内安全有效地进行不同作业和活动提供良好的环境气氛;③正确处理采光和照明的设计可以大量节约能源。

(2) 住宅建筑日照标准是衡量住区居住环境质量的一项重要标志。在居室内获得充足的日照是保证居住者,尤其是老人、儿童、病人身心健康的重要条件,同时也是保证居室卫生,改善居室微小气候,提高居住舒适度等居住环境质量的重要因素。

在城市住区,保证居室内有充足日照和节约用地存在着尖锐矛盾,但阳光对人体健康和环境卫生的作用与室内日照时间的确切关系尚无定论。如何权衡日照得益和节约用地的矛盾,清华大学有关论文建议,以所在区有效日照时数年平均的 1/3 作为全年日照时数的下限,每户至少 1 个和 2 个(四居室以上户型)居室日照达到这个标准。在北方地区应根据地理纬度规定不同的冬至日照时数下限值作为控制城市住宅间距的依据之一。WHO 对健康住宅的日照时数确定为一天 3 小时以上。为此,仍沿用《城市居住区规划设计规范》(GB 50180—93)规定的住宅建筑日照标准。

(3) 外窗的设置应充分利用天然光资源。因为天然采光随季节、时间、气候而随时变化,国际上通常以"采光系数"作为天然光照明标准。据瑞士的研究,居室的最低采光系数应符合下列三项假定条件,即 70%以上的人认为房间是"明亮"的;若进一步提高采光系数,则回答"明亮"的人数不再有明显的增加;认为房间"不够明亮"的人数比例应少于10%。调查的结果是,采光系数应为 0.6%～1.0%。这与我国《住宅设计规范》(GB 50096—1999)规定的 1%基本相同,其对应的住宅居住空间的窗地面积比则为 1:7,但考虑到有阳台及前排建筑物的遮挡,窗地比应予以适当增大。

(4) 国外住宅照明标准有如下几个特点:①起居室的活动包括会客、家人团聚闲谈、娱乐、看电视等,不需要太高照度;②卧室不需要高照度,但床头和化妆台前宜设局部照明;③厨房照度较高,因为切菜、洗涤和烹饪等视觉作业要求精细,照明不好容易发生危险。为此,参考国外住宅照明标准,我国《民用建筑照明设计标准》(GBJ 133—90)的规定过低,应作适当的调整。

八、水环境质量

(1) 由于水体受各方面的污染,使其水质不断恶化,各地的生活供水的质量也受到很大影响。随着人们环保意识的加强,人们对卫生、健康的强烈追求,要求住区提高饮用水水质标准,推行分质供水系统从而实施分质供水。生活饮用水水质应达到卫生部2001年行业规范的要求,直饮水水质应达到《饮用净水水质标准》(CJ 94—1999)。

(2) 水资源的综合利用是我国的一项基本国策。开发住区污、废水回用系统(中水系统),可实现污、废水资源化,使污、废水经处理后回用,既可节约水资源,又可使污、废水无害化,起到保护环境、防治水污染、缓解水资源不足的重要作用,有明显的社会效益和经济效益。中水水质控制指标参考国标《建筑中水设计(报批稿)》。

九、推荐十项有利于健康住宅建设的成套技术

(1) 住宅装修一次到位成套技术。推行住宅装修一次到位的根本目的在于:逐步取消毛坯房,直接向消费者提供全装修成品房;规范装修市场,促使住宅装修生产从无序走向有序。它有利于积极实施住宅装修工业化生产,提高现场装配化程度,同时也有利于对装修设计和材料、部品选择进行严格的把关,使室内装修十分重视环保和防污染问题,选用无毒、无害、无污染环境、有益于人体健康的环保型材料和部品,使用能改善室内空气质量的先进技术及设备,防止成品家具对室内造成污染。

(2) 外墙外保温成套技术。住宅外墙采用外保温技术,具有多方面的优越性,既可明显地改善居住舒适度,又有良好的节能效果和综合经济效益。近年来,我国外墙外保温技术发展迅速,涌现出多种采用不同材料、不同做法的外墙外保温技术,并且有效地解决了裂缝、空鼓等质量问题。保温材料一般导热系数小于0.05瓦/(米·开),以阻燃级膨胀型聚苯乙烯板较为普遍。固定保温板的方法各有不同,有的是将保温板粘贴或钉固在基底上;有的为两者结合。面层则以玻璃纤维网格布加强,涂抹聚合物水泥胶浆。其效果可以满足节能50%的要求,工料费则每平方米建筑面积在35~50元。

(3) 采暖系统分户计量、分室温控节能技术。分户计量的首要目的在于,热用户可以根据热舒适度的需要,调节控制采暖量。一般采用双管供暖系统,以保证高质量供热。而分室温控就要求散热器或地板采暖的分水系统可以进行热量调节,这就使房间的热舒适环境与传统采暖系统相比有了一个质的飞跃。自动温控阀是一个关键部品,它由温控阀阀体和自动恒温头组成。自动恒温头中装有自动调节装置和自力式温度传感器,不需任何电源可长期自动工作。它的温度设定范围很宽,连续可调,以满足用户的需要。当房间长期无人居住时,可以调至最小,不致结冰而冻坏管道和散热器;白天上班时可以调至保暖挡;晚上入睡时,无人房间可以关闭,从而实现最大程度的节能。

(4) 低温地板采暖技术。低温地板采暖系统是以整个地面作为散热器,通过在地板结构层内铺设管道,在管道内注入60℃以下的低温热水加热地板混凝土层。地面温度一般在26℃左右,室内温度可达16~20℃。其优点是:①低温地板采暖使地面有效温度高于室内上部温度,人的感觉是脚热头凉,头脑清醒,很舒适;②低温地板采暖设计温度比传统的对流采暖要低2~4℃,室内采暖温度每降低1℃,可节约燃料10%;③不用散热器,既增加使用面积,又便于室内装修;④采用PB管等复合管材埋入地板的混凝土中,不腐蚀,不结垢,可节约维修费用;⑤地板内增加了保温层,也提高了隔声和降低撞击声。

有条件的地区,也可采用供暖电缆的地板电采暖系统,地板的表面被加热到20~28℃,感觉非常舒适。

(5) 户式中央空调技术。它适用于100~300平方米的户型,采取一台主机与多个末端分离安装,能同时为多个房间供热或供冷。每个末端风口可单独控制,可任意调节房间温度。与普通家用空调器相比，户式中央空调的安装费用稍高，但它在使用过程中具有四个优点：①易于装修，有利于外立面整洁和提高室内装修品位；②可通过管道的规范设计和风口的合理布置，使气流均匀分布，避免"空调病"的发生，提高了舒适度；③可以向室内补充部分新风，解决一般家用分体式空调空气不佳的问题；④其能效比提高，总耗电比分体式空调低。

(6) 住户分户墙和楼板的隔声技术。

① 墙体隔声遵循"质量定律"，墙体的单位面积质量越大，其隔空气声的效果就越好。因此，在主体结构允许的情况下，应尽量利用承重墙作为分户墙。其优点是：施工简单，墙体厚度较小，造价较低。墙体构造与计权隔声量对应表(承重墙)见表8-2。

表8-2　墙体构造与计权隔声量对应表(承重墙)

名　称	墙体构造	重量/(千克/平方米)	计权隔声量/(Rw/dB)
砼砌块	190厚砼承重空心砌块墙，两面抹灰	272	51
砼砌块	190厚轻集料空心砌块墙，两面抹灰	243	48
钢筋混凝土	100厚钢筋混凝土墙	250	47
钢筋混凝土	120厚钢筋混凝土墙	300	48～50
钢筋混凝土	180厚钢筋混凝土墙	450	52～54

如果分户墙属于填充墙，既要墙轻又要保证隔声，则可选用较重的增强石膏砌块墙，但更多的是选用双层条板墙，其间空腔50毫米、75毫米；也可选用多层轻板墙，两边各两层轻板，其间空腔75毫米，置以岩棉等吸声材料，造价较高。墙体构造与计权隔声量对应表(填充墙)见表8-3。

表8-3　墙体构造与计权隔声量对应表(填充墙)

名　称	墙体构造	重量/(千克/平方米)	计权隔声量/(Rw/dB)
石膏砌块	150厚增强石膏砌块墙	161	46
水泥珍珠岩圆孔板	双面90厚水泥珍珠岩圆孔板	125	48
TZH陶粒条板	两面50厚陶粒条板，中间空腔50	74	47
加气砼砌块	两面75厚加气砼砌块，中间空腔75	120	48
水泥纤维板	75厚轻钢龙骨，两边各两层8厚水泥纤维板，空腔填岩棉	60	50～52
纸面石膏板	75厚轻钢龙骨，两边各两层纸面石膏板，空腔填岩棉	54	54

② 住户对楼板撞击声的干扰反应更为强烈。过去采取的楼板构造，由于受材料、施工和经济等方面的条件限制，始终未能根本解决。目前基本上可以采取两种做法：一种做法是将面层做成弹性面层，如地毯、软木地板等，可以直接减轻对楼板的撞击力，以降低对楼板本身的振动影响，使楼板的撞击声级有不同程度的改善。另一种做法是浮筑楼面，在承重楼板上铺设弹性垫层，再在上面做配筋的砼楼面层。砼楼面层(作为质量)和弹性垫层(类似弹簧)构成一个隔振系统。面层质量越大，垫层弹性越好，则隔声效果越好。带来的问题是：楼板较厚，给施工和养护带来一定的困难。楼板构造与计权撞击声级对应表见表8-4。

表8-4　楼板构造与计权撞击声级对应表

楼板构造	总厚度/毫米	计权撞击声级/(Lpnt·w/dB)
11厚隔声木地板(含3厚泡沫层)+30找平层+100钢筋混凝土板	141	56
20厚企口木地板+50×50木龙骨@500+100钢筋混凝土板	170	58
38找平层、沥青纸+3厚玻璃纤维垫+110钢筋混凝土现浇楼板	151	60
4厚羊毛地毯+30找平层+100钢筋混凝土现浇楼板	134	62
38找平层、沥青纸+6厚聚苯乙烯垫+110钢筋混凝土现浇楼板	154	66

(7) 太阳能应用技术。太阳能应用技术主要指在住区内利用太阳能，通过光热转换、光电转化技术，提供热水和公共照明。太阳能是清洁能源，采用太阳能应用技术可减少环境污染。目前太阳能应用技术已取得较大突破，并且已较成熟地应用于楼梯走道照明、太阳能草坪照明、太阳能庭院照明、太阳能热水供应系统等。以太阳能热水供应系统为例(采用真空管集中供热水方式)，其家庭总费用大大低于采用电能和燃气能源，具有一定的推广价值。

(8) 管道分质供水技术。在住区采用独立管网向住户输送经过净化处理、达到有关标准的直饮水。其水质标准可分为饮用纯水和饮用净水，其中饮用净水由于处理工艺较简单、成本低、得水率高而被广泛接受。管道分质供水具有三个优点：①改善居民饮用水水质；②降低饮用水成本；③避免送桶装水引起的干扰和其他问题。关于饮用净水的成本，以建筑面积50 000平方米的小区为例，系统投资约10～12元/平方米；投入使用后，日常营运管理由供水单位负责，居民日常用水费用约0.3元/升，它只相当于一般桶装水费用的40%。由于管道分质供水涉及居民身体健康，因此分质供水工程必须由具有资质的供水单位实施，并由卫生防疫等部门进行验收。

(9) 中水回用技术。中水回用是指将住区居民生活废、污水集中起来，经过适当处理达到中水水质标准后，再回用于住区的绿化浇灌、车辆冲洗、道路冲洗以及家庭坐便器冲洗等方面，从而达到节约用水的目的。采用中水回用系统具有三个优点：①实现住区废、污水资源化，增加可利用的水资源；②实现住区废、污水无害化，防治水污染，保护环境；③可减少住区物业管理的自来水费用。据粗略统计，中水回用系统的投资费用为15～20元/平方米。由于中水回用有利于节约用水，因此可以减少排污量而减免相关费用。中水的运行成本(包括药剂、电耗、维修、分析化验、人工管理费等，不含折旧费)一般为0.50～1.00元/立方米，比一般的自来水费用低。

(10) 有机垃圾生化处理技术。有机垃圾生化处理是通过有机垃圾生化处理设备的配置，采用生化技术(利用微生物菌，通过高速发酵、干燥、脱臭处理等工序，消化分解有机垃圾的一种生物技术)，快速处理住区的有机垃圾部分，达到垃圾处理的减量化、资源化和无害化的目的。有机垃圾生化处理具有三个优点：①体积小，占地面积少，无须建造传统垃圾房；②全自动控制，全封闭处理，基本无异味，噪声小；③减少垃圾运输量，减少填埋土地占用，降低环境污染。

(资料来源：深圳房地产信息网. 健康住宅新理念[EB/OL].[2006-09-12].
http://bbs.szhome.com/commentdetail.aspx?id=26161362)

思考与练习

1. 简述影响购买者行为的主要因素。
2. 简述住宅购买行为的影响因素。
3. 简述写字楼购买行为的影响因素。
4. 简述商业物业购买行为的影响因素。
5. 如何建立一套完善的销售管理体系？
6. 简述安排销售网点的要点。
7. 简述品牌促销技巧。
8. 促销失误的原因及解决方法有哪些？

第九章　房地产项目的多元化经营

房地产市场多元经营是把"双刃剑"，既可以壮大企业规模，提高企业的竞争优势，也可以破坏企业资源的合理配置，削弱核心业务，不利于企业的发展。企业在考虑多种经营战略时应首先确保企业的核心竞争力。无论是买房、租房、二手房、家居、装修、物业、房贷、写字楼还是招商做别的项目经营，一定要将重点聚焦在企业已拥有或可能拥有的资源上，在新材料、新技术和新工艺上形成一定的壁垒，确保核心业务的竞争力。而随着核心业务的市场日趋成熟，上升空间的进一步缩小，企业此时可以拓展新业务、新行业，使各项业务及资源之间产生协同效应。尚无核心竞争力的企业切勿盲目采取多种经营战略，跟风散点投资可能会最终导致企业因资源分散而丧失核心业务。

碧桂园以13亿美元的价格收购香港电视广播有限公司(TVB)26%的股份，大手笔进军香港传媒业。今典集团除了做房地产开发，还对EVD产业和影视业投资兴趣浓厚。上海兴业地产其他业务甚至占到90%。据对A股72家上市房地产企业2008年年报的分析得知，房地产企业从事多元化经营的行业有：餐饮酒店业务、旅游服务业、典当行、化工新材料、矿产、工业(如药品、橱柜)、投资服务业、物资贸易、公用事业(水电)、物业管理、建筑设计、建筑施工、装修装潢等领域。可以说房地产企业的多元化经营涉及行业多、范围广。

第一节　房地产的产权产籍管理

一、房屋所有权的确认

(一)房屋所有权确认的含义

房屋所有权人不论通过何种方式取得房屋,其对该房屋的所有权都是以支付一定的对价或已经实际占有和使用为标志。与普通财产的所有权不同,我国对房的所有权实行行政审核登记制度,即房屋所有权的取得必须经政府主管部门的审核登记,并颁发所有权证。只有这样房屋所有权才受法律保护。《城市房地产管理法》规定:"国家实行土地使用权和房屋所有权登记发证制度。"房屋登记确认机关是房地产管理部门,由它负责对房屋所有权进行审核、登记和发证工作。

(二)房屋所有权确认的内容

我国在房屋所有权确认方面,曾经颁布了《城镇房屋所有权登记暂行办法》,它对房屋所有权登记的意义、房屋登记的申请人的资格、房屋登记的程序都作了规定。

房屋所有权登记的范围:凡是城市、县城、建制镇和工矿范围内的所有房屋,包括国家机关、社会团体、军队、企事业单位等全民和集体所有的房屋、私人房屋以及地处农村属于城镇单位所有的房屋,均属登记范围。

房屋登记的内容有:房屋的坐落(位置),所有权人姓名(名称)、所有权性质、共有情况,房屋结构、间数、建筑面积、房屋四至、墙界以及房屋所有权的来源等项目。

(三)"房改房"的所有权

所谓"房改房"是指职工在国家住房制度改革中享受国家房改的优惠政策,通过购买本单位的公房而取得所有权的房屋。房屋的所有权包括占有、使用、收益、处分四项权能。但"房改房"与完全所有权的商品房不尽相同,其所有权受到一定的限制。如在达到国家规定的一定期限后,"房改房"的所有权人才可以按市场价格出售房屋,而且还要向国家补交土地使用权出让金。另外,取得"房改房"的所有权后,还有居住期限的限制。法律规定,土地使用权出让的最高年限是 70 年,"房改房"用地年限一期只能少于 70 年。土地使用权期满,土地使用者可以申请续期或重新签订土地使用合同,支付土地使用权出让金,并办理登记。一般情形下,续期的出让金应由所占土地之上的全部房屋所有权人按份额均摊。

(四)房屋所有权登记申请人的条件

依据《城市房屋权属登记管理办法》的有关规定,房屋登记机关进行房屋产权登记应符合下列条件。

(1) 申请人必须是房屋所有权人(包括共有人)。代理人代理登记的必须有委托证书。外籍人办理登记的须经公证机关公证,使(领事)馆认证。

（2）申请人必须是具有完全民事行为能力人。无民事行为能力人或限制民事行为能力人，应由其法定代理人申请登记。

（3）全民所有制单位、集体所有制单位、中外合资企业等单位分别要有法人资格，并由单位法定代表人以法人名义，才能有资格对本单位拥有的房屋申请登记。

（4）房管机关直管的房屋及划拨使用的房屋，原则上应一律以"国有户"户名进行登记。

小阅读

住建部颁布的新版《建筑工程建筑面积计算规范》（GB/T 50353—2013），自 2014 年 7 月 1 日起正式实施。该标准中计算建筑面积的规定主要有以下几个方面。

（1）建筑物的建筑面积应按自然层外墙结构外围水平面积之和计算。结构层高在 2.20 m 及以上的，应计算全面积；结构层高在 2.20 m 以下的，应计算 1/2 面积。

（2）建筑物内设有局部楼层时，对于局部楼层的二层及以上楼层，有围护结构的应按其围护结构外围水平面积计算，无围护结构的应按其结构底板水平面积计算，且结构层高在 2.20 m 及以上的，应计算全面积；结构层高在 2.20 m 以下的，应计算 1/2 面积。

（3）对于形成建筑空间的坡屋顶，结构净高在 2.10 m 及以上的部位应计算全面积；结构净高在 1.20 m 及以上至 2.10 m 以下的部位应计算 1/2 面积；结构净高在 1.20 m 以下的部位不应计算建筑面积。

（4）对于场馆看台下的建筑空间，结构净高在 2.10 m 及以上的部位应计算全面积；结构净高在 1.20 m 及以上至 2.10 m 以下的部位应计算 1/2 面积；结构净高在 1.20 m 以下的部位不应计算建筑面积。室内单独设置的有围护设施的悬挑看台，应按看台结构底板水平投影面积计算建筑面积。有顶盖无围护结构的场馆看台应按其顶盖水平投影面积的 1/2 计算面积。

（5）地下室、半地下室应按其结构外围水平面积计算。结构层高在 2.20 m 及以上的，应计算全面积；结构层高在 2.20 m 以下的，应计算 1/2 面积。

（6）出入口外墙外侧坡道有顶盖的部位，应按其外墙结构外围水平面积的 1/2 计算面积。

（7）建筑物架空层及坡地建筑物吊脚架空层，应按其顶板水平投影面积计算建筑面积。结构层高在 2.20 m 及以上的，应计算全面积；结构层高在 2.20 m 以下的，应计算 1/2 面积。

（8）建筑物的门厅、大厅应按一层计算建筑面积，门厅、大厅内设置的走廊应按走廊结构底板水平投影面积计算建筑面积。结构层高在 2.20 m 及以上的，应计算全面积；结构层高在 2.20 m 以下的，应计算 1/2 面积。

（9）对于建筑物间的架空走廊，有顶盖和围护设施的，应按其围护结构外围水平面积计算全面积；无围护结构、有围护设施的，应按其结构底板水平投影面积计算 1/2 面积。

（10）对于立体书库、立体仓库、立体车库，有围护结构的，应按其围护结构外围水平面积计算建筑面积；无围护结构、有围护设施的，应按其结构底板水平投影面积计算建筑面积。无结构层的应按一层计算，有结构层的应按其结构层面积分别计算。结构层高在 2.20 m 及以上的，应计算全面积；结构层高在 2.20 m 以下的，应计算 1/2 面积。

其余 11 至 26 条从略。

（资料来源：环球网校. 建筑工程建筑面积计算规范[EB/OL].[2015-11-19].
http://www.edu24ol.com/web_news/html/2015-11/14479113492011.html）

二、房地产权属登记管理

(一)房地产权属登记的性质和作用

《城市房地产管理法》规定，国家实行土地使用权和房屋所有权登记发证制度。房地产权属登记又称房地产登记，是指房地产管理部门依法对房地产权利人、权利性质、权利变化情况和拥有房地产的具体状况进行核查、确认、记载并向房地产权利人颁发权利证明的一种法律行为。

房地产权属登记是政府房地产管理部门依法实施的行政行为，是加强房地产管理，确认房地产权属的法定手续，是房地产权属管理的主要行政手段。房地产权利人凭权利证明管理自己的房地产，其合法权益受法律保护。

房地产权属登记的具体作用有以下几种。

(1) 权利确认作用。房地产权属登记可确认房地产的权属状态，承认并保障房地产权利人的合法权益。经过登记的房地产权利因受到法律的确认而具有合法性，从而取得社会公认，可以对抗权利人以外的任何人，若受到侵犯将得到国家法律的保护。

(2) 权利公示作用。房地产权属登记具有将房地产权利变动的事实向社会公开，用以标示房地产流转的过程和结果，保障房地产交易安全的作用。在房地产交易中，往往出现房地产法定权利人与房地产事实上的占有人相分离的现象，为防止事实上的占有人及其他非法定房地产权利人非法交易房地产权利，而相应采取权属登记的方法，将房地产权利和房地产交易向社会公示，以切实保障房地产权利人和第三人的合法权益。

(3) 权属管理作用。通过房地产权属登记建立产籍资料，实施产籍管理，对房地产权利的设立、变更、终止的合法性进行审查监督，取缔或处罚违法行为。完整、准确的权属登记资料，可以为房地产规划、税收提供依据。

(二)土地登记

土地登记是国家依据法律规定，对国有土地使用权、集体土地所有权、集体土地使用权和土地他项权利的登记发证制度，是国家用以确认土地所有者或土地使用者拥有土地所有权或使用权的法律措施。其目的是为了维护土地的公有制，保障土地权利人的合法权益，为合理利用土地和征收土地税费等提供法律依据。

(三)城镇房屋所有权登记

城镇房屋所有权登记即房屋产权登记。凡是在登记范围内的房产，不论产权属于谁，都必须按照登记办法的规定，向房产所在地的房产管理部门申请产权登记，经审查确认产权后，由房产管理部门发给房屋所有权证。产权人凭证管理自己的房产。

1. 房屋产权登记的地域范围

《城镇房屋所有权登记暂行办法》规定，产权登记的范围是城市、县城、建制镇和工矿区范围内的所有房屋，包括全民所有制行政、军队、企事业单位的房屋；集体所有制房屋；私人房屋；宗教团体房屋等。

2. 房屋产权登记与土地登记的关系

中国法律规定，城镇房屋的产权与该房屋占用土地的使用权实行权利人一致的原则，除法律法规另有规定外，不得分离。房屋产权转移时，该房屋占用土地的使用权亦同时转移。房屋产权设定抵押等他项权利时，应当包括房屋所占用的土地使用权。可见，房屋产权登记与土地登记紧密联系，不可分离。在进行房屋产权登记的同时，也要进行土地登记。

(四)房屋产权登记的种类

房屋产权登记通常分为总登记、初始登记、变更登记、抵押登记及其他登记等几类。

总登记是指在一定期间内在较大行政区域举办的一次性的、统一的、全面的产权登记。总登记是房屋产权登记中最基本的登记，是检查和整理产权、产籍资料，整顿产权秩序的一个重要手段。通过总登记所形成的各种表、卡、册是最完整的产籍管理资料。在总登记期间，不论房屋状况、权利状况有无变动，现产权人均有向登记机关进行登记的义务。《城市房屋产权产籍管理暂行办法》规定，县级以上人民政府房地产行政主管部门可以根据需要，组织本行政区域内的城市房屋产权总登记或者验证，凡被列入房屋产权总登记或者验证范围内的，均须按照规定办理核准登记和验证手续。

初始登记是指未经房产管理部门确认其房产权利，领取房屋所有权证的地上建筑物、附着物的所有人，为获得房屋所有权证要进行初次登记。已经通过总登记获得了房屋所有权证的除外。

变更登记是指总登记或初始登记以后，由于有关情况的变化，必须办理的变更登记。一种是房屋产权人变化，房屋产权发生了继承、买卖、赠与、交换、分析、转让等情况。房屋产权转移，要办理产权过户手续，必须重新进行登记。另一种是房屋状况变化，房屋发生改建、扩建、翻建和部分拆除等增减情况，也必须进行变更登记。

房屋抵押是指抵押人以其合法拥有的房屋及其占用范围内的土地使用权，以不转移占有的方式向抵押权人提供债务履行的担保。为了保障抵押当事人的合法权益，房屋抵押必须签订书面要式合同。房屋抵押合同订立后，抵押当事人必须在规定的时间内到房屋所在地的县级以上地方人民政府规定的部门办理抵押登记，未经抵押登记的房屋抵押行为无效。

其他登记有以下两种情形：一是权证灭失登记。指已领取房屋所有权证的权利人将证书遗失，造成权证灭失等情况，产权人必须申请补领。二是房屋预售合同登记。预售合同订立后，商品房预售人应当按照国家有关规定，将预售合同报县级以上人民政府房产管理部门和土地管理部门登记备案。

三、房屋所有权登记程序

房屋权属登记程序一般为：申请(受理)→初审→审核→复审→收费→审批→缮证→发证→归档。房屋权属登记的复核人员提出现场查看，必须有两人以上参加，并进行书面记录。登记机构认为当事人申请登记的事项需要进行公告或声明的，应当公告或者声明。房屋权属登记的主要环节如下。

(一)申请

城镇房屋所有人(自然人和法人,包括由国家授权房地产管理单位、共有人)按规定时间,向房屋登记机关申请登记。全民所有的房屋,由国家授权的房产管理单位申请登记;共有的房屋由共有人共同申请登记;私有房屋由所有权人持本人身份证(或工作证)和各种房屋所有权证件申请登记;公有房屋由单位法人代表持法人资格证明书和所有权证申请登记。公民、法人也可委托代理人申请登记,但必须有委托代理证书,登记机关认为有必要时,委托书须经公证机关公证。

公民个人申请登记,必须使用户籍姓名,不得使用别名、化名。法人申请登记,必须使用单位全称,不得使用简称。申请产权登记,必须按规定出示个人身份证件、法人资格证明,交验取得房屋所有权的证件。

(二)审查

第一步,由房屋产权登记部门进行初审,查阅产权档案及有关资料,审查申请人提交的各种产权证件,核实房屋的四邻墙界,弄清产权来源及其转移变动的情况。经初审初步确认产权的,进行公告,征询产权有无异议。第二步,复审。经过初审及公告,产权无异议的,交由复审人员进行全面的复核审查。最后的程序是审批,由房产管理部门的领导或部门负责人审查批准确认产权。

(三)发证

登记机关对房屋所有权清楚,没有争议,符合政策、法律,证件齐全,手续完备的,应给予登记发证。根据《城市房地产管理法》的规定,经省、自治区、直辖市人民政府确定,县级以上地方人民政府由一个部门统一负责房产管理和土地管理工作的,由房地产行政主管部门统一负责房产和土地登记管理工作,依法核实和确认房地产权属,制作和颁发统一的房地产权属证书。房屋所有权证书由县级以上地方人民政府房产管理部门颁发。全民所有的房屋,房屋所有权证发给国家授权的房产管理单位;共有的房屋,除发给房屋所有权证一份由共有人推举的执证人收执外,还对其余每个共有人各发给共有权保持证一份。

房屋所有权证依不同情况发不同房产证,如发《房屋所有权证》《房屋共有保持证》《房屋他项权利证》等。登记发证时需缴纳有关登记手续费和勘丈费等,由所有权人(或授权单位)缴纳。

四、办理房地产权属登记的部门和期限

(一)办理房地产权属登记的部门

县级以上人民政府房地产行政主管部门负责房地产权属登记管理工作。

市、县人民政府房地产管理部门、土地管理部门具体办理房地产登记手续,核发房地产权属证书。

房产和地产由一个部门管理的城市,由统一的登记部门办理登记手续。房产和地产由两个部门管理的城市,由房产部门办理房产权属登记,土地部门办理土地使用权属登记。

房地产权属登记是一项政府的行政行为，必须依法进行。房地产权属登记应由市、县人民政府的房地产行政主管部门依法进行，一些无权发证的单位，如开发区、房改办甚至开发企业都不具备这一职能，这些企业所发的所谓产权证是非法的、无效的。

(二)办理房地产权属登记的期限

为了确保及时办理产权登记手续，避免开发企业与产权登记机关互相推卸责任，《商品房销售管理办法》规定，房地产开发企业应当在商品房交付使用之日起 60 日内，将需要由其提供的办理房屋权属登记的资料报送房屋所在地房地产行政主管部门。房地产开发企业应当协助商品房买受人办理土地使用权变更和房屋所有权登记手续。

五、房地产产籍管理

(一)房地产产籍管理概述

房地产产籍，是指通过对房屋所有权、土地使用权经常性的申报登记和在测绘过程中形成的产权档案、地籍图纸、账册、表册等反映产权现状和历史情况的各种资料的总称，是房屋所有权、土地使用权权属状况的记录。

产权、产籍管理是一个有机的整体，产权管理是产籍管理的基础，产籍管理则是产权管理的依据和手段。产籍资料是审查和确认产权的重要依据，也是反映城市房地产状况，为规划和建设城市提供基础数据的来源。

房地产产籍由县级以上人民政府房地产行政主管部门统一管理。加强产籍管理，有利于政府部门完整、系统、准确地掌握房地产信息，管理好房地产产权，保障房地产权利人的合法权益，促进城市建设和发展。

(二)房地产产籍的基本构成及要求

房地产产籍是由图、档、卡、册构成的。

图，包括房地产分幅平面图、分户平面图、分层分间平面图、建筑竣工图等。房地产平面图是专为房屋所有权登记和管理而绘制的专业用图。它反映各类房屋及土地的关系位置、产权经界、面积，房屋结构，使用土地面积，街道门牌等。

档，即用文字记载的各种房地产档案。它涉及房地产产权来源、转移变更、纠纷处理的过程及结果，是审查、确认产权的重要凭证和依据。房地产档案包括房地产调查档案、房地产价格的评估档案、房地产的登记档案和房地产统计资料等。

卡，即房地产卡片。它是对产权人情况、房屋状况、使用土地状况及其来源等扼要摘录而制成的一种卡片，便于查阅房地产的基本情况、对各类房地产归类统计等。

册，主要是房地产登记簿册，如房地产产权登记名册、产权证发证记录簿、房屋产业目录等。它们是根据房地产产权登记的成果和分类管理的要求而编制的，是房屋土地状况和房地产产权状况的缩影，用以掌握房地产产权基本情况及其变动，是房地产产权管理的基础资料。

房地产产籍必须准确、完整，应当根据房地产产权的转移、变更等对产籍资料及时加以调整和补充。

(三)加强房地产资料管理

加强产权产籍资料的管理，是搞好房地产行政和经营管理的基础。城市房地产产权档案，应当以产权人为宗立卷。卷内文件的排列，可以以产权的变化时间为序。房产档案、房屋平面图、土地登记卡、房地产一致卡、技术档案资料和房屋普查资料等各种产权产籍资料必须由资料室集中统一管理，防止分散和流失。要做到资料管理完整，图、档、卡内容与实际相一致。城市房地产产权档案必须长期保存，如果发生丢失或者损毁，应当及时采取补救措施。

第二节　房地产买卖经营

一、房地产转让

房地产转让是指房地产权利人通过买卖、赠与或者其他合法方式将其房地产转移给他人的行为。因土地使用权取得方式的不同，房地产转让包括以出让方式取得土地使用权的房地产转让和以划拨方式取得土地使用权的房地产转让两种类型。

(一)出让方式

以出让方式取得土地使用权的，转让房地产时，应当符合下列条件。

(1) 按照出让合同约定已经支付全部土地使用权出让金，并取得土地使用权证书。

(2) 按照出让合同约定进行投资开发，属于房屋建设工程的，完成开发投资总额的25%以上；属于成片开发土地的，形成工业用地或者其他建设用地条件。

(3) 转让房地产时房屋已经建成的，还应当持有房屋所有权证书。

以出让方式取得土地使用权的，转让房地产后，其土地使用权的使用年限为原土地使用权出让合同约定的使用年限减去原土地使用者已经使用年限后的剩余年限。

以出让方式取得土地使用权的，转让房地产后，受让人改变原土地使用权出让合同约定的土地用途的，必须取得原出让方和市、县人民政府城市规划行政主管部门的同意，签订土地使用权出让合同变更协议或者重新签订土地使用权出让合同，相应调整土地使用权出让金。

(二)划拨方式

以划拨方式取得土地使用权的，原则上是不允许进入市场的。《城市房地产管理法》规定以划拨方式取得土地使用权的房地产可以有条件地转让，其条件如下。

(1) 以划拨方式取得土地使用权的，转让房地产时，应当按照国务院规定，报有批准权的人民政府审批。有批准权的人民政府准予转让的，应当由受让方办理土地使用权出让手续，并依照国家有关规定缴纳土地使用权出让金。

(2) 以划拨方式取得土地使用权的，转让房地产报批时，有批准权的人民政府按照国务院规定决定可以不办理土地使用权出让手续的，转让方应当按照国务院规定将转让房地产所获收益中的土地收益上缴国家或者作其他处理。

高职高专精品课程规划教材　经管系列

房地产转让，应当签订书面转让合同，合同中应当载明土地使用权取得的方式。房地产转让时，土地使用权出让合同载明的权利、义务随之转移。

(三)不得转让的房地产

《城市房地产管理法》在规定了房地产转让条件的同时，还规定了下列房地产不得转让。

(1) 以出让方式取得的土地使用权，不符合法律规定条件的。

(2) 司法机关和行政机关依法裁定、决定查封或者以其他形式限制房地产权利的。

(3) 依法收回土地使用权的。

(4) 共有房地产，未经其他共有人书面同意的。

(5) 权属有争议的。

(6) 未依法登记领取权属证书的。

(7) 法律、行政法规规定禁止转让的其他情形。

(四)《房地产转让合同》

根据《城市房地产管理法》的规定，房地产转让应当签订书面转让合同，合同中应当载明土地使用权取得的方式。所谓房地产转让合同，是指房地产权利人作为出让人与受让人之间就转让房地产所签订的协议。

《房地产转让合同》由两部分构成：一是土地使用权出让合同，二是单纯以房地产权利转移为内容的房地产转让合同。根据"认地不认人"的原则，转让房地产时，土地使用权出让合同载明的权利、义务必须随之转移。土地使用权无论转让多少次、转移到谁的手中，国家与土地使用者的关系不受影响，新的土地使用者仍须受出让合同的约束。

出让土地使用权的土地所有权仍属于中华人民共和国。国家和政府对其拥有法律规定的司法管辖权、行政管理权以及其他依法由国家行使的权力和因社会公众利益所必需的权益。地下矿产、资源、埋藏物和市政公用设施等均不属于土地使用权出让范围。以出让方式取得土地使用权的，转让房地产后，其土地使用权的使用年限为原土地使用权出让合同约定的使用年限减去原土地使用者已经使用年限后的剩余年限。受让人要改变原土地使用权出让合同约定的土地用途的，必须取得原出让方和市、县人民政府城市规划行政主管部门的同意，签订土地使用权出让合同变更协议或者重新签订土地使用权出让合同，并调整土地使用权出让金。

二、房地产的销售

房地产的销售是以现实存在的房地产为标的进行的销售，这是与房地产预售的根本区别。在房地产销售中，买卖双方应当注意以下法律要求：商品房销售，当事人双方应当签订书面要式合同，合同应当载明商品房的建筑面积和使用面积、价格、交付日期、质量要求、物业管理方式以及双方的违约责任；房地产开发企业委托中介机构代理销售商品房的，应当向中介机构出具委托书；中介机构销售商品房时，应当向商品房购买人出示商品房的有关证明文件和商品房销售委托书；房地产开发项目转让价格和商品房销售价格，由当事人协商议定,但是,享受国家优惠政策的居民住宅价格,应当实行政府指导价或者政府定价。

房地产销售时应具备"五证",即《国有土地使用证》《建设用地规划许可证》《建设工程规划许可证》《建设工程施工许可证》和《商品房销售许可证》。

三、商品房预售

(一)商品房预售的含义

商品房预售俗称"卖楼花",即在房地产尚未建成以前,房地产的经销商在取得受买人一定数量的定金后,将期房出售给受买人。房地产预售的标的不是现实的房地产,而是房地产的期货合约。商品房预售的相关文件有《中华人民共和国城市房地产管理法》《城市房地产开发经营管理条例》《商品房销售管理办法》和《城市商品房预售管理办法》等。商品房预售奉行"分层售卖、分期付款"的经营模式,与现房买卖相比,既有助于房地产开发商筹措大量的建设资金,以实现滚动投资,又为广大的市场主体提供了一条有效的投资理财途径。国务院建设行政主管部门归口管理全国城市商品房预售管理。省、自治区建设行政主管部门归口管理本行政区域内城市商品房预售管理。

(二)商品房预售的优点和缺点

预售商品房是目前普遍流行的商品房销售办法。在中国,国家规定房地产开发企业应有一部分预售款,同时,商品房预售不仅对房地产开发企业自身广筹资金、搞活经营、避免各种风险等起着重要作用,而且它在客观上活跃了房地产市场,可促进居民住房条件的改善,有效实现资产的保值、增值。商品房预售的缺点在于交易之标的物难以特定。房屋建设时间长,房屋竣工之前,房地产价格的变化极可能诱发预售方的投机行为。另外,商品房预售也具有较大的风险性和投机性,容易产生损害购房者合法权益的现象。

(三)房地产预售申请应提交的文件

房地产开发企业申请办理商品房预售登记,应当提交下列文件。

(1) 《土地使用权证书》《建设工程规划许可证》和《施工许可证》《商品房预售许可证明》等证明材料。

(2) 营业执照和资质等级证书。

(3) 工程施工合同。

(4) 预售商品房分层平面图。

(5) 商品房预售方案。

(四)商品房预售的条件

房地产开发企业预售商品房,应当符合下列条件。

(1) 已交付全部土地使用权出让金,取得土地使用权证书。

(2) 持有建设工程规划许可证和施工许可证。

(3) 按提供的预售商品房计算，投入开发建设的资金达到工程建设总投资的 25%以上，并已确定施工进度和竣工交付日期。

(4) 向县级以上人民政府房产管理部门办理预售登记，取得商品房预售许可证明。商品房预售人应当按照国家有关规定将预售合同报县级以上人民政府房产管理部门和土地管理部门登记备案。商品房预售所得款项，必须用于有关的工程建设。

房地产预售时重点是应具备"五证"，即《国有土地使用证》《建设用地规划许可证》《建设工程规划许可证》《建设工程施工许可证》和《商品房预售许可证》。

(五)商品房预售的管理

房地产开发主管部门应当自收到商品房预售申请之日起 10 日内，作出同意预售或不同意预售的答复。同意预售的，应当核发商品房预售许可证明；不同意预售的，应当说明理由。

房地产开发企业不得进行虚假广告宣传，商品房预售广告中应当载明《商品房预售许可证》的文号。

房地产开发企业预售商品房时，应当向预购人出示《商品房预售许可证》。

房地产开发企业应当自《商品房预售合同》签订之日起 30 日内，到商品房所在地的县级以上人民政府房地产开发主管部门和负责土地管理工作的部门备案。

四、房地产经营责任

房地产经营包括当事人之间进行的房地产转让、房地产抵押和房屋租赁等活动。房地产经营的对象是一种混合权利，即房屋所有权与土地使用权共同形成的权利。当房地产转让、抵押时，房屋的所有权和该房屋占用范围内的土地使用权同时转让、抵押。

房地产经营责任是违法或违约的房地产经营者经营行为的法律后果。在实践中，房地产的经营责任集中表现为房地产开发企业房屋质量责任和房屋维修责任。

(1) 房地产开发企业应当在商品房交付使用时，向购买人提供住宅质量保证书和住宅使用说明书。住宅质量保证书应当列明工程质量监督单位核验的质量等级、保修范围、保修期和保修单位等内容。房地产开发企业应当按照住宅质量保证书的约定，承担商品房保修责任。

保修期内，因房地产开发企业对商品房进行维修，致使房屋原使用功能受到影响，给购买人造成损失的，房地产开发企业应当依法承担赔偿责任。

商品房交付使用后，购买人认为主体结构质量不合格的，可以向工程质量监督单位申请重新核验。经核验，确属主体结构质量不合格的，购买人有权退房；给购买人造成损失的，房地产开发企业应当依法承担赔偿责任。

(2) 预售商品房的购买人应当自商品房交付使用之日起在规定期限内，办理土地使用权变更和房屋所有权登记手续；现售商品房的购买人应当自销售合同签订之日起 90 日内，办理土地使用权变更和房屋所有权登记手续。房地产开发企业应当协助商品房购买人办理土地使用权变更和房屋所有权登记手续，并提供必要的证明文件。

五、房地产开发项目的转让

(一)房地产项目转让的概念

房地产项目转让是指开发商在开发过程中,将具备一定条件的整个房地产项目转让给他人的行为。房地产项目的双方权利人通过谈判,将房地产开发项目以合同的形式等价有偿地转让给受让人。可以转让的项目是指已经具备开工条件或已经开工但尚未开始预售的建设工程。所谓具备开工条件是指建设工程已经立项,取得《土地使用权证》,已经完成"三通一平"和勘探、设计工作,设计方案已获得规划部门批准。所谓已经开工但尚未开始房屋预售,是指建设工程已经开始基础施工,但尚不具备法律规定的预售条件,未领取《预售许可证》。

房地产项目转让实际上也就是房地产的转让,所表现的形式通常是由一个开发商将其正在开发建设的房地产项目的一部分或者全部转让给另外一个或者几个投资商。实际上,该转让行为让渡的标的是对房地产项目享有的权益,或者说是转让人和受让人双方可预期获得的利益。

(二)房地产开发项目转让的条件

房地产开发项目转让的条件限制主要集中在开发项目用地属性及土地使用权出让金的交纳方面。具体而言,转让条件依土地性质不同而相异。

(1) 开发项目用地为出让土地的转让条件。

一是按照出让合同约定已经支付全部土地使用权出让金,并取得土地使用权证书。这是出让合同成立的必要条件,也只有出让合同成立,才允许转让。

二是按照出让合同约定进行投资开发,完成一定开发规模后才允许转让。如属房屋建设的,实际投入房屋建设工程的资金额应占全部开发投资总额的25%以上;如属成片开发土地的,应形成工业或其他建设用地条件,方可转让。

上述两项条件必须同时具备,才能转让房地产项目。这样规定,其目的在于严格限制炒买炒卖地皮、牟取暴利,以保证开发建设的顺利实施。

(2) 开发项目用地为划拨土地的转让条件。

转让的前提是必须经有批准权的人民政府审批。经审查除不允许转让的之外,对准予转让的有两种处理方式。

第一种是由受让方先补办土地使用权出让手续,并依照国家有关规定缴纳土地使用权出让金后,才能进行转让。

第二种是可以不办理土地使用权出让手续而转让房地产,但转让方应将转让房地产所获收益中的土地收益上缴国家或作其他处理。

(三)房地产项目转让的形式

房地产项目转让主要有两种常见形式。

(1) 项目整体转让。项目整体转让,是指权利人将其拥有的建设工程项目出卖给受让人,双方就转受让该建设项目确立权利、义务关系的民事行为。虽然我国法律对项目整体转让未进行定性、定位，但根据《城市房地产开发经营管理条例》第二十一条规定："转让房地产开发项目，转让人和受让人应当自土地使用权变更登记手续办理完毕之日起 30 日内，持房地产开发项目转让合同到房地产开发主管部门备案。"可见，房地产开发项目整体转让实质上仍是土地使用权的转让。整体转让需符合开发投资达 25% 的限制，且各项批文手续均需重新变更，手续比较烦琐，税费较高。

(2) 项目公司股权重组转让。项目公司是指专为开发特定的房地产项目而成立的房地产开发公司。随着房地产市场的发展，投资者发现项目公司可以合理地规避市场及某些法律风险，因此出现了大量的项目公司，即开发一个项目成立一个公司，项目彼此互不影响。项目公司股权重组转让就是以公司股权转让的重组方式，实现房地产项目转让。这种转让是以转让公司股份的方法进行房地产项目的投资人变更，其基本程序是变更公司投资结构或股东。通过股权重组方式来间接实现房地产转让，具有合同条件灵活、手续简便等特点，此方式正逐渐成为投资者进行房地产项目转让的一种较常采用的方式。按业界比较一致的认识，公司股权重组主要有两种操作方法：收购和兼并，即股权的并购，而以收购最为常用。

(四)房地产项目转让的办理程序

依据《城市房地产转让管理规定》，办理房地产项目转让应遵循下列程序。

(1) 房地产开发企业向政府建委政务办理中心申报窗口申报审批材料。

(2) 政府开发办项目管理处对房地产开发企业申报的材料提出审查建议意见。对申报材料不齐全的，一次性向开发企业讲明需补充的材料。

(3) 政府开发办牵头组织发展改革、土地房屋、规划、建设等部门对拟转让的开发项目进行会审。

(4) 政府开发办发出开发项目转让批准文件。

(5) 签订《项目转让合同》。在签订《项目转让合同》中应当注意如下问题：转让项目已有的各种政府批文必须均在合同中列明，包括立项和规划批文等；项目转让时，项目未按出让合同约定的期限和条件进行开发的，转让合同应约定补办政府主管部门认可的手续及具体责任人。

(6) 办理土地使用权转受让批准、登记手续。

由于房地产开发项目转让与其他实物商品的转让有很大的区别，所以在转让过程中应注意以下问题。

(1) 转让房地产开发项目，转让人和受让人应当自土地使用权变更登记手续办理完毕之日起在规定期限内，持《房地产开发项目转让合同》到房地产开发主管部门备案。一般规定，转让房地产开发项目，转让人或受让人应当自土地使用权变更登记手续办理完毕之日起 30 日内，持《房地产开发项目转让合同》到房地产开发主管部门备案。

(2) 房地产开发企业转让房地产开发项目时，尚未完成拆迁补偿安置的，原《拆迁补偿安置合同》中有关的权利、义务随之转移给受让人。项目转让人应当书面通知被拆迁人。

六、二手房交易

(一)二手房交易手续

一般而言，二手房交易应履行以下手续。

(1) 看房。买卖双方建立信息沟通渠道，买方了解房屋整体现状及房屋产权状况，要求卖方提供合法有效的证明文件，包括房屋所有权证书(产权证书)、身份证件、资格证件以及其他证件。

(2) 订立买卖契约。如卖方提供的房屋合法，可以上市交易，买方可以交纳购房定金(交纳购房定金不是商品房买卖的必经程序)，买卖双方签订《房屋买卖合同》(或称房屋买卖契约)。买卖双方通过协商，对房屋坐落位置、产权状况及成交价格、房屋交付时间、房屋交付、产权办理等达成一致意见后，双方签订至少一式三份的《房屋买卖合同》。

(3) 办证申请。买卖双方共同向房地产交易管理部门提出申请，接受审查。买卖双方向房地产管理部门提出申请手续后，管理部门要查验有关证件，审查产权。对符合上市条件的房屋准予办理过户手续。对无产权或部分产权未得到其他产权共有人书面同意的情况拒绝申请，禁止上市交易。

(4) 立契。房地产交易管理部门根据交易房屋的产权状况和购买对象，按交易部门事先设定的审批权限逐级申报审核批准后，交易双方才能办理立契手续。现在北京市已取消了交易过程中的房地产卖契，即俗称的"白契"，直接填写产权过户登记申请表即可。

(5) 缴纳税费。税费的构成比较复杂，要根据交易房屋的性质而定。比如房改房、经济适用房与其他商品房的税费构成是有区别的。

(6) 办理产权转移过户手续。交易双方在房地产交易管理部门办理完产权变更登记后，交易材料移送到发证部门，买方凭领取的房屋所有权证通知单到发证部门申领新的产权证。领取新的产权证后，交易房屋的转让行为方为有效。

(7) 对房屋的买受人来说，在与卖方签订完《房屋买卖合同》后由买卖双方共同到贷款银行办理贷款手续，银行审核买方的资信，对双方欲交易的房屋进行评估，以确定买方的贷款额度，然后批准买方的贷款。待双方完成产权登记变更，买方领取房屋所有权证后，银行将贷款一次性发放。

(8) 买方领取房屋所有权证、付清所有房款，卖方交付房屋并结清所有物业费后双方的二手房《房屋买卖合同》全部履行完毕。至此二手房的房屋买卖行为全部完成。

(二)有中介公司参与的交易过程

如果买方或卖方或者买卖双方通过中介公司办理二手房买卖，其大致程序如下。

(1) 卖方(房屋所有人)通过咨询，到房屋中介申请办理居间委托手续(要提供房屋相关信息、证明、房产证、房屋所有人身份证明及其他材料，中介要求提供的材料因中介机构不同而有所不同)。

(2) 中介接到申请后，核验材料和房屋，对房屋估价，决定是否受理。

(3) 中介受理后，与房屋所有人签订《委托代理合同》(合同一般为制式合同，但有些条款可以约定，如房屋出售价格)。

(4) 房屋中介将房屋备案，待买受人购买。

(5) 买方通过咨询与中介签订委托书，委托中介为其找寻房源。

(6) 中介从登记备案的房屋中找寻房屋，并征求买方初步意见(比如要不要看房)。

(7) 买方同意，中介带领买方实地看房，并签订看房确认书，如果买方对房屋不满意，中介继续为其寻找房屋；如果买方满意，买卖双方签订《买卖合同》。

(8) 合同签订后，买方向卖方支付定金，买卖双方向中介支付佣金。

(9) 中介为买卖双方办理过户手续。

(10) 买方支付房款，卖方交房。

(11) 售后服务。

(三)有中介公司参与的二手房买卖中的《定金合同》

为了确保《定金合同》有效成立，二手房买卖中支付定金要按照以下四个步骤办理。

(1) 要求中介公司出示其与上家之间就该房屋挂牌出售的委托协议。在该协议中应当包括房屋基本状况、房价、委托期限及委托中介公司向下家收取定金的内容。

(2) 与中介公司签订书面的中介协议。该协议至少应包括房屋基本状况、房价、保留期限及定金的处理方法等约定，并一定要加盖中介公司的印章。

(3) 与中介公司签好中介协议后实际交付定金前，购房者还应要求中介公司出具上家委托中介收取定金的委托书。

(4) 收到委托书后，在交付定金时应要求中介公司出具收取定金的收据。该收据仅有中介公司经办人员的签字不行，一定要加盖中介公司的印章。

遵循上述四个步骤支付定金，下家与上家之间的《定金合同》才能确保有效成立，一旦上家不同意出售房屋，下家便可要求双倍返还定金。

(四)《二手房买卖合同》

买卖双方签订《房地产买卖合同》是房地产买卖的关键环节。如何签订《二手房买卖合同》在二手房交易中至为关键。许多购房者往往只考虑房产价值的高低，而忽略了交易中可能出现的问题，对于如何签订《房地产买卖合同》所知更少。事实上，《二手房买卖合同》在签订前和签订时更需要特别注意。签订前，购房者一定要对售房者有较为全面的了解，包括查看产权所有人的身份证件；房屋产权证上的产权所有人是一位还是几位；如果是几位共有，则共有人是否全部同意。出售房产时，房屋的产权共有人一定要全部同意，在签订《房产买卖合同》时，也要全部到场。如有特殊情况不能到场，需出具经过公证的委托书及代理人身份证件，由委托代理人替其签章。为了确保稳妥签约，签订《二手房买卖合同》时必须注意以下七个事项。

(1) 必须确认房主真实身份。买卖双方在签订合同前首先需检查签约主体的真实性，主要是核实房主的身份。因此对于业主证件的真实性和其与业主身份的一致性的确认是签订《买卖合同》的前提条件，尤其在买卖双方自己进行交易而没有第三方作为居间担保的情况下，该项问题更需引起买方的注意。

(2) 必须明确双方的违约责任。因为房产交易复杂且金额较大，有时会出现意想不到的状况，导致违约行为。为了避免以后出现扯皮现象，需要在签署合同时就明确写清双方的责任和权利，以及违约金的偿付金额和时间，遵循的原则就是双方责权利对等。目前绝大多数《二手房买卖合同》中违约金的比例都有明确的规定，但对于赔付时间却没有具体款项，这会导致违约方据此拖延支付时间，使条款的实际约束力和执行力下降。因此合同中应加入"买方在实际支付应付款之日起(卖方在实际交房之日起)规定期限内向卖方(买方)支付违约金"的条款，以确保合同条款的最终落实。

(3) 必须标明付款过户时间。在实际操作中买方会将房款分为首付和尾款两部分在不同时间段支付给房主。因此，卖方需要明确买方的付款时间，而同时尾款的支付时间有赖于房产过户的日期，因此买方有权利知道房产的过户时间。如果逾期则依照实际情况由违约方执行合同款项中的违约责任。

(4) 必须注明费用交接时间。这是买方所应关注的房屋本身的附属问题，属于"房屋交付"中的重要条款。一定要注明水、电、煤气、物业、供暖等各项费用的交接年月日，因为交接时间的明确是清晰划分责任的关键。同时如果是公房交易，对于物业、供暖等费用的交纳时间和标准，原房主的单位是否有些既定要求和更改，卖方需要作出的配合和买方需要签署的协议等，都应在合同中写明。

(5) 必须有代理费明细单。随着中介市场的不断完善，消费者逐渐认识到信誉好的经纪公司能切实保障买卖双方的权利。随着经纪公司交易的二手房比例在逐年增加，经纪公司的代理费越来越受消费者的关注。目前市场上存在经纪公司代理费收取不明确的问题，在合同中只写其占总房款的比例，而并没有明细单，这中间就会存在信息的不对等，最终损害消费者的利益。因此买卖双方在签订合同时，一定要要求经纪公司写明代理费的用途。

(6) 买方必须见房主。现在有些经纪公司有"收购"业务，因此出现"一房多卖"的违规操作，即经纪公司在收取客户定金后，还会带其他客户看房，最后谁出价高便卖给谁，不惜与第一个客户毁约。其理由常常是房主不卖等经纪公司的免责条款，即经纪公司无须为其违约行为承担任何违约责任，而交了定金的消费者只能忍气吞声。为此提醒消费者，如果此时你行使自身权利，要求约见房主当面核实，就会揭穿其不轨行为。

(7) 必须学会使用补充协议。买卖双方在签订合同时如果遇到合同条款不明确，或需要进一步约定时，要在合同相关条款后的空白行或在合同后填写附加条款，将合同中对双方所约定的意思写明，这样会减少后续阶段因意思含混而造成的不便与麻烦。

(五)办理房产证过户

1. 办理房产证过户所需资料

《房地产买卖合同》(或抵债协议)；房地产权属证明；补偿房产建成后确定房号的统一抽签时间或实际办理补偿房产的交接时间的有关证明资料；房地产评估报告；卖方(转让方)身份证明；卖方(转让方)户口簿(国内居民申请减免个人所得税者提供)；如果房产证地址仍是旧地址，则需提交房地产所在地派出所出具的新门牌号证明；如果买方产权来源属法院、仲裁机构裁决过户的，需提供民事裁定或仲裁决定书；属法院委托拍卖的，需提供成交确认书；地税机关认为需提交的其他资料。以上资料应提供原件及复印件，所有复印件统一要求 A4 纸规格。

2. 办理的工作步骤

办理房产证过户应在二手房房地产交易窗口和办税服务厅进行办理。第一步，计核税费；第二步，缴纳税费；第三步，领取征免税证明。

(六)二手房交易十项注意

(1) 房屋手续是否齐全。房产证是证明房主对房屋享有所有权的唯一凭证，没有房产证的房屋交易时对买受人来说有得不到房屋的极大风险。房主可能有房产证而将其抵押或转卖，即使现在没有将来办理取得后，房主还可以抵押和转卖。所以最好选择有房产证的房屋进行交易。

(2) 房屋产权是否明晰。有些房屋有多个共有人，如有继承人共有的，有家庭共有的，还有夫妻共有的，对此买受人应当和全部共有人签订《房屋买卖合同》。如果只是部分共有人擅自处分共有财产，买受人与其签订的《买卖合同》未在其他共有人同意的情况下一般是无效的。

(3) 交易房屋是否在租。有些二手房在转让时，存在物上负担，即还被别人租赁。如果买受人只看房产证，只注重过户手续，而不注意是否存在租赁，买受人极有可能得到一个不能及时入住的或使用的房产。因为我国包括大部分国家均认可"买卖不破租赁"，也就是说《房屋买卖合同》不能对抗在先成立的《租赁合同》。这一点在实际中被很多买受人及中介公司忽视，也被许多出卖人利用从而引起较多纠纷。

(4) 土地情况是否清晰。二手房买卖中买受人应注意土地的使用性质，看其是划拨还是出让，划拨的土地一般是无偿使用，政府可无偿收回；出让是房主已缴纳了土地出让金，买受人对房屋享有较完整的权利。还应注意土地的使用年限，如果一个房屋的土地使用权仅有40年，房主已使用10年，对于买受人来说就仅剩30年使用权了。

(5) 市政规划是否影响。有些房主出售二手房可能是已了解该房屋在 5～10 年间要面临拆迁，或者房屋附近要建高层住宅，可能影响采光、价格等市政规划情况，才急于出售，作为买受人在购买时应全面了解详细情况。

(6) 福利房屋是否合法。房改房、安居工程、经济适用房本身是一种福利性质的政策性住房，在转让时有一定限制，而且这些房屋在土地性质、房屋所有权范围上有一定的国家规定，买受人购买时要避免《买卖合同》与国家法律冲突。

(7) 单位房屋是否侵权。一般单位的房屋有成本价的职工住房，还有标准价的职工住房，二者土地性质均为划拨，转让时应缴纳土地使用费。再者，对于标准价的住房一般单位享有部分产权，职工在转让时，单位享有优先购买权。买受人如果没有注意这些，可能会和房主一起侵犯单位的合法权益。

(8) 物管费用是否拖欠。有些房主在转让房屋时，其物业管理费、电费以及"三气"(天然气、暖气、煤气)费用长期拖欠，且已欠下数目不小的费用，若买受人不知情购买了此房屋，则所有费用买受人有可能要全部承担。

(9) 中介公司是否违规。有些中介公司违规提供中介服务，如在二手房贷款时，为买受人提供零首付的服务，即买受人所支付的全部购房款均可从银行骗贷出来。买受人以为自己占了便宜，岂不知如果被银行发现，所有的责任有可能要自己全部承担。

(10) 合同约定是否明确。二手房的买卖合同虽然不需像商品房买卖合同那么全面，但对于一些细节问题还应约定清楚，如合同主体、权利保证、房屋价款、交易方式、违约责任、纠纷解决、签订日期等问题均应全面考虑。

互动话题

试介绍一家房地产中介公司。谈谈该公司在规范化管理方面所作出的运营制度安排。

第三节　房地产的其他经营方式

一、房屋租赁经营

(一)房屋租赁的概念

房屋租赁，是指房屋所有权人作为出租人将其房屋出租给承租人使用，由承租人向出租人支付租金的行为。

(二)物业租赁的程序

(1) 物业委托出租登记。凡办理物业委托出租的客户，须携带该物业的有效权属证明、业主的有效身份证明的原件以及共有人同意出租的证明材料，进行出租登记。受委托人办理出租登记时，还需出具委托人的书面证明，并由物业管理企业留存。

(2) 客户委托承租登记。凡办理委托承租的客户，须携带本人有效身份证明或户籍证明，境内单位须携带有效营业执照副本，境外人士须提供有效护照或回乡证明，填写需求表并签署协议。中介促成交易后，需按协议向其交纳一定的服务费。

(3) 物业勘察、评估。委托出租的物业需要进行价格评估时，应由估价人员与客户预约上门勘察。根据物业的基本情况，并结合本地租赁价格的行情，确定物业的租金。达成一致后，由客户签署协议，并按约定支付相应费用。

(4) 委托确认，签订合同。经企业(中介)实地看房后，达成出租或承租意向时，由出租方、承租方分别与物业管理企业(中介企业)签订确认书。随后，租赁双方签订《房屋租赁合同》。

(5) 收取费用，登记备案。《租赁合同》签订后，出租方一般应支付相当于 1 个月租金的中介服务费，承租方支付押金和至少第一个月的租金。出租方还可以自行或委托物业管理企业到有关部门办理登记备案手续，并按合同约定缴纳相关税费。

(6) 房屋交验，租后服务。《房屋租赁合同》签订并付清各项费用后，由业务员按规定时间陪同租赁双方进行房屋交验。同时，物业管理企业还可以根据需要，开展租金代付与代收、物业保险、装修装饰、维修养护等一系列的租后服务。

(三)《房屋租赁合同》及其主要条款

房屋租赁合同，是指出租人将其所有的房屋交付承租人使用，承租人支付约定的租金，并在租赁关系终止时把房屋返还给出租人的协议。

《房屋租赁合同》的主要条款包括：出租人、承租人的名称或姓名及地址；租赁用途；租赁期限；租金；房屋修缮责任；违约责任；双方当事人的其他权利和义务。

二、房地产抵押

(一)房地产抵押的概念与特征

房地产抵押，是指抵押人用其合法的房地产以不转移占有的方式向抵押权人提供债务履行担保的行为。债务人不履行债务时，抵押权人有权依法以抵押的房地产变卖所得的价款优先受偿。其法律性质表现为，房地产抵押权属于债权人担保的范围，是附从于债权的从权利。房地产抵押权的目的在于控制抵押物的交换价值，当债权逾期得不到清偿时，房地产抵押权人能以其交换价值优先受偿。

(二)房地产抵押权的设定

根据《城市房地产管理法》第四十七条的规定，房地产抵押权的设定范围包括以房屋抵押和以出让方式取得的土地使用权抵押两类。以房屋抵押是指抵押人向抵押权人提供房屋所有权连同该房屋占用范围内的土地使用权作为履行债务的担保，抵押人到期不履行债务时，抵押权人有权处分该抵押物，并从变卖价款中优先受偿。以出让方式取得的土地使用权抵押，是指土地使用权人以土地使用权作为履行债务的担保，当土地使用权人到期不履行债务时，债权人有权将土地使用权折价或变卖，并从折价或变卖收入中优先受偿。

三、房地产抵押登记

《房地产抵押合同》签订之日起 30 日内，抵押当事人应到房地产所在地的房屋管理部门办理房地产抵押登记手续，《房地产抵押合同》自抵押登记之日起生效。

办理登记时，抵押当事人应提交下列文件。

(1) 主合同及《抵押合同》。

(2) 抵押当事人的身份证明或法人资格证明。

(3) 抵押登记申请书。

(4) 《国有土地使用证》《房屋所有权证》或《房地产权证》，共有的房屋还须提交《房屋共有权证》和其他共有人同意抵押的证明。

(5) 以预售的商品房作抵押的，须提交生效的《商品房预售合同》。

(6) 可以证明抵押人有权设定抵押权的文件与证明材料。

(7) 可以证明抵押房地产价值的材料，如有效的房地产评估报告。

(8) 登记机关认为必要的其他文件。

登记机关应对抵押申请进行审核，权属清楚、证明材料齐全的，应在登记受理之日起15 日内作出是否准予登记的书面答复，并予以登记发证。

(1) 已依法取得房屋所有权的房地产抵押的，登记机关应在原《房屋所有权证》上作他项权利记载，交由抵押人收执，同时向抵押人颁发《房屋他项权证》。

(2) 以预售商品房或在建工程抵押的，登记机关应在《抵押合同》上作记载，抵押的房地产在抵押期间竣工的，当事人应当在抵押人领取房地产权属证书后，重新办理房地产抵押登记。

四、房地产抵押的特别规定

(一)以划拨方式取得的土地使用权的房地产抵押

根据《城市房地产管理法》第五十条的规定，设定房地产抵押权的土地使用权是以划拨方式取得的，依法拍卖该房地产后，应当从拍卖所得的价款中缴纳相当于应缴纳的土地使用权出让金的款额后，抵押权人方可优先受偿。

(二)房地产抵押后土地上新增房屋的受偿问题

《房地产抵押合同》签订后，土地上新增的房屋不属于抵押财产。抵押人抵押的是房地产，土地上一旦新增房屋，与土地便无法分开，需要拍卖该抵押的房地产时，可以依法将土地上新增的房屋与抵押财产一同拍卖，但对拍卖新增房屋所得，抵押权人无权优先受偿。如果拍卖抵押物的财产价款不足以偿还债务，则可以用新增房屋拍卖所得价款进行清偿，但抵押权人对这部分价款无优先受偿权，应按一般财产对待。

课 后 阅 读

通策入主利星 杭州房产商走多元化经营路

坐拥西湖风水宝地，却命运"曲折"的利星名品商场在历经开业、歇业、银泰托管、重开折扣名品店之后，日前又将50%的股权易手通策集团；易主后的利星商场仍将由中国台湾职业经理人王德金打理，而他也以"金竹贸易"的身份取得利星商场20%左右的股权，从而由经理人晋级为利星名品商场的老板之一。下周初，两家将正式对外召开发布会。

一、房产商涉足百货业开展多元化经营

通策集团在杭州地产界属于老字辈，曾相继投资开发了墨香苑、正和居、和睦院、通策广场、钱江时代等项目。最近，久未在地产界推出房产新品的通策，却在资本市场频频出手：2006年6月8日以1.211亿元的价格拍下杭州口腔医院，近日又以50%的比例控股利星商场。

作为房产老字辈之一的通策集团，近期频频进行其他行业的投资，是否意味着通策将淡出地产业？浙江通策控股集团有限公司董事长吕建明在接受记者采访时说："适度多元化经营，只是为了应对政策调控、减少投资风险。"

吕建明表示，通策仍是以经营地产、金融为主业。目前通策光是在北京、上海就拥有3000亩的土地储备，而通策在滨江的4万多平方米写字楼——通策广场也将在2006年10月正式启用。进军商业是通策早在2002年就确定的发展方向。对于新入主的利星名品商场，吕建明认为，虽然此前其物业回报并不理想，但他相信，只要有好的模式就能成功。他兴奋地说，除了目前利星名品商场这个项目，下个月在西城广场开张的酒业超市，才是通策在商业领域的主打项目。吕建明神秘而兴奋地说："这是一种全新的、酒业卖场的商业模式，计划今年要开出8家这样的店。"

在房地产商纷纷为资金链所累的时候，通策集团何以能如此大手笔出手？吕建明坦承，通策与世界排名前 5 名的国外金融巨头有战略合作。他表示，通策希望通过资本运作，可以在两年后实现"由圈钱变成给钱"——"你给我好的项目和计划书，我来给钱投资"。

二、职业经理人晋升为"小老板"

总面积在 2 万平方米的利星名品商场，其业主为凯悦酒店一位大股东。杭州华溥实业有限公司去年注入资金，正式租赁了利星，租期为 8 年。"两进一出"的中国台湾职业经理人王德金去年再度受聘于这家公司，负责招商工作。

昨天，王德金在接受记者采访时，对晋升为利星名品的股东一事表示，"我不否认这个说法"，但对于"金竹贸易"究竟取得多少股份，新利星将采取何种经营模式等问题，他表示希望能在此后的新闻发布会上再作详细说明。

王德金表示："利星之前几次歇业开业，经历曲折。事实上，在 2002 年我离开利星之时，利星已经'活过来'了，而银泰托管利星，也有'小赚'而并非亏本。"他对利星名品的前景表示乐观。

(资料来源：新华网浙江频道. 通策入主利星 杭州房产商走多元化经营路[EB/OL].[2006-07-15].

http://www.xinhuanet.com/chinanews/2006-07/15/content_7521310.htm)

思考与练习

1. 房地产中介发布预售房地产广告应当出具什么材料？
2. 在中介购房时，中介机构应当明示哪些内容？
3. 在中介机构购买的房地产，在签订《买卖合同》时，还应当包括哪些内容？
4. 填写《二手房转让合同》时，应当注意哪些问题？
5. 按揭购买二手房，如何办理抵押登记？
6. 房地产登记主要记载哪些内容？
7. 房地产登记发证工作由哪个部门负责？如何受理？
8. 房屋租赁关系是否需要登记？不进行合同登记，应承担什么责任？
9. 房屋租赁登记需提交哪些资料？

第十章 房地产物业管理

引例

物业公司合理应对业主"健身扰民"案例

"做文明业主，塑城市精神"，是每一个业主的分内事，但不是每一个业主都能自觉做到的。物业公司每天与业主接触，如能从正面多加引导，从人情、人性、人心入手，搞一些能提高业主文明素质的活动，对于提高管理质量，建设良好的社区文化和精神文明，将会起到推进作用。

小区有人因健身放音乐，有人因休息、学习需安静，这个矛盾摆在了物业公司面前，疏导是最好的化解办法。

近年来，群众健身活动在上海掀起热潮，某物业公司管理的小区也活跃着一支中老年健身队。她们昨天学十八法，今天练太极拳，明天跳健身舞，鲜艳夺目的服装、多姿多彩的动作成了小区一道靓丽的风景线。然而，健身活动中播放的音乐却不时扰民，成为业主投诉的导火索。物业公司收到业主投诉后，管理处经理多次亲临现场，探查究竟。

没想到，健身队也是一肚子苦水。小区中老年健身队领队表示，自从退休回家，内心充满失落感和空虚感，身体一天不如一天。参加了晨练队伍后，心境开阔、筋骨活络，"老死不相往来"的新邻居成了情同手足的好姐妹。但是，健身活动遭到了部分业主的反对，底楼业主把家里的音响、喇叭搬到窗口"对着干"；高层业主朝下扔蛋壳、浇水，健身队伍只好打一枪换一个地方。她们迫切希望物业公司想想办法，帮助她们解决难题。物业管理处经过实地调查研究，拟定了一套解决方案。

第一，寻找场地。小区中庭花园处在两幢高层、一排多层中间，虽然这里环境宜人，但正对着高层的南窗，加上早晨上学、上班时人来车往，无论是从安全角度还是从"不扰民"角度，都不宜考虑。变电所门口有一块空地可以利用，但十几辆"遗而未弃"的破自行车怎么办呢？管理处先张贴旧车招领启事，三天后，经理亲自上阵，将破车、旧车一辆一辆地进行处置，有的搬入地下车库，有的劝业主作为废铁卖掉，最终为健身队开辟出了一块健身宝地！同时，还关照邻里之间要相互关心，晨练时尽可能地把音乐音量调到最低限度。从此皆大欢喜，投诉也烟消云散。

第二，及时沟通。小区一个业主遭不幸，全家沉浸在悲痛之中。女主人向物业公司提出，料理丧事期间，是否可以停止健身队的音乐播放？管理处马上与健身队联系，请她们配合，健身队干脆停止晨练三天。此举令这位女主人很感动，她激动地说："失去亲人是一件很悲痛的事情，在我失去亲人最痛苦的时候，物业管理处能给予理解，并满足我的要求，我永远不会忘记。"

第三，调整时间。物业公司经过与居委会、业主委员会多方协调，小区健身队的晨练时间改在早上 7：30—8：30，避开了上学、上班的高峰时间段；练功、学习舞蹈改在晚上 7：00 以后，健身队不再随意调高音量，队员们在健身中还常常相互提醒，不要大声聊天影响别人。学习新的动作时，她们会自觉到地下室去练习，参加比赛前的排练，也都到地下室去进行。"健身"和"扰民"的矛盾终于得到圆满解决。

(资料来源：临沂在线房产网. 物业公司合理应对业主"健身扰民"案例[EB/OL].[2008-11-08]. http://house.lywww.com/article/2008/1108/article_7995.html)

物业管理是依据《物业管理委托合同》对房屋建筑及其设备进行维护、修缮和整治。物业服务有限公司通常下设四个部门：综合财务部、业务部、物业部及工程部。物业公司主要从事物业管理、物业后勤服务托管、水电工程安装维修、市政公共设施维修、园林绿化养护、市政道路保洁等物业后勤服务工作。保洁、安全、整洁、交通、园林、电梯维保、楼宇智能化施工、采暖、制冷、通风、供水、供电、治安保卫、住户服务等均由专业人员精心掌控。

1981 年 3 月我国第一家专业化物业管理公司——深圳市物业管理公司成立，标志着我国在物业管理上已迈出了第一步，此后广州、深圳的物业管理经验像春风一样吹遍祖国的东南西北，物业管理公司如雨后春笋般地涌现。1993 年 6 月 30 日，深圳市物业管理协会正式成立，表明我国的物业管理已进入了一个新的阶段。中国物业管理协会于 2000 年 10 月在北京举行第一次全国会员代表大会，会上通过了《中国物业管理协会章程》，协会总部设在北京。中国物业管理协会是以物业管理企业为主体，相关企业参加，按照有关法律、法规自愿组成的全国行业性的自律组织，具有国家一级社团法人资格，现有会员 2200 余个。

2017 年 6 月 16 日，由中国指数研究院和中国房地产 TOP10 研究组主办的"2017 中国物业服务百强企业研究成果发布会"在北京举行。万科物业发展有限公司、绿城物业服务集团有限公司、广东碧桂园物业服务股份有限公司、长城物业集团股份有限公司、保利物业发展股份有限公司、中海物业集团有限公司、彩生活服务集团有限公司、金科物业服务集团有限公司、金地物业管理集团公司、龙湖物业服务集团有限公司名列前十。中国指数研究院研究发现，房地产百强企业物业管理规模面积均值达 2725 万平方米，市场占有率近三成。中国指数研究院分析认为，从发展潜力来看，按照 2016 年百强企业管理的项目平均物业服务费计算，未来五年全国基础物业管理市场规模约为 1.2 万亿元，物业管理行业成为万亿级市场，广阔蓝海有待百强企业开拓。

第一节　房地产物业管理的内容

一、物业管理的意义

"物业"一词译自英语 property 或 estate，其基本含义是指那些以土地及土地上的建筑物形式存在的不动产。"物业"一词在我国港、澳、台地区以及海外，特别是在东南亚地区是作为房地产的别称而使用的。物业所言的房地产往往具有空间上的单元性和功能上的相对独立性。物业有时指单元性的地产，有时也可以指单元性的建筑物。物业可以根据区域空间作相对分割，整个住宅小区中的某住宅单位可作为一个物业。办公楼宇、商业大厦、酒店、车站码头、厂房仓库也可被称为物业。

(一)物业管理的兴起

物业管理是社会经济发展到一定阶段的必然产物。传统意义上的物业管理起源于 19 世纪 60 年代的英国。当时的社会背景是：随着工业革命在英国的发展，大量农村人口涌入城市，引起了城市房屋供求紧张。由于缺乏有效的管理，所以导致了房屋破损严重、居住环境日趋恶化等社会问题。那时有一位名叫奥克维娅·希尔(Octavia Hill)的女士迫不得已为其名下出租的物业制定了一套规范租户租赁行为的管理办法，出乎意料地收到了良好效果，于是社会各方纷纷效仿。这可以说是世界上最早的"物业管理"。时至今日，英国的物业管理作为一个特色行业，整体水平世界一流。除了传统意义上的楼宇维修、养护、清洁、保安外，物业管理的内容已延展到工程咨询和监理、物业功能布局和划分、市场行情调查和预测、目标客户群认定、物业租售推广代理、通信及旅行安排、智能系统化服务、专门性社会保障服务等全方位服务活动。随着物业管理的社会化、科技化和标准化，英国成立了皇家物业管理学会，其会员遍布世界各地。1981 年深圳第一家物业管理公司成立，这标志着物业管理在中国大地开始萌发。

(二)物业管理的定义

物业管理是房地产开发的延续，主要内容是房地产售后使用及维修服务。作为处于房地产市场消费环节的物业管理，是房地产这种特定的商品在使用时所必需的一种综合性经营服务活动。物业管理既是房地产经营管理的重要组成部分，又是现代化城市管理的基础环节。一流的物业管理是现代人居住生活水平提高、居住标准化推广的体现。

关于物业管理的定义，有广义、狭义之分。广义的物业管理泛指一切有关房地产开发、招商、租赁、销售及售后的服务。狭义的物业管理的主要任务是生产或者商住楼宇的维修养护，同时管理好各层的机电设备和公共设施，此外还包括治安保卫、环境绿化、分送信报、传呼电话、停车位管理、打扫卫生和其他社区服务等项目。本章的物业管理取狭义的概念。

我国的物业管理是指物业管理经营者受业主的委托，运用现代管理与服务技术，按照《委托物业管理合同》，对已投入使用的各类物业实施企业化、专业化和规范化的管理，为物业的产权人和使用者提供高效、周到的服务，创造安全方便的居住和工作环境。物业管理的内涵主要有下列几条。

(1) 物业管理的管理对象是物业。这个物业是指在建或已投入使用的物业，即商业楼宇、写字楼、厂矿企业或者住宅小区。

(2) 物业管理的服务对象是人，即物业所有者(业主)和使用者。

(3) 物业管理的属性是经营。物业管理被视为一种服务性商品，所提供的是有偿的无形商品——劳务与服务。物业管理讲究的是运作。

(三)物业管理的社会经济意义

物业管理的社会经济意义可以概括为安居乐业和保值增值两条。

(1) 营造良好的安居乐业环境。物业管理的全部活动都环绕一个中心，就是"安居乐业"。为市民创建一个"整洁、文明、安全、方便"的生活和工作环境，或者说一个有利于生存、发展、享受的环境是物业管理的社会意义。物业公司要随着物业管理业务的拓展和管理水准的提高，根据每一单元物业的具体情况和业主的要求提高服务水准、拓展服务范围。居住区域要追求舒适、安静、温馨、优雅，在与环境相互协调的同时，增添文化和艺术氛围。办公和商务区域则强调高效、便捷、周到和形象，要求提供现代化的商务服务和智能化管理。

物业管理第一是服务，第二是服务，第三还是服务。服务体现了物业管理的宗旨和基本属性，物业管理只有以服务为中心，开拓各项业务，才具有无穷的活力。

(2) 物业的保值与增值。物业管理是受业主委托的经营管理行为，其管理行为除了为委托人创建一个合适的"安居乐业"环境外，就是要保护业主、使用人的合法权益，确保物业的保值与增值。物业管理要通过精心的策划和良好的服务，改善物业的内外环境，提升物业的使用价值和经济价值，既要使物业保值，又要使物业增值。

二、物业管理的类型

依据我国《物权法》和《城市新建住宅小区管理办法》，按照开发商、业主和物业管理部门的关系，物业管理一般划分为委托管理型和自主经营型两大类。

(一)委托管理型

委托管理型是基本的物业管理方式。目前，我国的物业管理公司大多数属于委托管理型。房地产开发商、物业业主采用招投标或协议的方式，通过《物业管理服务合同》委托专业化的物业管理企业，按照"统一管理，综合服务"的原则，提供物业管理活动。在住宅小区和商业楼盘，物业的产权往往属于众多的业主，这就需要由管委会或业主委员会代表业主承担业主自治管理的职能。

在具体运作时，委托管理型按照自用或出租又可分为自用委托型和代理经租型。自用委托型是业主将自有自用的物业委托物业管理企业管理，这是典型的委托管理方式。代理经租型是业主将自有的物业出租，委托物业管理企业经营管理。代理经租型主要有两种委托方式：一种是出租权属于业主，由业主与租户签订《租赁合同》，物业管理企业只承担收租和日常物业管理；另一种是把经租权也委托给物业管理企业，由物业管理企业全权代表业主招商或者招揽租户，签订《租赁合同》。相应的，代理经租型的物业管理费用的收缴也有两种方式：一种是物业管理费包含在租金内，由业主支付；另一种是不包含在租金内，由承租人或使用人向物业管理企业支付。不管是哪一种方式，都应该以要式合同和租约加以明确规定。

(二)自主经营型

房地产开发商、物业业主将自有的物业不委托给专业的物业管理企业管理，而是由自己单位内部设立物业管理部门或者物业业主协商组建的物业管理部门来管理。

自主经营型按其对物业的使用和经营方式又可分为自有自用型和自有出租型。

(1) 自有自用型。这一类大多数是收益性物业，如商场、宾馆、度假村、写字楼、厂房、仓库等。这些物业单位往往在自己企业内部设立不具有独立法人资格的非独立核算的物业管理部门来经营管理自己的物业。

(2) 自有出租型。房地产开发商、物业业主和物业管理企业合而为一，来经营管理自己的出租物业，实质上是一个拥有自己产业的置业公司。

自主经营型的物业管理公司所管理的物业区域一般规模都不大。如果本单位所属的物业管理部门与原单位脱钩，成为独立的法人单位，自主经营型也就变为委托管理型。这时，这个物业管理企业与原单位(开发商、业主)就应该订立《委托管理服务合同》以明确各自的权利和义务。

(三)自主经营型与委托管理型的基本区别

自主经营型与委托管理型涉及不同的分工协作关系和权责利划分。二者具有如下区别。

(1) 物业所有权和经营管理权的关系。自主经营型是二权合一，委托管理型是二权分离。

(2) 法人地位。自主经营型的物业所有权人和经营人是同一个法人，委托管理型是两个各自独立的法人。

三、物业管理的原则

物业管理的原则是指导物业管理运作的依据，是在物业管理实践中总结出来的市场环境下的运作规则。物业管理的基本原则如下。

(一)业主自治与专业物业管理相结合的原则

这一原则规范业主与物业管理企业间的关系，划清业主与物业管理企业的商业地位、职责、权利和义务。

业主自治管理的立足点是最大化地保护业主的合法利益，包括每个业主的个体利益和众多业主的整体利益，并协调好相互间的关系。业主自治管理是指业主在物业管理中处于主导地位。这不意味着业主直接实施管理，而是通过合同的形式委托物业管理专业企业实施各项具体管理事务。业主自治管理的权利包括决策权、选聘权、审议权和监督权。业主自治管理的义务包括履行《物业合同》、公约和规章制度，协助和协调各方关系。

专业物业管理体现在专业机构、专业管理人员和工程技术人员、专业运作模式、专业设备和专业管理制度等方面。专业物业管理的"专业性"一般是指企业运作的规范性强、标准化管理条件优越。"有专业机构"是指通过物业管理公司、专业服务公司和公司内部的各种专门机构，来实施各种服务项目，分工合作，提高效率。"有专业管理人员和工程技术人员"是指物业管理人员要经过规范化的培训和考核，取得岗位资格证书，以保证服务质量和树立良好的行风和职业道德。"有现代化的各种专业设备"是指作为物业管理的物质保证，应该与物业的档次相适应，并且逐步向智能化方向发展。有科学的、规范化的各种管理制度和工作程序、流程图，可以有效保证专业化管理的正确实施。

(二)属地管理与行业管理相结合的原则

这一原则是指物业区域所在地的政府、街道办事处、相关专业部门和物业管理行业主管部门按各自的职责范围共同负责小区的管理工作。按照行政管理的要求，地方性的工作由地区物业管理协会统一协调，专业性的工作归口政府物业主管部门和相关部门负责。条块结合，处理好条和块块的关系，才能有利于发挥多方面物业管理的积极性。

属地管理有利于协调好物业管理部门与街道办事处、居民委员会和公安警署等地区组织的关系，协调好物业管理、社区建设和城市形象工程的关系。属地管理有利于把文明小区建设、和谐社区建设和城市三创相结合，共同创建文明商住环境。市政、绿化、卫生、交通、供水、供气、供热、邮电、广播、供电、环卫、环保等专业部门则可按专业归口的原则分工负责物业管辖区域中的有关工作。

物业主管部门包括市、区、县政府行业主管部门及其派出的办事处。物业主管部门的行业管理能有效地发挥政府主管部门的专业指导和监督作用。物业管理企业要尊重各主管部门的职权行使，虚心接受主管部门的指导。物业行业管理既要发挥政府主管部门的作用，同时又要发挥行业协会的作用。行业协会作为行业的自助自律组织，可以协助政府端正物业管理企业的行风，发挥社会中介组织的联系和桥梁作用。

(三)统一管理、综合服务的原则

这个原则体现了物业管理的基本特性和要求，包括统一管理和综合服务相结合的原则。

统一管理是指物业管理企业一揽子管理。这个原则要求对于一个相对独立的物业区域，应该建立一个相对独立的业主委员会，特定委托一个有资质的物业管理企业进行物业管理。统一管理要求做到四个一体化。

(1) 管理一体化。物业区域内的建筑物、构筑物、附属设备、设施、场地、庭院、道路、管线以及公共活动中心、停车场等都由一个单位统一管理。

(2) 服务一体化。对业主和物业使用人的各种服务事项，包括专项、特约、代办项目都由一个单位统一实施。如要聘请专业服务公司，也应该由本物业区域的管理机构统一办理。

(3) 协调一体化。与物业管理有关的方方面面的协调联系应该由一个特定机构统一负责处理。业主、使用人、承租人有关物业管理的事务只找一个机构，这个机构不能推诿，要认真负责解决问题。

(4) 经济管理一体化。有关物业管理的经济往来，包括各种物业管理费用的收支、基金的管理和物业经营的财务核算都应该由相关机构负责。

综合服务是物业管理的基本属性，物业管理的综合服务既要达到一般服务业的要求，又有其自身的特殊要求。

(1) 高效优质。综合服务讲究的是服务的效用。要处处主动为业主提供方便并使业主感到舒适、满意，这是综合服务的活力和效用所在。因此，物业管理企业要按照高效、优质的标准和科学的管理流程来实施规范服务、礼貌服务和微笑服务。

(2) 以人为本。综合服务要求以人为本，即以业主和物业使用人为中心来展开多样化、全方位、多功能的服务。综合服务要针对不同年龄、不同性格、不同文化层次、不同经济层次以及不同民族业主的要求来开展健康文明、丰富多彩、方式灵活、生动活泼的服务活动。

(3) 个性化。提供富有个性化的综合服务能赢得不同类别业主的合作和信赖，挖掘物业管理市场的巨大潜力。个性化的综合服务既有利于实现物业管理的经济效益和社会效益，也有利于树立物业管理行业的声誉和企业的良好品牌形象。

(四)社会化与平等竞争的原则

社会化的原则有利于物业管理的市场培育和发展。房地产作为一个行业，其内部的开发、营销、咨询和物业管理等各个方面同样要按照社会化大生产的要求来分工协作，才能有利于提高全行业的经济管理水平。物业管理企业要从开发企业的附属地位中分离出来，成为独立自主经营的服务型企业。精细的分工可以铸就专业品位。物业管理公司和各类相联系的专业服务公司，如清扫、绿化等公司之间，同样要加强相互间的分工协作。

平等竞争是指业主和物业管理企业在平等的条件下通过市场招投标的方式建立委托管理服务关系。政府有关部门和房地产开发商都不宜干预招投标的合法和公平。物业管理企业要通过自己优质的服务和良好的商誉在市场上取得一席之地。

(五)企业化与全过程效益的原则

物业管理要按照企业化的原则来操作，并且要追求全行业、全过程的效益，同时兼顾经济效益、社会效益和环境效益的有机统一。应该在经济效益的基础上以社会效益和环境效益作为物业管理的最终目标。

(1) 物业管理企业要按照企业化的原则组建。物业管理企业，不论是独立的具有法人资格的公司、非独立的物业管理部，还是房管所转制的物业管理公司等都要政企分开、政事分开，按照"独立核算、自主经营、自负盈亏、自我发展"的现代企业管理思路来开展经营活动。

(2) 按市场规则办事。物业管理企业在处理同方方面面的经济关系中应严格按照市场规则办事，特别在同开发商的委托关系方面，虽然业务联系密切，或属于同一企业集团，但在经济方面应按照合同、协议划清各自的职权和义务。

(3) 创建名牌企业。企业化的原则还要求物业管理企业努力提高经营水平、服务质量。创建名牌，应关注规模经济效益和拓展业务，以提高企业的声誉，树立良好的信用。

小阅读

数字城管又称"数字化城市管理"，是指用信息化手段和移动通信技术手段来处理、分析和管理整个城市的所有城管部件和城管事件信息，促进城市管理的现代化的信息化措施。数字城管把像井盖、路灯、邮筒、果皮箱、停车场、电话亭等城市元素都纳入城市信息化管理的范畴，给每样公物配上一个"身份证"，如果街道上的井盖坏了，家门口的路灯不亮了，不用打投诉电话，在执法人员利用移动执法终端记录事件并通过 GPS 定位系统定位事件地点，发回指挥中心后，有关部门就会在第一时间发现并把问题解决掉。

(资料来源：百度百科. 数字城管[EB/OL].[2015-11-27].
https://baike.baidu.com/item/%E6%95%B0%E5%AD%97%E5%9F%8E%E7%AE%A1)

第二节　物业管理企业

一、物业管理企业的类别

由于房地产项目的具体用途不同，加之房地产项目所在地区的经济水平和人文背景不同，所以物业管理企业存在多元化的特点。物业管理企业按经营服务方式通常可以分为代理租赁服务型、委托管理服务型两种。物业管理企业也可以根据其投资主体、所有权划分为全民所有制、集体所有制、私营、联营等企业形态。

(1) 全民所有制物业管理企业即国有物业管理企业，资产属于全民所有，国有资产管理部门依照所有权和经营权分离的原则授予企业经营管理权。

(2) 集体所有制物业管理企业资产属于城乡劳动群众集体所有。

(3) 私营物业管理企业资产属于私人投资者所有。

(4) 联营指企业之间联营，企业、事业单位之间联营，或者由海外注资，往往以公司章程约定组成新的经营实体，取得法人资格，共同经营。联营企业按合同约定各自独立经营，并承担相应的权利和义务。

物业管理企业还可以按是否具有法人资格划分为两种：一种是具有企业法人资格的物业管理的专业公司或子公司；另一种是以房地产开发、商业、贸易等其他经营项目为主，而仅仅是兼营物业管理的不具备企业法人资格的物业管理部。

符合市场机制的物业管理企业的形式是物业管理公司。物业管理公司是物业管理企业发展的方向。正规的物业管理公司按股东出资形式可分为有限责任公司、股份有限公司、股份合作公司等。

(1) 物业管理有限责任公司是由 2 个以上 50 个以下股东共同出资，并以其出资额为限对公司承担责任，公司以其全部资产对其债务承担责任的企业法人。

(2) 物业管理股份有限公司一般是由 5 个以上发起人成立，全部资本为等额股份，每个股东以其所持股份为限对公司承担责任，公司是以其全部资产对其债务承担责任的企业法人。股份有限公司，其注册资本必须在 1000 万元以上。随着物业管理市场发展，集团化的物业管理股份有限公司将会逐步出现。

(3) 股份合作型物业管理企业，其原则是自愿组合、自愿合作、自愿参股、民主管理、自负盈亏、按劳分配、入股分红。这种物业管理企业的股东一般是本公司职工，通过订立合作经营章程，按其股份或劳动享有权利和义务，企业以其全部资产对其债务承担责任。

二、物业管理公司设立的基本条件

(一)公司住所

依据《民法通则》，法人以其主要办事机构所在地为住所。物业管理公司的主要营业机构所在地为物业管理公司的住所。物业管理公司设立条件中的住所用房可以是自有产权房或租赁用房。以租赁用房作为住所时，必须办理合法的租赁凭证，房屋租赁的期限一般必须在 1 年以上。明确了住所所在地的行政区划归属，就可以确定所属工商行政管辖的行政机关。

(二)法人代表

物业管理公司作为企业法人，经国家授权审批机关或主管部门审批和登记主管机关核准登记注册后，其代表企业法人行使职权的主要负责人是企业法人的法定代表人。全民和集体企业的主要负责人需经有关主管机关审查同意。当公司申请登记经核准后，主要负责人取得了法定代表人资格。

依照《公司法》的规定，法定代表人必须符合下列条件：有完全民事行为能力；有所在地正式户口或临时户口；具有管理企业的能力和有关的专业知识；具有从事企业生产经营的管理能力；产生的程序符合国家法律和企业章程的规定；符合其他有关规定的条件。

物业管理公司选好法人代表对企业的经营管理有着至关重要的作用。"千军易得，一将难求"就是指领导人物的重要性。公司的领导人物一定要具有良好的企业家才能。物业管理公司法定代表人应在合法前提下，在企业章程规定的职责内行使职权、履行义务，代表企业法人参加民事活动，对物业管理全面负责，并接受监事会和本公司全体成员的监督，接受政府相关部门、主管物业管理的行政机关的监督。

(三)注册资本

公司住所、法定代表人和注册资本是公司设立的三要素，其中注册资本是公司从事物业管理与经营活动，享受和承担债权债务的物质基础。一般来说，注册资本的大小直接决定公司的债务能力和经营能力。世界各国对物业管理公司的最低资本额都有具体严格的规定。我国有关法律也对各类公司注册资本有规定。

依据《中华人民共和国公司法》(以下简称《公司法》)规定：生产性公司注册资金不得少于 30 万元人民币，咨询服务性公司的注册资金不得少于 10 万元人民币。物业管理公司，作为服务性企业，其注册资本不得少于 10 万元人民币。《公司法》对有限责任公司和股份有限公司的注册资本分别作出最低限额规定：有限责任公司的注册资本，以生产经营为主的、以商业为主的公司为 50 万元，以商业零售为主的公司为 30 万元，技术开发、咨询、服务性公司为 10 万元；股份有限公司注册资本最低限额为 1000 万元。

坚决反对虚假出资，并且要求公司的注册资金及其分配办法都应该在公司章程中列明。股东或发起人可以用货币出资，也可以以实物、工业产权、非专利技术、土地使用权作价出资。股东或发起人用非货币出资时，要对非货币作价评估，评估时要核实财产，不得高估或低估作价。对于土地使用权的评估作价，要按照有关房地产法规、行政规章的规定办理。另有规定限定：股东以工业产权、非专利技术作价出资的金额不得超过有限责任公司注册资本的 20%，国家对采用高新技术成果有特别规定的除外；同样，发起人以工业产权、非专利技术作价出资的金额不得超过股份有限公司注册资本的 20%。这些有关注册资金的规定在组建物业管理公司时都必须严格遵守。

(四)公司人员

根据企业法人登记管理有关规章规定，申请成立全民所有制、集体所有制、联营、私营、三资等企业，必须有与生产经营规模和业务相适应的从业人员，其中专职人员不得少于8人。物业管理公司一般应具有8名以上的专业技术管理人员，其中中级职称以上的须达3人以上。

根据《公司法》设立物业管理有限责任公司，应当由2人以上50人以下股东共同出资；设立股份有限公司，除国有企业改建为股份有限公司的外，应当有5个以上发起人，而且其中须有过半数的发起人在中国境内有住所。

三、物业管理企业的权利和义务

(一)物业管理企业的权利

根据建设部第33号令《城市新建住宅小区管理办法》(以下简称《管理办法》)，物业管理公司的权利如下。

(1) 物业管理企业应当根据有关法规，结合实际情况，制定小区管理办法。

(2) 依照《物业管理合同》和《管理办法》对住宅小区实施管理。

(3) 依照《物业管理合同》和有关规定收取管理费用。

(4) 有权制止违反规章制度的行为。

(5) 有权要求管委会协助管理。

(6) 有权选聘专营公司(如清洁公司、保安公司等)承担专项管理业务。

(7) 可以实行多种经营，以其收益补充小区管理经费。

(二)物业管理企业的主要义务

根据《管理办法》，物业管理企业的义务如下。

(1) 履行《物业管理合同》，依法经营。

(2) 接受管委会和住宅小区内居民的监督。

(3) 重大的管理措施应当交管委会审议，并经管委会认可。

(4) 接受房地产行政主管部门、有关行政主管部门及住宅小区所在地人民政府的监督指导。

这些权利、义务的行使，必须得到全体业主或者业主委员会的授权。只有符合国家法律和行政法规的规定，在全体业主或者业主委员会授权的情况下，物业管理企业的权利才能受到法律的保护。如果不符合国家法律和行政法规的规定，或者全体业主或者业主委员会的授权不充分，物业管理企业不仅难以达到预想的管理效果，反而可能造成一些经济事务纠纷。

同时，物业管理企业在实施管理时，必须遵循现代物业管理的理论和实践，细节决定成败。物业管理企业必须从制定小区或大厦等管理办法入手，这些办法不能与法律法规和行政规章相悖，而是要在法律的范畴之内制定。以制度来管人，以制度来管事。如哪些是物业使用或装修应该禁止的行为，如何加强这方面的检查和管理，对限制性行为产生的后果怎样处理；业主或使用人如果要改变住宅使用性质，如何处理对待，应该履行哪些手续；业主要进行装修有哪些注意事项，哪些是承重墙必须标明；对消防设备如何加强管理，平时如何保持良好状态；小区内各种公共设施和管线怎样管理，小区车辆停放、绿化管理等，都要依照相关法规制定物业管理条文。小区的治安管理也要纳入社会治安总的范畴，要严格执行行政部门颁布的治安管理条例和规章。

互动话题

列举当地的几个物业管理公司。谈谈当地的物业管理现状。

四、业主自治管理组织

(一)业主大会或业主代表大会

在一个物业管理区域内，当业主人数较少时，应当召开业主大会；当业主人数比较多时，应当召开业主代表大会，代表成员由业主小组成员组成。如上海市房地局有关文件明确指出，业主超过100人的，应当召开业主代表大会，其代表成员一般不超过100人。第一次业主大会或业主代表大会，应该由物业所在地的区、县房地产管理部门会同房屋出售单位组织召开。依据相关法规规定，当具备下列条件之一时，就应当召开第一次业主大会或业主代表大会。

(1) 公有住宅出售建筑面积达30%以上。

(2) 新建商品住宅出售建筑面积达50%以上。

(3) 在这个物业管理区域内第一套房屋实际交付业主使用之日起已满2年的。

业主大会或业主代表大会行使下列职权。

(1) 选举、罢免业主委员会委员。

(2) 审议通过《业主委员会章程》和《业主公约》，必要时修改《业主公约》和《业主委员会章程》。

(3) 听取和审议物业管理服务的工作报告，包括业主委员会工作特别是业主委员会选聘物业管理公司等情况的报告，物业管理公司的工作报告。

(4) 决定物业管理的其他重大事项。如确定业主委员会经费的筹集方式、来源和标准；物业维修基金不足时的筹集办法和数量；物业管理区域内修建、新建建筑物或构筑物等。这就是说，物业管理区域内重大管理事项都必须由业主大会或业主代表大会讨论决定或审批通过。业主大会或业主代表大会认为业主委员会的决定不当时，可予以撤销。

(5) 颁发和维护业主公约。业主公约是全体业主共同制定的行为准则，一般可由业主大会或业主代表大会筹备组草拟制定，并交业主大会或业主代表大会审议通过。业主公约要遵循有关法律、法规、行政规章和规范性文件，根据物业管理区域的实际情况制定。制定时可参照房地产行政管理部门制定的示范文本，在文本基础上修改、补充。一般来说要明确物业使用、经营、转让必须遵守法律规范，在物业使用方面有哪些禁止行为，对违章行为如何管理，小区管理中的公共道德和精神文明建设等。

(二)管委会或业主委员会

根据建设部《城市新建住宅小区管理办法》，住宅小区应当成立由住宅小区内房地产产权人和使用人选举代表成立的住宅小区管理委员会。北京市明确规定由住宅小区内房地产产权人、使用人代表和居委会代表组成物业管理委员会。深圳市明确规定由住宅小区业主选举产生管委会。《上海市居住物业管理条例》也规定，业主委员会由业主大会或业主代表大会选举产生，业主委员会委员应当由业主担任。

根据《城市新建住宅小区管理办法》，管委会的权利如下。

(1) 制定《管委会章程》，代表住宅小区内的产权人、使用人，维护房地产产权人和使用人的合法权利。

(2) 决定选聘或续聘物业管理公司。

(3) 审议物业管理公司制订的年度管理计划和小区管理服务的重大措施。

(4) 检查、监督各项管理工作的实施及规章制度的执行。

《城市新建住宅小区管理办法》指出，管委会的义务如下。

(1) 根据房地产产权人和使用人的意见和要求，对物业管理公司的管理工作进行检查和监督。

(2) 协助物业管理公司落实各项管理工作。

(3) 接受住宅小区的房地产产权人和使用人的监督。

(4) 接受房地产行政主管部门、各有关行政主管部门及住宅小区所在地人民政府的监督指导。

小阅读

招商局物业管理有限公司(以下简称"招商局物业")是招商局集团旗下唯一一家从事物业管理与服务的企业，隶属于招商局地产控股股份有限公司(以下简称"招商地产")。公司运营管理总部位于深圳，拥有国家一级物业管理企业资质，是国内最早以产权为纽带、以资产管理为核心的规模化、品牌化和集团化物业管理企业。

截止到2013年底，公司总资产近8亿元，净资产超亿元，拥有下属机构33家(全资11家、分公司20家、合资公司2家)，业务涉及国内24个城市和地区(含丽江、湛江顾问项目)，员工超万人，其中招商局物业以及下属北京公司、武汉公司、上海公司、南京公司均拥有一级物业管理资质。

公司在行业内率先通过了ISO9001、ISO14001、OHSAS18001(质量、环境、职业健康安全)体系认证，已培育出13个国优示范和10个省优示范项目。

公司服务区域覆盖环渤海、长三角、珠三角和西部新兴城市群等经济圈；合同管理面积超2500万平方米，在管项目约250个，服务客户总人数超过40万人。

公司服务范围覆盖"智能化楼宇""中高档住宅""豪华别墅群"及"城市综合体""高科技产业园区""高新工业园区""大型公建""商业地产"等不同类型的物业形态，服务对象包括中央及地方公权机构(如最高人民法院、国土资源局、武汉市人大等)、金融机构(如招商银行、光大银行、北京银行等)、国内著名企事业单位(如华为、中储粮、武钢集团、搜狐、上海世博园、蛇口工业区、湖北奥体中心等)、跨国集团(如三星、惠普、马士基物流等)以及国内众多商品房住宅区业主和住户，在业内树立了专业、高端的品牌形象。

(资料来源：房产中国网. 招商局物业管理有限公司[EB/OL].[2014-06-27].
http://house.chinadaily.com.cn/pm/2014-06-27/content_17619598.htm)

第三节　房地产物业管理过程

一、物业管理过程

从房地产运作过程来看，房地产项目存在着房地产开发、房地产经营、物业管理三个阶段。从形式上看，物业管理是对物业的使用管理，因此，物业管理只要在物业交付使用时介入即可。然而，从物业管理的实践来看，物业管理在房地产开发前期就需要介入。这样的话，物业管理全过程就包括物业管理的前期介入、物业的竣工验收与接管验收、物业入伙手续的办理、物业的装修与管理、物业档案资料的建立及物业日常管理和维修养护等几个方面的内容。

(一)物业管理前期介入

所谓物业管理前期介入就是指物业管理公司在物业的开发设计阶段即介入，参与物业形成前的阶段性管理。物业前期管理工作虽然尚未构成对物业运行实体的管理，但是前期介入有利于对未来实质性管理进行框架设计。物业管理前期介入需要物业管理公司同房地产开发商共同就有关开发建设的细节问题展开协作讨论。房地产开发商对物业侧重进行的是硬件建设，评价硬件建设优劣的标准之一就是软件管理；物业管理公司对物业进行的是软件管理，评价软件管理优劣的标准之一就是硬件建设。房地产开发商重在形成物业，物业管理公司重在发挥物业的功能作用。对于房地产开发商而言，进行投资决策，规划调研，建筑设计，选择合适的地段、房型及附属设施，并通过施工建造形成物业，其主要目的是为了房地产营销。要进行房地产营销，就要设法增强房地产项目对业主的吸引力。要设法增强房地产项目对业主的吸引力，就要充分考虑人们对房地产产品的要求和人们的工作条件、居住环境需求的新变化。不仅要重视房地产物业本身的工程质量，更应该提前考虑到物业的使用功能的细节安排。实际的情况是，房地产物业的合理布局、建筑的造型、建材的选用、室外的环境、工作或居住的安全舒适与方便等都深远地影响着物业的使用功能。

(二)物业的竣工验收与接管验收

所谓物业的竣工验收是指一项物业建筑生产的最后一个阶段。物业的竣工是指该物业所属的工程项目经过建筑施工和设备安装调试以后，达到了该工程项目设计文件所规定的要求，具备了使用或投产的条件。工程项目竣工后，应该由政府有关部门进行设计、施工、监理、环境、水电、消防和绿化等方面的工程验收。在验收合格后，再由建筑商向开发商办理交付手续。建筑商把验收合格后的房地产物业正式交给开发商，这一交接过程称为验收。在办理工程项目交付手续的这一环节，一定要注意，必须经开发商或专门组织的验收委员会对竣工项目进行查验，在认为工程合格后方能办理工程交付手续。

物业的接管验收是直接关系到今后物业管理工作能否正常开展的重要环节。物业管理公司通过接管验收就从物业的前期管理转入到对物业的实体运行管理活动阶段。

高职高专精品课程规划教材　经管系列

(三)物业入伙手续的办理

如果是住宅物业，"入伙"就是业主领取钥匙，接房入住。如果是商业楼盘，"入伙"就是业主划分区域，入场营业。在物业管理公司的验收与接管工作完成之后，物业即具备了入伙条件。在具备了入伙条件后，物业管理公司就应按程序进入物业的入伙手续的办理阶段。如果是住宅物业，物业管理公司应及时将《入伙通知书》《入伙手续书》《收楼须知》《收费通知书》一并发放给业主，以方便业主按时、顺利地办好入伙手续。如果是商业楼盘，就要设计营销运作的业务流程，提供标准化的招商业务流程，办理签订合同、划卡收款、看铺移交等工作，对已租售成交商铺要及时在接待大厅标注清楚，对后来者有一个宣示效果。

(四)物业的装修与管理

业主在收楼后有权在物业许可的条件下对自己所购物业进行装修。国家建设部发布的《建筑装饰装修管理规定》和物业管理公司制定的《住户装修管理规定》是物业装修与管理的规范性文件。装修必须在规定时间段和一定范围内进行。装修必须遵照《商品房使用说明书》和《招商手册》的禁止性说明进行。

(五)物业档案资料的建立

所谓物业档案资料的建立就是对前期建设开发成果的记录。建立物业档案资料是以后实施物业管理时对工程维修、配套、改造必不可少的依据，也是更换物业管理公司时必须移交的内容之一。现代工程建筑随着科学技术的发展和使用需求的提高，其楼宇设备设施以及埋入地下和建筑体内部的管线越来越多，越来越复杂，越来越高科技化和专业化，因此一旦发生故障，物业档案就成了维修时必不可少的依据。

(六)物业日常管理和维修养护

这是按照设计建造的使用价值和实用功能确保物业的正常运转。精心的日常管理和及时的维修养护是物业管理质量品质的保证。

二、物业管理前期介入的内容

物业管理前期介入可以使物业竣工后返工无望的工程质量难点在工程前期提前得到妥善解决，避免出现物业的先天缺陷。物业管理前期介入可以让物业管理人员对土建结构、管线定向、设施建设、设备安装等物业的情况了如指掌。应做好完工后需要养护维修的重点记录，方便工程竣工后的养护和维修。前期介入时协同开发商草拟有关文件制度，印制各种物业管理证书文件，以及进行物业管理机构设置、岗位分析、人员聘用、员工培训等工作，一旦物业正式交付验收，物业管理公司便能及时有序地对物业实体进行管理。通常情况下，在物业管理前期介入阶段，其主要管理内容有以下几个方面。

(一)物业管理公司需要通过投标来接洽物业管理业务

物业管理公司要从自身运作的专业优势出发，考虑拟接管的物业与本企业的资质等级是否相符，该物业的接管能否发挥本企业的优势。做到既要挑战自我，又要量力而行，尽量做到扬长避短。物业管理公司在投标时，要认真、具体地测算物业管理费用，并草拟《总体物业管理方案》，考察该物业项目的建设是否有技术和资金保证，开发商的资信条件是否良好。通过投标竞争、洽谈、签订物业管理协议之后，物业管理公司才能顺利选派管理人员参与物业前期管理。

(二)建立与大多数业主的联络关系

物业管理的服务对象是业主和使用人。物业管理公司要听取业主或使用人对未来物业管理的要求、希望，了解业主或使用人对未来物业使用的有关安排、打算。通过听取业主或使用人意见，着手草拟《门禁出入办法》《停车场管理办法》《业主公约》《装修施工管理办法》《管理费收取办法》等物业辖区综合管理办法。

(三)安全察看工程建设现场

为了给以后的物业管理创造良好的条件，物业管理公司应根据物业管理要求，对物业的规划设计及建筑施工提出合理化建议。审视工程设计图，分析判断工程土建构造、管线走向、出入线路、保安系统、内外装饰、设施建设、设备安装的合理性。还应重点察看消防安全设备、自动化设备、安全监控设备、通信设备、给排水设备、空调设备、车库及公用泊位设备、电力设备、交通运输及电梯设备、服务设备等。随后，物业管理公司对施工现场提出符合物业管理需要的建议方案，磋商解决办法。前期介入人员在施工现场做好日后养护、维修的要点记录及图纸更改要点记录。还要进行器材检查、外观检查、性能检查、功能测试、铭牌检查，并按整改计划督促整改工作，准备参与工程验收。

(四)设计物业管理模式，草拟及制定《物业管理制度》

根据业主和使用人的希望与要求，设计日后的物业管理模式，制定相应的规章制度；筹建业主管理委员会；与开发商一起草拟《物业辖区的规章制度》《业主管理委员会章程》《业主公约》《装修施工管理办法》等；设置物业辖区的组织机构，制订上岗人员的培训计划，规定各部门人员岗位责任制度，编制《住户手册》《物业辖区综合管理办法》等。

(五)建立服务系统和服务网络

物业管理质量在很大程度上取决于物业管理公司与物业环境条件的协调性。物业管理前期介入要编制保安、清洁、养护、维修、绿化队伍的设立或选聘计划，同街道、公安、交通、环保、卫生、市政、园林、教育、公用事业、商业及文化娱乐等部门进行联络、沟通与协调，建立代办服务项目网络。

(六)办理移交接管事宜

物业管理公司在物业交付使用之前，还要拟订移交接管办法，筹备成立业主管理委员会，为物业的交接工作做好准备。

三、物业的竣工验收与接管验收

竣工验收是建筑商与开发商之间交收的一个法定手续。国家为了确保建筑物的工程质量，要求设计商和建筑商在法定年限承担对其所负责的质量标准的质量责任。通过竣工验收来明确工程项目的相关责任。通常情况下，工程达到设计或合同要求，经验收后，就可部分解除合同义务。从房地产物质形态上说，如果建筑商完成了一项最终建筑产品，那么开发商也就完成了该物业的开发任务；从房地产经济关系上说，建筑商即可解除对开发商承担的部分经济和法律责任。物业的竣工验收包括新工程竣工验收和在建工程竣工验收。

接管验收是由物业管理公司依据建设部 1991 年 7 月 1 日颁布的《房屋接管验收标准》，接管开发商移交的物业所进行的验收。接管验收不同于竣工验收，接管验收更是要注意细节。

(一)接管验收与竣工验收的区别

(1) 验收的目的不同。接管验收是在竣工验收合格的基础上，以主体结构性能安全和满足物业使用功能为主要内容的再检验；竣工验收是为了检验房屋工程是否达到工程项目设计文件所规定的要求。

(2) 验收条件不同。接管验收的基本条件是竣工验收合格，而且供电、采暖、给排水、卫生、电信网络、道路等设备和设施能正常使用，房屋幢、户编号已经由有关部门确认；竣工验收的基本条件是工程按设计图纸要求和建筑质量标准已经全部施工完毕，达到规定的质量标准，能满足物业的正常运转与使用等。

(3) 交接对象不同。接管验收是在业主委员会监督下由物业管理公司接管开发商移交的物业；竣工验收是在政府相关部门监督下由开发商验收建筑商移交的物业。

(二)接管验收中应注意的事项

物业的接管验收是对物业进行实际管理的开始。接管验收的严格、规范性直接关系到今后物业管理工作能否正常开展。为确保今后物业管理工作能顺利开展而且有所创新，物业管理公司在接管验收时应注意以下几个方面。

(1) 物业管理公司应选派有经验、素质好、业务精、对工作认真负责的物业管理人员及技术人员参加验收工作。

(2) 物业管理公司既应从今后物业运行管理和维护保养的角度进行验收，也应该站在业主的立场上，对房地产物业进行严格、规范的验收，以维护业主的合法权益。

(3) 接管验收中若发现有关质量与设计图纸不符合的问题，应明确详细记录在案，约定期限督促开发商对存在的问题加固、补全、整修，直至完全合格。

(4) 落实物业的保修事宜。根据建筑工程保修的有关规定，由开发商负责保修，向物业管理公司定期交付保修保证金，或由物业管理公司负责保修，开发商一次性拨付保修费用。

(5) 开发商应向物业管理公司移交整套工程设计施工图纸资料，包括物业产权资料、主要设施的技术资料以及物业中配置的电气设备的保修证明和使用说明书。

(6) 物业管理公司接收对物业的经营管理权以及政府赋予的有关权利。

(7) 接管验收符合要求后，物业管理公司应签署验收合格凭证，制作并签发接管文件。当物业管理公司签发了接管文件，办理了必要的手续以后，整个物业验收与接管工作即完成。

四、物业入伙手续的办理

物业的入伙阶段是物业管理公司与其服务对象——业主接触的第一关。这一阶段涉及大量的接待工作和烦琐的入伙手续，这时，各种管理与被管理的矛盾也会在短时期内集中地暴露出来。因此，这一阶段通常是物业管理问题最集中的阶段，也是物业管理公司要理顺工作思路、构建科学物业管理秩序的阶段。做得好可以铸就物业品牌，做得不好则会失去业主的信任，对今后的管理造成阻碍。物业管理公司应充分利用这一机会进行公司形象设计和公共关系活动，既做好物业管理的宣传、讲解工作，又要切实为业主着想办事，从而在业主心目中树立起物业管理公司良好的"第一印象"，争取广大业主的信赖。

(一)《入伙通知书》

《入伙通知书》就是关于业主在规定时间办理入伙事宜的通知。一般情况下，一个物业辖区内入伙的业主不是一家或几家，而是几百家甚至上千家，如果均集中在同一时间内办理，必然会使手续办理产生诸多困难，因此在通知书上应注明各幢、各层分期分批办理的时间，以方便业主按规定时间前来办理。如业主因故不能按时前来办理，应在通知书上注明补办的办法。下面是一份《入伙通知书》的样本。

《入伙通知书》

_____女士／先生:

您好! 我们热忱欢迎您入住××花园!

您所认购的××花园_____区_____栋_____单元_____室楼宇，经市有关部门验收、测量合格，现已交付使用准予入住。

(一)请您按《入伙通知书》《收楼须知》办理入伙手续，办理地点在_____楼_____室。在规定的日期内，地产部、财务部、物业管理公司等有关部门和单位将到场集中办公。

(二)为了您在办理过程中能顺利而快捷地办理好入伙手续，请以下表时间为准前来办理。各楼各层办理入伙手续时间分配表(略)。

阁下如届时不能前来办理入伙手续，请及时与我公司联系，落实补办的办法，联系电话_____。

特此通知!

××房地产开发公司

××物业管理公司

××××年××月××日

(二)《入伙手续书》

《入伙手续书》即是办理入伙手续的程序和安排，其目的是为了让业主明了手续办理的顺序，使整个过程井然有序。下面是一份《入伙手续书》的样本及办理顺序(见图 10-1

至图 10-4)。

《入伙手续书》

_____女士／先生：

您认购的____区____栋____单元____室楼宇，现已交付使用具备入伙条件，请阅读《收楼须知》，按下列顺序办理入伙手续。

(1) 房地产公司财务部   (2) 房地产公司地产部

<table>
<tr><td>已付清楼款

特此证明

盖章</td><td>入伙资格审查合格

特此证明

盖章</td></tr>
</table>

图 10-1　入伙手续(1)　　　　　　**图 10-2　入伙手续(2)**

(3) 物业管理公司财务部   (4) 物业管理公司管理处

<table>
<tr><td>已付清各项入伙费用

特此证明

盖章</td><td>入伙手续完毕

特此证明

业主盖章</td></tr>
</table>

图 10-3　入伙手续(3)　　　　　　**图 10-4　入伙手续(4)**

××房地产开发公司
××物业管理公司
××××年××月××日

(三)《收楼须知》

《收楼须知》，即是告知业主在办理收楼过程中应注意的事项及应携带的各种证件、合同和费用，从而避免遗漏、往返，给业主增添不便。下面是一份《收楼须知》的样本。

《收楼须知》

为避免业主在收楼时产生遗漏而带来不便，兹介绍有关收楼程序。

(一)在房地产公司财务部办理手续

1. 付清购楼余款。

2. 携带已缴款的各期收据交财务部验证、收回并开具总发票。

3. 在入伙手续(1)上盖章。

(二)在房地产公司地产部办理手续

1. 验清业主身份。业主如有时间应亲临我公司接受楼宇，并请带上以下材料：《入伙手续书》；业主身份证，港、澳、台地区同胞购房证明、护照或居住证；《购房合同》。

2. 若业主不能亲临收楼，可委托代理人，代理人除携带《入伙手续书》《购房合同》外，还应出具以下材料：《业主的授权书》(由律师鉴证)；业主身份证或护照的影印本；代理人的身份证或护照。

3. 在入伙手续(2)上盖章。

(三)在物业管理公司财务部办理手续

1. 缴付各项管理费用。预收不超过 3 个月的管理费；收取装修保证金，住房装修完毕，经验收不损坏主要房屋结构的，装修保证金如数退还；收取建筑垃圾清运费，业主装修完毕，自己清运了建筑垃圾即如数退还。

2. 缴付其他费用。如安装防盗门、安装防盗窗花等。

3. 在入伙手续(3)上盖章。

(四)在物业管理公司管理处办理手续

1. 签署《业主公约》。

2. 介绍入住的有关事项。

3. 向业主移交楼宇钥匙。

4. 在入伙手续书(4)上由业主本人盖章或签字，交物业管理公司保存。

××房地产开发公司

××物业管理公司

××××年××月××日

(四)业主对物业的验收

无论投资住宅物业还是商业楼盘，业主对物业的验收都应十分仔细。物业管理公司一定要意识到物业对于每一位业主来说具有重要的意义。按照《入伙手续书》和《收楼须知》，业主在办理最后一道手续之前应该由物业管理公司派专业人员带领业主验收其所购物业。业主对自己所购物业进行验收是业主的首要权益，业主在验收之前应尽量学习一点专业知识，把物业可能产生的问题了解清楚，最好在对房地产有专业经验的朋友陪同下逐项进行鉴定检查，尽可能把问题解决在入伙之前，将"先天缺陷"减少到最低限度。

归纳众多物业管理公司的经验，一般房地产物业可能存在的质量问题大致有以下几个主要方面。

(1) 门窗系列。这方面主要检查门窗框架是否平整、牢固、安全，门窗是否密缝、贴合，门锁、窗钩有无质量问题，玻璃是否防水密封等。

(2) 供电系列。这方面主要检查电灯、电线(管线)是否有质量问题，开关所控是否为火线，电表的流量大小能否满足空调、电脑等家用电器的需求等。

(3) 给排水系列。这方面主要检查水管、水龙头、水表是否完好，下水道是否有建筑垃圾堵塞，马桶、地漏、浴缸排水是否畅通、有无泛水现象等。

(4) 墙面、屋顶、地板系列。这方面主要检查墙面、屋顶、地板是否平整、起壳、起砂、剥落，有否裂缝、渗水，瓷砖、墙砖、地砖贴面的平整、间隙、虚实等。

(5) 公共设施及其他。这方面主要检查扶梯、电梯、防盗门、防盗窗花、电话电线、天线、信箱、垃圾桶等。

五、物业档案的建立

物业管理公司要配备专业的资料管理人员，从一开始就建立物业档案。物业档案资料的建立一定要抓住收集、整理、归案、利用四个环节。收集的关键是要求尽可能完整。所收集的资料从时间上讲，应包括从规划设计到工程竣工的全部工程技术维修资料；从空间上讲，应包括物业构成的方方面面，从室内到室外，从地下到楼顶，从主体到配套，从建筑物到环境。物业档案资料的整理一定要去伪存真、留下有用的。物业档案资料的归档就是按照资料本身的内在规律、联系进行科学的分类与保存。物业档案资料的利用就是在日后的管理过程中使用并加以充实。

物业档案资料中除了有物业楼盘的设计建设资料以外，还包括业主资料及《物业管理委托合同》。在《物业管理委托合同》中，一般都规定物业管理公司和业主管理委员会的权利和义务：物业管理公司有权要求业主管理委员会协助进行物业管理，同时也有义务把重大管理措施提交业主管理委员会审议；业主管理委员会有权审议物业管理公司制订的年度管理计划和物业管理服务的重大措施，也有义务协助物业管理公司落实各项管理工作等。

物业管理运行后的物业档案资料还应包括物业管理公司和业主管理委员会往来的相关资料。

(一)物业管理公司和业主管理委员会的相互关系

物业管理公司和业主管理委员会都是物业管理机构，它们共同管理着一定范围的物业。它们之间的区别主要是：业主管理委员会管理的是其所代表的业主们所有的属于业主自己的物业；物业管理公司管理的是属于业主们的物业，并向业主和物业使用人提供各种劳务。物业管理公司受到业主管理委员会的委托，他们之间是雇主和被雇佣的关系，是被服务和提供服务的关系。

(1) 法律上的平等关系。按照市场经济方式运作物业管理是城市管理的基础。物业管理公司和业主管理委员会是在平等的基础上，以合同或协议的方式确立起来的一种受托者和委托者之间的关系，它们之间既不是上下级关系，也不是隶属关系。专业化的物业管理公司与业主管理委员会之间，在法律地位上是平等的。

(2) 在权利与义务方面是一种服务与被服务关系。物业管理公司属于第三产业。物业管理公司和业主管理委员会是在平等的基础上通过合同或协议的方式，确立起它们之间的服务和被服务的关系，即一方提供服务，另一方在享受服务的同时给予对方报酬，所以是一种有偿服务的关系，即商品交换关系。

(3) 在工作中是相互协商和相互帮助的关系。物业管理公司所提供的服务与业主的配合有很紧密的关系。尽管物业管理公司和业主管理委员会是通过合同或协议确立起来的一种服务和被服务的关系，但是在物业管理工作中，由于它们管理和服务的是同一物业和人群，所以它们之间具有互助合作的关系。

(二)物业管理公司和业主管理委员会的工作协调

为了加强物业管理公司与业主管理委员会之间的合作和联系，通常的做法是：业主管理委员会的执行秘书，都由物业管理公司的人员担任；执行秘书在业主管理委员会中负有重要的使命。执行秘书的认真和敬业态度决定物业管理公司与业主管理委员会之间的沟通和合作。物业管理公司和业主管理委员会应该对物业管理的重大事项、重大决定进行共同讨论，双方坐在一起讨论表决，形成决议，随后由物业管理公司具体执行决议。

六、物业的装修与管理

业主在收楼后有权对自己所购物业进行装修，但装修必须在规定范围内进行。其有关规定包括：国家建设部发布的《建筑装饰装修管理规定》和物业管理公司制定的《住户装修管理规定》。根据上述规定，业主在装修前必须向物业管理公司进行申请登记，包括填写业主装修申请表、领取《装修管理规定》，根据约定在申请表上签字，缴纳装修管理押金及保证金，经批准后方可动工。业主在装修完成以后，物业管理公司应组织验收，合格后即退还装修押金及保证金。

(一)业主装修申请表

业主在装修前向物业管理公司申请登记时，需如实填写装修施工内容，并注明委托施工单位及进场人数，业主、施工队及物业管理公司三方应在申请书上签字盖章。业主装修申请表的格式见表 10-1。

表 10-1　业主装修申请表

业主姓名		住址				联系电话	
施工单位		进场人数		负责人		联系电话	
装修施工项目内容							
约定事项	在本次装修施工中，业主、物业管理处、施工单位三方达成如下约定。 1. 每天允许施工时间：上午 7:00—12:00，下午 14:00—20:00。(星期日停止装修一天) 2. 如实填写装修内容，遵守《住户装修管理规定》。 3. 施工人员必须办理临时出入证，需留宿的，应到小区管理处办理登记。 4. 不改动承重墙、柱、梁等主体结构；不擅自改动水、电管线走向；不封闭前阳台；不架设露天衣架；不随意搭建。 5. 空调室外机安装在指定位置。窗式空调只能安装在门、窗上。 6. 装修垃圾须用垃圾袋装好集中运送到指定的地点。 7. 施工中要注意防火安全，做好用电防范措施。 8. 因施工造成的管道堵塞、渗漏水、停电，损坏他人物品和公共设施、设备的，由责任人或业主负责赔偿。 9. 隐蔽施工前必须检查内部水、电配件是否完好，否则今后再修水、电管件所发生的费用由责任人或业主负责。 10. 因业主在装修时改动房屋结构而造成的房屋开裂等后果，由业主负责。 　　　　　　施工队签字(章) 　　　　　　　　　　　　　　年　　月　　日						
备注							

(二)装修报批程序

根据政府有关法规，为加强物业辖区管理、保证物业的完好和安全、保持物业辖区的整洁美观及维护全体业主的合法权益，一般物业管理公司均对装修制定如下规定。

(1) 业主应提前 5 天向物业辖区管理处申报。

(2) 详细、如实地填写《装修申请表》。

(3) 经管理处审核同意后，方可进行装修施工。

(4) 装修施工队应到管理处签订《装修工程队治安责任书》及《装修施工保证书》。

(三)装修管理要求

(1) 不得拆改原房屋的墙、柱、梁、楼板等主体结构部件。

(2) 不得凿穿地面和房顶的水泥层。

(3) 不得封闭前阳台，不得改动外门窗，保持房屋外观的美观、统一。

(4) 装修垃圾必须及时清运，倾倒到指定的地点。严禁向窗外、阳台外、楼梯、过道、天台等公共场所抛撒堆放。

(5) 严禁将垃圾倒入下水管道内或将生活污水由雨水管道排出。

(6) 按照管理处的要求，空调器安装在指定的位置，以保持外观统一、协调。空调出水必须接回阳台内或室内。

(7) 装修施工应安排在上午 7:00—12:00、下午 14:00—20:00 时间内进行，以免影响他人休息。

(8) 高层住户装修不得使用载人电梯装运建材、木料、工具等物品。

(9) 需封闭后阳台的，须申报管理处同意方能施工。

(10) 施工队人员应到管理处办理临时出入证，将临时出入证佩戴在前胸，并在指定的区域内活动。

(11) 未经管理处同意，不得随意改动水、电管线走向。

(12) 底层住户装修，不得在前阳台违章搭建。

(13) 临平台的阳台、窗户不能改装门。

(四)押金及保证金

(1) 业主装修前须向管理处交付一定的装修保证金。

(2) 装修施工队在办理临时出入证时，须向管理处交付一定的押金。

(3) 装修施工结束后，由管理处派人对装修工程进行检查，如无违反本规定及物业辖区内其他管理规定的行为，没有对他人财产和公共场地、设施、设备等造成损害的，管理处将如数退还押金和保证金。

(五)违规责任

(1) 在装修施工中有违反上述规定行为的，管理处有权视情节严重程度给予扣罚部分乃至全部押金和保证金的处罚。

(2) 装修施工中有意或无意损坏公共设施、设备和给他人财产、物品造成损害的，必须照价赔偿。

(3) 因装修施工致使管道堵塞、漏水、停电、坠落等造成公共设施和他人利益损失的，装修户应负责修复(或承担修复费用)，并视情况给予受损害者必要的赔偿。

(4) 因装修施工造成外墙破坏、污染的，由装修户负责修补。

(六)管理权限

(1) 住户装修管理由所属物业辖区管理处全权负责。

(2) 住户要求改动房内水、电管线走向的，须经物业管理公司工程部经理同意方能进行施工。

(3) 住户要求封闭后阳台的，须经管理处同意方能进行施工。

(4) 因特殊情况需在户内隔墙上开窗和开洞的，需经物业管理公司工程部经理批准。

(5) 任何人均无权批准超过本规定的装修行为。

(6) 如施工队违反本规定后，不听从物业管理公司的劝阻和安排，物业管理公司有权责令其停止装修行为。

小阅读

小区最近有啥大事小情？你是否想预约物业维修或者交纳物业费？这些都不用再像以往一样去物业服务中心现场办理，通过手机就可以搞定。据悉，天津市物业事务服务中心在国内率先推出了与金融机构合作开发的"智慧物业服务平台"，目前分为基础服务、在线收费、社区商务3大板块，10项功能，分别是：社区公告、社区客服、社区点赞、意见反馈、我的报修、社区投票、业主互助、社区交费、社区商务等。

记者以业主身份登录APP看到，在"社区公告"里可以及时了解和掌握小区事项信息；通过"意见反馈"可以对物业不到位的地方以图文形式进行投诉；通过"社区交费"功能，可实现线上查询自己物业费和机动车辆场地占用费的交费信息，不管走到哪里都可以在手机客户端通过支付宝、微信和转账等方式实现方便、快捷的交费；在"社区商务"板块，业主通过手机APP可以实现线上购物、预约服务和在线支付等功能。

(资料来源：中国物业管理协会网. 玩转"互联网+" 天津物管因创新而精彩[EB/OL].[2017-02-28].
http://www.ecpmi.org.cn/NewsInfo.aspx?NewsID=4677)

第四节 房地产物业管理运作

一、物业管理的三种模式

物业管理主要有以下三种模式。

(一)专业物业管理模式

这种模式，主要是通过完全按照现代企业制度建立起来的物业管理公司开展物业管理工作。管理内容是为住户提供全方位的综合物业服务，寓勤奋的物业管理于服务理念中；经费来源主要是通过收取管理费和通过多种经营来解决，为住户提供有偿服务；服务对象主要面向高档物业，如别墅、宾馆、写字楼、公寓等。

(二)专业化与行政性相结合的管理模式

这种模式,主要是通过房地产开发公司组建的物业管理公司开展物业管理工作,或者通过以区、街道办事处以及居委会为主成立的物业管理公司开展物业管理工作。大多数物业管理公司由开发商自行组建,管理对象以住宅小区为主。管理目标是为居民提供一个安静舒适、方便安全的居住环境,以支持开发商的开发。这种模式,其市场运作机制往往较差,这类公司很难实现资金平衡。为了实现资金平衡,只能靠经营其他产业,或者由开发商支持获得平衡。

(三)传统行政性福利管理模式

这种模式,主要是通过街道居委会、社区服务站以及物业管理公司以合三为一的一种管理模式开展物业管理,或者以房地产管理部门转制成立的物业管理公司开展物业管理工作,或者采用单位直管公房管理模式直接由房地局或本单位自管。

从我国的总体情况来看,目前后两种模式尤其是第三种模式仍占主要地位,第一种模式处于起步阶段。从管理服务质量来看,市场上有影响的专业物业管理公司有10多家,主要是合资或外资企业,如怡信、魏理仕、九龙仓物业、梁振英测量行、第一太平洋戴维斯、万通璐顿、威格斯、太联物业等。中资的以万科物业较为知名。

二、物业管理的三种收费定价机制

根据国家物价局相关标准,物业费根据小区具体情况分为政府定价、政府指导价和市场调节价三种定价机制。目前,物业管理的收费定价机制一般可以分为以下三种类型。

(一)政府定价或者政府指导价

有些项目政府定价,有些项目采用政府指导价。由于各个城市的消费水平不同,政府定价、政府指导价的物业管理收费标准也因城市不同而异。这种标准由价格主管部门与物业管理行业主管部门在调查核实当地各物业管理企业的费用基础上,求得物业管理的社会平均费用。

政府定价、政府指导价的物业管理收费标准主要针对为物业产权人、使用人提供的公共卫生清洁费,公用设施的维修保养、保安、绿化等具有公共性质的服务费以及代收代缴水电费、煤气费、有线电视费、电话费等公众代办性质的服务收费。

(二)业主委员会招标定价

由于物业管理单位常常要为居住小区内的产权人和使用人提供非标准化的服务,如接送小孩、小区开设的专车、为住户打扫室内卫生等服务,这种收费最好由业主委员会招标定价。已成立业主委员会的物业管理小区,由业主大会授权,业主委员会通过组织招标投标的方式选聘物业管理企业,参照政府有关部门发布的物业管理收费指导标准,通过《物业管理合同》确定物业管理收费标准及物业管理的服务质量标准,对于一些重大收费项目需将收费项目和收费标准报当地物价部门备案。

(三)开发商售楼时定价

由于物业的类型和特征不同,房地产开发商更了解物业运行所带来的便利和市场机会。房地产开发商在出售房屋楼宇时,已经在《房地产买卖合同》中确定具体的物业管理企业、物业管理收费标准、物业管理服务内容和服务质量。

贴心提示:具体的物业管理费用收取过程比较复杂,需要看购买物业的类型和特征,具体问题具体分析。

三、物业管理公司的经营管理

物业管理集服务、经营为一体,既是一种服务行为,又是一种经营行为。面对各类综合办公楼、商务楼、通信局房、信息园区、住宅楼进行管理的公司,集物业经营、物业管理和设施管理于一体。物业管理公司实行董事会领导下的总经理负责制,下设多个职能部室。物业管理公司以房屋管理为基础,集物业管理、保洁、工程改造、水箱清洗、消杀(有害生物防治)、专业保洁为一体,从事物业管理、有害生物防治、工程技术、资产经营等服务活动。

(一)以经营为手段,以效益为目的

物业管理公司在物业管理过程中,必须以经营为手段,以效益为目的。以经营为手段,就是要在有偿提供物业服务的同时,放手经营各种实业;以效益为目的,就是以社会效益、环境效益、经济效益和心理效益为最终目标。物业管理公司对社会的贡献除本身的经济效益以及缴纳税费外,相对于其他行业来说还有更多的社会效益、环境效益和心理效益。例如,良好的物业管理可以为业主提供一个整洁、舒适、文明、安全的生活和工作环境,使人们能安居乐业;优良的物业管理还能创造优美的小区环境,为树立城市形象增添光彩,最终实现社会、经济、环境、心理四个效益的高度统一。

(二)以人为本,注重服务

物业管理公司坚持以人为本,努力树立尊重知识、尊重人才的企业良好氛围。"天行健,君子以自强不息",努力满足住宅居民的内在需求。物业管理公司坚持"创新求实,致力物业"的企业精神,秉承物业人"脚踏实地,志存高远"的理念,让物业业主和顾客永远满意。

(三)加强规范化的物业管理

要做到规范化,物业管理公司就必须完善企业管理制度建设,尤其是目前问题较多的收费管理。物业收费管理一般以"保本微利"为原则,只向业主收取低廉的费用。对于物业管理所提供的特色业务,则可以在成本之上再收取稍高一些的费用。深挖物业管理的多种经营业务,既要讲究经济效益,又要讲究社会效益。物业管理公司应充分利用闲置的物业空间,积极开拓多种经营的新领域,并且在提高经济效益的同时注意提高社会效益和环境效益。

(四)创新资产监管

物业管理的资产监管的主要工作包括：制订物业策略计划；持有或出售分析；检讨物业重新定位的机会；审批主要的费用支出；监控物业运行绩效；根据物业在同类物业竞争市场上的绩效表现，管理并评估物业服务公司的工作；协调物业服务公司与租户的关系；定期进行资产的投资分析和运营状况分析。

有效的资产监管，就是在完善丰富常规的清洁、秩序维护、绿化等基本职能基础上，通过有效的资产管理手段，如制订计划、持有或出售分析、监控绩效、协调客户关系、定期进行资产分析等，使物业形象历久弥新，在居住环境、商务环境和品牌形象上更加出类拔萃，达到所管物业的保值增值效应，持久创造优质物业资产。

如果面对的是厂商的资产监管，则要不断地创新，要把对物业的创新意识融入管理工作中。厂商的资产监管涉及工程、设备、人员形象、车位、品牌、VI、服务理念和文化等诸多方面，既有硬件设备设施的维护，也有软件顶级商务环境的营造。现代物业，除了满足基本功能以外，也需要有商务中心、会议中心及会所、酒吧、咖啡厅、健身房、美容美发厅等活动场所。把商业开发理念嫁接到物业资产监管活动中去，是物业服务企业服务观念的变革，在这方面已有成功案例，可供我们获取经验。很多国内一流开发企业选择与戴德梁行、新弘基地产、仲量联行合作，本身也体现出对物业实现保值、增值的决心和对物业创新的态度。

(五)提高物业管理信息化水平

信息化就是要求物业管理公司充分利用信息系统。为了适应物业管理的需求，计算机管理信息系统技术在物业管理中将会得到越来越广泛的运用。物业管理信息系统的应用，是指运用现代计算机技术，把有关物业管理信息物化在各种设备中，并由这些设备和物业管理人员构成一个为物业管理目标服务的人机信息处理系统。

通过信息系统的建立和应用，可以使物业管理的许多日常工作实现自动化。例如，利用计算机控制建筑物的空调系统、防火安全自动报警系统、建筑物内的垂直交通系统、照明系统、建筑物部件及附属设备安全报警系统、大厦保安系统、辅助物业管理人员工作的资产管理信息系统、建筑物出租(租客、租金、租约)管理系统、财务分析与管理系统、管理决策辅助支持系统、人员管理系统等。自动化对物业管理产生两个明显的效果：首先能提高效率，达到降低成本的效果。因为自动化可以使在岗人数相同或减少的情况下，在一段指定的时间内做更多的工作。其次能提高成效，达到增值的效果。

四、物业管理公司的人员培训

物业管理是运用现代经营的技术手段，按合同对物业进行多功能、全方位地管理和服务，为物业产权人和使用人提供高效、周到的服务，以提高物业的经济和使用价值，创造一个良好的物业环境这样的一个过程。要完成这一过程，一支高素质的专业队伍是必备的条件。无论是智能型大厦、大型展览中心，还是住宅小区；无论是商场、饭店宾馆，还是工业厂房，都要求物业管理必须拥有一批素质高、技术硬的管理队伍。尤其是住宅小区的物业管理，管理人员要面对数百以至数千的住户，房屋所有人和使用人不仅分布在各行各业，而且他们的经济状况、文化素养、生活品位以及生活习惯都存在着差异，因此物业管理公司必须以优质的服务态度和优质的服务水平来适应各项管理工作的要求。物业管理公司应具有管理型和工程技术型两类人才，其从业人员不仅必须具有较高的管理水平、文化水平和专业技术水平，而且还要有良好的思想作风、职业道德和服务态度。

(一)思想作风

引导和教育员工牢固树立"服务第一，方便业主"的思想，把"热诚、优质、团结、奉献"作为企业精神。工作时间统一着装、统一挂牌、统一用语。在接待业主时，应做到态度和蔼可亲，举止端庄，谈吐文雅，把"顾客至上"作为行动的最高信条。以"想业主之所想，急业主之所急，解决业主之困难"为服务宗旨，管好物业，用好物业，修好物业，努力改善业主的工作和生活条件。

(二)职业道德

提倡员工爱房地产行业，爱本职岗位，爱护企业声誉，对业主多一点奉献，多一点爱心。引导和教育员工坚持原则，秉公办事，廉洁奉公，不以权谋私，作风正派，虚心好学，热心公益，爱护公物，体现出员工的品质人格和精神境界。

(三)服务态度

物业管理人员的服务态度直接关系到政府和行业的形象，因此，物业管理公司应引导和教育员工，坚持以"主动热情，周到优质"的服务态度实行文明管理。业主要求服务应随叫随到，及时为业主排忧解难。对客户的无理言行，应尽量容忍，耐心说明，不以恶相待，不容许与客户发生打骂行为，做到文明用语、礼貌待人，给业主以亲切感。

(四)业务素质

物业管理人员的业务素质高低，直接关系到管理服务水平的高低。因此，物业管理公司应要求员工精通业务，掌握相应的房地产经济理论知识、房地产产权产籍管理知识、房地产经营管理的基本知识，了解相关的法律法规政策、相应的建筑知识、物业的基本状况，懂得机电设备维修保养知识和必要的公关知识等，使每位员工对自身的职责、业主间的权益和相互责任以及公共设施的使用等方面均有清晰的了解，遇到问题和纠纷时，能公正地阐明有关问题及提供意见，遇到违反规定的行为，能根据有关条款迅速作出反应及采取相应的措施，使问题能迅速、妥善地得到解决。

(五)专业技术

物业管理人员专业技术水平的高低，直接关系到物业管理水平和服务质量的高低。物业管理公司的员工须持有专业管理部门颁发的《岗位合格证书》，方可上岗担任物业管理工作。员工必须接受物业管理专业培训，刻苦钻研专业技术，掌握本岗位必备的应知应会知识和专业技术，不断提高专业水平。

物业管理属于知识密集型的管理行业，没有经过专业训练的队伍，是不能适应物业管理现代化和专业化的要求的。一支高素质管理队伍的建立，有赖于对培训工作的重视和建立一套严密的员工培训制度。物业管理公司必须始终把加强员工队伍建设作为一项重要的基础工作，要制定严密的员工培训制度，通过各种形式，开展不同层次的职工培训，包括职前培训、在职培训、专题讲座、学历培训等，着重抓员工的思想作风、职业道德和服务态度教育，抓员工的业务素质和专业技术建设，以提高员工的管理服务水平。

小阅读

陕西津迈物业有限责任公司是从事物业管理的专业化企业。该公司现任陕西省物业管理协会理事单位、西安市物业管理协会常务理事单位、陕西省房地产研究会常务理事单位、中国物业管理协会会员。公司有员工400余人，下属13个物业项目，面积近200万平方米。公司奉行"以顾客为关注焦点"的经营理念，通过不断地专业化培训，把"超越住户期望"的服务思想植入了每位员工的心田。"关注服务""精细服务""微笑服务"已成为公司全体成员的自觉行动，使越来越多的住户成了津迈物业的知心朋友。

陕西津迈物业24小时全天候值岗，与广大住户携手，共建安全屏障，用品格履行责任，用真诚温暖住户。

(资料来源：陕西津迈物业有限责任公司. 陕西津迈物业有限责任公司[EB/OL].[2017-08-02].
http://www.sxjinmai.com/)

五、物业管理中的社区文化建设

物业管理为社会良性运行创造了社会心理环境，可促使居民的文化道德水平提高。物业管理的是物，服务的是人，具体管理时应从外部入手，把优美、高雅的环境与文化融合在一起。生存环境对个人心理有十分重要的影响。如果居住在人口过密、住宅质量差、阴暗潮湿不卫生及环境污染严重的地方，除降低人体素质外，对人们的文化修养、伦理道德也会有不良影响；反之，一个功能齐全、结构合理、装饰典雅、与自然和谐的住宅和优美的小区环境，可为居住者提供良好的学习、读书环境，在这种环境中生活，情操得到陶冶，精神得到享受。

随着住宅商品化改革力度的加大，房屋的产权呈现出多元化趋势，整个社会结构发生了巨大变化，大量的社会事物和问题被推向街道、居委会等基层单位。居民对社区依赖性越来越大。人们已经从住房为"栖身"的目的转为住房是满足物质生活与精神生活的需要，开始追求住宅的"功能"条件。除追求"硬件"条件——房屋布局合理、设备齐全、结构牢固等以外，更加追求住宅小区内的"软条件"——治安良好、道路清洁、交通便利、环境优美、服务设施齐全。这一切条件的实现只能依赖于物业公司的保证，给物业管理带来了新的挑战与机遇。

目前西方发达国家出现的一种"FUN"(F——健身；U——和谐；N——营养)的现代人类生活方式足以说明在科技迅猛发展的时代，人类始终没有忘记追求文明、科学和健康的生活愿望。

实践表明，在高强度、快节奏的工作方式中，不良的心理状态、紧张的人际关系容易导致众多的身心疾病。所以社区文化非常重要，它可以创造一种和谐、愉快、友好的家庭及周边环境氛围，让人们心里得到放松，身体更健康，精神更充沛，从而调节人们的情绪。这也就是"FUN"现代生活中的"U"功能与作用。良好的物业管理可创造出方便、舒适、安静和祥和的居住条件。除了在环境建设中体现社区文化氛围外，更多物业管理公司积极开展小区文化活动，一方面丰富了人们的业余文化生活，另一方面净化了社会风气，改善了人际关系。

大力发展社区文化，努力做到社区文化建设的四个结合。

(1) 传统文化与现代文明意识的结合。东西方文化差异在物业管理方面表现出很大的不同：东方传统文化重礼仪、重亲情感化、重人格的尊重、重道德约束；西方理性主义所派生出来的管理文化则重制度、重契约、重量化和严格管理。

(2) 个性差异与群体认同的结合。在人员结构复杂、个体差异很大的群体中，共同生活必须做到求同存异，增加彼此了解的机会，增加沟通的功能，营造良好的社会环境，让每位居民通过社区文化的熏陶自觉认同群体利益、与群体利益相结合。

(3) 以人为本的思想与主人翁精神的结合。《孙子兵法》中"天地之间，莫贵于人"，《孟子》中"君轻民贵"的主张都体现了"以人为本"。所制定的各项管理制度不是压抑人们的思想、情绪、民主与自由，相反是对人情的关注，对人格的尊重，对人道的支持。

(4) 观念上的文明建设与行为上的文明建设相结合。工作作风反映企业的形象，是检验员工队伍管理和服务质量的一个重要尺度。因此，在工作时间，管理人员应该统一着装、统一挂牌、统一用语。接待业主、住户，应做到态度和蔼可亲、举止端庄。通过社区文化建设，引导员工树立全心全意为住户服务的思想，把"服务"作为一种敬业精神，把"热诚、优质、团结、奉献"作为企业精神，深深扎根于每个员工的心底。

课 后 阅 读

物业管理 创新中提升服务

"买房一阵子，物业服务一辈子"，随着居住水平的逐渐提升，人们对物业服务的要求也越来越高。尤其是在房地产"特别热"的近两年，在楼盘硬件、软件配套不断提升的过程中，业主心中的期望值和现有物业服务的差距使得业主和物业管理部门之间的"摩擦"也越来越多。据统计，2010年上半年西安价格举报投诉中，物业收费投诉占投诉总量的30%，位居投诉之首。同时，日前西安市工商部门在全市开展物业管理市场集中拉网专项检查，让物业成为近期房地产市场之外的又一关注热点。

一、投诉增多让物业形象"受损"

都说"买电器买售后，买房子买物业"，物业管理(以下简称"物管")已经和人们的日常生活密不可分，尤其是随着近年来房地产项目各种配套设施的不断提升，传统的"管家"和高要求的业主"摩擦"也多了起来。尤其是一些"沙霸""物业雇凶打业主""物业乱收费"等案例的影响，使得物管行业的形象明显受损。

记者从市工商局双生分局建筑房地产管理所了解到，目前，该所正在全市物管市场开展集中拉网专项检查，以便推动物业行业健康发展。在上述30%的投诉中，主要表现在收费无公示、违规收取停车费等方面。另外，据该所相关负责人讲，目前物业投诉主要表现在企业"一照多点"、证照不齐；合同签订不规范、存有霸王条款、侵害业主权益；收受装饰装修经营户钱物及收取定金(押金)逾期不退，少数物业管理企业泄露业主个人信息等方面。

"我们一般都会为业主选用信用比较好的物管，这样也有利于销售。"南郊电视塔附近某楼盘销售负责人告诉记者。为了迎合消费者，一般开发企业选择物业公司也会货比三家，因为优秀的物业也是楼盘宣传的亮点所在。

二、量价齐升为物业提出新要求

据了解，西安物管行业1993年起步，主要分为纯市场、独立经营；房产商自建自管；大型国有企业房产科变更后的物业公司这三类。"现在的物业已不是简单的扫地、看大门，物管必须转变传统模式面对市场新要求"，一业内人士如是说。虽然物业有很多地方被人歧视和误会，但新形势要求物管从业人员一定要全面成长，在做好常规服务的同时，还要学习心理、环境、语言等学科知识，以满足更多业主的需求。

"随着城市品位迅速提高及全社会业主意识、专业化服务意识的整体增强，都将让位于专业物管公司。"相关专业人士指出，当前楼市量价齐升，量升说明业主入住率将抬升，利于物管提高工作效益；价升则间接对物管提出更高要求，物管机构要维持高水准的管理和服务水平，就必须从人力、物力、财力上投入更多力量。

三、西安物管行业奋起创新

从2005年开始，一些特约服务应时而生，代收房租、代接送儿童、代叫出租车等个性化服务，让物业认可度大大提高。另外，还有许多物业公司和政府、部队或国有企业"联姻"，在更好地深入基层群众的同时为许多单位节省开支、减轻负担。前不久，中国轻工业钟表研究所(以下简称"钟研所")所长张放给记者算了一笔账。据他讲，以前钟研所仅物业花费每年在60万元左右，现在有了专业物管，所里只需承担20万元左右的费用。不仅如此，以前物业费收费难、服务不到位、职工工作怠慢等现象都没有了，取而代之的是生活区、办公区的安保、绿化、保洁、维修等方面都有了非常明显的改善。而且，他还发现，自从专业物管接手后，以前职工一切依赖单位的观念也有了很大改变。

据了解，西安每年新建上百万平方米的住宅面积，再加上各种写字楼和商用物业，物管市场空间非常大。"物管本身是一种'长线产品'，要依靠长期品牌积累和规模效益取胜"，原西安市物业管理协会副会长崔学良在接受记者采访时讲，物管能和政府、国企"联姻"说明经营理念和眼光有了很大改变，相信在勤练内功、外塑品牌的基础上，这个朝阳产业的前景一定很朝阳。

(资料来源：网易.物业管理 创新中提升服务[EB/OL].[2010-09-09].

http://news.163.com/10/0909/04/6G44H39V00014AED.html)

思考与练习

1. 商品房建筑面积如何计算？
2. 何谓"预售面积"和"竣工面积"？它们有何区别？
3. 有些房地产的竣工面积与预售面积不一致，其原因主要有哪些？
4. 业主对已购房地产的面积有疑问，该如何处理？
5. 业主在复查自己房屋的竣工面积与实际面积是否相符时，应注意哪些方面？
6. 业主如何知道已取得的建筑面积是属于预售面积还是竣工面积？
7. 成套房屋的套内建筑面积由哪些部分组成？

参 考 文 献

[1] 吴庆玲. 房地产开发产权产籍管理[M]. 北京：首都经济贸易大学出版社，2005.

[2] 施建刚. 房地产开发与经营[M]. 上海：同济大学出版社，2004.

[3] 马都. 房地产项目成本控制[M]. 北京：中国建材工业出版社，2006.

[4] 栾兆安. 房屋买卖合同签订指南：漏洞、陷阱与风险防范[M]. 北京：中国商务出版社，2008.

[5] 吴晓. 房地产前期策划与风险研究[M]. 武汉：湖北科学技术出版社，2008.

[6] 赵红魁. 步步为赢：房地产开发全程法律风险识别与防范[M]. 北京：中国法制出版社，2010.

[7] 刘洪玉. 房地产开发[M]. 北京：首都经贸大学出版社，2006.

[8] 刘尊明，张永平，朱峰. 建筑工程资料管理[M]. 北京：北京理工大学出版社，2013.

[9] 李清立. 房地产开发与经营[M]. 北京：清华大学出版社，2004.

[10] 赵世强. 房地产开发风险管理[M]. 北京：中国建材工业出版社，2003.

[11] 张国印. 项目经理法律实务：风险管理与纠纷规避[M]. 北京：法律出版社，2011.

[12] 王赫. 建筑工程质量事故分析与防治[M]. 北京：中国建筑工业出版社，2008.

[13] 吕萍. 房地产开发与经营[M]. 4 版. 北京：中国人民大学出版社，2016.

[14] 兰峰. 房地产开发与经营[M]. 北京：中国建筑工业出版社，2008.

[15] 孔凡文，何红. 房地产开发与经营[M]. 3 版. 大连：大连理工大学出版社，2012.

[16] 周小平，熊志刚. 房地产开发与经营[M]. 2 版. 北京：清华大学出版社，2010.

[17] 唐永忠，李清立. 房地产开发与经营[M]. 北京：北京交通大学出版社；清华大学出版社，2013.

[18] 刘学应. 房地产开发与经营[M]. 2 版. 北京：机械工业出版社，2013.

[19] 谭术魁. 房地产开发与经营[M]. 上海：复旦大学出版社，2015.

[20] 陈林杰. 房地产开发与经营实务[M]. 4 版. 北京：机械工业出版社，2017.

[21] 全国一级建造师执业资格考试用书编写委员会. 建设工程经济(公共课) [M]. 北京：中国建筑工业出版社，2017.

[22] 全国一级建造师执业资格考试用书编写委员会. 建设工程法规及相关知识(公共课) [M]. 北京：中国建筑工业出版社，2017.

[23] 全国一级建造师执业资格考试用书编写委员会. 建设工程项目管理(公共课) [M]. 北京：中国建筑工业出版社，2017.

[24] 全国一级建造师执业资格考试用书编写委员会. 市政公用工程管理与实务[M]. 北京：中国建筑工业出版社，2017.